本卷编委会：

石　丹	蔡培如	李　琳	刘红雨
Shi Dan	Cai Peiru	Li Lin	Liu Hongyu

谢富勇	段定定	严明雯
Xie Fuyong	Duan Dingding	Yan Mingwen

责任编辑：

石　丹

北京大学 知识产权学院 互联网法律中心 /主办
Peking University Intellectual Property School
Peking University Institute for Internet Law

网络法律评论
Internet Law Review

主编/张 平
Chief Editor Zhang Ping

北京大学出版社
PEKING UNIVERSITY PRESS

图书在版编目(CIP)数据

网络法律评论.第 19 卷/张平主编.—北京:北京大学出版社,2017.8
ISBN 978-7-301-28891-7

Ⅰ.①网… Ⅱ.①张… Ⅲ.①计算机网络—科学技术管理法规—中国—文集 Ⅳ.①D922.174-53

中国版本图书馆 CIP 数据核字(2017)第 256047 号

书　　名	网络法律评论（第 19 卷）
	Wangluo Falü Pinglun
著作责任者	张　平　主编
责任编辑	孙战营
标准书号	ISBN 978-7-301-28891-7
出版发行	北京大学出版社
地　　址	北京市海淀区成府路 205 号　100871
网　　址	http://www.pup.cn
电子信箱	law@pup.pku.edu.cn
新浪微博	@北京大学出版社　@北大出版社法律图书
电　　话	邮购部 62752015　发行部 62750672　编辑部 62752027
印　刷　者	北京京华虎彩印刷有限公司
经　销　者	新华书店
	730 毫米×980 毫米　16 开本　19.75 印张　393 千字
	2017 年 8 月第 1 版　2017 年 8 月第 1 次印刷
定　　价	50.00 元

未经许可，不得以任何方式复制或抄袭本书之部分或全部内容。
版权所有，侵权必究
举报电话：010-62752024　电子信箱：fd@pup.pku.edu.cn
图书如有印装质量问题，请与出版部联系，电话：010-62756370

2004 年序

郑成思

当火星车 SPIRIT 与 OPPORTUNITY 发出的信号把火星上的信息清晰地传递给地球时,地球上中国这一隅的人们正在做些什么呢?

时间已经进入了 21 世纪。遥想秦砖汉瓦流传至今仍不失其实用价值;罗马法学代代承接在现世依然光彩耀人。"不了解历史等于失去了一只眼睛;仅了解历史却等于失去了两只眼睛",这句 20 世纪出自"IP World"上的话,我感到很有哲理。"王母桃花千遍红,彭祖巫咸几回死",古人尚知历史不是停滞的,何况今人。

有幸的是,中国始终有一批人是睁着两只眼睛做事的。其结果是中国的载人卫星也冲出了大气层,这虽然离登月及登火星还有差距,但毕竟在缩小着这个差距。同时,中国的互联网终端用户已列世界第二,与 20 世纪 90 年代中、后期相比,我们的差距缩小得更快。

信息技术在中国的快速发展推动了相应的立法与法学研究。不断呈现给读者的《网络法律评论》,正是在这一领域耕耘的人们着眼于现实,着眼于应用,着眼于对策而作出的成果。无论闭上两眼或只睁一眼,均很难在这一领域有像样的成果出来。

早在 20 世纪 90 年代末,以国家名义发表的《俄罗斯信息安全学说》就把"信息财产"作为当代最重要的财产提出,并号召国人更充分地利用(主要指处理及传递)信息财产。但俄罗斯的"学说"只停留在了纸面上,因其并无实际能力充分利用信息财产,故其"学说"的影响并不很大。21 世纪初日本在《知识产权战略大纲》中重提该"学说"中的上述理论,影响则"响"到了全世界都能听到。原因是日本的"大纲"绝非停留在纸面上,它实实在在地正付诸实施,从而必然影响其他国家,尤其是其贸易竞争对手和近邻中国。

作为知识产权保护客体的信息,对其利益的所有(ownership)与持有(hold),对其本身的处理(包括复制、改编、翻译等),是知识产权法早就在规范的。只是在信息技术

(今天主要指信息处理技术与信息传递技术)发展到数字网络时代的今天,早就存在的知识产权不得不"与时俱进"。同时,信息技术(尤其是网络)带来的新的法律问题,已远远不限于知识产权范围。不过由于世界知识产权组织"顽固地"坚持把一大批与知识产权无关或无直接关系的网络法律问题(如电子商务中的 CA 认证之类)纳入它的规则之中;又由于欧盟"奇特地"始终把一大批仅仅与数字网络有关的立法问题(如"合同之债与非合同之债规范指令"等)纳入其"知识产权"立法范围,所以在国际学术界中,知识产权与网络总有难解之缘。北大及其他教研单位的中国学者,将网络法结合知识产权,又不限于知识产权进行研究,与世界知识产权组织及欧盟的做法,似乎是"不谋而合"的。

国际组织(包括欧盟之类地区性国际组织)的网络立法及研究结果对我们的影响,外国(如美国、日本、印度、俄罗斯等)立法及国家学说对我们的影响,我们均应研究。此外,几个外国如果联手,将对我们产生何种影响,我们更应当研究。例如,美日欧国家在技术专利方面"标准化"发展曾给并正给我们的产品出口带来不利,如果美日(或再加上几个其他发达国家)在商业方法专利上如果也向"标准化"发展,会给我国进入国际金融市场带来何种影响,也十分值得研究。对这些方面作出较深入的研究,有助于我们拿出对策,"趋利避害"。

愿《网络法律评论》在这些方面不断作出贡献。

《网络法律评论》一读者

郑成思

二〇〇四年春节

十六度春秋,少年已长成

张 平

《网络法律评论》(以下简称《评论》)自2001年始至今已经走过了十六度春秋。对于一个人来说,十六岁意味着花季少年,青春荡漾,充满活力。而对于一本期刊书来说,坚持十六年本身就是一个成就。从当年对互联网法律的懵懂到清晰观察,《评论》见证了互联网法律研究"成长的烦恼",撇去初创的青涩,如今的《评论》已风华正茂、意气飞扬。就在2017年春,本书被南京大学CSSCI(2017—2018)收录到集刊目录中,也旁证了"我家少年已长成"。

2001年,研究网络法律的书籍还很少,关注网络法律问题的学者也不多,《评论》前期汇编的论文多以在校硕士生和博士生的研究成果为主。之后,北京大学法学院互联网法律中心设立了互联网法律研究基金,资助青年学者专项研究互联网法律新问题,资助对象遍布全国高校,本书的稿源质量大幅度提升。随着互联网立法、司法的深入以及产业发展的快速增长,网络法律问题越来越复杂,旧的问题还没有完全厘清,新的问题又扑面而来。而编辑部的小伙伴们一路孜孜不倦,耕耘着互联网法律这片沃土。

十六年的时间在人类的长河中不过是一瞬,但在互联网的发展史上已是两重天地。

十六年前,手机还没有这么智能,移动互联网还在初创之中,人们对网络的认识还基于台式机、笔记本、路由器、宽带账号……而今,人们只需要手机流量,就可以任性地进入所有信息时空,处理着公、私事务,办公室已然成为一个符号,无处不在的移动互联网让人们随时随地分享他人的信息,在精准的个性化服务中保护知识产权更是难上加难,开源技术与安卓系统的普及也在转变传统知识产权保护的理念。

十六年前,还没有"互联网+",人们还在区分着互联网产业和传统产业,而今,共享经济将两者的界限彻底打开,他们就像孪生兄弟一样难舍难分。人们享受着各种信息互联之后的便利,也开始担心信息泄漏、骚扰、犯罪……是否有一天信息的无穷分裂会有原子弹爆炸那样的威力和危害？而在侵权发生时,已经无法寻找到准确的侵权主体,互联网平台承载了一切,平台责任也成为一种新型的法律责任类型。平台越来越大,人们也在探讨平台是否会成为互联网社会的统治者？对互联网平台如何进行法律的约束？

十六年前,大数据产业还没有诞生,海量信息还藏在经营者自家的服务器上,而今,数据云连成一片,共享经济让大数据身价倍增,成为继土地、矿产、人力之后的又一财富源泉。而对于大数据应用的政策与法律规定则是各执一词。国家政策在鼓励大数据产业的发展,鼓励开放政府数据用之于民,在2015年国务院《促进大数据发展行动纲要》中提出"大力推动政府信息系统和公共数据互联开放共享,加快政府信息平台整合,消除信息孤岛,推进数据资源向社会开放,增强政府公信力,引导社会发展,服务公众企业;以企业为主体,营造宽松公平环境,加大大数据关键技术研发、产业发展和人才培养力度,着力推进数据汇集和发掘,深化大数据在各行业创新应用,促进大数据产业健康发展;完善法规制度和标准体系,科学规范利用大数据,切实保障数据安全。通过促进大数据发展,加快建设数据强国,释放技术红利、制度红利和创新红利,提升政府治理能力,推动经济转型升级"。在这一政策导向下,整个社会开始了数据宝藏的挖掘,贵州成为大数据省,建立了数据交易中心。这是否意味着,大数据可以像知识产权那样被广泛应用、鼓励盈利？而纵观世界各国的法律,对于数据的应用持有非常慎重的政策,多数以限制应用为主。我国在2017年6月1日正式实施的《网络安全法》中,对以个人信息为主形成的大数据的应用也给予了严格限制。大数据应用的立法天平究竟是向个人权利倾斜还是向产业发展倾斜？经济学家认为大数据是一场商业革命,它正以几何级数提升财富的积累;社会学家认为,电子信息无时无处不准确记录人们的行为轨迹,带给人们的是记忆的烦恼和不能被遗忘的担忧;法学家则形成两类观点：一种认为大数据时代个人信息的利用应该受到严格的控制,除传统的隐私保护外,互联网环境下人们更需要一种"不被打扰的权利";另一种则认为大数据的开发和利用是互联网经济的必然趋势,过多限制数据的利用会错失发展机会。大数据的应用使得个人信息保护问题日趋复杂,产业利益表象背后,是国家安全、信息安全、经济安全等诸多深层问题,正是在这样的背景下,大数据下个人信息保护的国际化进程如此艰难,每个国家都站在本国立场上进行着立法选择。人们感受到大数据产业势不可挡的蓬勃发展,

十六年前,人工智能仅停留在技术层面,而今,大数据开辟了人工智能的新时代,大数据成为人工智能之魂。在大数据的支撑下,人们在担心人工智能形成新的智能群体,成为人类最后的发明。法律能约束机器的自我学习吗？人类制定怎样的规则才能控制机器人的社会秩序？

互联网带来的是一次深刻的社会变革,她正沿着自己的规律向前发展,就像宇宙中浩淼的星河,看似无序,却无不遵循着固定的轨迹。自然之美,乃自然内部规律使然。社会亦是如此,顺势而为,自会形成和谐秩序。互联网法律的研究者们也当溯流寻势,构建互联网之美。

感谢全体编辑同学,有你们的付出,才有《评论》的茁壮成长。

感谢全体论文作者,有你们的智慧,才有《评论》的十六岁花季。

十六载,正当年,意气风发,大步向前。

张 平

2017 年 8 月 8 日

2001 年序言节录[*]

在中国,开网络法律课程,出版网络法方面的系列论文集,有必要,而且有益处。这有助于唤起学术界及立法界对这方面的注意。实际上司法界已早就不得不注意了。如果我国学术界、立法界再不重视起这方面的问题,我们肯定要落后。不仅是必然落在发达国家后面,还可能落在经济实力本来不及我们的发展中国家后面。正如北大的王选教授说过的:我们可能会错过一个时机,但我们不应错过一个时代(大意)。

这第一部《网络法律评论》,肯定会有一些带幼稚、初步特征的缺点。这不奇怪,也不要紧。关键是它在学术界打破了这一领域的相对沉寂。如果将来中国法学界会在这一领域活跃起来,那么就应当说这部集子"功不可没"了。

愿张平和她的研究生们把这个评论越办越好,为中国虚拟世界的规范不断作出新的贡献。

—— 郑成思

也许是由于历史的原因,也许是由于每个人的精力有限,我们的学科体系划分得实在是太细。这种纯"树"形的结构太过理想化,它没有给交叉学科留下任何空间,更为致命的是各分科之间老死不相往来,隔门如隔山。

我们从事的学科正好是交叉学科,是自然科学与社会科学的跨大学科交叉,要克服学科结构性的障碍又困难重重。研究软件保护最好能了解软件的系统分析与编程,研究电子签章法最好能理解电子签章时的密钥,研究网络传输或链接所涉的版权问题最好能明白网络传输的基本原理,这种有信息技术背景的法律人才是社会的客观需要。张平老师开设的网络法律问题研究课程就是在为培养这种交叉学科人才所做的一种尝试,《网络法律评论》的出版也是同学们为此交出的一分答案,是优是劣,任世人

---

* 节选自三位教授为《网络法律评论》第一卷所作序言,成文于 2001 年七八月间,全文请参见《网络法律评论》第一卷。

评说。但不管结局如何,我始终认为他们的探索是有意义的。

——郑胜利

  法学研究工作者有一个特点,他们一旦开始关心一个问题,开始观察它时,他们就会长时间地关注着,以一个冷静的心态来谈论它。有关网络的法律问题,就属于这类问题。

  在我们社会里,只能是出现媒体的多元化生存和多元化发展。所以,北大课堂上的网络法律评论,虽然在网络媒体上存在,同样,还需要在纸质和铅字的媒体中存在与发展。

  法学家对新问题,对真实问题,对客观存在的问题表现出来的极大兴趣,是法学理论发展的一个标志。参与讨论网络法有关问题的学者们已经不满足对概念问题,对体系问题,对经典渊源的考据问题,对经典法学家个人社会背景和著作的研究了。他们面临大量的新问题,社会等待着他们研究,提供解决方案。参加网络法律讨论的大都是青年学者,他们对于这些新问题的研究过程,也是他们(包括本人在内)认识到新一代法学家自己的使命的过程。

——吴志攀

本卷导读

几经波折,《网络法律评论》第19卷终于要与读者见面,希望这一卷精彩纷呈的内容不辜负大家的期待。

本卷专题链接选取时下热点"个人信息保护"作为主题。"个人信息的定义""如何维持个人信息利用与保护之间的平衡"一直备受关注。我们期望通过学者们的观点碰撞,给读者带来新的启发。首先,张平老师一文,从个人信息的法律属性出发,分析大数据时代利用数据信息的必然性及规范性,指出大数据时代应当适度立法平衡产业发展与个人信息保护的冲突。刘德良老师一文,紧紧围绕最新发布的《最高人民法院、最高人民检察院关于办理侵犯公民个人信息刑事案件适用法律若干问题的解释》,探讨大数据技术背景下个人信息刑法保护问题。我国在个人信息保护领域一直持分散立法的态度,是否有必要制定一套系统的《个人信息保护法》?其次,本卷选取张凌寒、杜婧、西村洋、任文倩几位学者的文章,分别介绍美国、德国和日本等国家的个人信息保护制度,回应读者关于中国的个人信息保护模式的关切。张凌寒和杜婧一文梳理了美国个人信息保护路径发展历史,分析其经验教训,提出了针对中国个人信息保护的政策建议。西村洋一文详细阐释日本《个人信息保护法》关于个人信息内涵、保护标准、个人信息流转的限制、监督以及违法处罚等方面的规定,意在通过介绍日本相关立法经验,使我国能尽早出台《个人信息保护法》以弥补制度上的空白。任文倩一文分析德国《联邦数据保护法》的发展沿革及主要内容,意在为中国相关方面立法提供域外经验。他山之石,可以攻玉,比较法研究思路对探讨个人信息保护路径大有裨益。

"学术BBS"一直致力于对网络法律问题深入讨论。网络事物日新月异、层出不穷,因此法律研究需要与时俱进,且不可浅尝辄止,理论和实践结合才能带来社会价值。《网络交易平台间接侵权之相关问题分析——以利益平衡为中心的考量》一文结合时下多起电子商务纠纷案例,从网络交易平台性质的认定、网络交易平台的注意义务、网络交易平台侵权责任承担三个方面论述网络交易平台知识产权间接侵权责任认定中应当注意的问题。正值第三次《著作权法》修法之际,《论网络环境下合理使用一般条款》一文结合立法背景,总结当前司法实践中的"不认定侵权""三步检验法"和"四要素检验法"等不同裁判思路,指出增设合理使用一般条款的必要性以及可行性。《论代码的可规制性:计算法律学基础与新发展》一文以法律与代码的关系为主线,强调法律治理应当与技术治理有机结合。结合计算法律学发展,作者指出计算法律学从架构上应当优先选择私有区块链,并进一步强化智能合约法律化,而中国的计算法律学需要落实到中国法律本体问题的研究中。《网络环境下跨境版权侵权的法律冲突问题研究》则将我们的视角又拉回传统版权问题,作者提出对于跨境网络版权侵权应当建立一套特殊的冲突规范,减少多个准据法的适用,在保护版权的同时保障网络的互联互通。文章建议我国吸收国际上的成熟经验,即适用与网络版权侵权具有最密切联系的法律作为单一准据法,同时配以"回归地域性"例外从而保障其与被请求保护国法原则不产生矛盾。《互联网广告发布者的认定标准与责任配置》一文在评价《互联网广告管理暂行办法》的基础上对互联网广告发布者的民事与行政责任配置进行了梳理,就其虚假广告责任和消费者信息保护责任进行了特别论证,强调在行政监管之外应重视司法对互联网广告活动的规范作用。《论"通知—删除"规则的重构——从版权到其他领域的思考》一文指出"通知—删除"规则的适用应当通过反通知、错误删除的责任承担制度来进行调整,发端于网络著作权领域的这一规制适用于一般网络侵权领域时应当格外慎重,避免滥用。

"互联网金融"是本卷新开辟的栏目。鉴于当前互联网金融行业迅速发展,相关法律法规尚未完善,加强监管和金融创新之间的博弈需要学者们孜孜不懈地探索。《中美网络投资者关系规制比较研究》一文比较中美两国在网络投资者关系规制上的异同,建议我国在现有的指定媒体信息发布制度框架下,采取措施积极推动、鼓励和规范上市公司使用公司网站和社交媒体等新兴网络技术开展网络投资者关系活动。《慎思谨行:美国电商发展的财税法启示》一文细致介绍美国电商税制的要点包括税收法定、税收中性、税收公平等三大根本原则,为本土化电商税制提供立法角度和制度逻辑。《中国预付券/卡法律规制的完善》一文针对预付券/卡经营准入制度不完善、忽视消费者权益保护等问题,建议中国应坚持消费者保护的基本理念,明确代币卡券的定义和性质,完善预付券/卡的发卡人的经营准入制度,赋予消费者后悔权,建立债务履行强制担保机制和明确监管机构等相关规制制度。《"心由境生":互联网金融诈骗犯罪被害情境预防策略研究》一文选取108件互联网金融诈骗案例为样本展开实证研究,发现互联网金融诈骗犯罪被害人的被害性与被害损失之间具有显著关系,提出通过改变被害情境即控制和减少自身被害性以有效遏制互联网金融诈骗犯罪现象的发生。

"追踪研究"是对《网络法律评论》、北京大学互联网法律中心先前研究的延续。本卷的三篇报告汇集了网络环境下专利、版权和个人信息保护问题前沿研究,希冀给读者,特别是从事实务工作的读者提供一些建议和启发。《互联网技术创新专利观察报告(2016)》选取了中国市场最为活跃的20家互联网和高新企业,通过详细数据分析,从不同维度观察企业专利申请状况与创新能力。《互联网企业个人信息保护抽样测评报告(2017)》应用《测评标准V2.0》确立的测评指标,从普通用户的可操作和可感知的角度出发,对79项共计17类互联网应用产品进行抽样评估。本卷摘取了报告的精华部分,预览全文可订阅本中心公众号"PKU互联网法律中心"。《网络平台民事责任研究报告》主要聚焦网络平台作为私主体与其他私主体间关系场景下的具体民事责任的认定和评估。该报告从侵权责任、合同责任一般原理相应切入,深入分析平台责任典型案例分析,为完善平台经营发展降低法律风险提出多项建设性意见。

"案例收藏夹"选取最新的 Impression Products, Inc. 诉 Lexmark International, Inc. 案,该案历经联邦地区法院、联邦巡回上诉法院,最终在美国最高法院尘埃落定。美国最高法院在判决中指出专利权用尽原则在销售地点方面并无地理差异,反对将售后限制应用于专利侵权诉讼中,明确专利权"绝对用尽"和"国际用尽"两项原则在美国的适用。本案最初讨论来源于"高新技术知识产权保护"课程中,感谢张平老师带领我们开拓思路,讨论该案说理论证过程、该案对专利权许可和销售带来的冲击,张赛磊等七名同学为翻译所作的付出在此一并感谢。

目 录

专题链接

大数据时代个人信息保护的立法选择
　　——积极利用还是消极限制 ………… 张　平　003

刑法侵犯个人信息犯罪及其司法解释的理解
　　与检讨 ……………………………… 刘德良　016

基于隐私权的个人信息保护路径研究
　　——以美国为研究视角 …………… 张凌寒　杜　婧　026

日本个人信息保护制度及其对中国的启示 ……… 西村洋　048

德国《联邦数据保护法》介绍 ……………………… 任文倩　060

学术 BBS

网络交易平台间接侵权之相关问题分析
　　——以利益平衡为中心的考量 ……………… 李一笑　073

论网络环境下合理使用一般条款
　　——兼评《著作权法送审稿》第43条第13款
　　………………………………………………… 石　丹　083

论代码的可规制性：计算法律学基础与
　　新发展 ……………………… 赵精武　丁海俊　097

网络环境下跨境版权侵权的法律冲突问题研究 … 阮开欣　113

互联网广告发布者的认定标准与责任配置
　　——兼评《互联网广告管理暂行办法》相关规定
　　………………………………………………… 王玉凯　127

论"通知—删除"规则的重构
　　——从版权到其他领域的思考 …… 秦　洋　盛星宇　145

互联网金融

中美网络投资者关系规制比较研究 ………………… 冯彦杰 163

慎思谨行:美国电商发展的财税法启示 ……………… 胡 翔 181

中国预付券/卡法律规制的完善
……………………………… 金大薰(KIM,DAE HOON) 191

"心由境生":互联网金融诈骗犯罪被害情境预防策略研究
——以北大法宝108件互联网金融诈骗案例为研究
样本 ………………………………………… 江耀炜 203

追踪研究

互联网技术创新专利观察报告(2016)
……… 北京大学互联网法律中心 中国科学技术法学会 223

互联网企业个人信息保护抽样测评报告(2017)
……… 北京大学互联网法律中心 中国科学技术法学会 232

网络平台民事责任研究报告
…………………… 周 辉 李仁睿 黄其杰 盛星宇 241

案例收藏夹

IMPRESSION PRODUCTS, INC.
诉 LEXMARK INTERNATIONAL, INC. …… 张赛磊等译 271

编者手记

网络法的进程与奋斗 ……………………………… 石丹 289

Contents

Topic Links

The legislative Choice of Personal Information Protection
   in the Age of Big Data
   —Positive Using or Negative Limitation
   ·· by Zhang Ping　(003)

The Understanding and Review of the Criminal
   Infringements of Personal Information and
   Relevant Judicial Interpretations ······ by Liu Deliang　(016)

The Research of Protection Method to Personal
   Information Based on the Privacy Right:
   from the Perspective of U. S. A.
   ································ by Zhang Linghan　Du Jing　(026)

Personal Information Protecting System in Japan
   and Its Inspiration Brought to That in China
   ······································· by Hiroshi Nishimura　(048)

The Introduction of The German Bundesdatenschutzgesetz
   ·· by Ren Wenqian　(060)

Academic BBS

Analyses of Several Problems about the Online
   Marketplaces' Indirect Liabilities: From the
   Perspective of Balance of Interests ······ by Li Yixiao　(073)

The Study on general provisions of fair use on the Internet
   —Comments on Article 43 Subsection(13) in Revision
   Draft of Copyright Law ···················· by Shi Dan　(083)

Regulation the code: The Foundation, Framework,
　　Limitation of Computation law ……………………………………
　　…………………… by Zhao Jingwu Ding Haijun　（097）

Study on Conflict of Laws Regarding Cross-Border
　　Copyright Infringement in the Internet
　　………………………………… by Ruan Kaixin　（113）

On the Identification Criterion and Liability of Internet
　　Advertisement Publisher: And Comments on the
　　Interim Measures to Regulate Internet Advertisement
　　…………………………………… by Wang Yukai　（127）

Reconstruction of "Notice-and-Takedown" Rule:
　　A Reflection from Copyright to Other Fields
　　………………………… by Qin Yang Sheng Xingyu　（145）

Internet Finance

Comparison Study of Internet Investor Relations Regulation
　　in the U. S. and China　…………… by Feng Yanjie　（163）

The Enlightenment of American Electronic Commerce
　　Taxation　……………………………… by Hu Xiang　（181）

On the Improvement of China's Legal Regulation of
　　Prepaid Coupons/cards　………… by Kim Dae Hoon　（191）

The Motive of Crime from the Situation: A Research on the
　　Strategy of Situational Internet Financial Fraud Crime
　　Prevention—Just Employs 108 Pieces of Internet
　　Financial Fraud Cases from the Magic Weapon of
　　Peking University as the Research Sample
　　………………………………… by Jiang Yaowei　（203）

Continued Research

Observation Report on China Internet Technology
 Innovation(2016) ·················· The Internet Law Center of
  Peking University/China Law Association on Science and
   Technology (223)

Review Standard of Personal Data Protection for
 Internet companies(2017) ········ The Internet Law Center of
  Peking Vniversity/China Law Association on
   Science and Technology (232)

Report on Civil Liability of Internet Platform ························
 by Zhou Hui Li Renrui Huang Qijie Sheng Xingyu (241)

Case Favorite

Impression Products, Inc. v. Lexmark International,
 Inc. Translation ················ by Zhang Sailei et al. (271)

Executive Editor's Postscript

Internet Law: Origins, Current Issues,
 and Future Possibilities ···················· by Shi Dan (289)

专题链接

大数据时代个人信息保护的立法选择
——积极利用还是消极限制*

张 平**

摘要：面对大数据洪流,不同的社会群体有不同的反应,经济学家认为这是一场商业革命,它打破了传统的经营模式,正以几何级数提升财富的积累。社会学家认为,大数据挖掘会伤害到人类对幸福的感知,电子信息无时无处不准确记录人们的行为轨迹,带给人们的是记忆的烦恼和不能被遗忘的担忧。法学家则形成两类观点:一种观点认为大数据时代个人信息的利用应该受到严格的控制,除传统的隐私保护外,互联网环境下人们更需要一种"不被打扰的权利";另一种观点是大数据的开发和利用是互联网经济的必然趋势,各国都在争夺数据资源,过多限制数据的利用会错失发展机会。我国刚刚颁布的《网络安全法》从基础设施安全角度出发对个人数据的利用和跨境传输做了限制性规定,而在《民法典草案》中,曾将数据信息作为一种新型权利客体,放在了知识产权项下,之后一稿又将其删除,足见对这一问题认识的不确定性。将数据信息作为一种积极趋利的权利还是一种消极保守的权利,立法者也在摇摆不定。本文从个人信息的法律属性出发,分析大数据时代利用数据信息的必然性及规范性,区分个人信息的人格权保护重点和个人信息数据库的财产权保护重点,探讨大数据时代平衡产业发展与个人信息保护的适度立法。

关键词：大数据　个人信息　隐私权

---

* 本文转载自《北京大学学报(哲学社会科学版)》2017年第3期。
** 张平,北京大学法学院雅虎方正讲席教授。

The legislative Choice of Personal Information Protection in the Age of Big Data
—Positive Using or Negative Limitation

Abstract: There are different reactions for different social groups in the flood current of big data. Economists believe that is a commercial revolution. It broke the traditional business model, and is accumulating wealth by geometric progression. Sociologists believe that big data mining will hurt the human perception of happiness. Big data accurately record the behaviors of people, it has bring the troubles for people to remember and not be forgotten concerns. Two kinds of views for Jurists: one is that using of personal information should be strict controlled in the era of big data, in addition to the traditional privacy protection under the Internet environment, people need a "not to be disturbed right"; another view is the development and utilization of big data is the inevitable trend of the Internet economy, all countries are competing for the resource data, it will miss the development opportunities if there are restrictions too much for using big data. Network Security Law of our country has just enacted, it gives some limitation for using of personal data and cross-border transmission from the perspective of infrastructure security restrictions. But In the "Civil Code Draft" last year, had the data as a new type of object in the intellectual property, and then deleted it after next version. This is sufficient to explain the uncertainty of the protection of personal information in the legislation. Should the individual data be a right of active using or should be a right strictly restricted using? Legislators are also swinging. This article analysis the legal property of personal information, the necessity and standardization of information using, explore the appropriate legislation on personal information protection.

Key words: big data, personal information, privacy right

大数据时代太快地向我们走来,以至于人们还没有认清楚它是"福"是"祸",就已经完全被大数据的洪流所推动,国家将大数据产业作为新的经济增长点,企业将大数据作为重要的商业资源。数据,已经渗透到每一个行业中,成为重要的生产因素。个性化精准广告推送已经成为主流的互联网广告模式。国家在大数据产业发展方面的各种利好政策也让数据产业方兴未艾。①

然而,作为大数据的主要贡献者——个人,尽管每天不胜其烦地接到骚扰电话、短信、邮件、莫名的上门服务,也已经接受了这样的现实,甚至也在享受大数据带来的好处,在出行、用餐、邮寄、上网搜索方面无不享受着精准服务带来的便利,而对于信息骚扰带来的烦恼,在无奈之下也只能期望采用技术措施加以屏蔽。

大数据带来的社会问题引起学术上的激烈争论。

经济学家们认为大数据已然成为国家之间、企业之间竞争的又一重要资源。大数据经济已经开始,"各种大量的数据进行不断地融合交汇再产生一些新数据,导致数据边际成本越来越低,边际效应越来越大,从而带来了新的经济形态。"②

社会学家担心大数据时代人们的幸福观受到影响。"对于人类而言,遗忘一直是常态,记忆是例外,然而,由于数据技术与全球网络的发展,这种平衡已经被打破。如今,往事像刺青一样刺在我们的数字皮肤上,遗忘,已经变成了例外,而记忆却成了常态。"③《大数据取舍之道》的作者进一步认为:"没有忘却的全息记忆将给人类带来巨大的负担,人们必须小心谨慎从事,担心那些不妥当的行为被永久记录","遗忘并不是令人困扰的缺陷,而是一种足以救命的优势","生物性的遗忘正是这样一种极为简单又优雅的忘却方式"。④ 大数据处理也会让人类失去学习的动力,人们不需要再努力记忆,任何事情都会在大数据中找到答案,也许有一天,人们不用辛苦地学习,只要选择需要的可穿戴设备或者生物芯片植入大脑既可以无障碍地运用大数据资料。

法学家从不同侧面有不同的观察,早期更多地是利用个人隐私、基本人权的保护制度来限制大数据应用与跨境数据传输,比如:WTO/GATS、OECD、APEC、美国、英国、德国等都通过制定成文法规制互联网或者电子商务中的隐私保护。近期受技术与产业的影响,意识到大数据的采集和流转已成不可阻挡之势,法律的责任是在维护基本权利之上如何促进产业发展,以美国为代表的国家开始把个人信息的利用市场化。

市场化应用个人信息使其保护更趋复杂化,电子商务利益之争的表象背后,尚存国家安全、信息安全、经济安全等多个深层次问题,也正是在这样的背景下,各国在这一问题上的态度不尽相同,每个国家都站在本国立场上进行立法选择,尤以美国和欧盟之间的利益博弈最为激烈和突出。

---

① 2016年3月,国家大数据(贵州)综合试验区被批准。目标是通过3—5年的时间,培育一批大数据骨干企业,推动经济转型升级。
② 上海社会科学院信息研究所信息安全研究中心主任惠志斌在"数据开放与发展纵横谈"论坛上的发言(2016,北京)。
③ 〔英〕维克多·迈尔-舍恩伯格:《删除:大数据取舍之道》,袁杰译,浙江人民出版社2013年版,页1。
④ 同上注,页142—149。

一、欧、美个人信息保护模式的分析

在个人信息利用上,欧盟与美国可谓是消极限制和积极利用的典型,二者采取不同的立法保护模式。

欧盟对个人信息的保护比较保守,从价值属性上看,更注重个人数据隐私的人权特性与社会价值,以人格保护为重点,采取的是一种全方位国家立法模式。从横向上看,其范围包括一般性使用和特殊性使用,基本上涵盖了所有数据主体,包括公务机关和非公务机关的使用行为都纳入了监管范围内;从纵向看,其行为包括数据的收集、使用、储存和删除等各个环节,从主体到行为的横纵结合保证了数据的全方位保护。在执行体制上,欧盟采取了以国家公权力监督为主导的自上而下的模式,设立国家数据保护机构——欧盟数据保护委员会(European Data Protection Board, EDPB),负责对企业或组织对数据处理的监督,对违法数据收集行为进行审计、调查、处罚和制裁,要求处理数据的企业或组织有专门的数据保护专员(Data Protection Officer, DPO),接受欧盟数据保护委员会管理,在企业或组织发生个人数据操作违规时承担相应的责任。在跨境数据传输问题上,欧盟强调"No privacy, No trade",在国际贸易中特别强调隐私权保护。

美国对个人信息采取了积极利用的态势,无论是学界还是实务界都有市场化的取向。美国更关注个人数据的经济特性和个人价值,采取分散立法模式,按照行业进行联邦立法(如通信、金融、教育、保险和儿童上网隐私等),没有专门的法典就该问题进行规制。在监管上采取行业自律的模式,这种做法更符合高效、便捷、与时俱进的市场需求。美国是信息技术最为发达的国家,其电子商务的发展居世界首位,在资料收集、信息处理上具有强大的优势,其在数据跨国流通中获益最大,是全球最大的数据进口国与数据出口国,故而从产业利益出发采取较为宽松的立法保护。在执行机制上,美国奉行数据使用者自律与个人自力救济相结合原则,以市场为主导、以行业自治为中心的数据隐私政策,尽量减少政府的干预,但是近年来,联邦贸易委员会(FTC)以及联邦通信委员会(FCC)也进行了大量的涉及个人信息保护的行政查处。由此,能看出其在鼓励自律自治前提下,政府也可以适当的介入。

正是由于上述差别,欧盟与美国在个人数据保护和利用上不断产生分歧。1998年,美国开始与欧盟就隐私保护的"安全港"原则(Safe Harbor Principles)进行协商,以保证数据的跨界流动。2000年7月,欧盟正式同意了美国商务部提出的"国际安全港隐私权原则",双方签订了所谓的"安全港"协议,该协议旨在达到欧盟所规定的个人数据信息保护的"适当性"程度,使公司或组织在满足"适当保护"标准时畅通数据信息的传输。该协议包括通知、选择、转送、安全、资料完整、渠道和执行等7项原则,在内容上比1998年公布的原则更为严格,充分体现了美欧在数据保护和数据传输方面的斗争与妥协。

"安全港"协议要求所有签字的公司或组织对其收集信息的种类、使用的目的以及可能透露给第三方信息时应当向"个人"提供"清晰和明显"的通知。如果信息准备披露给第三方或者用于不相关的目的,应当有渠道使得"个人"可以明示选择是否拒绝对其信息的收集。对于敏感信息的收集,必须经过"个人"明确表示同意。只有那些参加"安全港"或者签署保护数据合同的第三方,才可以接收传输的数据。参加的公司或组织必须保证"个人"可以获知有关他们的任何信息,并有机会改正、修改或者删除不准确的信息。⑤ "安全港"协议折衷处理了美国和欧盟之间隐私保护利益平衡,有利于美国公司一揽子解决在欧洲的数据业务,加入"安全港"协议的美国公司可不用逐个经"个人"授权而进行数据转移。

2016 年 5 月,欧盟实施更为严格的《一般数据保护法》(The EU General Data Protection Regulation, GDPR)。这部法律中规定:获取、处理他人的个人信息的"控制者"需要得到"个人"的明确同意,这种同意必须是自愿并且随时可以撤回。这部法律落实了之前由司法判例确立的"被遗忘权"的合法性。⑥ "被遗忘权"的判例曾经引起许多争议,最大的争议点在于这一判决可能会严重影响数据产业的发展。美国作为数据产业的强国以及互联网基础技术的控制者,不希望被欧洲法律所牵制,更不希望看到其他国家效仿欧盟法律。在欧盟率先废除了实施多年的美欧数据传输"安全港协议"之后,美国不得不再与欧盟签订新的"隐私盾协议"(Privacy Shield)⑦,以企业自愿的方式与欧洲妥协。隐私盾协议将欧美双方产业利益的争议掩盖在了协议之下,对其他国家则另当别论。"隐私盾协议"与之前的"安全港协议"最重要的差别是更加严格了个人信息再次转移给第三方的责任,对于在"隐私盾协议"下认证的那些机构再把数据转移给第三方时,无论第三方是否也是"隐私盾协议"认证的机构,必须把数据处理活动限制在数据主体同意的条款范围内,并使第三方遵守"隐私盾协议"认证机构要求承诺遵守的标准。

美国与欧盟在个人数据保护与跨境传输上的规则充分体现了国家利益和产业利益之争,其他国家无法完全效仿其协议内容,我们看到的是日本、韩国和我国的港澳台地区都小心翼翼地采取贸易保护主义的做法,防止个人信息无限制地传输到境外。

---

⑤ 信息来源于美欧安全港列表,⟨http://2016. export. gov/safeharbor/index. asp. ⟩,2016 年 12 月 4 日最后访问。

⑥ 判决书参见:⟨http://eur-lex. europa. eu/legal-content/EN/TXT/PDF/? uri = CELEX:62012CJ0131&qid = 1461468702602&from = EN⟩,2016 年 12 月 4 日最后访问。

⑦ 2016 年 2 月,欧盟委员会和美国商务部联合宣布他们达成了新的数据跨大西洋转移的协议——《欧美隐私盾协议》(EU-US Privacy Shield)。"隐私盾协议"原文参见⟨http://ec. europa. eu/justice/data-protection/files/factsheets/factsheet_eu-us_privacy_shield_en. pdf. ⟩,2016 年 12 月 4 日最后访问。

二、我国个人信息保护的法律追溯

我国对个人信息的保护散见于不同法律中,多以间接保护方式加以规定。我国《宪法》规定:"国家尊重和保障人权""公民的人格尊严不受侵犯""公民享有通信自由和通信秘密的权利""公民住宅不受侵犯"等;《民法通则》在人身权部分规定:"公民的人格尊严受法律保护";《刑法》规定:"非法搜查他人身体、住宅,或者非法侵入他人住宅""侵犯公民通信自由"等为犯罪行为;《民事诉讼法》规定:"对涉及个人隐私的案件应当不公开审理";《刑事诉讼法》规定"涉及个人隐私的案件不公开审理"。此外,在《妇女权益保护法》《执业医师法》《邮政法》《商业银行法》《律师法》《档案法》等也有间接规定。

我国法律中也有对个人信息保护问题进行的直接规定。《刑法》修正案(九)第286条之一:"网络服务提供者不履行法律、行政法规规定的信息网络安全管理义务,经监管部门责令采取改正措施而拒不改正,有下列情形之一的,处3年以下有期徒刑、拘役或者管制,并处或者单处罚金:(1)致使违法信息大量传播的;(2)致使用户信息泄露,造成严重后果的;(3)致使刑事案件证据灭失,情节严重的;(4)有其他严重情节的。

单位犯前款罪的,对单位判处罚金,并对其直接负责的主管人员和其他直接责任人员,依照前款的规定处罚。

有前两款行为,同时构成其他犯罪的,依照处罚较重的规定定罪处罚。"

我国《护照法》《身份证法》《消费者权益保护法》都有对"个人信息"保护的明确规定。2012年12月28日全国人民代表大会常务委员会颁布了《关于加强网络信息保护的决定》。该《决定》提出:主管机关、网络服务提供者和其他企事业单位应当采取有效措施保护个人数据,该《决定》还确定了收集、使用个人数据的基本原则,要求相关主体明示收集、使用信息的目的、方式和范围,并经被收集者同意。⑧ 2013年7月16日工信部《电信和互联网用户个人信息保护规定》,强调电信业务经营者、互联网信息服务提供者在收集数据时必须遵守"知情同意原则",强化了有关机构的数据安全保障义务,并明确了相应的责任形态。⑨

相比于其他国家和我国港澳台地区,我国内地尚没有一部对个人信息保护的专门立法和行政执法机构,在个人信息被严重侵害的时候,借助于《刑法》不足以及时制裁侵害人和有效补偿被侵害人。面对个人数据泄露、滥用堪忧的情况,最高人民法院发

---

⑧ 《全国人民代表大会常务委员会关于加强网络信息保护的决定》第2条。⟨http://www.npc.gov.cn/npc/xinwen/2012-12/29/content_1749526.htm⟩,2016年12月4日最后访问。

⑨ 工信部《电信和互联网用户个人信息保护规定》,⟨http://www.miit.gov.cn/n11293472/n11293877/n16381515/n16381547/16389765.html⟩,2016年12月4日最后访问。

布了《关于审理利用信息网络侵害人身权益民事纠纷案件适用法律若干问题的规定》司法解释,力争弥补成文法的滞后性。⑩

三、个人信息的法律属性讨论

我国现阶段涉及个人信息保护的法律渊源基本上来自对隐私权的保护。但是隐私和个人信息在概念上有很大不同。隐私的范围相对比较明确,凡是个人不愿意公开披露且不涉及公共利益的部分都可以成为个人隐私,出于对人格利益特殊保护的需要,隐私权是一种消极的、防御性的权利,其属性更是一种精神权利,尽管贩卖他人隐私内容同样可以营利(不论是本人还是他人),隐私的财产属性还是不被认可。

个人信息保护较于隐私权保护而言需要考虑的价值维度更为多元,包括人格权、数据经济的发展、国家安全等。现代意义上的个人信息保护本质属于个人信息数据库的保护,其包含资金投入、信息处理的全过程(包含事前、事中、与事后)数据及数据库的利用规则、利益分配等。在大数据时代,隐私权与个人信息保护之间有着不同的保护内涵以及法律定位,但是,在一些国际组织规则和国家立法名称上仍然将"隐私"与"个人信息"通用,在全球电子商务环境下,实务界多以隐私政策合规来考量个人信息的保护水平,网站上的隐私保护协议以及各类隐私认证机构也都包含个人信息保护的内容,从广义上说,特别是涉及电子商务数据处理时两者有同一所指的倾向。

目前对个人信息的定义有诸多争议,但基本共识是:个人信息是指能够单一或者组合之后识别特定个人的一切信息,包括姓名、年龄、体重、档案、医疗记录、收入、家庭住址、电话号码、汽车发动机号、电脑序列号,甚至是行走路线、消费习惯、上网浏览记录等。个人信息最基本的特征是具有识别性,不论是直接的还是间接的、单一信息抑或组合信息,只要能够判断出特定个人的信息即认为属于个人信息;个人信息的主体为个人,即为自然人,社会组织、法人的数据信息不属于个人信息范畴;个人信息包含个人隐私,兼有人格权与财产权双重属性。

关于个人信息的法律属性目前学界有三种主流学说:

一是隐私权客体说,该学说认为个人信息即"数据隐私"(data privacy)属于隐私利益中的内容,数据隐私强调对个人数据的控制与利用。此种保护模式主要是基于美国法语境下的"隐私"概念,其将"隐私"作为"隐私权"进行保护,这一观念也为我国一些学者所支持。⑪

二是人格权客体说,该学说主要为大陆法系国家如德国、法国所采用,认为在人格

---

⑩ 《最高人民法院关于审理利用信息网络侵害人身权益民事纠纷案件适用法律若干问题的规定》,〈http://www.chinacourt.org/law/detail/2014/08/id/147944.shtml.〉,2016年12月4日最后访问。

⑪ 陈红:"个人信息保护的法律问题研究",载《浙江学刊》2008年第3期。

权框架下对个人信息进行保护是有效的。⑫"个人信息的收集、处理或利用直接关系到个人信息本人的人格尊严"⑬,主张个人信息置在人格权框架下进行保护比较合适。

三是所有权客体说,该学说认为个人信息是一种财产利益,个人对数据享有占有、使用、收益、处分的权利。⑭该学说以美国波斯纳法官的隐私经济学理论为主要代表,也被我国一些学者所主张,认为应当对个人信息采取财产权保护。⑮

除此之外,还有资料权客体说⑯、法益说⑰等。

笔者认为上述几种学说均有其合理性,个人信息本质上是人格主体的自由表达,个人信息虽有直接和间接之分,但固定指向具体的个人使得信息具有特定的人格属性在学界并无争议。个人信息所具有的财产属性也已成为现实,信息在特定的情形下进行交易并流通是未来大数据产业的基础。但是上述学说中也有其局限性,即他们都将个人信息的财产权与个人信息数据库的财产权混同为一个概念,实际上大数据产业基于的数据是海量数据的集合,绝非单个个人的几条信息,单纯的个人信息不足以称为资源(名人的信息除外),只有大数据才有可挖掘的价值和不断衍生出新的商业服务模式的可能。所以,笔者认为,个人信息的属性应当以人格属性为主导地位,其财产价值依附于人格属性之下,保护人格权是第一位的,财产权是第二位的;而个人信息数据库则应当以财产权属性为主导,经过收集、加工、处理之后的个人信息数据库其权利属性发生了变化,无论是政府、社会组织还是商人收集到的个人信息在经过去识别化后即让这些数据库转变为具有财产属性的数据财富,应当鼓励数据库的市场化运行,而这些数据库的主体也发生了变化,由个体数据主体变为投资人数据主体。

四、积极利用抑或消极限制的考量

当前对个人信息的保护,呈现出积极利用与消极保护互为补充的态势,其表现如下:

1. 公法与私法的共同作用

在法学公私二元区分的背景下,学者对二者的侧重点有所差异。从公法角度出发的欧盟学者们多关注大数据对法律制度本身所带来冲击,以及数据制度对公权力行使及私权利保护所带来的影响。正如有学者提到"大数据技术的广泛应用实际上正重塑

---

⑫ 王利明:"论个人信息权的法律保护——以个人信息权与隐私权的界分为中心",载《现代法学》2013年第4期;王秀哲:"信息社会个人咨询隐私权的法保护",载《徐州师范大学学报》2005年第5期。

⑬ 齐爱民:"个人信息保护法研究",载《河北法学》2008年第4期。

⑭ 刘德良:"个人信息的财产权保护",载《法学研究》2007年第3期;汤擎:"试论个人数据与相关法律的关系",载《华东政法学院学报》2000年第5期。

⑮ 刘德良:"个人信息的财产权保护",载《法学研究》2007年第3期。

⑯ 张素华:"个人信息商业运用的法律保护",载《苏州大学学报》2005年第2期。

⑰ 王晓芬:"个人信息的法律属性及私权保护模式探究",载《河南财经政法大学学报》2016年第5期。

着整个法律体系运作于其中的社会空间,改变着大数据掌控者(包括国家和商业机构)与公民个人之间的权力关系,并创造出许多无需借助法律的社会控制方式,大数据技术使个人变得越来越透明,而权力行使者却变得越来越隐秘"[18]。可见,公法角度下的个人信息保护立法上多侧重于对政府、公共机构收集公民的个人信息的限制问题。

从私法角度来看,美国学者们更多关注数据信息的权利属性,倾向于人格权属性的观点要求限制数据处理者对个人信息的无节制利用,倾向于财产权属性的观点强化个人信息的商业化利用及人格权商业化利用的财产收益。

世界上多数国家以隐私权保护为原点展开其个人信息的法律保护,其救济路径由纯粹的事后救济(司法救济)转变为事前(行政救济与行业测评等)与事后配合的二元救济模式,其中反映出公法与私法共同作用的趋势。

2. 人身权与财产权双元保护

美国哈佛大学的 Lawrence Lessig 教授早在 20 世纪末就提出了数据市场化的主张,他认为纯粹的合同路径与侵权路径并不符合数据经济的需求,应当赋权解决。一旦数据作为财产被承认,数据使用者就会有动力与数据主体议价,在一定程度上会改变用户在数据市场持续被忽视的境地,使得所有者获得动力。[19]

观察最新的司法判决,目前涉及数据利用的司法判决仍多聚焦于是否侵犯隐私权问题上,数据财产化仅仅作为一种理论被提及。[20] 分别强调人格权与财产权争议的背后所反映的是以人格尊严为核心的隐私权保护模式抑或是以实现经济目为起点的财产权保护模式的选择问题。我国同样有学者建议针对个人信息的自我利用,提倡个人信息财产权,将个人对信息的处分取得利益的可能性予以权利化,以此与人身权相区分,并纳入民法财产权利体系予以调整。[21] 但是在诸多按照财产利益处理的案件中均无法有效分配所有被侵害个人的赔偿费用,商业机构利用个人数据获得的所谓"非法利益"具体到每一个人所得到的赔偿数额少得可怜(几条信息的价值),以至于"个人"少有动力通过司法途径主张财产权,倒是消费者权益保护机构或者是行政监督机构在接到投诉之后提起的诉讼很多,但多以对非法利用者处以罚款为最后的结果。[22] 可见,简单的设计个人信息财产权保护制度很有可能形同虚设,而根据具体情况,分别予以个人信息人格权与个人信息数据库财产权双元保护更为符合价值取向和市场规律。

---

[18] 郑戈:"在鼓励创新与保护人权之间——法律如何回应大数据技术革新的挑战",载《探索与争鸣》2016 年第 7 期。

[19] 参见 Lawrence Lessig, Code and Other Laws of Cyberspace, Basic Books.(1999)。

[20] 参见 Matthew K. Downing v. Globe Direct LLC. 以及朱某诉百度案,江苏省南京市中级人民法院民事判决书(2014)宁民终字第 5028 号。

[21] 参见刘德良:《论个人信息的财产权保护》,北京人民法院出版社 2008 年版。

[22] "凤凰科技,AT&T 收 2500 万美元创纪录罚单:因泄露近 28 万客户数据",〈http://www.chinaz.com/news/2015/0409/397059.shtml〉,2016 年 12 月 4 日最后访问。

3. 产业利益之争

欧美在个人信息保护的立法分歧本质上是一种产业利益之争。正因为欧洲没有发达的互联网服务产业,故而以设立严格的隐私权或者个人信息保护为由限制美国的互联网企业(谷歌在欧洲法院败诉,让谷歌在提供搜索引擎服务时承担更严格的审查义务)。[23]

欧盟对侵犯个人数据的行为处罚措施十分严格,包括禁令救济,对公司工作场所和数据处理设施的稽查和调查,数额巨大的罚款,以及对于特大违法行为的刑事责任处罚等。除此之外,欧盟数据保护机构对侵犯个人数据的公司予以曝光,增大惩戒力度。近年来,欧盟官方认为美国谷歌公司、苹果公司等搜索引擎与移动设备服务供应商通过提供服务非法获取、侵犯公民个人数据,曾多次表态要加强对有关企业的监管。而谷歌、苹果等企业也在对欧盟立法机构开展游说公关,以减轻可能面临的执法压力[24]。美国政府亦出面为其企业进行整体谈判以获得欧洲市场,在美国国内则通过出台一系列文件[25],系统阐述了美国政府大数据战略,以政策与相关法案构建了其隐私权保护的基本框架,保持美国在大数据经济中处于领先地位。

4. 国家安全之争

法国大法官路易·儒瓦内在1977年经济合作与发展组织(OECD)隐私大会上提到,"信息是一种实力,经济信息是经济实力的代表。信息具有经济价值,一国对于某些类别数据的存储和处理的能力能够赋予一国相对于他国的政治和技术上的优势。反过来,跨国数据转移却会导致一国国家主权的丧失"[26]。当前各国有关个人信息保护的立法尽管都在私法范围之内,但是涉及跨境数据传输时都必然要考虑到国家安全问题,各国都试图在跨境数据传输上采取双重标准,一方面自己尽可能抓取他国的数据,但又尽可能避免自己的数据外流,跨境数据传输问题看似是私法问题,其实涉及数据主权与数据资源的争夺,过分开放的数据流动政策显然不利于国家安全,这也是为何欧盟一直竭力主导跨欧美跨境数据流动的各类协议。欧美在个人数据保护方面的

---

[23] 案件来源〈http://www.36dsj.com/archives/18240〉,2016年12月4日最后访问。

[24] 李明:"大数据时代的美国隐私权保护制度",载《互联网金融与法律》2014年第1期。

[25] 此处仅列出几份文件,其他可在白宫官方网站上搜索:
1. Big Data: Seizing Opportunities, Preserving Values, Executive Office of the President, May 2014。
2. Big Data: A Report on Algorithmic Systems, Opportunity, and Civil Rights, Executive Office of the President, May 2016。
3. White House Office of Science and Technology Policy, Request for Information on the Future of Artificial Intelligence, Dec 2016。

[26] Statement of Louis Joinet, French Magistrate of Justice, Remarks before the Organization for Economic Cooperation and Development Symposium on Transborder Data Flows and the Protection of Privacy, in Vienna, Austria (Sept. 1977),〈http://law.emory.edu/elj/elj-online/volume-64/responses/data-nationalism-its-discontents.html〉。

矛盾是欧美企业间的矛盾,归根到底还是国家数据主权与经济实力的斗争。这场较量将是一个持久战,谁在经济上最终战胜对方,谁就获得了主动权和更多的回旋余地。

五、个人信息保护的中国路径

(一)区分个人信息人格权与个人信息数据库财产权

在过分侧重人格化的欧洲保护模式以及强调个人信息商业化利用的美国模式之间,我国在立法取向上应当综合借鉴,特别是应当看到互联网产业和人工智能技术的发展,大数据应用无时无处不在,商业机构在将数据去识别化之后的再应用已不可控制,单个人对其数据提出保护要求几乎不可能获得有效的财产权救济,在这种情况下,对个人信息的立法保护重点应放在"个人"基本人格权的保护以及加工过的个人信息数据库财产权的保护。个人信息保护的消极限制(仅限于人格权保护)与积极利用(鼓励财产权行使)本质上是多重因素作用的选择问题。当前大数据时代的个人信息生态系统及流转方式,显然无法适应新业态的发展需求,我们应当重新审视个人信息保护的规则及秩序,构建平衡产业发展与个人信息保护的新思路。借鉴欧盟和美国的经验,无论是采取信息财产权的积极利用还是人格权消极保护,这场战争背后的制度逻辑在于如何更好地将个人信息保护置于一部国家的法律体系中且需要与国家的政治、经济需求相契合,个人信息保护的立法初衷应当是:为避免大规模数据处理对个人的权益及自主性造成损害,首先应当保证个人的基本人格权,之后应当顺应技术与产业发展趋势,在个人信息去识别化后允许数据的再加工和利用,对于去识别化后的数据库给予财产权保护。

(二)禁止溯源制度

在个人信息的分类模式上应当重新考量。传统意义上的敏感与非敏感数据保护模式显然不符合大数据时代需求,个人信息应当区分为三个层次。第一项是私人隐私信息,这部分因彰显自然人人格属性应当得到格外的关注和重视,例如犯罪记录、指纹信息,人脸识别等;第二项是个人间接信息,需要经过分析加工后可定位到个人,例如:购物信息、聊天记录、行走路线等。第三项是加工信息[22],这部分信息经过加工后很难识别出个人的信息,例如:大数据分析报告中将大量的原始信息脱敏处理形成的分类数据库,这部分信息很难与信息原始主体形成一一对应的关系,事实上,数据财产化与人格化争议的核心就在此类数据库上,数据库加工过程中原始数据主体多不知情,企业完全可以自我操控,但这些经过去识别化的数据企业也有技术能力还原,一旦还原又很容易识别出"个人",所以,法律应当对这类数据库加工者苛以较为严苛的限制,禁

---

[22] 有学者称其为衍生信息,参见:杨立新:"民法总则草案对权利客体规定的重要价值",〈http://www.legaldaily.com.cn/fxjy/content/2016-08/24/content_6776089.htm? node = 83328〉,2016 年 12 月 4 日最后访问。

止任意溯源。最新修订的《日本个人信息保护法》以匿名化为起点进行保护,匿名加工信息是指对不能识别特定个人的信息进行加工而且该加工过的个人信息也不能复原并追溯到个人。㉘ 我国个人信息保护应当以信息处理匿名化为基点重新构造,以数据的不可追溯为核心。

(三)国家设立行政监管机构以及商业机构设立隐私官制度

在监管体制上我国需要设立相应的行政执法机构。采用刑法、民法对个人信息保护都有时间上的局限性,对恶意侵权事件不能有效快速地制止,纵观各国立法,都有较强的行政监管体制发挥作用。日本设立个人数据保护委员会,韩国个人数据保护法中专门设置了纠纷调解委员会:通过简单的调解程序,可以采取停止侵害行为、恢复原状等相关措施。韩国个人信息纠纷调解委员会也可以解决损害赔偿问题,在一定程度上保证了纠纷解决的高效便捷。㉙ 美国的 FTC 有权制止企业的不公正和欺瞒行为,可以发出禁止、排除命令,制裁罚款等,欧盟的数据保护委员会,作为独立的行政机关监督个人信息保护的全过程。

商业机构的隐私风险并非产生于个人信息收集之初,多集中在使用环节,即使类似的信息因为使用场景的差异也会带来完全不同的结果,因此未来的信息立法应当更加重视信息使用阶段的监管。隐私保护官的设立对于商业机构非常必要。美国多数大型公司都设立首席隐私执行官,对公司的隐私保护执行政策进行评估。德国法律要求对其商业机构设立数据保护顾问。数据保护顾问的职责包括:对隐私事项检查、数据信息登记、监督数据处理活动等内容,数据保护顾问起到内部监管作用,同时德国联邦设立了数据监管机构,其主要监督《德国联邦数据保护法》以及其他涉及个人数据的使用和处理的法规的执行,并对数据保护顾问进行监督,在必要的时候提供援助。我国应当考虑设立个人信息保护官(隐私官)制度,完善商业机构的数据问责制。

(四)完善行业自律

在法律尚不完善之时,倡导行业自律有助于创造基本有序的产业环境,即使法律已经健全,倡导自律自治也非常便捷和高效。美国的非营利性网络隐私认证机构 TRUSTe、BBB online(Better Business Bureaus online)实行网络隐私认证计划,对企业的隐私保护随时进行测评。我国尚没有专门的行业自律规范,即使在《中国互联网行业自律公约》中也没有明确约定。为了增强我国互联网企业保护个人信息的意识,促进互联网企业遵守基本的法律规范和商业道德,引导互联网企业制定更加规范的个人信息保护政策,2014 年,北京大学法学院互联网法律中心以独立的民间学术机构发布了

㉘ 资料来源于笔者与日本学者的学术交流文献,《日本个人数据保护法》第 2 条第 9、10 款、第 36—39 条。

㉙ 资料来源:〈http://koreanlii.or.kr/w/images/0/0e/KoreanDPAct2011.pdf〉第 47 条(纠纷的调解),2016 年 12 月 4 日最后访问。

《互联网企业个人信息保护测评标准》(双语版),确立了互联网企业在个人信息处理(收集、使用、转移和删除)上应当遵循的基本原则:(1)知情同意原则(Principle of informed consent);(2)合法必要原则(Principle of legality and necessity);(3)目的正当原则(Principle of valid purposes);(4)质量保证原则(Principle of quality assurance);(5)用户参与原则(Principle of user participation);(6)安全保障原则(Principle of security)。[30] 2015年,互联网法律中心根据测评标准对50家国内外互联网企业的个人信息保护状况进行了产品体验和测评。从测评结果看,我国互联网企业对个人信息的整体保护处于中下水平,个别企业有政策无保护,有些企业甚至完全空白,连形式上的隐私政策也没有。个人信息保护是前所未有的新的法律概念,在立法不完善之时,行业自律的作用不可忽视。希望我国的行业机构尽早建立民间的监管机制。

大数据应用的立法规制远不是当年隐私保护的初衷,到了一个形式上是产业利益竞争、实质上是国家安全控制的新阶段。每个国家在立法上都"各揣心腹事",立法者在个人信息保护和自由高效发展大数据产业之间必须做出智慧的选择。

---

[30] 参见北京大学法学院互联网法律中心网站:⟨http://www.pkunetlaw.cn/xm_list_all.aspx⟩,2016年12月4日最后访问。

刑法侵犯个人信息犯罪及其司法解释的理解与检讨

刘德良

摘要：本文紧紧围绕大数据技术背景，运用纵向历史分析、横向国别法律对比方法，以问题提出、原因探析、解决对策为整体思路，全面、深入地探讨了大数据技术背景下个人信息刑法保护问题。本文结合对个人信息保护认识的辩证视野，突出强调个人信息保护对象应具有"可识别性"，而非"关联性"；在现有司法解释等规定里，应协调、平衡好个人信息的商业价值与个人隐私之间、个人隐私与公众知情权、舆论监督权之间的关系；明晰不同性质个人信息的刑法保护侧重，区分其中的人身权利和财产权利。最后，本文建议从隐私犯罪纳入人身权利罪一章、侵犯个人信息商业价值行为纳入侵犯财产罪、滥用个人信息行为纳入妨害社会管理秩序罪等三方面完善个人信息犯罪的相关规定。

关键词：个人信息　个人信息犯罪　公众知情权

The Understanding and Review of the Criminal Infringements of Personal Information and Relevant Judicial Interpretations

Abstract: This paper focusing on the background of big data technology, using the methods of historical analysis, horizontal country comparison, with the

---

* 本文转载自"网络与法律对话沙龙"第三十一期：侵犯个人信息犯罪及其司法解释的理解与检讨。感谢刘德良老师提供稿件。

** 刘德良，亚太网络法律研究中心主任、北京师范大学法学院教授。

whole idea of the problem definition, the reasons for the problem and the problem solutions, comprehensively investigates personal information's criminal law protection under the background of big data technology. This paper holding the dialectical vision to understand the problem of personal information protection, highlights that the object of personal information protection should be "identifiable" rather than "relevant"; existing judicial interpretation and other provisions should coordinate and balance the relationships between personal information's business value, the rights of individual privacy and the right of public knowing; the criminal law protection should make a distinction between personal rights and property rights according to nature of personal information. Finally, this article proposes to improve the personal information's crime law protection from the following three aspects: adding personal information crime into the personal rights crime; adding violation behavior upon personal information commercial property into the crime of infringing property; adding the abuse of personal information into the crime of obstruction of social management.

Key words: personal information, criminal infringements of personal information, the right of public knowing.

2017年5月9日,最高人民法院和最高人民检察院发布了《关于办理侵犯公民个人信息刑事案件适用法律若干问题的解释》(以下简称《司法解释》),对《刑法》第253条的实际适用提供了明确的依据,具有指导意义。但是,由于个人信息的保护并不仅仅是一个简单的法律问题,它还涉及诸如公众的知情权、舆论监督等诸多因素,同时与信息技术密切相关。因此,无论是包括刑法在内的立法,还是该司法解释应该会存在一些值得进一步改进和完善的地方。本文主要从个人信息的定义入手,对《刑法》第253条侵犯个人信息犯罪以及两高的司法解释作出分析,最后从公众知情权与个人信息保护平衡的角度对未来立法的修改提出建议。

一、个人信息的定义

《司法解释》第1条:"刑法第253条之一规定的'公民个人信息',是指以电子或者其他方式记录的能够单独或者与其他信息结合识别特定自然人身份或者反映特定自然人活动情况的各种信息,包括姓名、身份证件号码、通信联系方式、住址、账号密码、财产状况、行踪轨迹等。"

上述规定对个人信息的界定不符合学术界对个人信息的一般理解,尤其是它把反映自然人活动情况的各种信息也纳入到个人信息的范畴,混淆"个人信息"和"与个有关的信息"，不当地扩大了个人信息的范围。理论上，个人信息只能是能够识别出某一特定自然人身份的信息，"身份的可识别性"是个人信息概念的核心。而"反映自然人活动情况的各种信息"则属于"与人有关的信息"，它并不强调"可识别性"，而是强调"关联性"。因此，该解释把个人信息界定为身份识别信息和反映个人活动情况的各种信息的做法不符合理论上一般对个人信息的理解和界定，不当地扩大了个人信息的范围。

值得注意的是，虽然理论上将个人信息界定为"据此能够直接或间接识别出某一特定自然人身份的信息或信息的组合"①基本上没有太大的争议，但是，实际上在某个特定情形下判断某些数据或信息是不是个人信息时往往容易出现偏差。这是因为能否识别往往是与识别的主体、识别的技术或手段有关的，这就是个人信息定义中"识别"的相对性。

所谓识别的相对性，是指作为识别的主体，他/她之前是否对被识别人熟悉或认识；对于一个之前熟悉或认识的人来说，一看到某些信息（如照片或声音）就可以直接识别出某个特定的人，或者将其与某个特定的自然人联系在一起；而同样的信息，如果之前不熟悉或不认识的，可能就不会据此识别出某个特定的自然人，或者不会将该信息与某个特定的自然人联系起来。另外，利用人眼识别不出来的，可以利用计算机或人工智能技术识别出来；在大数据技术出现之后，信息识别可能不会存在问题了。

尤其值得注意的是，在互联网背景下，个人信息是碎片化（以数据形式）存在的，它是由 N 个数据片断组合而成的，N 个片断的组合在一起（整体）才是某个人的个人信息，那么即使是 N-1 个片断的，也不是完整的，由于不能识别出特定自然人，也就不是个人信息。个人信息是能够直接或间接识别出一个人的信息或信息的组合，所以，任何不能识别出特定自然人身份的 N-M 就不是个人信息。同时，个人信息在网络环境下也是动态存在的，即在不同的使用网络（购物、浏览网页等）条件下每个人的个人信息是不尽相同的。因此，在此次司法解释的条文中，所涉及的财务信息、账号、行为轨迹等内容，如果仅仅是这些"信息"（准确地讲，应该被称作"数据"）本身，由于它们不能识别出特定自然人，所以根本不是个人信息；如果是除了这些数据之外还有其他诸如身份证号码、姓名等信息的话，这些信息组合在一起可以构成某"个人"的财务信息或者行为轨迹。

现在商家通过互联网所收集的消费者的消费偏好等数据，尽管被公众称为个人信息，实际上并非学术讨论中的个人信息，只能认定为与个人有关的数据。对于商家而言，其并不关心消费者是谁，其真正关心的是消费者的消费偏好，因为消费偏好有利于其进行针对性的营销。

值得注意的是，在大数据技术出现之前，我们界定个人信息不仅具有重大的理论

---

① 刘德良："个人信息的财产权保护"，载《法学研究》2007 年第 3 期。

意义,还具有重要的现实意义。但是,在大数据时代背景下,对个人信息下定义也就仅仅具有理论意义了,其现实意义已经所剩无几了。这是因为,只要有足够多的数据,就一定能够识别出特定的自然人。这就意味着在大数据时代的今天,乃至未来,我们之前关注个人信息的识别性特征已经失去了意义,即我们的理论和立法更应该关注对个人信息的利用环节,而不是收集和加工环节。换言之,收集、加工或处理的目的就是利用,而这些难以发现和规范的收集、加工或处理阶段只是利用前的过程,利用才是目的;也只有利用才会对主体构成伤害或消极影响。因此,在大数据背景下,立法更应该关注的是对数据的利用,而不应是利用前的收集和提供环节。

二、侵犯个人信息犯罪的现状及其分析

《刑法》第253条之一规定:"违反国家有关规定,向他人出售或者提供公民个人信息,情节严重的,处3年以下有期徒刑或者拘役,并处或者单处罚金;情节特别严重的,处3年以上7年以下有期徒刑,并处罚金。

违反国家有关规定,将在履行职责或者提供服务过程中获得的公民个人信息,出售或者提供给他人的,依照前款的规定从重处罚。

窃取或者以其他方法非法获取公民个人信息的,依照第1款的规定处罚。

单位犯前三款罪的,对单位判处罚金,并对其直接负责的主管人员和其他直接责任人员,依照各该款的规定处罚。"

自该规定颁布以来,全国进入法院的有关案件和判刑的人数分别是1464件和2112人。[②] 这些数字说明现行有关个人信息法律保护制度的实施效果很差,缺乏可操作性。实际上,与天文数量级别的所谓个人信息泄露数字相比,这些案件数量几乎可以忽略不计。我们每个人都会遇到很多次所谓的个人信息泄露,从升学、找工作,再到买房、租房等都会遇到个人信息泄露的问题,比如,我们每天都会接到很多垃圾短信和骚扰电话。但事实上,这些个人信息泄露问题几乎没有被公安发现,没有被作为刑事案件立案、侦查和起诉到法院。因为实践中,对于受害人个人的报案,公安机关往往既不立案也不给予答复。除非出现引起社会的强烈关注的事件,否则公安机关一般是不会主动介入此类案件。这点可以从既有的案例中得到印证。因此,《司法解释》的出台,虽然显示出政府严肃处理个人信息犯罪的立场,但仅仅凭借《司法解释》是无法改变这种现状的,如何真正将案件纳入司法程序值得进一步思考。

1. "提供"与"出售"

针对《刑法》第253条之一,从逻辑和语义上看,立法者试图把"提供"和"出售"区

[②] 参见最高人民法院和最高人民检察院:"关于举办〈办理侵犯公民个人信息刑事案件适用法律若干问题的解释〉的新闻发布会",〈http://www.chinacourt.org/article/subjectdetail/id/MzAwNEivMoABAA==.shtml〉,2017年6月13日最后访问。

别开来,说明二者确实是有区别的。实际上,出售是以营利为目的的行为,而提供则不是基于营利目的。

《司法解释》第3条第1款规定:"向特定人提供公民个人信息,以及通过信息网络或者其他途径发布公民个人信息的,应当认定为刑法第253条之一规定的'提供公民个人信息'。"显然,《司法解释》的这条规定忽略了很多基于知情权和舆论监督目的在网络上公开严重违法、违纪行为人的有关个人信息的正当性、合理性和必要性。如果将这条解释付诸实施的话,可能会影响社会公众在网络上公开政府官员违法违纪的相关信息,不利于我国反腐倡廉政策以及国民的检举揭发权利的实现,这无异于向贪官污吏提供法律上的庇护伞。据此,网络上所谓的"人肉搜索"行为就是违反刑法的行为,很可能被作为犯罪来追究刑事责任。

从刑法理论上讲,行为人的主观目的不仅会影响行为的性质认定,而且也会对刑事责任的适用产生影响。从行为的目的上看,如果仅仅是提供行为,其目的又具有合理性,比如向媒体采访者、或者应当事人的同学、朋友索要提供电话号码以便采访、联系需要,那么,即使未征得当事人的同意,也不具有可责性,更谈不上可罚性。从罚金刑适用的理念来看,其主要是针对财产性犯罪的。因此,即使要对提供行为定罪,也不能适用罚金,而对于出售行为,则可以适用罚金刑。显然,《司法解释》未做上述区分的做法是值得商榷的。

2. 以其他方法非法获取公民个人信息

《司法解释》第4条规定:"违反国家有关规定,通过购买、收受、交换等方式获取公民个人信息,或者在履行职责、提供服务过程中收集公民个人信息的,属于刑法第253条之一第3款规定的'以其他方法非法获取公民个人信息'。"

实践中,互联网企业可能会利用合同条款分享其所收集到的个人数据,还有在企业的合并、分立等都会涉及数据的"收受""交换"。在互联网企业领域,通过格式合同条款或者隐私政策条款对用户数据(可能包含个人信息)的分享做出规定较为常见。一般而言,用户不会关注格式合同条款内容,其同意和知情实际上不具有真实意义。正因为如此,互联网企业倾向于通过合同条款对分享用户的个人信息(数据)进行规定。按照上述司法解释,互联网企业之间对基于格式合同获取的个人信息(数据)相互分享行为是可能会由此受到调整,而被认定为"以其他方法非法获取公民个人信息"的行为。这不仅对互联网产业的发展是一个极大的打击,也会对我国大数据战略的实施带来法律障碍。未来该《司法解释》如何在互联网环境下适用,值得关注。

3. 侵犯个人信息犯罪与利用个人信息实施诈骗罪、盗窃罪等罪之间的竞合

现实中,对于那些明知他人利用这些个人信息实施诸如诈骗、盗窃、绑架等犯罪而仍然出售个人信息的,究竟应该如何适用刑法是一个值得思考的问题。从刑法理论上看,它属于一个行为、两个目的、触犯两个法条,两个罪名,属于想象的竞合犯。因此,

应该按照从一重罪处罚。对于那些在非法获取个人信息后又实施诈骗、绑架、盗窃等行为的犯罪嫌疑人，按照刑法理论上的牵连犯③处理，从一重罪论处。

此外，对于其他的非法提供或出售个人信息行为的，被他人购买或获得后实施诈骗、绑架、盗窃等犯罪的，二者之间看似有关联，即所谓的"没有提供（出售）个人信息给嫌疑人，嫌疑人则无法实施犯罪，受害人也不会因此遭受诈骗、盗窃、绑架等"。上述推论貌似合理，尤其是在特定的案件中，似乎更具有说服力，但这种所谓的关联只是一种臆想，在具体案例上是一种巧合。本文之所以认定上述推论是一种臆想，主要在于其逻辑上存在问题。理论上，受害人能否受骗、被盗或被绑架，除了加害人（利用其个人信息）外，还与受害人本人的安全防范意识、法律对诈骗罪处罚的轻重等因素有关。对于安全观念和防范意识强的人，即使是精准诈骗，亦难以得逞，而对于安全观念和防范意识弱的人，即使非精准诈骗，亦可能得逞。另外，如果刑法对诈骗罪、盗窃罪等量刑层级也可能会影响犯罪目的的实现。简言之，某种诈骗、盗窃、绑架等犯罪行为是否得逞，除了与加害人一方（利用个人信息实施加害行为）的因素有关外，还与被害人一方（安全防范意识等）、刑法对诈骗罪、盗窃罪等犯罪的处罚轻重有关。所以，犯罪结果的实现可能是多因一果的过程，不能忽略其中被害人一方的（安全防范意识等）因素以及刑法对有关犯罪量刑的规范，以偏概全；否则，不利于预防和减少犯罪行为的发生。毕竟，加强受害人的安全防范意识教育是防止和减少此类犯罪的重要因素；刑法对诈骗罪、盗窃罪等有关犯罪的规范也会影响所谓的"利用个人信息实施精准犯罪"的实施与否。

4. 违反国家有关规定

《司法解释》第2条规定："违反法律、行政法规、部门规章有关公民个人信息保护的规定的，应当认定为刑法第253条之一规定的'违反国家有关规定'。"

本文认为，将"部门规章"也视为"违反国家规定"的做法存在以下问题：其一，违反了《刑法》第96条的规定。按照《刑法》第96条之规定，"本法所称违反国家规定，是指违反全国人民代表大会及其常务委员会制定的法律和决定，国务院制定的行政法规、规定的行政措施、发布的决定和命令。"从第253条之一来看，其字面上"违反国家有关规定"，而非"违反国家规定"，即《刑法》第253条之一多出了"有关"二字。理论上，"国家有关规定"和"国家规定"应该是没有区别的。这里，《司法解释》第2条规定"法律、行政法规"是没有问题的，但将部门规章纳入其中可能有越权解释之嫌。其二，法理上，"罪刑法定"是现代国家刑罚的基本原则。这里的"法"定主义，只能做狭义理解，而不能做广义上理解。如果将违反部门规章的做法视为犯罪行为，无异于部门规章可以设定刑罚，而这有悖于"罪刑法定"原则。其三，我国目前关于个人信息保护的

---

③ 牵连犯，即出于一个犯罪目的，实施数个犯罪行为，数个行为之间存在手段与目的或者原因与结果的牵连关系，分别触犯数个罪名的犯罪状态。

部门规章有几十个,可能上百,不同部门规章之间相互冲突的现象并不罕见。因此,如果以部门规章作为适用刑法犯罪的依据,必定违背法律规范的统一性原则。基于上述理由,《司法解释》第2条的规定既不合理,又不合法,属于越权解释。

5. 衍生讨论

首先,把侵害个人信息犯罪放在侵害人身权利、民主权利一章中规定,同时又设置了罚金刑,这说明了对该罪的定位存在问题。一方面,个人信息买卖本身足以说明个人信息具有商业价值,其商业价值理应被视为财产,而不应将其纳入人身权的范畴。另一方面,刑法条文对此类侵害行为设置了财产刑的罚金又与其将个人信息视为侵犯人身权的认定存在矛盾。

其次,一般而言,所谓的侵犯个人信息行为(非法公开、获取、买卖行为)本身对受害人所造成的直接损害远不及轻伤、侮辱诽谤,而刑法将侮辱、诽谤作为自诉案件对待,却将所谓的侵犯个人信息犯罪纳入到公诉案件中。这似乎说明个人信息犯罪还涉及国家和社会公共利益?这一问题上,立法者和司法解释并未作出清晰的回应。

三、公众知情权与个人信息保护

《司法解释》第5条规定:"非法获取、出售或者提供公民个人信息,具有下列情形之一的,应当认定为刑法第253条之一规定的'情节严重':……(三)非法获取、出售或者提供行踪轨迹信息、通信内容、征信信息、财产信息五十条以上的;(四)非法获取、出售或者提供住宿信息、通信记录、健康生理信息、交易信息等其他可能影响人身、财产安全的公民个人信息500条以上的;(五)非法获取、出售或者提供第三项、第四项规定以外的公民个人信息5000条以上的……"

显然,这种解释一定程度上可能侵害社会公众的知情权、舆论监督权。因为在民主法治社会里,政治人物的健康状况、财产信息、住宿信息和交易信息都可能攸关权力滥用与腐败,他们的行为应该接受社会公众的舆论监督,社会公众也有权知悉其有关信息。公众人物由于从社会公众的关注中获得利益,因此社会公众对其健康状况、财产信息、交易信息等享有知情权。对于某些违法行为人,尤其是已被判定有罪的人,社会公众享有某种程度的知情权也具有一定的正当性。反之,如果按照上述司法解释处理,社会公众的知情权、舆论监督权将受到极大的限制,不利于监督权力滥用和预防腐败。

此外,该解释中将行踪轨迹信息、通信内容、征信信息、财产信息与住宿信息、通信记录、健康生理信息、交易信息等区别,这一区分的实际意义并不大。从数量上看,似乎行踪轨迹信息、通信内容、征信信息、财产信息要远比住宿信息、通信记录、健康生理信息、交易信息更加重要,前者"50条"即可构成"情节严重",而后者需要"500条",然而我们并不清楚重要性的衡量标准。但是,即使被划分在同一类中,各个信息的泄露后带来的社会效果不尽相同。比如,财产信息,尤其是官员、公众人物的财产信息攸关公众的知情权和舆论监督权,《司法解释》显然并未从这方面进行考量。至于征信信息,它对于构建诚信社会具有重要意义,把征信信息作为重要的个人信息,不利于制约失信人,不利于构建诚信社会。

四、未来立法的修改与完善问题

从《刑七修正案》(2009年)开始设立个人信息犯罪条款以来的立法、司法实践和侵犯个人信息的现状来看,信息非法泄露、买卖和提供行为几乎无处不在、无时不有。但是,作为公诉案件,公安机关却很少主动立案侦查;个人很少报案,即使有报案的,公安机关也基本上不予理会。日常生活中,垃圾信息和骚扰电话盛行不减,身份假冒和滥用问题十分猖獗。

这充分说明我们的立法导向出现问题:立法的重点本应放在打击对个人信息的非法利用方面,而不是所谓的泄露和非法获取、提供等行为。首先,因为我们从出生开始,上学、求职、单位考核、购物、购房、购票、使用各种服务等几乎都需要提供我们的个人信息。我们的这些个人信息与社会经济文化等活动密切相关,或者说,社会经济文化等活动离不开对我们个人信息的使用。这样,我们的个人信息已经几乎无处不在。因此,如果真的发生了所谓的泄露或者非法获取、提供等问题,我们无从获知信息泄露渠道,也无从获知信息交易过程。即使我们怀疑某机构泄露个人信息,事实上对个体自然人而言,要证明该机构存在非法获取、提供等行为非常困难。其次,对个人信息的使用还攸关公众的知情权和舆论监督等公共利益,因为基于知情权和舆论监督等宪法权利的行使需要对个人信息的披露和使用。因此,不加区分地要求对个人信息的保密和禁止披露或公开是极端个人主义观念,无视社会利益和公共利益的需要,因私废公,实不足取。最后,除了极少数攸关名誉或尊严的个人信息外,公开和披露信息本身并不会造成损害,真正造成损害的只是后续的滥用行为。据此而言,立法应该区分两类不同性质的个人信息,并分别采取不同的规制方法,即对于那些攸关名誉或尊严的个人信息需要保密,防止泄露和公开、传播;而对于那些与名誉或尊严本身并无直接关系的个人信息,公开个人信息本身并不会造成名誉或尊严的损害,损害的是后续的滥用行为。据此,本文认为未来立法改革方向不是要求对个人信息的保密和禁止公开,而是如何有效地防治对个人信息的滥用。否则,个人信息保护问题只能是越走越远;不仅无法解决"安全"问题,还可能忽视滥用问题。这可能导致立法缺乏可操作性,从而导致《刑法》第253条之一实践效果不佳。

实际上,上述立法观念如果正确的话,那么它所对应的时代背景应该是互联网还未出现,仅有少数企业和单位有大型计算机的时代。然而,在网络无处不在、无时不有的今天,只要上网,收集、加工和存储数据对个人信息的利用即不可避免。加上我们从出生到上学、求职、购物等无数次向无数个不同的主体提供过我们的个人信息了,因此,我们事实上根本不知道我们的这些个人信息被存储于何处,更不会知道何时被何人"分享"和加工了。由此,立法的观念也应该转变,即由原来的不加区分地对所有个人信息皆适用所谓的"知情同意、防止泄露"原则转变为区分两类不同性质的个人信息并分别采取不同的规制方法,即只对那些公开即会对名誉或尊严造成损害的个人信息才要求保密,而对那些与名誉或尊严本身无直接关系的个人信息则主要是如何防治滥用问题(诸如发送垃圾信息、拨打骚扰电话、身份假冒和滥用等对个人信息的滥用),而不是再坚守原来的"知情同意、防止泄露"的(技术)过时原则。④

之所以会出现上述立法导向的偏差问题,实际上是错误地照搬欧盟立法的结果。欧盟个人信息保护立法是建立在隐私(权)和基本人权的基础之上的。在欧盟立法上,1995年的《个人数据保护指令》规定,个人对其个人信息享有包括收集知情同意权、进入(存储个人信息库的)权、查询权、修改权、删除权等在内的个人信息权;2016年通过的数据保护一般条例则又增加了所谓的被遗忘权、可携带权。从立法渊源上看,欧盟立法的基本原则和主要内容源于20世纪60年代末、70年代初美国的"公平信息实践原则(Fair Information Practice Principles)"⑤。在那个仅有少数大公司和政府部门才拥有大型计算机的时代里,"个人信息权"是可以实现的;但是在网络无处不在、信息收集无时不有的移动互联时代,源于20世纪美国立法的欧盟立法早已经过时,即这种立法在技术上无法实现,或实现的成本巨大,在经济上是无效的,比如所谓的删除权,即使信息被删除了,在技术上仍然是可以恢复的,因此没有实际意义。另外,欧盟立法在实践中不具有可操作性,由于极端追求个人隐私保护,而忽略抑制了个人信息价值的充分发挥,不利于互联网产业的发展。从数据上看,全球十大主要的互联网企业⑥没有一家是来自于欧盟,也充分印证这一论点。

基于上述分析,未来立法在理论上应该区分两类不同性质的个人信息并分别采取不同的规制方法,即对于那些直接攸关名誉或尊严的个人信息(法律上的隐私)需要保密,禁止非法刺探、搜集、传播和滥用;对于那些与名誉或尊严无直接关系的个人信息,立法规制的重心在于防止滥用;同时,立法应该确立个人信息商业价值的独立法律地

---

④ 参见刘德良:"个人信息保护的正确观念与做法",载《中国信息安全》2013年第2期。
⑤ FIPs是1973年由美国国家健康、教育和福利部咨询委员会的咨询报告提出的,内容主要包括五个公平信息原则,故而简称FIPs,其主要内容包括个人信息登记系统对于数据主体应该是公开的,数据主体有权进入、检查、核对和修正其中有关自己的个人信息;必须能够确保个人能够阻止那些未经自己同意而擅自将基于特定目的而收集的自己的个人信息用于其他目的;信息系统的组织者和管理者应该信息系统的可靠性和安全性,并对系统所造成的损害负责;监管机构有权干预私人之间的信息关系。See Kenneth C. Laudon, Market and Privacy, September 1996/Vol. 39, No. 9 COMMUNICATIONS OF THE ACM.
⑥ 全球十大互联网企业:谷歌、Facebook、阿里巴巴、亚马逊、腾讯、百度、eBay、Priceline(旅游服务网站)、雅虎、京东。

位,未经允许,擅自出售他人个人信息的行为视为一种独立的财产侵权行为。

五、结论

未来刑法有关个人信息犯罪的规定应该作如下完善:

一是应该在侵犯人身权利罪一章中增加侵犯隐私罪,即禁止非法刺探、搜集、公开或传播他人隐私(即不考虑到后续的滥用行为,公开这些信息本身就会对主体的名誉或尊严造成消极影响的个人信息),违者将视为犯罪。同时考虑到侵犯隐私罪所侵害的主要是个人(人格)利益,因此建议把侵犯隐私罪作为自诉案件处理。当然,这里的隐私不是目前学术界所讨论的"隐私",而是借鉴我国传统阴私观念而来的,是指与公共利益和社会利益无关,同时又直接攸关名誉或尊严的个人信息,它包括但不限于裸照、性生活信息等。

二是把侵犯个人信息商业价值的行为(即非法出售个人信息行为)纳入到侵犯财产罪中予以规范。具体而言,就是在现行《刑法》第五章"侵犯财产罪"中增加一条"侵犯个人信息财产罪",把那些未经许可擅自对个人信息进行商业化利用的行为(比如未经授权擅自利用他人的肖像、姓名、声音等个人信息进行商业化利用的行为)、非法出售个人信息的行为(仅仅规范非法出售个人信息行为,而无需规范购买或获取行为)、对他人隐私进行商业化利用的行为[7]等纳入到其中予以规范。考虑到非法侵害个人信息财产(权)罪在本质上属于侵害个人财产权益的犯罪,因此可以比照现行《刑法》第270条的侵占罪对侵害个人信息财产(权益)作为自诉案件处理。

三是在现行《刑法》第六章妨害社会管理秩序罪中增加一章"个人信息滥用罪"囊括有关发送垃圾信息罪、骚扰电话罪、身份假冒和滥用罪等罪名。[8]

由此,个人信息保护所面临的问题才能得以真正的解决。

---

[7] 由于对隐私进行商业化利用这一行为同时侵害了受害人的人格权益和财产权益,因此,把侵犯个人隐私中的人格权益的行为纳入到刑法侵犯人身权犯罪之中予以规范,而把侵犯个人隐私中的商业价值行为纳入到侵犯(个人信息)财产(权益)罪中予以规范。这样,无论是理论上,还是逻辑上都可以自洽。

[8] 由于垃圾信息发送、骚扰电话的拨打和身份假冒或滥用行为都会涉及诸如电信运营商、银行等第三方机构,因此,刑法在对此类问题的规制上离不开对第三方主体法律责任的规范。

基于隐私权的个人信息保护路径研究
——以美国为研究视角[*]

张凌寒[**] 杜婧[***]

摘要：美国对于个人信息的保护路径从20世纪70年代开始发展，一方面扩张个人隐私权保护来对抗政府或第三方收集个人信息行为，另一方面发展个人权利保护手段的个人信息自我管理模式；20世纪80年代到90年代，互联网进入商业化发展阶段，个人信息保护中的行业自律框架逐渐成形，主要内容包括行业法律规制和互联网企业自我管理。现今，美国已形成以隐私权为单一权利基础，行业自律为运行框架，个人信息自我管理为保护手段的个人信息隐私权保护机制。然而，这三者结合的保护模式在大数据时代出现实行不畅的问题：作为权利基础的隐私权范围无法涵盖急速扩张的个人信息权利；行业自律规制受到企业垄断地位和不透明运营的影响而失去实际作用；个人信息自我管理机制一方面受到膨胀的互联网企业力量挤压，另一方面受到个人信息的权利意识薄弱影响，难以起到保护手段的作用。本文通过梳理美国个人信息保护路径发展历史，分析其经验教训，以期对我国个人信息的保护有所裨益。

关键词：个人信息 隐私权 美国保护路径

---

[*] 本文系中国法学会部级项目"新闻传播中社交媒体的法律规制——以公共利益为视角"（CLS（2016）C14）；国家社会科学基金重大项目"信息法基础"（项目编号：16ZDA075）的阶段性成果。

[**] 张凌寒：东北师范大学政法学院副教授，北京航空航天大学博士后研究人员，法学博士。

[***] 杜婧：东北师范大学政法学院2015级硕士生。

The Research of Protection Method to Personal Information
Based on the Privacy Right: from the Perspective of U. S. A.

Abstract: The protection method of personal information in the U. S. A has started its way in 1970s which formed a self-management method based on privacy to protect personal information from data collection of government and third party. During 1980s to 1990s, as the development of the Internet stepped in the commercialized period, the protection of personal information developed into a self-regulation system. Nowadays, the framework of personal information protection is consisted with three parts: the protection of right of privacy as the basis, self-regulation as the main bone and self-management as the way to claim. However, the framework is encountering difficulties in the time of big data: the number of personal information soaring beyond the original protection method; self-regulation is fading due to companies fail to meet the standards of transparency and antitrust; and self-management exits in name only facing overwhelming power of enterprises. Moreover, absence of the sense of right in personal information leads to failure of the framework catching up the time as well. This article is aiming for provide advice on forming protection framework in China through learning the experience from the U. S. A.

Key words: personal information, privacy protection, method of the U. S. A.

引言

我国2017年实施的《民法总则》明确个人信息与数据进行法律保护，但并未给予这两个重要概念明确的定义或者明晰的范围，而是留待未来的特别法律予以规制。①个人信息与数据是一个结构复杂的权利束，随着其内涵与种类在大数据时代的扩展，

---

① 见《民法总则》第111条："自然人的个人信息受法律保护。任何组织和个人需要获取他人个人信息的，应当依法取得并确保信息安全，不得非法收集、使用、加工、传输他人个人信息，不得非法买卖、提供或者公开他人个人信息。"以及第127条应依法对数据和网络虚拟财产提供保护。
《网络安全法》第76条所述的：个人信息，是指以电子或者其他方式记录的能够单独或者与其他信息结合识别自然人个人身份的各种信息，包括但不限于自然人的姓名、出生日期、身份证件号码、个人生物识别信息、住址、电话号码等。

对其保护的路径也日益多元化。基于个人信息与隐私权的相似性,很多国家不约而同地在个人信息进入法律视野的早期采用了隐私权保护的路径。②典型如美国,20世纪70年代以来,其将个人信息的权利属性界定为隐私权,并加以扩张式的体系化保护,形成了以行业自律为框架的个人信息自我管理保护机制。

然而,在大数据时代,隐私权为基础的保护路径面临着前所未有的挑战。理论上来说,个人独处的权利——隐私权是个人脱离公共空间的精神避风港,个人会本能地对于自己的信息安全保持警惕。但是现实中,隐私权的边界正在被互联网逐渐消解:一方面使公共视野无限地扩张,网络联通世界;另一方面,个人的信息日趋透明,个人的兴趣、选择倾向、实时位置甚至亲友情况都会被收集并存储。更为严重的是,个人保护自我隐私的本能也日渐消退:一方面个人对大型互联网企业平台日益依赖,用户逐渐习惯放弃自己的信息隐私权用以换取互联网的免费服务;另一方面大型互联网企业渗透进日常生活,收集、处理、使用个人信息数量极为庞大③,而这种无限制的行为却鲜少引起用户第一时间关注。以美国为例,大数据时代的发展对原有的个人信息保护路径框架均提出了挑战,对探索新的个人信息保护路径提出了迫切的要求。

一、美国个人信息保护路径发展述评

美国个人信息保护路径起源于20世纪70年代,政府掌握当时刚刚兴起的计算机技术,为限制政府对个人的信息监控,开始基于隐私权建立个人信息的保护原则,并以个人信息自我管理机制为保护手段。个人信息保护路径发展于20世纪80年代到90年代,此时互联网进入商业化时期,互联网的普遍化赋予各个行业以收集个人信息的能力,以行业自律规制为主的个人信息保护路径形成。21世纪以隐私权为基础,行业自律为框架,个人信息自我管理机制为保护手段的个人信息保护路径基本成型。但是,随着大数据时代的到来,原有的个人信息保护路径受到新形势的挑战。

(一)数据时代初期的个人信息保护路径

在数据时代之前,个人信息表现为与住宅等不动产财产权利联系在一起的消极权利。只要个人处于私有不动产墙壁保护之中,就不需要再积极采取其他措施保护个人

---

② 美国以隐私权为基础建立保护个人信息的框架;欧盟国家关于《个人数据保护法》的制定也以隐私权为基础,比如:2002年7月欧洲议会和欧盟理事会制定通过《关于电子通信领域个人数据处理和隐私保护的指令(隐私和电子通信指令)》。国内学者关于个人信息的法律属性持不同看法,有学者认为该权利属于"独立的具体人格权",参见:王利明:"论个人信息权的法律保护——以个人信息权与隐私权的界分为中心",载《现代法学》2013年第5期,页62—72。

③ 联邦贸易委员会2014年调查显示:专业的数据收集经理人对美国人均信息收集的条数是3000条,FED. TRADE COMM'N, DATA BROKERS: A CALL FOR TRANSPARENCY AND ACCOUNTABILITY 65 (2014),〈http://docplayer.net/9639-Data-brokers-a-call-for-transparency-and-accountability.html〉(visited 12 Feb 2017)。

信息。个人隐私权利制度随着财产权利制度的发展逐渐建立起来 Samuel Warren 和 Louis Brandeis④将个人隐私权定义为"独处的权利"⑤(the right to be let alone)。1960年,美国第二次侵权法重述的报告人 William L. Prosser 更强调隐私权的外延受到公众利益的限制。⑥ 1967 年,Katz v. United States⑦一案中出现了个人信息与隐私权的连接点,是个人信息作为隐私权保护的判例基础,由此案开始第四修正案的保护范围延伸到个人隐私信息。20 世纪 60 年代到 70 年代初期,隐私权仍然处于客观的住宅墙壁保护之中。

20 世纪 70 年代,作为消极隐私权有效护盾的不动产墙壁出现了一丝裂缝,计算机技术产生了无形的链接并试图打破这堵保护墙。1969 年,美国国防部高级研究计划署⑧建立阿帕网⑨,现代计算机网络诞生⑩。

由于计算机网络主要用于政府工作,当时个人信息保护的关注焦点在于如何保护个人信息不受到国家公权力的过度收集和滥用。因而,美国卫生、教育与福利部⑪于 1973 年发布了一份题为《录音、计算机与公民权利》⑫的报告,第一次提到了计算机网络带来的个人信息隐私问题。该报告主要分析了"个人信息的电子化对个人隐私权的影响",提出"公平信息实践原则"(Fair Information Practice Principles,FIPPs)⑬,这一原则为个人信息保护制度以及个人信息自我管理机制的建立提供了基础。⑭

20 世纪 70 年代,在计算机网络诞生的 5 年内,针对政府收集公民个人信息行为,

---

④ 1890 年,Warren 和 Brandeis 合著"The Right to Privacy",其是为了回应当时的尖端技术——柯达相机,相机能够完全再现"瞬间的图像"。Warren 和 Brandeis 认为相机技术威胁了公众的隐私权,侵犯了"私人生活的神圣领域"。因为该技术提供了"秘密地照相的可能性" 详见:Samuel D. Warren & Louis D. Brandeis, The Right to Privacy, 4 Harv. L. Rev. 193. 1890。

⑤ 同上注,页 195。

⑥ William L. Prosser, Privacy, 48 Cal. L. Rev. (1960).

⑦ Katz v. United States, 389 U. S. 347, 361 (1967). 原告此前曾被怀疑通过电话传递赌博信息,联邦调查局(FBI)在原告使用的电话亭安装窃听设备,记录原告的通话记录,并将通话记录作为原告传递赌博信息的定罪证据提出。原告上诉,上诉法院认为联邦调查局在电话亭安装窃听器的行为并未违反第四修正案,理由是该行为"并未实际侵入原告所有的不动产"。

⑧ Defence Advanced Research Projects Agency(DARPA).

⑨ ARPAnet.

⑩ Cameron Chapman,The History of the Internet in a Nutshell,〈http://trojanbusiness. weebly. com/uploads/9/0/7/4/9074789/the_history_of_the_internet_in_a_nutshell. pdf〉(visited 15 Feb 2017)。

⑪ the Secretary of Health, Education, and Welfare.

⑫ Records,Computers,and the Rights of Citizens.

⑬ 原则主要内容包括:(1) 个人信息的记录体系的透明度;(2) 个人信息被记录时的知情权;(3) 未经同意不得为其他目的使用个人信息;(4) 个人保留修改个人信息的权利;(5) 持有数据的一方有义务防止数据被滥用。

⑭ Daniel J. Solove, Introduction: Privacy Self-Management and the Consent Dilemma, 126 Harv. L. Rev. 1880, 1903 (2013)。

以隐私权为基础的个人信息保护框架开始建立,个人信息自我管理机制也随之初现雏形。隐私权作为个人信息保护框架的基础,使个人私权利能够对抗政府所代表的公权力,体现出宪法性权利属性。⑮ 但是,在公平信息实践原则下,个人信息保护和互联网企业发展都受到限制。一方面,对于个人信息保护而言,只要政府行使告知义务并取得个人同意,政府的收集、使用和披露行为就是被允许的。由于存在太多例外情况,也没有确定权利保护机构⑯,个人保留修改个人信息的自我管理机制有效性体现并不明显,因此这一原则也被学者诟病。另一方面,对于新兴的互联网企业发展而言,互联网企业认为该原则对企业束缚过多。互联网企业希望只保留原则中的告知同意和责任条款,去掉原则中其他缺乏实际作用、限制言论自由或者执行价格过高的条款。⑰

(二) 数据商业化时代的个人信息保护路径

20世纪80年代是碎片化的个人信息向大数据发展的一个关键时期。1989年,万维网协议诞生。⑱ 20世纪90年代互联网技术开始走向商业化。1995年通常被认为是网络商业化的第一年:网景公司成功开发SSL。⑲ 1998年,Google上线,给人们在网上搜索数据的方式带来了革命性的变革。

在这一阶段,个人信息立法保护呈现出两个特点:其一,由于互联网在各行业的普及,呈现出规制范围扩大化的特点。前一阶段(20世纪70年代)规制政府行为的措施被扩大适用至互联网企业,在企业收集、适用和披露个人信息行为中贯彻对个人信息的保护措施。其二,这一时期的个人隐私权并未以进行统一立法保护,而是分散在各行业立法中,由每个行业根据自身特点对本行业设计的个人隐私权进行保护,呈现出分散式立法的特点。20世纪80年代到90年代,美国根据行业特点对个人信息隐私权问题进行单独立法,逐渐形成以行业自律为框架的个人信息保护制度,该阶段美国各

---

⑮ Paul Ohm, The Fourth Amendment in a World Without Privacy, 81 MIss. L. J. 1309, 1312 (2012).

⑯ Beth Givens, A Review of the Fair Information Principles: The Foundation of Privacy Public Policy. available,〈https://www.privacyrights.org/blog/review-fair-information-principles-foundation-privacy-public-policy〉(visited 16 Feb 2017).

⑰ Robert Gellman, Fair Information Practices: A Basic History, available,〈https://www.google.com.hk/url? sa = t&rct = j&q = &esrc = s&source = web&cd = 1&cad = rja&uact = 8&ved = 0ahUKEwi50urKuYrTAhWFTrwKHZUAAq0QFggZMAA&url = http% 3A% 2F% 2Fbobgellman.com% 2Frg-docs% 2Frg-FIPshistory.pdf&usg = AFQjCNGSRiIu0_VpO8ejVum2A2YOhmQeew〉(visited 17 Feb 2017).

⑱ 万维网协议最初发表在MacWorld的3月刊上,并在1990年5月重新发表。它是为了告诉欧洲粒子物理研究所(CERN),一个全球性的超文本系统是CERN的最佳选择。该协议最初被称为"Mesh"。

⑲ Secure Sockets Layer,即网景公司开发的一种网络信息数据安全传输协议。

行业中有关个人信息的隐私权保护法案主要集中在金融领域和通信领域[20],其中对于个人信息保护影响最大的法案是《电子通讯隐私法》(the Electronic Communication Privacy Act,ECPA)。

除了保护个人信息的行业法规大量涌现之外,司法实践中也出现了企业收集个人信息而导致个人用户起诉的案件。[21] 2001年,有案件尝试用《电子通讯隐私法》适用个人信息被互联网企业收集问题。但是此案判决认为企业收集个人信息的行为并不属于《电子通讯隐私法》所保护的个人通信权利,因此该行为无法适用电子通信权利的保护路径。这起案件充分说明,个人信息在原有的法律体系中难以寻求到可适用的保护路径,尤其是对于个人信息被企业过度收集和滥用的行为,当时的法律尚未找到规制此种行为的合理路径。具体分析其原因:首先,由于此阶段所建立的法令体系呈现分散性特征。明确、成体系的保护机制的缺乏导致个人无法准确地搜索到可行的适用法以保护个人信息隐私权。其次,行业自律规制所保护的对象范围过窄,极易过时。如《电子通讯隐私法》就由于其无法为大多数通讯信息及用户记录提供保护而受到诟病。技术的高速发展使得个人信息的分享方式、储存方式及使用方式时刻发生着极大的变化。而在数据爆炸的大数据时代,再细微的数据都可能成为互联网市场上的重要"商品"。最后,行业自律框架下的个人信息隐私权保护制度中,许多具体条款设置存在权利失衡问题。具体从《电子通讯隐私法》的条款来看,该法令规定:任何保留在服务器中超过180天的邮件,将被认定为是废弃邮件,司法机关可以不申请执行令直接取得该信息。现在数据保存价格之低,大多数网络服务供应商可以选择将这些信息留在云

---

[20] 主要立法有:(1)金融领域:《金融隐私权法案》(The Right to Financial Privacy Act,RFPA),限制银行雇员披露客户金融记录的行为及联邦立法机构获得个人金融记录的方式;《金融服务现代化法案》(Financial Services Modernization Act of 1999)要求金融机构尊重客户隐私并保护客户非公共数据的安全与机密;(2)保险领域:《健康保险隐私及责任法案》(The Health Insurance Portability and Accountability Act of 1996,HIPAA),规定只有法案中明确的特定主体才能使用并披露个人健康信息;(3)电视领域:《有线通讯隐私权法案》(Cable Communication Policy Act),闭路电视经营者利用有线系统收集用户的个人信息必须获得用户事先同意;《电视隐私保护法案》(Cable TV Privacy Act of 1984),将个人信息隐私权保护范围扩展到录像带销售或租赁公司的顾客;(4)电信领域:1986年,美国国会通过《电子通讯隐私法》(the Electronic Communication Privacy Act,ECPA),禁止互联网服务商未经同意出售用户的电子邮件和短信内容,但是对于无实质内容的数据串保护则非常有限;1996年《电信法》(Telecommunication Act),规定电信经营者有保守客户数据秘密的义务。分领域总结的观点来源于:李明:"大数据时代的美国隐私权保护制度",载《互联网金融与法律》2014年第9期,页18。该文中总结美国的个人隐私权保护立法。

[21] DoubleClick Inc. Privacy Litig,2002 U.S. Dist. LEXIS 27099(S.D.N.Y,May 23,2002).主要案情:原告诉在线广告公司DoubleClick公司使用cookies方式收集用户的上网数据,建立用户档案以支持网站上的广告弹出栏。原告认为该行为违反了《电子通讯隐私法》,理由是该公司收集用户上网数据的行为侵犯了原告的网络通信权利。但该请求并没有得到法院的支持,法院认为该公司所属网站没有拒绝原告使用网站服务,并未侵犯原告的通信权利,而收集用户数据的行为不属于法令保护范围。《电子通讯隐私法》确实不适用于网站收集个人用户数据的情形,网站及网络服务提供者收集的数据在《电子通讯隐私法》中不被视为"通信"。

储存中,而用户并不知道自己的信息以这种形式被永久保存着[22],互联网企业运营不透明影响个人用户权利保护的问题在互联网行业发展初期即有所体现。

在相关法律难以适用的情况下,法律规制之外的企业自我管理规制发展起来,尤其是占据发展优势的互联网企业,为了保持其行业领先地位,主动采取保护用户个人信息的措施,以保证数据收集规模,提升企业竞争力并赢得用户信赖。同时,为促使互联网行业健康发展,行业自律框架中形成了执行隐私权行业政策的行业组织。20世纪90年代,TRUSTe组织[23]要求合作网站遵守该行业组织制定的基本隐私权规范,即行业规范;同时要求合作网站按照行业规范制定隐私条款,以此促进用户对网站的信任。

但是,隐私权条款完全是企业的自愿行为,企业采取自发行业规制的最终目标是为了保证自身利益免受未来可能的法律规制[24],而不是为了用户的隐私权保护。互联网企业希望通过展示现行的行业自律体系是可行的,不需要法律制定者再制定多余的法律来规制他们。

20世纪90年代,以隐私权为基础,互联网行业自律为框架,个人信息自我管理为保护措施的权利保护路径基本发展成形。其中,行业自律框架包括行业立法规制和企业自我管理两部分。该阶段规制对象集中在政府以及一些固定行业的大型企业收集、使用、披露个人信息的行为。但是在未来几十年,互联网发展提速进入大数据时代,个人信息的"商品化",个人信息的交换普遍化,全民信息数据化的时代到来同时意味着个人信息所包含的"利益"属性越发受到关注,而"权利"属性却往往被个人信息主体本身、企业及政府所忽视。这种"忽视"导致个人信息保护措施的缺乏,规则的缺失又进一步刺激市场加快逐利步伐。个人信息所包含的"利益"不容忽视,但是其中所包含的"权利"更需要关注。

(三) 大数据时代的个人信息保护路径

1. 互联网行业及技术发展对于个人信息的威胁

大数据时代,互联网行业的激烈竞争促使互联网企业开发更多收集数据的新技术,以免在市场竞争中被淘汰。行业竞争催生出的新技术能更加隐蔽、高效地收集用户信息,具有更强的侵犯性。新技术的产生使得原有的隐私保护技术和法律规制形同虚设,这就导致行业自律规制模式的失效。原有保护模式的失效导致互联网企业与个人用户之间的权利天秤处于失衡状态。具体而言,互联网行业及其技术发展对个人信

---

[22] Rainey Reitman, Deep Dive: Updating the Electronic Communications Privacy Act, 〈https://www.eff.org/deeplinks/2012/12/deep-dive-updating-electronic-communications-privacy-act/〉(visited 29 Mar 2017).

[23] 位于美国加利福尼亚州旧金山的一家网络认证机构,其在线隐私封条非常有名。

[24] Allyson W. Haynes, Online Privacy Policies: Contracting Away Control over Personal Information?, 111 Penn St. L. Rev. 587, 606 (2007); Steven Hetcher, The FTC as Internet Privacy Norm Entrepreneur, 53 Vand. L. Rev. 2041 (2000); Michael D. Scott, The FTC, the Unfairness Doctrine, and Data Security Breach Litigation: Has the Commission Gone Too Far?, 60 Admin. L. Rev. 127, 130—31 (2008).

息的威胁表现为以下三方面问题：

其一，个人信息收集数量过量问题。2010年之后，互联网行业产生了更多且适用更广的新技术用以跟踪用户并收集大量用户信息。20世纪90年代诞生的存在于用户端的cookie技术，由于用户可以自行删除导致信息缺失，这种技术现已被大部分公司遗弃，如今出现了许多新的方法替代cookie可以更高效地跟踪用户。比如：僵尸cookies(zombie cookies)[25]和HTML5 canvas指纹跟踪技术(fingerprinting)[26]，这些新技术可以在用户完全不知情的情况下来跟踪和识别用户。即使是电脑高手，面对新的跟踪技术也很难保护好自己的隐私信息，这些技术赋予互联网企业收集更多个人信息的能力。新技术的迅猛发展使得互联网产业能够形成一个庞大的数据帝国，数据帝国为能继续扩张逐利又不断开发出更多新技术，缺乏有效法律规制的帝国在不断扩张中逐渐失控。

而现行的保护机制，尤其是行业自律机制对于互联网企业无限制地收集个人信息的行为缺乏有效规制。现行行业自律机制的外部规制要求互联网企业在行业法规的范围内进行自我约束，其内部规制要求互联网企业自行制定隐私权政策以期其自我管理。但是大数据时代的新技术发展和市场竞争导致现行的行业自律机制失效：一方面，行业自律机制的外部规制无法发挥实效。新技术使互联网企业能够在行业法规的合法范围内大量收集用户信息，在用户没有意识到互联网在收集个人信息的前提下，收集整合大量个人信息，创造营销档案，贩卖整合的个人信息给第三方。[27]另一方面，在个人信息带来的巨大利益驱动下，行业自律机制的内部规制：隐私权政策也名存实亡。许多互联网企业明确将个人信息的收集、使用问题写入用户隐私权政策[28]，但是政策故意地模糊处理使得普通用户难以理解该政策，互联网企业利用技术优势以及不透

---

[25] 僵尸cookies也叫闪存cookies(Flash cookies)，是基于网页技术(HTTP)储存在用户电脑中的资料，与传统cookies技术不同的是，即使在用户清除原有cookies之后，僵尸cookies技术仍然可以依靠储存在网络或者用户电脑中的数据重新建档。原文载〈https://en.wikipedia.org/wiki/Zombie_cookie〉，2017年3月25日最后访问。

[26] 2012年，普林斯顿大学和比利时鲁汶大学安全研究人员发表一篇关于HTML5 canvas指纹技术的报告：Keaton Mowery &Hovav Shacham, Pixel Perfect: Fingerprinting Canvas in HTML5，完整报告PDF版本下载：〈http://cseweb.ucsd.edu/~hovav/papers/ms12.html〉，许多网站和跟踪软件都开始利用该项技术。

[27] Julia Angwin, The Web's New Goldmine: Your Secrets,〈http://online.wsj.com/news/articles/SB10001424052748703940904575395073512989404〉;
Kashmir Hill, Verizon Very Excited that It Can Track Everything Phone Users Do and Sell that to Whoever Is Interested,〈http://www.forbes.com/sites/kashmirhill/2012/10/17/verizon-very-excited-that-it-can-track-everything-phone-users-do-and-sell-that-to-whoever-is-interested〉;
Jules Polonetsky & Omer Tene, Privacy and Big Data: Making Ends Meet, 66 Stan. L. Rev. Online 25, 31 (2013).

[28] Google隐私权政策2017年3月1日版本:〈https://www.google.com/intl/zh-CN/policies/privacy/〉，2017年4月24日最后访问。

明运营逐渐挤压用户的个人信息保护意识,个人信息收集的透明度逐渐降低。如 Google 公司的隐私权政策中,关于收集用户信息的种类和内容并不明确,关于如何使用用户信息也并未说明,只笼统地总结为"为了满足用户的需求"而收集。[29]表面上看起来信息似乎是明确且公开的,但是用户仍然不知道自己哪些类型的信息会被收集,会发送给哪个行业的第三方公司,Google 公司是否对第三方公司进行尽职审查义务也无从知晓。

  其二,个人信息整合过度问题。从大数据时代的经济发展需求来看,大量的信息收集并不是信息流向的终点,收集大量个人信息的下一步是按照市场需求,将信息整合为数据池,以备未来的经济发展之需。互联网企业的整合技术及数据算法可以完成个人信息的链接和整合,而现行的个人信息保护规制缺乏对个人信息整合的限制,意味着个人信息可以被整合为各种形式的电子档案(digital dossier),并被永久保存在互联网中。[30] 从个人用户的角度而言,表面看来个人用户每次联网并未上传过多个人信息,且各个网站所收集的个人信息处于碎片化状态,个人用户可以通过删除信息或者浏览器的隐私模式等自我管理手段处理个人碎片信息。但实际上各大互联网企业通过不断运行的算法和信息终端保存方式,最终仍然可以将这些碎片化的个人信息整合并得出特定个人用户的完整信息。这意味着即使个人能够通过个人信息自我管理机制正确地处理每个单独网站收集的碎片信息,但大数据仍能从碎片线索中整合出个人的完整信息文件。并且这个过程对于个人用户而言是不可见的,个人难以运用现有的个人信息自我管理机制保护自己的信息。对于信息过度整合行为如果不加以限制,最终可能导致危害个人信息隐私权的负面结果:社会向着个人信息全部公开化发展,所有个人信息都会被制成电子档案,能够被政府、企业或其他人轻易获取。[31]

---

  [29] 关于收集用户信息种类:"我们收集信息是为了向所有用户提供更好的服务,其中既包括一些推断出来的基本信息(例如您使用的语言),也包括一些较为复杂的信息(例如您觉得哪些广告最有用,网上的哪些人对您最重要,或您可能喜欢哪些 YouTube 视频)。"
  关于如何使用用户数据:"我们会利用从所有服务中收集到的信息来提供、维护、保护和完善这些服务,同时开发新的服务并保护 Google 和 Google 用户。我们还会使用此类信息为您提供定制内容,例如相关程度更高的搜索结果和广告。""我们可能会将您在某项服务中的个人信息与在其他 Google 服务中的信息(包括个人信息)结合起来,以便更好地满足您的需求(例如使您能够更轻松地与相识的人分享信息)。我们也可能会根据您的账户设置将您在其他网站和应用上的活动与您的个人信息相关联,以便改善 Google 的服务和 Google 投放的广告。"Google 隐私权政策 2017 年 3 月 1 日版本:〈https://www.google.com/intl/zh-CN/policies/privacy/〉,2017 年 5 月 24 日最后访问。

  [30] Daniel J. Solove, The Digital Person, New York University Press (2004), p.232.
  [31] John Palfrey, The Public and the Private at the United States Border with Cyberspace, 78 Miss. L. J. 241, 244 (2008);
  Corey A. Ciocchetti, E-Commerce and Information Privacy: Privacy Policies as Personal Information Protectors, 44 AM. Bus. L. J. 55, 55—56 (2007);
  Lee Tien, Privacy, Technology and Data Mining, 30 Ohio N. U. L. Rev. 389, 398—99 (2004).

其三，个人信息保存时间过长问题。个人信息保存技术的成熟使得个人信息得以永久保存㉜，通过搜索引擎和网盘可以轻易找到这些保存信息。信息保存技术增加信息查询便捷性的另一面，个人将被迫与希望遗忘的记录一起永久存在，世界的任何地方都能查询到这些信息。这些信息记录影响着个人的自我确认、就职、加入社会公共生活甚至更多方面。虽然理论上认为个人有权要求网络服务提供商删除自己的个人信息，但现实是：互联网企业并没有删除信息的义务㉝，即使这些信息已经过时很久或者与现实不符。信息收集企业之所以不删除过期信息，有两方面的原因：一方面是由于保存信息的技术已经相当完善且价格低廉；另一方面是因为过期信息存在其他经济价值。比如用户使用搜索引擎查找有关高血压治疗的相关信息，一段时间内该用户可以从结果中受益，相关的治疗广告会发送给该用户。当用户通过饮食和锻炼控制住病情后，类似的广告对于用户而言属于失效信息。但是，从另一个角度看，健康保险公司在查找用户病史时，用户的搜索记录就具有参考价值。个人信息的隐私安全与商业经济利益之间就产生了矛盾。㉞

2. 大数据时代隐私权保护立法趋势向积极模式转变

为缓和大数据时代互联网行业发展与个人信息保护之间的矛盾，2015 年奥巴马政府发布《消费者隐私权利法案》㉟，其立法目的在于着重调整互联网企业与个人用户之

㉜ Fred H. Cate, Government Data Mining: The Need for a Legal Framework, 43 Harv. C. R.-C. L. L. REV. 435, 435—36 (2008);

Will Thomas DeVries, Protecting Privacy in the Digital Age, 18 Berkeley Tech. L. J. 283, 291 (2003);

Christopher Slobogin, Government Data Mining and the Fourth Amendment, 75 U. Chi. L. Rev. 317, 317—20 (2008);

Herman T. Tavani, Informational Privacy, Data Mining, and the Internet, 1 Ethics & Info. Tech. 137 (1999);

Tal Z. Zarsky, "Mine Your Own Business!": Making the Case for the Im-plications of the Data Mining of Personal Information in the Forum of Public Opinion, 5 Yale J. L. & Tech. 1 (2003);

Jonathan Zittrain, Privacy 2.0, 2008 U. Chi. Legal F. 65, 77—86(2008);

Seth Safier, Between Big Brother and the Bottom Line: Privacy in Cyberspace, 5 Va. J. L. & Tech. 6, 10 (2000).

㉝ GOOGLE 隐私权政策"访问和更新您的个人数据"部分："当您从我们的服务中删除信息后，我们可能不会立即从在用的服务器中删除这些信息的残留副本，也可能不会从备份系统中删除相应的信息。"详见链接:〈https://www.google.com/intl/zh-CN/policies/privacy〉,2017 年 5 月 24 日最后访问。

㉞ Alexander Tsesis, The Right to Erasure: Privacy, Data Brokers, and the Indefinite Retention of Data, 49 Wake Forest L. Rev. 433, 484 (2014).

㉟ Administration Draft: Consumer Privacy Bill of Rights Act of 2015, 完整 PDF 详见:〈https://www.google.com.hk/url? sa = t&rct = j&q = &esrc = s&source = web&cd = 1&ved = 0ahUKEwiR0cip7YzTAh-UQ3mMKHRDmBLUQFggZMAA&url = https% 3A% 2F% 2Fwww. democraticmedia. org% 2Fsites% 2Fdefault% 2Ffiles% 2Ffield% 2Fpublic% 2F2015% 2Fdraft _ consumer _ privacy _ bill _ of _ rights _ act. pdf&usg = AFQjCNF1IE941QNQc2gTaNDL8duUMn4YbQ&cad = rja〉,2017 年 5 月 24 日最后访问。

间的权利地位不平衡,对企业的运营透明度公开义务和用户责任作出了纲领性的规定。从法案总体框架而言,该法案仍然遵循"公平信息实践法则"和"告知与同意"框架,主要内容包括透明度、个人控制、目的一致、收集限制与使用责任、安全性、接入权与准确性、问责制七个方面。从法案具体条款来看,该法案要求互联网服务提供者向用户提醒该网站或者软件收集信息的内容和使用方式,并且赋予用户个人积极控制、限制企业使用自己信息隐私的权利。从法案赋予个人积极控制信息的权利这一点可以看出:政府关于个人信息隐私权的观点从受损结果产生才保护的消极模式转向了发现即可止损的积极模式。但是该法案仍是一个框架型的规制形式,没有提供具体的实施方式、缺乏保障实施的机构和实施不畅时的责任机构。

美国个人信息保护体制发展到现阶段,已经形成了较为完整的体系,其内容由三部分组成:(1)20世纪70年代形成的扩充原有隐私权法律体系而形成的基础保护制度;(2)20世纪80年代开始形成的规制互联网企业的行业自律框架;(3)20世纪70年代开始,现阶段趋向于积极模式的用户隐私自我管理保护手段。

二、美国现行个人信息的保护制度评析

梳理美国个人信息保护路径发展历程,可知美国现行关于个人信息的保护体制已形成以隐私权保护为基础,互联网企业自我规制与个人权利自我主张为主的私权利保护模式。但是互联网行业仍处于新生业务不断增加,互联网环境不断变化的发展阶段[36],现有的保护模式必然会出现许多适用上的问题。

(一)隐私权的积极扩张趋势导致原有保护机制滞后

互联网使公共视野无限扩大,作为个人信息保护权利基础的隐私权无法保持消极的"独处"状态,即使处于自己的房间中,只要存在网络,就可能被全世界观察,个人信息沿着网络不断向外溢出。由房屋等财产权利为个人筑造的隐私墙壁已被网络打破。虽然消极隐私权的保护规则不再适用于网络大数据时代,但是切断网线做一名网络时代的隐士显然不太现实。想要遏制网络触角无时无刻的数据收集,减少网络隐私侵权的情况发生,需要国家在法律层面对隐私权范围做合理地扩张理解,扩大个人信息的保护伞;并且个人在生活中对可能的网络隐私侵权行为提高警惕,对自己的信息采取更为积极的保护态度。

采取积极的权利保护态度以捍卫个人信息的隐私与安全,需要公众改变对于隐私权的理解认知,现在公众对于隐私权的认知尚处于消极向积极发展的过程中,因此对于许多个人信息是否属于个人隐私存在理解上的边界模糊问题。又由于先例的存在,许多人对于隐私权的理解过于概念化,认为如果信息已经被公众或他人所知,就不存

---

[36] 2017年1月,中国互联网信息中心(CNNIC)在京发布第39次《中国互联网络发展状况统计报告》,页85,来源〈http://www.cnnic.cn/hlwfzyj/hlwxzbg〉,2017年3月21日最后访问。

在隐私权的问题。美国最高法院也认为不存在被公众所知的隐私㊲,这一观点源于 1979 年 Smith v. Maryland 案所创立的第三方披露原则㊳。该观点的问题在于㊴:某种个人信息并不是全部属于公众或者全部属于私密的。在公与私之间,实际上存在非常大的空间。㊵ 随着数据时代的发展,公与私的界限会不断变化,甚至在某些领域逐渐模糊,尤其是大数据时代,互联网不存在绝对的隐私。但是个人用户向大数据输送个人信息的同时,对信息发送的范围和信息未来可能出现的场所存在一定的期待度和预测性㊶,即使个人向第三方披露其信息,也应积极地考虑个人披露信息时对于信息传播范围的合理期待度,而不应该消极地直接适用第三方披露原则而排除对该信息的保护。现行的隐私侵权法缺少对不同程度的信息隐私权期待性的划分和判断,司法上对于信息隐私权的理解采取全无或全有的概念,已经不适用于数据大爆炸的失控时代。

(二) 互联网企业垄断地位和不透明运营造成行业自律机制运行困难

大数据是信息经济时代的新原油㊷,拥有强大数据处理能力的互联网企业掌控着这一资源。以美国互联网代表企业 Google 为例,数据显示㊸:2012 年,Google 公司处理了美国 65% 的搜索请求,占有美国 78% 的广告搜索利润,同时占有全球 85% 的搜索利润。从市场占有率看,Google 公司在搜索数据处理数量和广告搜索营利处于完全的优势地位,占有美国数据市场的六成以上。一家独大的垄断互联网企业对个人用户而言,一方面确实可以为用户提供全面的服务;但是,另一方面,个人用户由于互联网企业的垄断地位可能面临以下危险:(1) 个人用户以低价丧失个人信息控制权;(2) 广告商利用数据向个人用户提供针对性广告,用户通过互联网搜索购买的产品可能存在价格歧视㊹;(3) 互联网企业可能将个人用户信息用于不法目的。

㊲ Andrew William Bagley, Don t Be Evil: The Fourth Amendment in the Age of Google, National Security, And Digital Papers and Effects, 21.1 Alb. L. J. SC. & Tech. 153 (2011).

㊳ 在 1979 年 Smith v. Maryland 案(Smith v. Maryland, 442 US 735, 743 (1979))中,通讯公司应警方要求使用记录器,记录原告的拨号名单,原告认为:电话用户对其拨号记录的隐私应当具有期待性,但法院推定:电话号码属于已向第三方披露的数据而不属于隐私,即第三方披露原则。判例见:〈https://supreme.justia.com/cases/federal/us/442/735/case.html〉,2017 年 3 月 20 日最后访问。

㊴ Daniel J. Solove, The Future of Reputation: Gossip, Rumor, and Privacy on the Internet. Social Science Electronic Publishing, 2007, pp. 982—992.

㊵ Gill v. Hearst Publ'g. Co. 253 P. 2d 441, 443—44 (Cal. 1953).

㊶ Lior Jacob Strahilevitz, A Social Networks Theory of Privacy, 72 U. Chi. L. Rev. 919(2005).

㊷ Perry Rotella, Is Data the New Oil?, 〈http://www.forbes.com/sites/perryrotella/2012/04/02/is-data-the-new-oil.〉(visited 23 Mar 2017).

㊸ Thomas M. Lenard, Perspective: Google Suit Fails to Expose Monopolistic Practices, available at〈http://news.investors.com/ibd-editorials-perspective/032712-605804-google-should-not-be-fighting-antitrust-lawsuits.htm.〉(visited 24 Mar 2017).

㊹ Nathan Newman, Search, Antitrust, and the Economics of the Control of User Data, 31 Yale J. on Reg. 401, 454 (2014).

具体分析互联网企业垄断地位对个人用户造成的负面影响。首先,个人用户低估了个人信息的经济价值,以个人信息换取互联网企业提供的服务。互联网企业没有向提供信息的个人付费,个人也没有因为使用产品而花钱,看起来似乎是一场零支出的物物交换。但是正像以物易物经济时代一样,信息的"价格"是模糊的,正是这种模糊性为互联网企业提供获得经济利益的机会。许多调查显示㊺大多数用户并没有理解自己与网络服务提供者交换的个人信息被第三方使用,用以市场交换和广告。由于缺乏强制性法律规定互联网企业告知和通知个人用户隐私权利的具体表现形式,互联网企业的隐私权政策提示并不明显㊻,个人用户处于无意识状态放弃了自己的信息。其次,互联网企业垄断地位导致对个人用户的价格歧视。广告公司利用互联网企业提供的个人信息,将客户群分块、整理,向不同的客户群以不同价格提供同样的服务或产品,即价格歧视。㊼广告商可以通过互联网企业提供的个人信息掌握不同客户群对同一种产品的最高接受价格。这种价格歧视的产生从外部操作流程来看,广告商的下游客户:个人用户难以察觉此种只呈现在自己面前的价格歧视。网络中的价格歧视与现实生活中可见的不同,如同航空公司的同一路线价格不同,客户有可能从中选取最适合自己的价格,但是埋头于一方屏幕中的个人用户看不到推送给其他客户群的产品价格,网络中的价格歧视呈现不可见的特点。同时,广告商允许自己的上游客户:产品提供商针对不同的客户群设置不同的广告邀约,广告投放的差异可能基于用户的过去购买或者浏览产品的行为甚至用户的地理位置产生。价格歧视的产生从内部操作流程来看,广告商可以评估不同客户群对同一产品的预算,按照客户可以接受的最高价格

㊺ Jan Whittington & Chris Jay Hoofnagle, Social Networks and the Law: Unpacking Privacy's Price, 90 N. C. L. REV. 1327, 1357 (2012);

Alessandro Acquisti & Jens Grossklags, What Can Behavioral Economics Teach Us About Privacy?, in Digital Privacy: Theory, Technologies and Practices 363, 363—64, Alessandro Acquisti et al. eds. , 2008;

Chris Jay Hoofnagle & Jennifer King, Reserch Raeport: What Californians Understand About Privacy Offline, available at〈http://papers.ssm.com/sol3/papers.cfm?abstractid = 1133075.〉(visited 3 Mar 2017);

Ponnurangam Kumaraguru & Lorrie Faith Cranor, A Survey of Westin's Studies, available at〈http://reports-archive.adm.cs.cmu.edu/anon/isri2005/CMU-ISRI-05-138.pdf.〉(visited 7 Mar 2017).

㊻ 有调查显示:网站关于个人用户数据收集、使用、披露的政策中存在诸多问题。首先,用户无法便利地查找网络隐私保护政策,通常要点击 2 次(60%)及以上,才可以找到相关的隐私保护政策;仅有四成(40%)的网站点击 1 次可以找到。其次,网站隐私保护政策均声明会收集用户数据,但对收集用户何种数据,以及如何使用搜集数据均语焉不详。大部分网站(67%)在隐私保护政策中声明会使用 Cookie 收集用户的个人数据,但仅有三成(32%)的网站告知用户可以自行禁用 Cookie。最后,绝大部分网站都会与第三方共享用户数据隐私。92%的网站表示会与第三方共享用户数据,但在数据共享声明中对将会与具体哪些机构共享用户个人数据缺乏明确说明。仅有 40%的网站明确表明不会出售用户个人数据。数据来源:申琦:"我国网站隐私保护政策研究:基于 49 家网站的内容分析",载《新闻大学》2015 年第 4 期,页 43—50,页 85。

㊼ Price Discrimination, Merriam Webster, available at〈http://www.merriam-webster.com/dictionary/price%20discrimination.2014.〉(visited 4 Mar 2017)。

设定广告中的产品价格,将每一次产品交易利益最大化。[48] 最后,由于缺乏对互联网企业收集、使用、行为的强制性法律规制,企业在利益的驱使下,极有可能将整合的用户信息用于不法交易。比如:互联网企业可能将收集的用户医疗信息贩卖给没有资质的医疗机构。2011年,Google公司由于其在明知的情况下,为非法医药机构贩卖处方药及类固醇提供了便利,向联邦政府支付了5亿美元民事罚款。[49] 有些行为由于其侵权后果严重而为人所知,但是互联网企业不透明的运营机制之内,大多数个人用户信息的安全性难以得到有效保障。

互联网企业为营利而"故意"地减少业务运营的可见性同样阻碍行业自律机制的有效运行,互联网企业不透明运营导致个人用户对企业内部如何使用个人信息缺乏明确的概念。而现行的行业自律机制对于互联网企业的不透明运营问题缺乏有效的解决方案。一方面,现行的行业自律机制针对互联网企业内部运营,未对企业的说明和告知义务作详细规定[50],同时缺乏对企业内部运营合理披露的规定,现行的行业自律机制在企业内部管理合理规制方面缺乏实际适用性。以代表性搜索引擎提供企业Google为例,作为搜索引擎的领跑企业,Google在互联网世界中拥有极大的权力,尤其在网络内容的操控方面。[51] Google没有透露其搜索排名方法的细节,只是大致对搜索过程做了描述,称搜索排名根据相关性和重要性对网站进行排名。但为避免算法披露导致其他网站对排名私自操纵从而减少Google对广告市场导向的控制,Google急于对排名方法保密,搜索服务就变成了不透明的"黑箱业务"。[52] 互联网企业故意的模糊应对使得用户不知道互联网公司如何运作,更不知道它如何利用那些从用户收集到的数据。美国联邦贸易委员会曾发表报告,认为即使网站取得用户对其有限使用个人数据的同意授权,这也并不意味着网站可以无限制地传播该授权信息。如果互联网企业制定的政策缺乏透明度,用户对自己信息将会失去控制权,进而损害用户的隐私权。另一方面,针对于互联网企业外部监管,现行的行业自律机制缺乏对企业的有效外部监

---

[48] Steven Salop & Joseph Stiglitz, Bargains and Ripoffs: A Model of Monopolistically Competitive Price Dispersion, 44 Rev. Econ. Stud. 493, 493—96 (1977).

[49] Jayne O'Donnell & Ben Mitchell, Google Allows Ads for Illegal Drugs, State AG Says, USA TODAY, June 6, 2013, available at 〈http://www.usatoday.com/story/money/2013/06/06/google-illegal-online-pharmacies/2396439〉(visited 2 Mar 2017);

Jake Pearson, Drugstore Cowboy: How a Career Con Man Led a Federal Sting That Cost Google $500 Million, WIRED, May 2013, available at〈http://www.wired.com/2013/05/google-pharma-whitaker-sting〉(visited 7 Mar 2017).

[50] 比如规定企业必须说明个人数据是否与第三方分享,但是未作说明是否必须公示第三方企业。用户仍然不知道个人数据被分享到哪些领域。

[51] 〔美〕弗兰克·帕斯奎尔:《黑箱社会:控制金钱和信息的数据法则》,赵亚男译,中信出版社2015年版,页93。

[52] 同上注,页93。

管。企业透明度达不到要求的前提下,企业是否按照其公示目的处理个人数据,是处于未知状态的。《消费者隐私权利法案》中明确规定了企业问责机制,但是关于企业具体如何监管,谁来监管的问题并没有解决。企业的风险评估和监管单方面依靠企业自行管理这一点遭到隐私权学者以及联邦贸易委员会(Federal Trade Commission,FTC)消费者保护局的反对。(53) 有效的外部风险管理需要中立、专业的风险评估机构和监管机构来实施,而不是完全寄希望于互联网企业自我管理。

(三)个人权利意识的模糊性导致个人信息管理模式失效

个人用户对于个人信息的经济价值严重低估,几乎是无意识地以个人信息换取互联网提供各项服务,习惯性地使用着免费的互联网服务而鲜少考虑这些服务的"费用"。与个人用户对于个人信息的权利意识模糊不同,政府和各领域企业早已意识到个人信息是大数据时代中最具经济价值的产品。这种意识的不对称:收集信息一方的"明知"以及被收集信息一方的"无知"导致个人用户不仅没有意识到个人信息的"利益"属性,而且也没有意识到个人信息"权利"属性。

作为个人信息的保护手段,用户信息自我管理机制有效实行的前提是个人对于个人信息的保护意识。作为个人用户,大多数人都难以拒绝免费的互联网服务,这确实是个人获益,比如搜索自己不想为人知的病症或者直接在网上预约医生,或者获取其他感兴趣的信息。在现实世界,个人对隐私保护的意识非常高,比如有意识地在公共场合进行私人对话时压低声音;在有录像设备的场合,往往会更加在意自己的行为举止。但是当用户上网时,物质现实的存在就仿佛消失了,这是一种对现实世界与网络世界之间存在的感觉力的差别。(54) 个人能感觉到自己的行为被互联网企业通过技术手段记录,但是又没有物理上的某种形式提醒注意自己的言论和行为,由于缺乏有效的告知提醒机制,用户与现实世界脱离的错误感觉更加强烈。一般个人在物理世界的私密对话不会被精确记录,即使被第三人听到,经过一段时间也会被遗忘。但是数据经理人(55)或者 Google 记录用户的在线行为,这些行为信息会通过某个相同的数据节点与用户的其他碎片数据联系起来,并且保存一段不定的时间。(56) 网络世界相比现实世界

(53) Elizabeth Dwoskin, Consumer Protection Official Blasts White House Privacy Proposal, Wall St. J. (Mar. 9, 2015), available at

〈 http://blogs. wsj. com/digits/2015/03/09/federal-consumer-protection-official-blasts-white-house-privacy-proposal/〉(visited 8 Mar 2017).

(54) M. Ryan Calo, Against Notice Skepticism in Privacy (and Elsewhere), 87 Notre Dame L. Rev. 1027, 1040 (2012).

(55) 即数据代理公司(data brokers),专门收集用户数据再转卖给其他公司。

(56) Cecilia Kang, Google Tracks Consumers' Online Activities Across Products, and Users Can't Opt Out, Wash. Post (Jan. 24, 2012), available at〈http://www. washingtonpost. com/business/technology/google-tracks-consumers-across- products-users-cant-opt-out/2012/01/24/glQArgJHOQstory. html. 〉(visited 19 Mar 2017).

而言,其所"记录"的信息完整度、关联度都要更高,信息储存时间也更长,因此网络世界的隐私更需要注意保护,一旦用户释放出个人数据,就成为不可逆转的事实。

由于个人用户对于数据形式的隐私权缺乏敏感度,同时互联网企业"故意"地降低用户的警觉性,造成个人信息自我管理机制在启动阶段就出现实行不畅问题。除此之外,美国现行的个人信息自我管理机制还存在许多具体问题[57],包括:(1)用户不阅读隐私权条款。用户鲜少阅读企业提供的隐私权政策[58]。更少有人会勾选掉企业提供的不与人共享本人数据的选项[59]。大多数人没有考虑过更改网站上的隐私权设置[60]。(2)用户未理解条款含义。也就是说大多数用户并没有理解隐私权政策。另一种可能性是互联网企业故意将隐私权政策设置得冗长且难以理解。(3)用户错误预估风险。人们习惯于对潜在风险进行经验性的评估,如果感觉到自己掌握着主动权,且分享自己数据的情况尚未发生严重的风险,就会倾向于愿意承担这个可能的风险[61]。这些问题导致用户鲜少主动参与自我信息管理,最终将导致现行的自我管理机制失效。

通过对美国现行的个人信息的保护机制分析,由于缺乏积极、有效、成体系的法律保护规制,不透明的互联网企业垄断地位造成了个人用户的弱势地位,因此作为保护手段的自我管理机制处于失效状态。但是在大数据发展时期,过于严格的法律限制并非良策。仅依靠权力机构发布严格规制限制互联网企业收集、使用、披露个人用户信息的行为并不是处理私权利平衡问题的最佳选择,反而可能限制数据经济的未来发展。2017年3月1日,美国联邦通信委员会(Federal Communications Commission,FCC)投票停止2016年通过的互联网隐私规则[62],该规制要求互联网服务提供商在分享用户浏览历史记录、位置信息和其他敏感数据前必须获得明确的用户授权,须用户采取选择性加入(opt-in)的同意方式企业才有权收集用户敏感信息。新上任的联邦通信委员会主席 Ajit Pai 对该规则持反对意见,认为该规则对互联网服务提供商要求过严。

---

[57] Daniel J. Solove, Introduction: Privacy Self-Management and the Consent Dilemma, 126 Harv. L. Rev. 1880, 1903 (2013).

[58] Fred H. Cate, The Failure of Fair Information Practice Principles, in Consumer Protection in the Age of the 'Information Economy' 343, 361—62, Jane K. Winn ed., 2006;
George R. Milne & Mary J. Culnan, Strategies for Reducing Online Privacy Risks: Why Consumers Read (or Don't Read) Online Privacy Notices, 18 J. Interactive Marketing 15, 20—21 (2004).

[59] Edward J. Janger & Paul M. Schwartz, The Gramm-Leach-Bliley Act, Information Privacy, and the Limits of Default Rules, 86 Minn. L. Rev. 1219, 1230 (2002).

[60] Alessandro Acquisti & Jens Grossklags, What Can Behavioral Economics Teach Us About Privacy?, in Digital Privacy 363, 369 (2008).

[61] Laura Brandimarte, Alessandro Acquisti & George Loewenstein, Misplaced Confidences: Privacy and the Control Paradox, Soc. Psychol. & Personality Sci. (2013).

[62] 2016年10月通过的互联网隐私规则(Protecting the Privacy of Customers of Broadband and Other Telecommunications Services)。

2017年3月1日,委员会投票决定暂停该规则。2017年3月23日,美国参议院对联邦通信委员会2016年12月提交的限制宽带服务供应商分享个人信息给第三方的"保护宽带和其他电信服务用户隐私"提案进行投票表决,该提案未获通过。现实情况是:在经济利益、国家利益的驱使下,政府并不能也不会作为规制互联网企业的主力军。美国对于个人信息的保护发展经历了从无到有,从宽松到严格再到重新放宽规制的发展阶段:20世纪70年代开始规制政府行为到90年代规制政府及企业行为,再到前段时间的严格规制企业行为,现在处于再次放松对企业行为规制的阶段。但这并不是个人信息保护路径发展的句点。

三、个人信息保护对策的继续发展

现在大数据成为推动经济发展的极大助力,希望政府采取严格的手段限制互联网企业收集个人信息的行为显然违背经济利益。现阶段,美国的个人信息保护路径发展处于再次对企业放宽规制的时期,但是个人信息的保护发展并未划下句点,在不断扩大的隐私权法框架之内,关于个人信息保护机制的相关对策仍然在不断发展。

中国1994年才正式接入国际互联网,但对于个人信息保护机制的建立则从2000年开始,以立法形式对个人信息的收集、使用、披露问题作出了回应。[63] 随着大数据时代的发展,中国越发重视个人信息保护。2017年3月8日,在十二届全国人大五次会议上,新闻发言人傅莹表示,2017年将严查个人信息泄露,在多项法律中关注和强化对个人信息的保护。3月15日通过的《民法总则》[64]亦在民事权利一章明确规定公民个人信息受到法律保护。3月20日,最高人民法院审判委员会全体会议审议并原则通过《最高人民法院、最高人民检察院关于办理侵犯公民个人信息刑事案件适用法律若干问题的解释》。中国关于个人信息的保护路径开始加快建立。关于如何建立我国个人

---

[63] 张新宝:"从隐私到个人信息:利益再衡量的理论与制度安排",载《中国法学》2015年第3期,页38—59。文中详述2000年开始的国内相关立法情况:2000年12月28日,全国人大常委会《关于维护互联网安全的决定》是我国以法律规范互联网的开端,该决定将信息安全视为互联网安全的重要内容,采取刑事制裁手段维护信息主体权利,其中第4条规定"非法截获、篡改、删除他人电子邮件或者其他数据资料,侵犯公民通信自由和通信秘密"可构成犯罪;2012年12月28日,全国人大常委会通过《关于加强网络信息保护的决定》,其中第1条明确规定"国家保护能够识别公民个人身份和涉及公民个人隐私的电子信息",并遵从国际惯例规定了多项个人信息保护和利用的基本原则。在部门法方面,2005年2月28日,全国人大常委会通过《刑法修正案(五)》,新增"窃取、收买、非法提供信用卡信息罪";2009年2月28日,全国人大常委会通过《刑法修正案(七)》,新增"出售、非法提供公民个人信息罪"和"非法获取公民个人信息罪";2009年12月26日颁布的《侵权责任法》规定了对隐私权的保护及网络侵权责任;2013年10月25日修订的《消费者权益保护法》也对消费者个人信息保护给予重视。

[64] 《民法总则》第111条规定:自然人的个人信息受法律保护。任何组织和个人需要获取他人个人信息的,应当依法取得并确保信息安全,不得非法收集、使用、加工、传输他人个人信息,不得非法买卖、提供或者公开他人个人信息。

信息的具体保护路径,美国以特定权利立法保护为基础,以互联网企业的行业自律机制为框架,用户个人信息自我管理模式为保护手段的保护路径很有参考价值,但是在行业自律与国家介入的比例侧重上应作出适合中国实际情况的调整。

(一) 个人信息保护路径的权利基础选择与发展

美国模式由于判例影响,其建立个人信息保护路径的权利基础是单一的隐私权。其发展趋势是继续扩充调整原有隐私权法律体系的基础保护制度,全面建立隐私权的积极法律模式。在隐私权的定义和范围无法绝对确定的大数据时代,以往消极的隐私权概念不再适用于变化的现实情况,被动地在旧的隐私权保护框架内行动也随时可能被网络的触角触及。具体而言:(1) 在立法上,一方面建立隐私权积极模式,对于隐私权概念的重新界定十分必要,不论是个人还是法院都要以积极的权利态度对待个人信息[65],对于潜在的侵权威胁采取积极地防御态度。另一方面,立法限制个人在某些情况下对放弃隐私权的同意:隐私权虽然是基础的人权之一,但是在一定程度上,需要一个有效的社会机制在一定程度上控制政府的权力和个人的选择权利。互联网时代的个人信息常被用来交换其他好处,在一些特定情况下,隐私权不能被放弃,比如未成年人在互联网中上传自己或他人的隐私信息。[66] 未成年人作为巨大的互联网用户群体,对风险的认知程度较低,更容易泄露自己的数据信息。(2) 司法上建立隐私权积极模式,法院应该抛弃二元制,即隐私权全有或全无的考量方式,将公权力与私权利之间的渐变层次纳入考量。侵权法必须将个体之间分享数据的社会常态纳入考量,针对个人对其所分享数据存在的期待性在不同情况下的变化对个人信息给予不同程度的保护。[67] (3) 个人认知上建立隐私权积极模式,个人应该充分认识到信息之中所蕴含的权利,不论是通过立法保护还是法院判例,个人都能从中进一步意识到保护个人信息必须从提高自己的权利意识开始,才能在侵权发生时捍卫自己的权利。

而我国对于个人信息保护路径建立的权利基础则将其作为单独人格权加以保护。《民法总则》第 111 条对个人信息单独列出,表明其独立于个人其他民事权利。权利属性的确定对于权利保护机制的建立而言仅仅是一个开端,下一步是建立个人信息的具体保护措施,必须建立在国家主导型的法律规制作为个人信息的最终保护手段的基础上。建立国家主导法律保护路径的具体构建上有不同方案。比如适用现有法律框架并增加特殊规定的方案:适用现有的侵权法救济途径处理互联网隐私侵权问题,并增加针对互联网隐私侵权问题的特殊规定。[68] 或者在现有的民法框架内建立个人信息保

---

[65] William Baude; James Y. Stern, The Positive Law Model of the Fourth Amendment, 129 Harv. L. Rev. 1821, 1889 (2016).

[66] Cohen, Julie E. Configuring the Networked Self. Yale University Press, 2012,p132.

[67] Neil M. Richards; Daniel J. Solove, Prosser's Privacy Law: A Mixed Legacy, 98 Cal. L. Rev. 1887, 1924 (2010).

[68] 徐明:"大数据时代的隐私危机及其侵权法应对",载《中国法学》2017 年第 1 期,页 130—149。

护制度,再结合新时期行业所呈现出的不同特点作分类细化。[69] 也有主张单独立法的方案,以《个人信息保护法》基本法为主干,再结合个人信息保护特别法规范特殊行业与特殊人群,建立行业自律规范与国家立法相配合协作制度。[70] 无论最后采取哪种方案,为个人信息的保护提供国家法律保护路径是必不可少的。

(二) 互联网行业自律机制的调整

美国的行业自律机制作为个人信息保护机制中的主要框架,其运行基础在于企业的逐利欲求和技术优势。行业自律机制的优势在于企业逐利性可以带动经济和技术的极大发展,但企业逐利性的不断膨胀却会挤压个人信息的安全空间。因此,互联网企业的行业自律机制需要不断进行调整规制,个人信息的保护关键不在个人如何防止互联网企业收集个人信息,而在于收集信息的企业正视个人信息中蕴含的个人权利[71],互联网企业重视、改善其收集的隐私信息管理制度才能有效地保护个人数据隐私权。具体而言,首先,在企业自我管理方面,互联网企业内部管理可以设置首席隐私执行官来管理用户的隐私信息,公司的软件产品服务设计也必须充分考虑到隐私问题[72];互联网企业外部管理可以委托专业风险管理公司对个人信息的披露进行管理,向申请信息使用情况公示的个人用户及时进行公示。其次,除了互联网企业的自我管理调整之外,行业组织的建议和监督也是行业自律规制的重要组成。联邦贸易委员会也提出关于改进互联网企业以保障用户数据隐私的建议。联邦贸易委员会在2007年就提出过关于网站选项模式更改的建议,把收集数据的选项设置为用户主动勾选,只有用户手动勾选同意收集数据,才能视为用户同意的形式。联邦贸易委员会的委员之一Jon Leibowitz认为[73]特别是同意与第三方分享信息的选项,尤其应该使用这种形式。最后,行业自律规制中的法律规制制定在合适的互联网发展阶段可以参考欧盟关于个人信

---

[69] 张继红:"论我国金融消费者信息权保护的立法完善——基于大数据时代金融信息流动的负面风险分析",载《法学论坛》2016年第6期,页92。

[70] 肖登辉、张文杰:"个人信息权利保护的现实困境与破解之道——以若干司法案例为切入点",载《情报理论与实践》2017年第2期,页51。
孙平:"系统构筑个人信息保护立法的基本权利模式",载《法学》2016年第4期,页67。
王利明:"论互联网立法的重点问题",载《法律科学(西北政法大学学报)》2016年第5期,页110—117。

[71] Peter P. Swire, The Surprising Virtues of the New Financial Privacy Law, 86 Minn. L. Rev. 1263, 1316 (2002).

[72] Kenneth A. Bamberger & Deirdre K. Mulligan, Privacy on the Books and on the Ground, 63 Stan. L. Rev. 247 (2011).

[73] Jon Leibowitz, Comm'r, Fed. Trade Comm'n, So Private, So Public: Individuals, the Internet & the Paradox of Behavioral Marketing, Remarks at the FTC Town Hall Meeting on Behavioral Advertising: 'Tacking, Targeting, & Technology' (Nov. 1, 2007), available at (http://www.ftc.gov/speeches/leibowitz/07103iehavior.pdf.) (visited 14 Mar 2017).

息的保护规则，欧盟关于个人数据的处理更加谨慎，规则更加严格。(74) 其规制严格性体现之一是互联网企业想要收集数据的入行门槛高：欧盟国家如果互联网企业要收集用户数据，需要经过一定的法律程序，才有资格收集。而美国企业的数据处理是法无禁止即可为。体现之二是欧盟对于信息保护的措施更为全面，不论是何种形式的信息数据，何种类型的组织掌握该信息数据，都受到相应的法律保护。这种综合性的隐私权概念迫使企业重视自身对用户的责任，无法达到标准的企业将会被用户所抛弃。(75)

而我国尚未建立成体系的互联网行业自律机制，可以借鉴美国行业自律模式中的互联网隐私权政策标准化方案。在遵循基本经济发展原则的前提下，由相关政府部门出台一个有针对性和区分度的隐私信息保护行业规范，指导不同行业网站的隐私保护政策制定是现阶段比较合适的保护路径。在行业规范中最重要的是风险控制，互联网行业应建立隐私信息风险的预警机制，依照法律法规预防性地进行自我规制，才能最大限度地保护个人信息。互联网隐私权政策标准化初步方案可采取类似工业和信息化部 2013 年 9 月开始实施的《电信和互联网用户个人信息保护规定》(76)同样的形式，从而适时、合理地规制快速发展的互联网行业。

此外，还可以采取在互联网行业引入竞争机制的方案。由非营利性机构提供替代性的互联网服务，这里所说的非营利性机构是指不以互联网个人信息业务为主业的机构，技术运营方面有政府的财政支持，引入非营利机构的选择性竞争机制，给予用户选择权。2014 年国内由中央七大新闻媒体联合创办的中国搜索信息科技股份有限公司(国搜)，其推出的"中国搜索"可能在国内形成百度搜索的替代性搜索工具。当然该搜索引擎现在的数据库不及商业型的庞大数据库，但是搜索结果和界面相对"干净"。随着大数据的不断发展，数据的交流会更加普遍，未来任何数据库都可能实现全部数据可接入。数据库的大小并不是决定未来搜索引擎服务优劣的关键因素，关键在于搜索结果的相关性和可用性。

---

(74) Paul M. Schwartz, The EU-U. S. Privacy Collision: A Turn to Institutions and Procedures, 126 Harv. L. Rev. 1966, 1971—76, 1992—2001 (2013).

(75) 欧盟国家、美国、中国都存在的数据管理公司安客诚公司在三国的隐私权政策都不相同。在英国的主页上显示的隐私权政策以安客诚公司尊重个人的隐私权开头(UK Privacy Policy, ACXIOM,〈http://www.acxiom.com/about-acxiom/privacy/ukprivacy-policy/69〉,2017 年 7 月 14 日最后访问)。而在美国的隐私权政策首页是安客诚公司在使用本公司信息处理产品时，不论是处理信息还是收集信息，都尊重每一位用户的隐私权(US Products Privacy Policy, ACXIOM,〈http://www.acxiom.com/AboutAcxiom/Privacy/US-Products-Full-Privacy-Policy/〉,2017 年 7 月 14 日最后访问)。值得一提的是，该公司的中国分公司网页上也存在隐私权政策的链接，但是有趣的是隐私权政策这一链接点开显示 404，只有隐私权概述和原则可以查看，在原则条款下告知权限和选择一栏显示"消费者有权被告知其资料的使用方式，也有权选择其资料是否可以被外传"，通过这一条可以看出该公司在中国范围内的业务同样是在企业主动收集信息的前提下开展的。

(76) 信息来源〈http://www.miit.gov.cn/n11293472/n11293877/n16381515/n16381547/16389765.html〉，2017 年 6 月 20 日最后访问。

（三）用户自我管理机制的发展

大数据时代到来意味着想要保有自我空间,个人必须从消极的隐藏个人信息模式转变为积极地自我管理控制信息模式。针对美国模式中个人信息自我管理机制现存的具体问题,比如用户不阅读隐私权条款,可以采用主动弹出或者固定显示的隐私权提醒机制。对于用户未理解条款含义的问题,可以采取简单直接的图片化告知形式,比如烟盒上的死亡标志。但是隐私权更为抽象,问题在于其图像表示要如何设计才能精准地表达隐私权政策的含义。[77] 而关于用户对互联网风险认识错误问题随着互联网关于个人信息泄露导致的风险新闻报道增加,以及法律规制的逐渐完善,用户的风险意识将随之提高。如果能够有确切的告知程序[78]告知用户其信息正在被收集以及这些信息会被用于何种情况,在互联网世界中,个人与现实世界脱离的感觉就会相应减少,对个人信息的权利意识也会相应加强。研究显示[79],明显且有效的隐私权提醒机制能给用户行为带来显著改变。在定制的搜索引擎上让用户选择购买商品,网站页面旁边附一个简单的"隐私保护测量器"可以显示不同网站的隐私政策保护隐私权的强度。大部分用户选择付出更高价格,也要在提供更好隐私权保护的网站购买商品。该研究结果表明网络环境下用户对于隐私权的重视,随着互联网产业的不断成熟以及用户对于个人信息的进一步认识,互联网公司也会为了吸引更多用户以保持竞争力,相应地适应用户需求而改变其隐私权保护政策。

现阶段,我国对于个人信息的保护非常重视,但是法律层面尚缺乏具体保护措施,实践层面也未见个人诉互联网企业侵犯个人信息的胜诉案例。[80] 其原因还在于立法规制的缺乏和个人信息的权利意识淡薄。但是随着大数据经济的不断发展,互联网企业的不断扩张,企业逐利性压迫个人权利空间的危机不断逼近,个人信息的权利意识必然会逐渐加强,对于国家立法保护和企业自律规制的呼声也必然会持续高涨。在未来的互联网经济发展阶段,建立成体系的个人信息保护机制是必需的。

四、结论

大数据的发展已成不可逆转的时代发展趋势,数据的累积和重组意味着信息中包含的个人信息必然从非数据时代的消极权利发展为数据时代的积极权利,如何建立保护这种积极权利的有效机制,正是大数据时代未来的重要课题。现阶段,国家主导的

---

[77] M. Ryan Calo, Against Notice Skepticism in Privacy (and Elsewhere), 87 Notre Dame L. Rev. 1027, 1033 (2012).

[78] 比如带有警醒标示的弹窗程序。

[79] Lorrie Faith Cranor, Necessary but Not Sufficient: Standardized Mechanisms for Privacy Notice and Choice, 10 J. Telecomm. & High Tech. L. 273, 292—93 (2012).

[80] 法院网 2017 年 5 月公布的侵犯公民个人信息犯罪典型案例均为公诉案件。链接〈http://www.chinacourt.org/article/detail/2017/05/id/2852365.shtml〉,2017 年 7 月 14 日最后访问。

政策在没有足够制定依据的前提下,互联网企业的自我管理和外部规制将是维持权利平衡的主要力量。个人对于信息的权利意识觉醒以及积极管理,辅之以互联网企业以用户为主导的隐私权政策制定,在短时间内可以达到个人信息隐私安全与互联网经济利益的大致平衡。但是随着互联网经济和大数据规模的不断发展,市场的逐利性会以不可控之势侵蚀个人信息的空间,在这种局面出现之前,代表国家力量的法律规制必须迅速建立起来,才能再次达到权利的平衡。

日本个人信息保护制度及其对中国的启示

西村洋[*]

摘要：日本全面实施的新《个人信息保护法》对个人信息内涵的界定、保护标准、个人信息流转的限制、监督以及违法处罚等作出了较为详细的规定，与此同时，还规范了特殊领域的个人信息保护。这一法律的实施意味着日本个人信息保护制度对个人信息强保护有了更进一步的发展。对日本相关经验的参考能够为中国建立个人信息保护制度方面提供新的借鉴。

关键词：日本　个人信息保护　中国

Personal Information Protecting System in Japan and Its Inspiration Brought to That in China

Abstract: The new "Act on Protection of Personal Information" in Japan elaborates the definition of personal information, the standards of protection, the limitation and supervision on transferring of personal information, penalty and the like as well as protection for personal information in specialized fields. This new act shows a further development of strong protection for personal information in Japan. The relevant experience in Japan can provide a reference to the building of personal information protecting system in China.

Key words: Japan, Protection for Personal Information, China

---

[*] 西村洋,北京大学法学院2015级知识产权法学博士研究生。

引言

2003年,"个人信息保护法案"通过日本国会决议,日本首部《个人信息保护法》于同年开始实施。随着通信科技的发展与信息化的普及,个人信息的价值不断提升,企业或社会组织收集、使用与出售个人信息的情形越来越多,因而制定《个人信息保护法》成为维持整个社会良好秩序的重要举措。为进一步加大个人信息在科技社会中的保护力度,时隔多年后,日本于2015年9月正式公布对《个人信息保护法》的修改草案,以期令个人信息在法律层面获得更强的保护,使得该部法律能在最大限度内与全球化进程的信息通信事业、商业活动等同步,并对其中涉及个人信息的相关事业与活动加以监管。新的《个人信息保护法》的实施将对振兴日本产业发展、维护个人信息主体的权益以及规制违法行为具有重要的意义。

一、日本现行《个人信息保护法》的现状

(一)现行《个人信息保护法》的简述

2017年5月30日,新的《个人信息保护法》(以下简称现行法)开始全面实施。与旧法相比较,现行法主要从以下几个方面对原有内容进行完善:第一,个人信息范围的界定;第二,确保个人信息的可利用性;第三,个人信息保护的强化;第四,规范涉及境外个人信息的处理;第五,赋予个人信息保护委员会明确的法律地位;第六,加大对违规行为的处罚力度。

就现行法的框架而言,共分七章,包含88项条文:第一章为总则(第1条至第3条);第二章对国家与地方公共团体的责任、义务进行了规定(第4条至第6条);第三章为有关个人信息保护的措施等(第7条至第14条),其中包括个人信息保护的具体方针、国家的政策、地方公共团体的政策以及国家与地方公共团体的协助;第四章规定了个人信息处理业者的义务等(第15条至第58条);第五章是涉及个人信息保护委员会的相关规定(第59条至第74条);第六章至第七章分别为杂则与罚则(第75条至第88条)。[①] 特别值得注意的是,现行法在延续旧法框架的同时,对其中章节内容进行了扩充,例如第四章第一节关于向境外第三人提供个人信息的限制(第24条)、第二节关于匿名信息加工处理业者的义务(第36条至第39条)、第三节关于个人信息保护委员会的监督权(第40条至第46条)以及第五章关于个人信息保护委员会的规定等。

(二)现行《个人信息保护法》的特点

与旧法相比,为了更好地维护个人信息主体的权利、抑制企业与组织侵害个人信息主体的行为等现象,现行法根据具体情形作出具有扩张性以及针对性的规定,具体

---

① 参见⟨http://law.e-gov.go.jp/htmldata/H15/H15HO057.html⟩,2017年6月30日最后访问。

有以下几个特点:

第一,个人信息从业者范围的扩张。修法前,持有5000人以下的个人信息的中小企业、小规模业者被排除在旧法所规制的范围之外。然而,2017年5月30日之后,持有5000人以下的个人信息的中小企业、小规模业者也被包含在内。在此基础上,处理个人信息的数量不受限制,利用纸质或利用电子数据管理名簿的业者均属于个人信息处理业者,并成为现行法规制的对象,所有处理个人信息的业者均适用于现行法,其中不限于法人,还包括住房管制组织、NPO法人、自治会或校友会等非营利组织。另外,针对小规模业者的行为可通过其他安全管理措施予以应对。②

第二,个人识别符号概念的引入。现行法第2条第1款除对"个人信息"的基本定义之外,将"个人识别符号"纳入"个人信息"的定义中。③作为其补充款项,同条第2款规定,两种情形可被认定为"个人识别符号":第一种情形为将特定个人身体的一部分特征变更为供电子计算机使用的文字、号码、记号与其他的符号(例如,构成DNA的碱基排列、脸部骨骼、虹膜、声波纹、指纹等)④;第二种情形为常规的工作中基于不同对象所分配的不同符号(例如,护照号码、驾照号码、养老金号码、住民票代码等)。⑤

第三,需加注意的个人信息概念的引入。为避免由于自身特殊原因而遭受精神损害,现行法第2条第3款规定对包含特殊情形的个人信息加以保护,并将个人信息中包含因人种、信仰或相关病例等可能会对其本人造成歧视或偏见的信息规定为"需加以注意的个人信息"。鉴于上述情形有可能会损害本人的相关利益,现行法对个人信息处理业者使用该种信息以及禁止使用该种信息的情形作出了较为严格的规范。关于"需加以注意的个人信息"的使用,同法第17条第2款规定除该款规定的情形外,个人信息处理业者在使用被归为"需加以注意的个人信息"时,需要经过本人同意。⑥在个人信息从业者向第三人提供个人信息的情况下,现行法第23条第2款规定,就"需

---

② 个人信息保护委员会编:《个人信息保护法手册》,第2页,来源于:⟨https://www.ppc.go.jp/files/pdf/kojinjouhou_handbook.pdf#search=%27個人情報保護法ハンドブック%27⟩,2017年6月30日最后访问。

③ 《个人信息保护法》第2条第1款规定,可通过个人信息中包含的姓名、出生年月日与其他的记述等(文书,图像或电磁记录,或者适用声音,动作与其他的方法显示出的所有事项(个人识别符号除外))识别特定个人的信息(包括可与其他信息容易地进行对照,并以此能够识别特定个人的信息)。《个人信息保护法》第2条第2款规定,本法中所称的"个人识别符号",是指符合以下任一项的文字、号码、记号与其他符号中,由政令规定的符号:(1)将特定个人身体的一部分特征改变成提供电子计算机用的文字、号码、记号与其他的符号,并能够识别特定的个人;(2)利用提供给个人劳务或购买向个人销售的商品通过分配,或向个人发放的卡片与其他文件中记载或以电磁方式记录的文字、号码、记号与其他符号,根据每个使用人或购买人或接受发放的人的不同所实施的分配或记载或记录能识别特定的利用人或购买人或接受发放的人。

④ 《个人信息保护法施行令》(2003年政令第507号)(简称《政令》)第1条(一)之规定。

⑤ 《政令》第1条(二)至(八)、第3条与第4条之规定。

⑥ 同法第17条(正当取得),第2款除以下列举的情形外,个人信息处理业者事先未经本人同意不得获取需加以特殊考虑的个人信息。

加以注意的个人信息"而言,禁止个人信息处理业者利用请求免除(opt-out)的方式向第三人提供相关个人信息。[7]

第四,匿名加工信息概念的引入。匿名加工信息是为满足信息技术时代需要而被引入现行法中的一个新概念。在此基础上,为避免在促进信息产业发展的同时,因匿名加工信息的滥用对个人信息主体的利益造成伤害,现行法对匿名加工信息作出详细的规定。具体而言,根据现行法第2条第9款规定,"所谓匿名加工信息,是指对个人信息进行处理后获得的无法识别特定个人,并无法得到恢复的信息"。当匿名加工信息相关业者的加工对象属于同法第2条第9款所定义的信息时,需遵守个人信息保护委员会的规定,并负有防止加工信息泄漏、对已完成的匿名加工信息以及向第三人提供匿名加工信息进行公示等义务。[8]

第五,个人数据保护的强化措施。为防止日益猖獗的个人数据泄露和倒卖,现行法对个人数据的流转,特别是个人数据由个人信息处理业者提供给第三人时,原则上必须事先征得本人同意。[9] 向第三人提供相关个人数据之后,个人信息处理业者基于现行法第25条第1款规定,除特别情形外,必须根据个人信息保护委员会的相关规定,记录提供给第三人相关个人数据的具体时间段(年月日)、该第三人的姓名或名称以及其他内容等,并在法定期限内进行保存。另外,当第三人接受相关个人数据后,个人信息处理业者仍须按照个人信息委员会的相关规定,确认第三人的姓名或名称与住所(第三人为法人的,以其代表人姓氏为准)、该第三人获得该数据的经过,记录第三人接受该个人信息提供的具体日期与确认事项等,并在法定期限内对其进行保存。[10]

第六,向海外第三人提供个人信息时的限制。随着商业全球化的不断推进,为防止个人数据在海外遭到滥用,现行法还特别就个人信息处理业者向特殊第三人提供个人数据的行为加以限制。根据现行法第24条的规定,原则上,未经本人同意,个人信息处理业者不可以向在海外的第三人提供个人数据,但在"该第三人所在国家是个人信息保护委员会规则承认的,作为在保护个人权益方面设立有与日本水平线相当的个人信息保制度"的情形中,以及该第三人完善体制符合个人信息保护委员会规定的标

---

[7] 同法第23条(限制向第三人提供)(二)个人信息处理业者对于向第三人提供的个人数据(除需要加以注意的个人信息外,以下该款中相同),应本人之请求应当停止将可识别该本人的个人数据提供给第三人的,就以下事项,如事先已通知本人或者本人处于容易知悉该情形的状态的,则无论前一款之规定如何,均可将该个人数据提供给第三人。

[8] 同法第四章第二节(匿名加工信息处理业者等之义务),第36条—第39条之规定。

[9] 但以下五种情形被排除在必须获得本人同意之外:(1)行政机关的调查;(2)向家属或自治会提供遭受灾害时的遇难者信息;(3)为公共卫生或儿童健全培育所必要的;(4)回答国家或地方公共团体的统计调查等;(5)委托、事业继承以及共同使用。

[10] 同法第25条(记录向第三人提供个人信息等)与第26条(第三人接受提供时的确认等)之规定。

准或符合现行法第 23 条中的具体情形下,可以向海外的第三人提供该个人数据。⑪ 特别需要注意的是,该条款中所指的向国外的"第三人"提供个人数据包括以下情形:母公司与子公司、集团公司间个人信息的交换,以及特许经营组织与加盟店之间的个人信息交换与同行业间的个人信息交换,但同一企业内各部门间提供个人信息的除外。⑫

就第三人的义务而言,例如境外金融机构向日本境内金融机构提供相关服务时,被提供服务的具体对象需要承担相应的义务,在使用个人信息时,必须确定其使用目的,若事先未经本人同意,则对其确定的使用目的不得超出原有目的范围,从而保证个人数据利用的正确性以及采取必要安全措施以防止个人数据泄露。⑬

第七,个人信息保护委员会的设立以及违法处罚的标准。设立个人信息保护委员会的重要目的之一是能够更好地与现行法一同规制个人信息处理业者的相关行为。个人信息保护委员会有权对所有个人信息(包含现行法第 2 条中记载的所有个人信息类型)处理业者进行监管。当个人信息处理业者明显违反现行法时,个人信息保护委员会可依照现行法的条款根据具体情况采用必要措施,例如要求个人信息处理业者提交报告或资料、例行抽查、劝告或下达中止违法行为命令等。⑭

关于违反现行法的相关处罚标准,现行法第七章对一些严重损害个人权益的违法行为加大了处罚的力度,情节严重的还会受到不同程度的刑事追责。⑮ 具体而言,对不听从个人信息保护委员会命令的业者,根据具体情况可处以 6 个月的徒刑或 30 万日元以下的罚款。对职员以谋取不正当利益为目的,提供或盗用个人信息数据库等行为,可处以 1 年以下的徒刑或 50 万日元以下的罚款。关于个人信息处理业者伪造或者提出相关报告、拒绝答复个人信息保护委员会工作人员提出的问题或作出虚假答复、拒绝或妨碍抽查等违法行为,会被处以 30 万日元以下的罚款。个人信息处理业者不进行申报或提交虚假申报,会被处以 10 万日元以下的罚款。

综上,现行法的实施有利于维护良好的社会秩序,进一步规制企业或相关组织对个人信息的滥用等行为。从上述七个特点中可以看出,现行法对其规制对象的范围、义务等分别作出了具体、全面以及严格的规定,还确立了个人信息主体的知情权,确保个人信息在使用或流转时的稳定性。以此为契机,日本学界以本次《个人信息保护法》修改为背景对现行法的全面实施作出评论。有评论认为个人信息保护法制度中重要的是,个人信息的保护与使用间的平衡,本次修法设置的规定满足了保护、利用两方面的需要。在此次修法下,个人数据的利用环境得以调整,期望通过积极利用包含个人

---

⑪ 同法第 24 条(向国外第三人提供个人信息的限制)之规定。
⑫ 个人信息保护委员会编的日本《个人信息保护法指南》,第 3-4-1 条向外国第三人提供个人信息的限制原则,页 55—56。
⑬ 同法第 15 条、第 16 条、第 19 条以及第 20 条之规定。
⑭ 同法第 40 条至第 42 条之规定。
⑮ 同法第 83 条至第 88 条之规定。

信息的个人数据,以满足商业需求与实现新兴产业的创新。[16] 同时也有评论认为,设立个人信息保护委员会是本次《个人信息保护法》修改最重要的一点,针对个人信息的界定、匿名化信息、以请求免除(opt-out)为由向第三人提供个人信息的登记、适应全球化等,围绕平衡个人信息的保护与利用的每个论点都要依靠该委员会迅速且适当地解决。[17] 可见,日本学界对本次《个人信息保护法》修改以及个人信息保护委员会的设立给予较高的评价与期望。

二、个人信息保护委员会与特殊领域的规章

由于针对个人信息的保护具有一定的特殊性且涉及的领域较为复杂,因此设立专门的监管机构以及针对特殊领域个人信息保护的相关规章具有重要意义。

(一)个人信息保护委员会的设立

个人信息保护委员会经过改组,于2016年1月1日正式成立。个人信息保护委员会属于独立性较高的机关,并由委员长(1名)、委员(全职与非全职各4名)、专业委员(非全职1名)以及干部(事务局长、总务科长各1名与参赞官2名)组成。在此基础上,该委员会为合议制,委员长与委员组成合议庭可单独行使其职权。[18] 作为行政上的一般事务,该委员会基于现行法制定"个人信息保护的基本方针",促进官、民对个人信息保护的配合。个人信息保护委员会将展开相关宣传活动,积极参加相关国际会议,并与国外有关机构进行信息交流,构建合作关系,以使得公众更加了解个人信息保护的重要性以及正确且广泛地利用个人信息。

从现行法实施之日起,个人信息保护委员会可根据不同情况基于现行法与《番号法》[19]两部法律予以应对。根据《番号法》的相关规定,使用个人号码(マイナンバー)的行政机关或地方公共团体等应针对综合性风险对策进行评价并公布特定个人信息保护评价,对此,个人信息保护委员会相应地作出执行该评价时的相关内容或与程序相关的基本方针,针对业者的行为实施其监视或监督权。

根据现行法的相关规定,个人信息保护委员会可对个人信息保护团体进行认定与监督,对个人信息处理业者的相关行为实施监督。另外,在现行法实施之前,监督个人信息处理业者的义务由各级省厅承担。现行法开始实施后,该委员会执行其权限的范围扩张至行政机关,并对特定个人信息处理业者进行必要的指导或根据具体情形实施入内调查等。[20]

---

[16] 日置巴美:《改正個人情報保護法の概要—変容するパーソナルデータの取扱い環境下における個人情報の保護と利用について》ジュリスト 2016年2月,页34—35。

[17] 宍戸常寿:《個人情報保護委員会》ジュリスト 2016年2月,页48。

[18] 〈https://www.ppc.go.jp/aboutus/mission-roles/〉,2017年7月4日最后访问。

[19] 《使用行政手续识别特定个人号码的法律》(2013年法律第27号)。

[20] 〈https://www.ppc.go.jp/aboutus/commission/〉,2017年7月4日最后访问。

（二）金融行业监管

为进一步规范金融领域中收集、使用与流转个人信息的行为，2017年2月个人信息保护委员会与金融厅共同制定了《金融领域个人信息保护指南》（以下称《指南》）。该《指南》中的所有规章（第1条至第18条）均基于现行法的相关法条[21]，针对金融领域中使用以及转移个人信息的行为等加以规范。根据《指南》第2条的规定，金融领域的个人信息处理业者依照现行法第15条确定使用个人信息的目的时，需要在提供金融商品或服务后明确该目的，例如该公司接收存款或该公司对个人进行融资的信用判断以及信用管制等。根据同条第2款的规定，当金融领域的个人信息处理业者开展信贷工作，并向个人信用机构提供个人信息时，必须在使用目的中明示其主旨。就明示的使用目的而言，必须征得个人的同意（原则上以书面（包含电磁式纪录）形式[22]）。当金融领域的个人信息处理业者变更使用个人信息的目的时，同条第5款对现行法第15条第2款中关于变更前使用目的的范围加以列举，例如金融领域中的个人信息处理业者将原来邮寄商品介绍手册改为以电子邮件的方式发送商品介绍手册的行为属于合理变更范围，而将用于问卷的收集计算改为用于邮寄商品介绍手册的行为则属于超出合理变更范围而不被允许。[23]

此外，《指南》第5条还对"敏感信息"（机微情报）进行了详细的定义，其中包含旧《指南》中的敏感信息情形以及现行法与同法实施行政令中规定的需加以注意的信息，例如医疗保健、原籍、社会身份、犯罪记录或未成年犯罪历史等。[24] 此类信息的使用原则上被现行法所禁止。作为其例外，同条第1款中列举规定容许金融领域的个人信息处理业者实施上述行为，但事先必须征得本人同意，金融领域的个人信息处理业者在向第三人提供"敏感信息"时不可适用现行法第23条有关免除请求的规定。[25]

关于金融领域的个人信息处理业者向第三人提供个人数据的限制，《指南》第11条中（与现行法第23条相关），除要求金融领域的个人信息处理业者以书面的形式（提供个人数据的主体、第三人使用目的以及提供给第三人的信息内容）获得本人就该业者向第三人提供个人数据的同意之外，在金融领域中的个人信息处理业者向个人信用信息机构提供个人数据的情况下，由于个人数据被提供给个人信用信息机构时，个人信用信息机构的加盟企业也会通过该机构获得相关的信息，因而需要本人在明确了解

---

[21] 《金融领域个人信息保护指南》第一条第一款规定，关于该指南中没有规定的部分，适用通则指南（个人信息保护法指南（通则篇））、个人信息保护法指南（向国外第三人提供个人信息篇）（2016年个人信息保护委员会告示第七号）、同指南（向第三人提供时的确认以及记录之义务篇）（2016年个人信息保护委员会告示第八号）、同指南（匿名加工信息篇）（2016年个人信息保护委员会告示第九号）。

[22] 《金融领域个人信息保护指南》第3条（同意的形式）规定。

[23] 个人信息保护委员会金融厅编：《金融领域的个人信息保护指南》，2017年2月，页2—3。

[24] 具体内容请参见〈http://www.ppc.go.jp/files/pdf/sankou_01.pdf〉，2017年7月6日最后访问。

[25] 见前注23，页4。

会发生上述情况的基础上,作出是否同意流转其个人数据的判断。因此,个人信息处理业者在征求本人书面同意后,需要对个人数据将会提供给登记在个人信用信息机构的会员企业的主要内容加以记载,并对使用个人数据的该会员企业进行表示。[26] 在共用个人数据时,金融领域的个人信息处理业者同样需以书面形式通知本人,并分别列举共用业者。就共同利用者的外延而言,在向个人信息的主体通知时,该领域的个人信息处理业者必须对该共同利用者进行特定化,以便个人信息的主体能够容易地获知其范围。[27] 具体表示外延的形式可以是"母公司以及母公司有价证券报告中等记载的其子公司",也可以是母公司以及有价证券报告中等记载的母公司的附属公司以及权益法(Equity Method)适用公司。[28]

(三) 医疗行业监管

为进一步贯彻现行法的立法目的,个人信息委员会与日本厚生劳动省共同将原《医疗看护业者正确处理个人信息指南》修改为《医疗看护业者正确处理个人信息的指导》(以下简称《指导》)。《指导》主要是以医疗机构(提供直接接触患者的医院、诊所、助产所、药局等提供医疗服务的业者)与看护业者(经营养老院或提供高龄老年人福祉服务的业者)为对象,其中对个人信息的定义作出进一步的界定与列举:例如医疗机构中的个人信息包括治疗记录、处方、手术记录或出院患者在住院期间诊疗经过的摘要等;看护业者中的个人信息包括提供看护服务的计划或已提供服务的内容记录或事故情况记录等。[29]

由于医疗与看护业者同样掌握着大量患者的个人信息,因此当医疗机构与从业者使用该信息时,需尽可能地确定其使用目的,在获取该信息后需向本人通知其使用目的或进行公告,并不得超出使用目的的范围。[30] 就个人信息的安全管理而言,医疗与看护业者应当在人工、物理或技术等方面采取适当的措施,例如实时监控、文件加密以及提升电脑防火墙的性能等。[31]

对于有可能对患者权益造成伤害的信息,医疗与看护业者在处理的时候应对其加以考虑。具体而言,在诊断纪录或看护机构纪录中记载的病例,或者患者在诊疗或抓药的过程中的身体状况、病情、治疗等,以及从医人员(医师、牙医、药剂师、看护师以及其他从事与医疗相关的人员)获知的诊疗信息、体检结果、保健指导的内容、缺陷的事

---

[26] 见前注23,页9。
[27] 见前注23,页10。
[28] 适用权益法公司,是指在合并账目报表上适用权益法的关联公司。原则上,适用权益法公司是持有表决权比例在20%以上50%以下的非附属子公司、关联公司,该专有名词来源于:〈https://www.nomura.co.jp/terms/japan/mo/equity_method_com.html〉,2017年7月6日最后访问。
[29] 个人信息保护委员会、厚生劳动省:《医疗看护业者正确处理个人信息的指导》,页6—7。
[30] 《个人信息保护法》第15条、第16条与第18条之规定。
[31] 厚生劳动省编:《医疗看护业者正确处理个人信息的指导》,页27。

实以及受害事实等。这些情形均属于现行法第 2 条第 3 款规定的业者应加以注意的个人信息。㉜ 现行法中没有对医疗领域在获取或者向第三人提供此类信息时作出任何例外的规定,因而医疗或看护业的相关业者未经本人同意,不得实施上述行为。㉝

综上,个人信息保护委员会的设立对促进与完善个人信息保护工作起到积极作用的同时,还能协同其他机关作出适用于特殊领域个人信息保护的具体方针,对其认定的个人信息处理团体实施专门监管。关于如何对特殊领域中的个人信息进行保护,以金融领域与医疗领域为例㉞,两个领域内规章对个人信息的界定、适用范围、业者的义务以及安全措施都有细致的规定。可见,个人信息委员会的设立以及特殊领域中对个人信息保护的规章能进一步规范业者处理个人信息的行为,将立法目的落实到实践当中。

三、日本个人信息保护制度对中国的启示

个人信息是一种具有个人可识别性的,存在于一定载体之上的可被处理的信息㉟,它同时作为个人人身、行为状态的数据化表示,是个人自然痕迹与社会的纪录。㊱ 随着中国信息技术的迅猛发展,大量个人信息被各种行业所掌控,例如金融行业掌控客户的金融信息,医疗行业掌控患者的就诊与病例等信息(包括纸质信息和电子信息)。与此同时,互联网的崛起,智能电子设备以及其衍生出的产品成为获得个人信息的重要来源之一。就社交软件而言,其功能的强大以致在一定程度上解决大众求医问药问题的同时,也导致公民个人信息在很短的时间内暴露出来。㊲ 网购中,客户下单决定购买某一商品的同时,客户的手机号码、收货地址或者信用卡号码等个人信息都会被服务商所收集、利用。进一步地,大众利用互联网上预约出行交通工具时也需要提供个人信息。针对个人信息的收集、利用以及深度开发看似会促进整个社会信息化产业的进一步发展,但现实情况不容乐观。

近些年来,由于立法不够完善,个人信息安全遭受侵害的现象比比皆是。在东方航空泄露订票信息案、王某诉汉庭酒店泄露开房信息案等案件中,消费者均因被泄露信息的扩散渠道不具有唯一性而败诉,传统私法保护模式在此类案件中陷入困境。㊳

㉜ 厚生劳动省编:《医疗看护业者正确处理个人信息的指导》,页 10。
㉝ 《个人信息保护法》第 23 条第 2 款之规定。
㉞ 除以上两个特殊领域外,还有通讯、媒体、邮政、个人遗传基因信息等领域。
㉟ 谢远扬:《个人信息的私法保护》,中国法律出版社 2016 年版,页 53。
㊱ 张新宝:"从隐私到个人信息:利益再衡量的理论与制度安排",载《中国法学》2015 年第 3 期,页 45。
㊲ 郑璐璘:"从'微信使用'反思网络个人信息保护",载《法制博览》2017 年第 5 期,页 262。
㊳ 王融:"我国《个人信息保护法》立法前路",载《信息安全与通信保密》2017 年第 3 期,页 91,转引李颖:"海淀法院中关村法庭总结涉个人信息保护民事案件的类型及审理难点并提出建议",载于海淀法院网〈http://bjhdqfy.sifayun.com/〉,2017 年 7 月 1 日最后访问。

中国学界一度提出过针对个人信息进行专门立法,并撰写了《个人信息保护法》(专家意见稿)与立法研究报告,而时隔多年没有任何的进展。为了完善立法上的不足,中国现阶段采用分散立法的方式予以规范[39],但这些规定往往较为零散,只能从有关人权、人格尊严保护方面寻得依据,缺乏系统性的专门立法,这就容易构成法律上的应用障碍。[40] 个人信息权利保护中,现有法益平衡机制出现分歧,信息公开与信息保护的法益取舍指向不明朗使得个人信息权益保护又遭遇一大困境。[41] 因此,有必要尽早建立个人信息保护制度,出台专门法律以满足现实中对个人信息保护的迫切需要。这一制度的建立也意味着个人利益在信息化社会能得到较好的保障,对于持有个人信息的相关行业从业者违法行为的规制也能得以进一步强化。

纵观个人信息保护制度在世界各国的发展趋势,中国基于现有法规建立个人信息保护制度时,应对该制度涉及的立法体系、领域以及其实用性等方面进行考量,作出制度建设的参考。日本建立个人信息保护制度的时期在亚洲地区相对较早,制度构建的经验也较为丰富,借鉴其制度有利于完善中国当前在立法与实践等方面的不足,可为中国个人信息保护制度提供一个独特的视角。

(一)制定个人信息保护法

中国在个人信息保护法的制定过程中可借鉴日本的现行立法模式,将"个人信息"的定义、企业或组织在使用和转移个人信息时的义务、本人知情权以及对向海外提供有关个人信息行为的限制等作为基本规定。在此基础上,给予专门监管机构法律地位,加强对企业或组织实施的一系列与个人信息相关行为的监管,在处罚机制方面,可以根据违法行为的程度分别制定不同的问责机制。按照上述模式制定个人信息保护法的好处在于:其一,能基于该法对"个人信息"的范围加以明确界定;其二,针对企业或组织处理个人信息的相关行为起到规范以及打击非法行为的作用;其三,能够使得个人信息保护的基本法与上述其他现行法结合,从而更有针对性地解决个人信息保护问题。

(二)设立专门监管机构

目前中国并没有专门的个人信息保护机构,而是由各行业主管机构进行监督管理,例如金融行业的用户个人信息保护工作,由央行主管;医疗行业的用户个人信息保

---

[39] 现阶段与个人信息保护相关的法律法规主要有,《宪法》第33条、第38条,《刑法》(修九)第253条之一,《民法总则》第111条,《网络安全法》第22条、第37条、第41至45条、第64条、第76条,《消费者权益保护法》第14条、第29条、第50条、第56条,《电子商务法(征求意见)》第45条至第49条、第71条、第87条。

[40] 刘薇:"网络环境下个人信息保护法思考",《人民论坛》2015(5),页111。

[41] 肖登辉、张文杰:"个人信息权利保护的现实困境与破解之道——以若干司法案例为切入点",载《情报理论与实践》2017年第2期,页53;转引李德成:《网络隐私权保护制度初论》,中国方正出版社2001年版,页9。

护工作,由卫生部门管理等,上述监管边界有着明显的重合地带,但由于分散立法并未涉及职责边界问题,个人信息保护领域事实上沦为管理的灰色地带。㊷ 甚至,到目前为止,中国的医疗领域还没有建立一个统一的个人信息保护机构,多头管理或无人管理的现象在患者个人信息保护领域同样存在,因此现阶段患者个人信息保护的制度建设仍然非常严峻。㊸

为化解职责边界不清与管理失衡的问题,中国在制定《个人信息保护法》过程中可借鉴日本的经验,在明确监管权限的同时,建立专门监管机构,对持有个人信息的企业、组织与机构实施统一监管,减少特殊行业内部有关个人信息保护的违法几率。另外,在完善本国的个人信息保护制度方面,专门监管机构也能够起到积极促进的作用。

(三)在特殊领域制定个人信息保护的规章

与日本相比较,中国的特殊行业收集、使用个人信息的量更大,其内容也更为复杂,个人信息一旦被泄露或滥用,其主体权益则会受到严重的侵害。就金融行业而言,其对个人金融信息的保护相对匮乏,金融机构以及监管机构对个人金融信息的保护在认识上尚存在诸多不足,对个人金融信息的保护十分不利。㊹关于医疗行业,中国对居民个人医疗健康信息的隐私保护薄弱,就个人信息保护的立法格局而言,仍以较低位阶的法律法规为主,尚未建立统一的高位阶成文法,且其中与医疗健康相关的规范内容更是过于原则化,效力层级低,适用范围有限。㊺ 此外,个别领域的单独立法也有助于充分考虑行业特殊情况,发挥针对性强的优势,然而中国社会缺乏行业自律的传统和经验,个人信息的保护在单独立法与行业自律之间如何协调仍属一个难题。㊻

为解决上述问题,促进特殊行业中个人信息保护的良好发展。建议中国在出台《个人信息保护法》的同时,有必要制定专门规章规范特殊行业的相关行为,强化特殊行业中个人信息的保护。具体可借鉴日本的做法。例如,由主管该特殊行业的机构与专门监督机构一同制定《金融领域个人信息保护指南》《医疗领域个人信息保护指南》等规章,基于《个人信息保护法》的基本规定,在其中加入特殊行业在收集、使用、流转以及保管个人信息时的规范性条款以及相关注意事项等。制定此类规章,不仅能建立行业主管机构与专门监督机构间的协同合作机制,提高特殊行业的自律性以及特殊行业对于个人信息保护的意识,还能够在一定程度上协调个人信息保护的单独立法与行业自律规范。

㊷ 王融:"我国《个人信息保护法》立法前路",载《信息安全与通信保密》2017 年第 3 期,页 91。
㊸ 杨琴:"患者个人信息的法律保护与公益利用",载《河南社会科学》2015 年第 9 期,页 70。
㊹ 赵春惠:"个人金融信息保护策略探讨",载《现代经济信息》2015 年第 22 期,页 271。
㊺ 赵蓉、何萍:"医疗大数据应用中的个人隐私保护体系研究",载《中国卫生信息管理》2016 年第 2 期,页 195。
㊻ 杨芳:"我国个人信息保护法立法模式思考",载《云南大学学报法学版》2016 年第 4 期,页 90。

四、结论

个人信息关系到大众日常生活中的方方面面,大数据时代的到来使得个人信息的商业价值飙升,也使得个人信息成为经济科技发展以及各行各业在创新过程中不可缺少的资源。若是将围绕个人信息所产生的负面问题全部归罪于技术进步与发展,是武断的,也是有失偏颇的。[47] 因此,如何对个人信息加以保护以及如何规制持有大量个人信息的企业或组织的使用、流转等行为是当下亟须解决的问题。

鉴于现状,中国有必要建立个人信息保护制度:尽早出台《个人信息保护法》弥补专门立法的空缺;设立专门监督机构将立法目的落到实处,对规制企业收集、使用以及流转个人信息的行为起到威慑的作用;建议专门监督机构与各主管机构协同制定规章弥补特殊行业中个人信息保护出现的不足,通过以上三个层面实现对个人信息的强保护,减少个人信息被滥用等行为的发生。

---

[47] 杨咏婕:"个人信息的司法保护研究",吉林大学博士学位论文2013年6月,页493。

德国《联邦数据保护法》介绍

任文倩[*]

摘要：随着网络技术的发展，使个人对个人数据的支配能力大大降低，个人数据的保护问题渐趋严峻。如何更好地运用层出不穷的新技术，使得科技发展和个人数据保护在法律层面上寻得效益最大化的平衡点成为中国法律亟待解决的课题。德国《联邦数据保护法》作为德国数据保护法律体系中最重要的一部法律，历经40多年的发展，时至今日仍然能够较好地适应德国技术进步与社会发展，在德国个人数据保护事业中发挥着重要作用，《联邦数据保护法》中确定的诸多个人数据保护的原则至今仍在为各国立法所沿用。中德同为大陆法系国家，本文主要介绍分析了德国《联邦数据保护法》的发展沿革及主要内容，以图为中国相关方面立法提供域外经验。

关键词：《联邦数据保护法》 个人数据 数据立法

The Introduction of The German Bundesdatenschutzgesetz

Abstract: With the development of the computer network technology, the individual is gradually losing their ability to control their own personal data, therefore the protection of personal data is becoming more and more serious. At present, it is an urgent task for China to balance the development of the emerging technology and the protection of the personal data in order to make our own benefit maximization. The German Bundesdatenschutzgesetz (BDSG) is a Federal data protection act as the most important law in the German legal system of personal data protection and

---

[*] 任文倩，北京大学法学院2013级硕士研究生。

is still able to adapt to the development of the technology and society in Germany after 40 years since its brith. Many principles in the domain of the personal data protection, which are first proposed in the BDSG, are still used in the domain of the data protection legislation in many other countries. China and Germany are both countries with civil law. This paper mainly introduces the development and the main contents of the BDSG, in order to provide foreign experience for China's data protection legislation.

Key words：Bundesdatenschutzgesetz, personal data, data protection legislation.

德国《联邦数据保护法》在德国整个数据保护法律体系中占据着中心地位。它的改革与发展是各方面因素综合作用的结果。从外部环境来看,它深受欧盟个人数据保护指令变革的影响;从技术对法律的影响来看,这种发展是对信息技术发展带来的新的法律课题的应对;从社会经济发展的要求来看,它是德国《联邦数据保护法》基于信息经济对信息自由流动的需求而做出的主动调整。德国《联邦数据保护法》的制定和修改促进了对个人数据合法权利的保护,又为大数据时代信息自由流动和合法开发提供了法律规范,促进了信息经济的发展。这部法律体系完整,结构清晰,且根据经济社会发展的新情况不断作出修改,可供我国制定相关法律参考借鉴。

一、德国个人数据保护法律体系

德国采取联邦制,联邦和州分别立法与执法。在个人数据保护法律体系中,联邦和州都采取了统一立法的模式,即联邦有统一的《联邦数据保护法》,各州也有独立的《数据保护法》。在适用范围上,联邦个人数据保护法规制的是联邦公共机关、执行联邦法律的州行政机关与私人机构自动化加工个人数据的行为。各州个人数据保护法适用于州范围内的公共机关与私人机构加工个人数据的行为。①

《德意志联邦共和国基本法》中规定的"一般人格权"是德国个人数据保护法律体系的宪法基础。1983年,德国联邦法院通过著名的"人口普查案"②承认了一项宪法意义上的权利——"信息自决权","信息自决权"可以视为德国联邦宪法法院为了应对现代信息技术对个人数据产生的安全威胁而针对"一般人格权"所做出的新解释,该权利意味着公民可以自由决定如何利用自己的个人数据以及谁可以利用他的个人数据,在承认这项权利的同时,该判决还确立了德国数据保护法律体系的保护原则,即对"信息自决权"的任何限制都必须有符合宪法规定的法律根据,该根据对于保护公共利益

---

① 姚岳绒:《宪法视野中的个人数据保护》,法律出版社2012年版,页232。
② BVerfG, *NJW* 1983, 1307.

是有利的、必须的,且不得违反"文本明确"和"比例原则"。该权利不但体现在《联邦数据保护法》和各州的《数据保护法》中,还体现在为数众多的数据保护特别规定中。例如《多媒体法》《电信法》、在各州的《警察法》以及《民事诉讼法》中也存在有一些相关规范。根据《联邦数据保护法》第1条第4款,联邦在这些特殊领域下制定的特别法要优先于作为一般法的《联邦数据保护法》。在各州的数据保护法中也有类似的条款。除去国内立法,欧盟的法律文件也是德国个人数据保护法律体系中的重要组成部分。

二、德国《联邦数据保护法》发展沿革

作为全国层面的立法,《联邦数据保护法》在德国整个数据保护法律体系中占据着中心地位。在以《联邦数据保护法》为中心的德国个人数据保护法律系统中,个人数据的保护的核心在于保证公民对自身数据的控制力。这种控制力是人格利益的具体表现。《联邦数据保护法》首次颁布于1977年,随后进行了多次修改。这也是《联邦数据保护法》通过不断修改以图更好适应迅速发展的经济社会环境的表现。

首次颁布的德国《联邦数据保护法》是在各州已有的数据保护相关规定的基础上形成的,该法确定了所有个人数据处理均需经数据主体同意或有法律上的许可的原则,该版本确定了德国《联邦数据保护法》公私二元制的立法模式,注重防范政府滥用个人数据而非个人数据的合理使用,对于数据主体权利的规定内容较少,整体呈现出较为严格的管制倾向。随着德国社会的发展,这样的制度已经不能适应电脑和网络不断普及的社会发展潮流。1982年3月,《联邦人口普查法》的通过在德国掀起了轩然大波,人们强烈质疑政府强制收集公民信息的行为,通过"人口普查案",联邦宪法法院确立了个人数据保护的基本框架,并将"信息自决权"确认为一项宪法基本权利。此案之后,《联邦数据保护法》在1990年完成了其第一次修改,这次修改着眼于引导个人数据的合理使用,并将国家安全机构对个人数据的收集和加工纳入保护范围,明确了公共机构无过错赔偿的适用条件。整体缩小了公私领域间信息保护标准的差异,是数据保护观念的一次进步。1995年,欧盟签署了《个人数据保护指令》(95/46/EC),根据该指令规定,欧盟各国必须在未来3年内将指令内容转化为国内法予以实施。③ 于是德国政府在2000年完成了对《联邦数据保护法》的再一次修改,这次修改中,《联邦数据保护法》确立了沿用至今的数据经济原则,并完善了数据保护官的职能,本次修改进一步淡化了监管色彩,强调了意思自治在数据保护领域的作用。进入21世纪以来,《联邦数据保护法》又经历了多次修订,在一系列修订后,《联邦数据保护法》大幅度的拓展了数据主体的权利。最新版本的《联邦数据保护法》修订于2015年2月25日,在延续了该法一贯的公私二元制立法模式、数据经济、知情同意等原则的基础上,进一步完

---

③ Peter Gola, Rudolf Schomerus, Bundesdatenschutzgesetz, 9. Aufl. 2007, Veriag C. H. Beck, § 2 Rn. 4.

善了相关制度,如细化了符合标准的技术手段要求、引入评分系统、细化员工概念、并根据现实情况的变化,修改了部分规定,如提高了行政违法的赔偿金额,将必须设立数据保护官的私法主体组成人员数由四人提高到了九人等等,此外,本次修改还新增了数据泄露的通知义务,旨在对个人数据进行更好的保护。

三、德国《联邦数据保护法》内容介绍

根据《联邦数据保护法》第1条规定,该法立法目的为保护公民人格权,防止公民个人数据在使用过程中受到侵害。《联邦数据保护法》最核心的保护对象是"个人数据"。只有当"个人数据"受到侵犯时才能够适用该法。同时,《联邦数据保护法》只针对个人展开保护,法人、合伙不在保护的范围之内。法律适用范围包括个人数据的收集加工和使用等环节;调整对象包括了联邦公共机构、州政府的公共机构以及私法主体。

《联邦数据法》共六部分48条。第一部分为总则,共11条,阐释了一部分基本概念,其中第2条明确规定了公共机构和私法主体两个概念,这也是《联邦数据保护法》公私二元立法模式的基础,并引出了第二部分和第三部分分别对公共机构和私法主体进行规制的内容。第四部分就一些特殊情况进行了特殊规定,如作为官方和专业特殊秘密使用个人数据的情形,研究机构加工使用个人数据的情形,媒体对个人数据使用的情形等。第五部分为最后条款,说明的构成行政违法和刑事犯罪的情况。最后的第六部为过渡条款,阐明了法律的目前适用状况以及定义的延伸效力。

(一)基本概念

1. 个人数据

个人数据作为《联邦数据保护法》的保护对象,是该法十分重要的一个概念,其定义出现在第3条,指关于个人或已识别、能识别个人(数据主体)的客观情况的信息。无论是可能成为个人的识别特征或者信息的内容可以得出唯一确定的身份,如身份证号码等数据,还是根据给出的数据虽然不能直接将该数据归入某特定的个人,但通过结合其他信息可以建立与某特定个人的联系。若无法建立联系从而成功进行个人识别,则该数据就不是个人数据。

要注意的是,德国法上的个人数据的保护,并不等同于隐私保护和普遍意义上的信息保护。具有隐私性但不具备识别性的信息不为个人数据保护意义上的个人数据。④

---

④ Herbert Auemhammer, Bundesdatenschutzgesetz, 3. Aufl., Veriag Heymanns, 1993, § 3 Rn. 4; Wolfgang Daubler, Peter Wedde, Thilo Weichert, Thomas Klebe, Bundesdatenschutzgesetz, 4. Aufl., Veriag Bund, 2013, § 3 Rn. 3f.; Peter Gola, Rudolf Schomerus, Bundesdatenschutzgesetz, 9. Aufl., Veriag C. H. Beck, 2007, § 3 Rn. 3.

2. 公共机构和私法主体

《联邦数据保护法》第2条给出了该法对公共机构和私法主体的概念界定：公共机关包括联邦和州的行政机关、司法机关，以及其他联邦国有公司、各种基金会和协会等。私法主体包括了个人和法人，社团和其他私法上的人和团体。当私法主体完全行使公共管理职能，则将其也视为公共机构。

3. 数据行为

《联邦数据保护法》将数据行为分成了三个阶段，即数据收集、数据加工和数据使用。

对数据收集的保护为"人口普查案"的直接成果。联邦宪法法院认为，数据收集已经对本人的信息自决权构成了侵犯，应作为数据加工的上一步程序同样受到法律的规范。⑤《联邦数据法》第3条第3款将数据的收集定义为对数据主体数据的获取。在此，该数据必须为本法意义上的个人数据，即具有可识别性的数据。同时除特殊情形外，数据的收集应向数据相关的本人直接收集，这体现了数据收集的直接原则的要求。

《联邦数据保护法》第3条第4款将数据加工分为5个阶段，即包括了对个人数据的存储、修改、传输、阻滞和删除。数据的储存，是为数据后续的加工或使用而将个人数据记载于数据载体之上的过程。数据的修改，指的是对一储存数据的内容上的修改。而数据的传输与信息技术的发展联系紧密，法律上意指将储存的数据或加工后获得的数据向第三人传播的行为。数据加工的另一种形式，为数据的阻滞。数据的阻滞指的是对已储存的个人数据作出标注，限制后续的加工或使用的行为。数据加工的最后一类为删除，即消除已储存的个人数据。

(二) 基本原则

《联邦数据保护法》对数据保护设置了一个较为完整的原则系统：

1. 禁止法律许可保留原则

该原则出自《联邦数据保护法》第4条第1款："收集、加工及使用个人数据必须遵守本法及其他法律的规定，或者经数据主体同意。"这一规定针对的是"人口普查案"的判决要求，即要求数据加工的任一阶段都禁止法律许可的保留，即任一对数据自决权的限制都必须具合宪的法律基础。

法律许可包括三类：第一类是具体的数据保护法律条文的特别授权，即要求数据的收集和加工必须有内容及目的明确的法律授权，该法律授权须为明确、单一的特别规定。因此，法律中的默许不能成为"特别许可"存在的前提条件。第二类通过相关的联邦或州的数据保护立法的"概括条款"进行授权许可。第三类为得到本人的同意。本人的同意被视为信息自决权的延伸，以非常明确的方式反应出了信息自决权的内

---

⑤ BVerfGE 65,1,48ff.

容。本人的同意因其"灵活性"对非公领域内的个人数据的加工更具重要意义。本人的同意原则上采用书面形式,且只有在本人自由意志的决定下作出的同意具有法律效力,沉默不视为同意。⑥

2. 直接原则

该原则出自于《联邦数据保护法》第4条第2款:"个人数据应直接从数据主体处收集。"即通常情况下,只有针对本人直接进行的数据获取行为才为合法的数据收集,只有经过本人同意在本人合作之下获得的个人数据是合法的。直接原则的例外情况是法律对该数据收集已作出法律规定或者对本人的收集将耗费巨大成本的,可不直接收集。

3. 数据经济原则

该原则出自于《联邦数据保护法》第3a条:"应设计和选择不收集、加工及使用或最小限度收集、加工及使用个人数据的数据加工系统。"即原则上应尽量避免或尽可能少地对个人数据进行收集、加工和使用。数据保护法对数据行为的规范,目标就在于促使尽可能少的个人数据被他人使用。而数据经济原则禁止无限期的数据保存,要求数据机构在完成数据使用后及时删除数据。当然对于不同的数据类别相应有不同的保存期限。但原则是在保证使用的情况下尽可能缩短保存数据期限。

4. 知情同意原则

该原则出自于《联邦数据保护法》第4条及第4a条,知情同意原则要求,数据主体本人有权知晓个人数据的收集、加工和使用情况,有权了解,自己的哪些数据出于何种目的通过哪些机构经多长时间将被储存,并在通常情况下有权做出同意与否的决定。第3条中规定的特殊种类的个人数据,即有关个人种族、民族、政见、宗教信仰、党派、健康或性生活的数据,对这些数据的收集在原则上是非法的,只有在极其严格的条件下才有可能被允许。

5. 合目的性原则及必要性原则

该原则要求,任何数据行为都需要有明确的目的作为行为依据。公共机构和私人机构在收集个人数据之前,就应明确数据的加工和使用目的,且后期的实际操作也必须符合最初确立的目的,不可超越原始目的再为其他用途而加工、使用已获取的数据。必要性原则是规范行政行为的王牌原则,对于数据保护而言,其与合目的性原则一样,也是一项重要的核心原则。必要性原则要求数据行为在达成目的的同时应尽可能减小对数据当事人的伤害。一般来说,必要性原则指在可以达成目的的方法中应选择对当事人侵害最小的方法,除此之外不存在其他更好的办法,从而使当事人的权利受到的侵害最小。

---

⑥ 金婧:"德国法视野下的个人数据保护",中国政法大学硕士2014年毕业论文。

（三）数据主体权利

数据主体享有的权利非常广泛，数据主体可以向监督机关要求《联邦数据保护法》第6条明确了的数据主体的各项权利，包括知情权、修改、删除及阻滞权、拒绝权等。同时《联邦数据保护法》还强调，数据主体本人的权利是无条件适用的，不得通过法律行为排除本人权利的适用。当然，数据主体的权利不仅为《联邦数据保护法》所罗列的各项权利，还包括数据主体要求停止侵害赔偿损失等民事权利。

1. 知情权

在数据主体不知情的情形下，数据控制者首次为自身目的存储个人数据时，应告知数据主体其作为数据控制者的身份信息、存储数据的事实、所存储的数据的类型及其收集、加工或使用数据的目的。在商业行为中，在数据主体不知情的情形下，为传输之目的存储个人数据，则应告知数据主体初次传输事项及被传输的数据类型。在前述两种情形下，还应将数据接受者的类别告知数据主体。

被告知权的行使也有例外，在下列情形下，数据控制者不必履行告知义务，即数据主体不能主张其被告知权：

（1）数据主体已通过其他方式得知数据控制者对其个人数据的存储或传输；

（2）数据控制者存储数据仅仅是因为数据因法律或合同条款不可删除，或该数据排他性地用于数据安全事宜或数据保护控制，且数据控制者执行告知义务会付出不合理成本；

（3）依据法律规定或数据控制者自身性质，其有义务保守数据秘密，尤其是在为保护第三方的重大合法利益的情形下；

（4）此种存储或传输有明确的法律依据；

（5）存储或传输是为了进行科学研究，并且数据控制者履行告知义务会付出不合理成本；

（6）在数据控制者为编档系统控制者的情形下，相关公共机构已向其声明公布其所收集存储的数据会危害公共安全和秩序或危害联邦及州的利益；

（7）涉及的数据来自开放性资料，且因数目巨大而导致告知不可行或告知会给编档系统控制者的商业行为目的造成重大侵害，除非告知所得利益大于此侵害造成的损失；

（8）收集、存储或加工来自开放性的资料的、为市场调查或意见调查而存储的数据，且数据主体数量较多，告知需要不合比例的成本。

通过对法条的梳理发现，《联邦数据保护法》对于数据主体被告知权的限制非常宽泛，数据控制者常常可以借此规避一些告知义务。此外，数据主体可以通过向数据控制者提出要求来获取数据控制者没有主动提供的相关信息：

根据《联邦数据保护法》规定，数据主体有权向负有义务的部门要求获取下列信息：
(1) 与该数据主体有关的存储数据，包括数据控制者获取数据的途径；
(2) 被传输数据的类型及其接受者；
(3) 数据存储的目的。

负有提供信息义务的部门应当根据数据主体的要求，向数据主体提供相关信息。信息应以书面形式提供，在特殊情形下经过数据主体的同意可以使用其他形式。信息的提供应当是免费的，对于为信息传输目的而存储个人数据的机构，数据主体有权每年一次以书面形式提出免费获得信息的要求。若数据主体试图通过咨询获取市场竞争所需的信息，相关部门可以对提供此类信息收取费用，且收费不得超过提供信息所需的直接成本，在有偿提供信息的情形下，数据主体可在其权利范围内获得数据和有关资料。此处，《联邦数据保护法》仍然基于权衡双方利益之目的做出了例外规定，即在数据主体的信息利益不大于保护商业秘密而产生的利益的情况下，负有提供信息义务的部门有权拒绝提供相关信息。

2. 修改、删除及阻滞权

修改指对已存储的数据的改动。数据主体有权要求数据控制者修改不正确的个人数据。

删除指消除已存储的数据。除了法律、法规和合同规定数据保留期及删除数据会侵害数据主体的合法利益等例外情形，数据主体可随时要求控制者在满足数据删除条件的情形下删除其个人数据。在下列情形下，编档系统内的个人数据应当被删除：
(1) 其存储是不被允许的；
(2) 对于有关种族、民族、政见、宗教信仰、党派、健康、性生活、犯罪和行政违法的信息，控制者不能证明其正确与否；
(3) 为自身目的而加工的个人数据，且控制者已不需要为其存储目的而继续控制；
(4) 在商业行为中为传输目的而加工的数据，5年后检验表明无需继续存储。

阻滞指标明已存储的数据并限制此类数据的加工及使用。数据主体有权在满足阻滞条件的前提下要求控制者阻滞相关个人数据且数据阻滞的事实不应被传播。数据阻滞常常被应用于不能或不应对数据进行删除的情形下：
(1) 在上述需要对数据进行删除的情形下，因法律、法规和合同规定有保留期而无法删除数据；
(2) 有证据证明删除数据会侵害数据主体的合法利益；
(3) 在技术层面无法对相关数据进行删除，或因特殊的数据存储形式，删除相关数据需要付出不合理的成本。

如数据主体质疑数据的正确性且不能确定其正确与否，也就是无法确定是否达到修改数据的条件,则应阻滞相关个人数据。

3. 拒绝权

数据主体的拒绝权产生于按照法律规定的义务对数据进行收集、加工或使用的情形下。即在上述数据行为中,如数据主体反对,并且检验表明数据主体的合法利益大于控制者收集、加工或使用数据所得的利益,则不允许为自动加工系统和非自动编档系统收集、加工或使用个人数据。

(四) 监督机制

《联邦数据保护法》为数据的保护建立了内部监管和外部监管两套机制。

内部监管,指公共机构或私法主体设置隶属于机关管理或企业管理的内部数据保护官。关于数据保护官的规定也是《联邦数据保护法》中的重要内容,根据《联邦数据保护法》,自动收集、加工及使用个人数据的公共机构和私法主体需书面任命一名数据保护官。只有具备相关专业知识并且证明其具备履行职责所必需的责任感的人员才能被任命。

《联邦数据保护法》赋予了数据保护官较为广泛的职权范围:如获取信息的权利,即为顺利执行《联邦数据保护法》及其他数据保护条款,数据保护官可向负责数据保护控制的机构进行咨询,且咨询范围十分全面;提起诉讼的权利,即当联邦数据保护官发现在个人数据的加工或使用过程中有违反《联邦数据保护法》或其他数据保护条款的做法时,有提起诉讼的权利及责任;特别的,《联邦数据保护法》还规定了数据保护官拒绝作证的权利,该权利分为两个层面,首先是与特定工作人员共享的拒绝作证权,即如果对于一些特定数据,公共机构或私人主体的工作人员依职权享有拒绝作证权的,那么从工作中获得这些数据的数据保护官及相关工作人员也拥有这个权利。只要数据保护官行使其拒绝作证权,其相关数据的记录载体就不能被查封。另外,当数据保护官的证言会危害联邦或州,或严重妨碍履行公共职责时,其亦有权拒绝提供证言。当可能危及某些利益时,联邦数据保护官可拒绝发表意见。可以看到,在法条中,提供证言与发表意见是两种不同的概念,这样的规制其实是限制了仅为保护某些利益的拒绝作证权的行使。值得注意的是,此次《联邦数据保护法》的修改放宽了对小型私法主体的监管,将必须设立数据保护官的最低人员构成数量的门槛由之前的 4 人提高到了 9 人,这种改动实际是根据经济社会发展需要给予微型企业更为宽松的发展环境。内部监管的法律适用不作公共领域及非公领域的区分,而为统一调控。根据《联邦数据保护法》第 4d 条的规定,使用自动数据加工程序前,主管的数据监管机构的负责机关、联邦公共机构的负责机关和邮政电信公司应依据规定将该程序向联邦数据或自身设立的数据保护官登记,此为自我监管的登记义务。除此之外第 4d 条还规定,当自动化数据加工的程序会对当事人的权利和自由带来特殊威胁时,监管工作应当被提前至数据加工开始之前。

而外部监管,是指在数据机构之外存在的国家监管组织。根据《联邦数据保护法》规定,联邦最高机构、联邦铁路资产管理局局长、直接受联邦政府或最高联邦机构法律监督的机构和基金会等机构均应保证在其各自的业务范围内使本法及其他有关数据保护的法律条款得以执行。国家监管组织负责监督本法及其他规制个人数据自动加工系统或非自动编档系统加工、使用个人数据的数据保护条款的执行。具体开展工作的国家监管组织内部的数据保护官为联邦数据保护官。国家监管组织可加工及使用只为监管目的而存储的数据,可因监管需要把数据传输到其他监管机构。在欧盟其他成员国的要求下,国家监管组织应向其提供行政协助。如国家监管组织认定某行为违反了本法及其他数据保护条款,则应告知数据主体向主管起诉或处罚的机构报告;如是严重违法,则应通知行业监督机构依据行业法规采取措施。

四、结语

自1977年德国《联邦数据保护法》颁布以来,其在德国数据保护法律体系中一直处于核心地位,并较好地适应了经济社会的发展,这样的成果与其频繁的修改是分不开的,正是经过不断地修改,《联邦数据保护法》才得以在面对新形势的情况下及时作出反应与调整。2016年4月27日,欧盟正式审议通过了《一般数据保护条例》,该条例将于2018年5月开始实施。不同于之前的《个人数据保护指令》,《一般数据保护条例》可以无需经国内法转化而直接适用于各成员国。即便如此,欧洲学术界普遍认为各国仍需对国内法进行一定程度的修正以与《一般数据保护条例》更好地兼容。因此在2018年《一般数据保护条例》正式实施后,德国《联邦数据保护法》可能会据此进行下一步的修改。

随着网络技术的进步与大数据时代的到来,个人数据日益突破传统人格权的范畴,演化成为具有流通价值的标的。在我国,对于个人数据的利用与保护的探索实践也在不断深入。2015年4月14日,贵州大数据交易中心正式挂牌运营并完成首批大数据交易。2017年6月1日,《中华人民共和国网络安全法》开始实施,该法旨在保障网络安全,维护网络空间主权和国家安全、社会公共利益,保护公民、法人和其他组织的合法权益,促进经济社会信息化健康发展制定,个人数据保护是其中的重要内容。这说明个人数据保护这个课题在中国法律的视野中已愈发明朗。然而,《网络安全法》作为一部年轻的法律,想要更好地适应复杂的社会环境,平衡经济社会发展,还需要在借鉴先进经验,结合本国实际的基础上不断进行完善与探索。

学术 BBS

网络交易平台间接侵权之相关问题分析
——以利益平衡为中心的考量

李一笑[*]

摘要：对于网络交易平台知识产权间接侵权的讨论，已经有基本结论。但近期发生的几个案件表明该问题还有讨论空间。在侵权主体方面，由"京东自营案"可见，若网络交易平台未能明确其在交易中属于非自营平台，则应认为平台在该项交易中属于自营平台承担直接侵权责任。在过错判断方面，应对网络交易平台的注意义务进行重新审视。"通知——删除"机制滥用问题也值得关注。在责任承担方面，不应要求网络交易平台就某些情况先行承担责任。另外，《电子商务法(草案)》中的相关内容也有修改的余地。

关键词：网络交易平台　间接侵权　注意义务　电子商务法草案

Analyses of Several Problems about the Online Marketplaces' Indirect Liabilities:
From the Perspective of Balance of Interests

Abstract: Basic agreement has been reached about online marketplaces' indirect liabilities in IP infringement cases. Several recent cases showed that there are still some problems to be discussed. About the infringement subject, the JD case shows if the online marketplace doesn't clarify its position as a non-self-run marketplace, it should be considered asa self-run marketplace in a trade and take di-

---

[*] 李一笑，北京大学法学院 2014 级博士生。

rect liabilities. As to the fault judgment, the third-party platforms' duty of care needs reconsideration. The abuse of "Notice-Delete" system also calls for attention. Further, in the method of bearing civil liabilities, the marketplaces should not be asked to take the responsibilities in advance. The related parts in the newly published Electronic Commerce Law (Draft) need some polish.

Key words: Online Marketplace, Indirect Infringement, Duty of Care, Electronic Commerce Law (Draft)

一、研究现状及存在的问题

网络购物已经成为人们日常生活中不可或缺的一部分。一些卖家在网络交易平台中出售侵犯他人知识产权的商品,商品的知识产权人要求追究这些卖家以及网络交易平台的侵权责任。① 在此类情形下卖家须承担直接侵权责任几无争议,但网络交易平台本身是否应当承担侵权责任一度引起争议。如今该问题已有基本结论,即首先区分网络交易平台是否为自营主体,在自营的情况下,网络交易平台是销售商品的主体,可能承担直接侵权责任;若网络交易平台仅作为交易场所,第三方卖家为销售商品的主体,则网络交易平台只有在特定情况下才须承担间接侵权责任。

法律法规方面,我国自 2010 年 7 月 1 日起实施的《中华人民共和国侵权责任法》(以下称《侵权责任法》)第 36 条对于网络服务提供者(Internet Service Provider,"ISP")的侵权责任做出规定。该条内容较为概括,且未区分不同类型的 ISP,一般认为能适用于网络交易平台,司法实务中法院一般也会引用该条的规定。② 另外,2016 年 12 月全国人大公布了《中华人民共和国电子商务法(草案)》③(以下称《电子商务法(草

---

① 目前存在的案例主要涉及著作权和商标侵权。两者有所差别,但差别不大(差别主要在于所售商品是否侵权的判断方面,著作权侵权往往在线上就能判断;是否构成商标侵权则须配合线下物流,实际取得商品后方能判断,使得网络交易平台的注意义务标准有差异),且本文涉及的问题对各类侵权均有适用余地,因而笼统讨论"知识产权侵权责任"。由于商标侵权的案件较多,因此具体举例说明时一般列举商标侵权案例。国外知名商标案例主要是 2006—2010 年间 eBay 在美国、英国、法国、比利时等被诉的案件,相关整理参见李一笑:"网路交易平台之商标侵权责任",台湾大学法律学院法律研究所硕士论文,页 25—43。限于篇幅,本文只讨论中国新出现的案例和问题。

② 例如,威海博力生物工程有限公司与浙江淘宝网络有限公司侵犯商标专用权纠纷案(浙江省杭州市余杭区人民法院〔2011〕杭余知初字第 326 号判决书),宇旭时装(上海)有限公司与徐敏、浙江淘宝网络有限公司商标权纠纷案(浙江省杭州市余杭区人民法院〔2011〕杭余知初字第 318 号判决书)等商标案件。

③ 参见全国人大网〈http://www.npc.gov.cn/npc/flcazqyj/2016-12/27/content_2006668.htm〉,2017 年 7 月 11 日最后访问。该草案于 2016 年 12 月 27 日至 2017 年 1 月 26 日向公众征求意见。草案说明及全文参见〈http://www.longsok.com/zixun/ebus/2016/1228/37421.html〉,2017 年 7 月 12 日最后访问。

案)》),该草案以当前网络平台的交易模式为基础④,对网络交易平台在电子商务中的角色和相关责任进行了规定。若该法顺利通过,网络交易平台相关问题将适用该法。但有学者认为草案的名称存在问题,认为既有的电子商务相关法律(《合同法》《电子签名法》等)致力于解决电子通信手段或数据电文的法律效力问题,关注电子通信形式,而《电子商务法(草案)》定位于网络商务和网络经营秩序的构建,为避免混淆,建议采用"网络商务"的说法。⑤ 再者,学界讨论本文主题时一般使用"网络交易平台"而非"电子商务平台"。因此本文将沿用"网络交易平台"的称谓。

通过对近期案件的观察和既有理论的梳理,本文认为在网络交易平台间接侵权责任分析方面,目前仍存在以下问题:自营平台的判定问题;网络交易平台注意义务的程度和"通知—删除"机制的实际应用问题;网络交易平台的责任承担问题。以下将按照侵权判断的思路(即主体—行为—过错—责任),本着平衡各方利益的原则探讨这些问题并评析部分观点,以求对现有理论"查漏补缺"。同时将评析《电子商务法(草案)》中的相关规定。

二、网络交易平台性质的认定问题

认定网络交易平台是否构成知识产权侵权首先要判断的是主体的性质,即网络交易平台的性质。若网络交易平台为自营平台,平台自身即销售商品的主体,即所谓的B2C(business to customer)交易模式,其出售侵权商品的行为可能承担直接侵权责任。若网络交易平台仅提供虚拟交易场所第三方卖家为销售商品的主体,即所谓 C2C(customer to customer)交易模式,则网络交易平台只有在特定情况下才需要承担间接侵权责任,很多情况下可以通过"避风港"条款免责。以往关于该问题的讨论一般认可上述分类。⑥《电子商务法(草案)》也采取同样分类,将电子商务经营者的定义为除电子商务第三方平台以外,通过互联网等信息网络销售商品或者提供服务的自然人、法人或者其他组织,即包括自营平台在内的所有自营主体。由草案全文可见(如第二章"电子商务经营主体"第一节为"一般规定",第二节专门规定"电子商务第三方平台"),这种划分是为了方便单独说明第三方平台的责任。

---

④ 该《草案》第 3 条将电子商务定义为"电子商务,是指通过互联网等信息网络进行商品交易或者服务交易的经营活动"。起草说明中提到"在此定义中,信息网络包括互联网、移动互联网等"。

⑤ 参见高富平:"从电子商务法到网络商务法——关于我国电子商务立法定位的司考",载《法学》2014 年第 10 期,页 145—146。

⑥ 相关讨论的展开一般从两者与实体商场、跳蚤市场的类比开始。参见黄心怡:"论 C2C 网路拍卖服务提供者之商标间接侵权责任",载《东吴法律学报》2012 年第 2 期。

近期京东商城（www.jd.com）"自营手表案"引发了关于如何判定"自营平台"的争议。⑦ 某消费者在京东商城购买标明"京东自营"的手表后，发现手表材质与网页说明不符，故起诉网站经营者北京京东叁佰陆拾度电子商务有限公司（以下称"北京公司"）欺诈。被告辩称，尽管涉案产品属京东自营但其仅提供网络交易平台服务，未参与买卖行为。被告曾与天津京东海荣贸易有限公司（以下称"天津公司"）签订《平台服务协议》对此进行约定，且商品电子发票显示的销售方也是天津公司。法院认同被告意见一审裁定驳回起诉，双方均未上诉。法院另向北京公司发出司法建议，建议其在网站页面显著位置对"自营"等概念做出明确解释，在所有商品页面披露销售者详细信息。

该案使得消费者对于"自营"判断产生困惑。根据通常理解，标注"自营"即表明该商品由网络交易平台本身作为卖家出售。实践中消费者一般认为自营商品的质量更容易得到保障，故倾向于购买网络交易平台标注"自营"的商品。本文认为，消费者购买标注"自营"的商品实际上却是与第三方卖家进行交易，无论网络交易平台与第三方卖家有何约定，网络交易平台的行为都应被认为是损害消费者利益。此处涉及消费者保护法，本文不做过多讨论。

需要讨论的是，在类似情况下若售出的商品是仿冒品，知识产权权利人能否要求网络交易平台（在上述案件中为北京公司）承担知识产权直接侵权责任，即如何判定在上述情况下网络交易平台性质。本文认为，在标注"自营"未明确区分网络交易平台本身与第三方卖家的情况下，应直接认定网络交易平台是出售商品的主体。否则一方面，网络交易平台可以通过标注"自营"来取得消费者的信任，诱使消费者购买商品；另一方面，在所售商品出现问题时，网络交易平台又可以主张其未参与买卖行为，使得消费者只能转而追究所谓"第三方卖家"的责任。在所售商品为仿冒品，遭到知识产权权利人侵权诉讼时，网络交易平台将得以主张其仅为第三方平台来规避直接侵权责任，进而常常得以通过"避风港"条款免责。此时，知识产权权利人可能只能向所谓的"第三方卖家"（网络交易平台标注"自营"，实际未披露该所谓"第三方卖家"）追责。由于所谓的"第三方卖家"与平台本身的偿付能力可能相去甚远，知识产权权利人实际能得到的赔偿可能远远少于将网络交易平台视为直接侵权人时从网络交易平台得到的赔偿。即使网络交易平台未能根据"避风港"条款免责，根据《侵权责任法》第36条第2款，若网络交易平台在接到通知后未及时采取必要措施，只需对损害的扩大部分与卖家承担连带责任。若知识产权权利人主张第36条第3款，则需要证明网络交易平台"知道"卖家利用其网络服务侵害知识产权而未采取必要措施，由于这种"知道"应是

---

⑦ 徐鹏俐："电商'自营'概念模糊，误导消费者应整改"，载《北京日报》2017年2月8日，第14版。该案最终结果为裁定驳回起诉，裁定书未在中国裁判文书网〈http://wenshu.court.gov.cn〉公布，因此案情及法院意见主要根据前述报道整理。报道的作者单位为北京市朝阳区人民法院，因而该案情况应真实可信。

具体的知道,证明要求较高。

可见标注"自营"实际却由所谓的"第三方卖家"作为出售方时,网络交易平台既可以利用消费者对平台的信赖销售侵权商品,又常常得以在商品出现问题(比如质量问题、知识产权问题)后免责;最终损害后果只能由消费者、知识产权权利人承担后果,显失公平。在网络交易平台标注"自营"未明确表明商品属于第三方卖家销售的情况下,只有直接认定网络交易平台是出售商品的主体才能恢复相关主体的利益平衡。这种认定既符合对交易结构的一般认知,即在一般人看来就是网络交易平台在出售商品;同时,将"自营"标注视为网络交易平台的自认也并无明显不妥之处。至于网络交易平台承担直接侵权责任后与所谓的"第三方卖家"之间的责任分配,可以由两者自行协商解决。《电子商务法(草案)》针对"自营"问题要求平台"以显著方式区分自营业务和平台内经营者开展的经营业务"的做法值得赞同。⑧

三、网络交易平台的注意义务及"通知—删除"规则的适用

若网络交易平台为自营平台,其出售侵权商品时由其本身承担相关侵权责任没有疑问。若为非自营,在第三方卖家出售仿冒品构成侵权的情况下需要在对网络交易平台的过错进行判断,从而判断其是否需要承担责任。实践中,过错的判断主要看网络交易平台是否尽到了注意义务。⑨ 目前关于非自营网络交易平台的注意义务,还存在讨论空间。

(一) 事前监管义务问题

在网络交易平台为非自营平台的情况下,关于其是否有事前监管义务问题存在肯定说和否定说。有学者认为网络交易平台须履行一定的事前监管义务,包括须认证卖家的真实身份信息、在《服务协议》《商品发布管理规则》中明确要求卖家不得发布侵犯他人合法权益的商品信息、设立权利人投诉机制等。⑩ 有学者认为网络交易平台并无事前监管义务,并从其身份、商标权的性质、监控可行性、公众利益保护四个方面论证了法律不应要求网络交易平台承担监控义务。⑪ 本文认为,网络交易平台中交易量巨大,若要求网络交易平台进行事前监管则将给网络交易平台增加极大的负担,因此网络交易平台一般不应承担事前监管义务;若网络交易平台对于某些极可能侵权的关

---

⑧ 《电子商务法(草案)》第 24 条规定:"电子商务第三方平台在其平台上开展商品或者服务自营业务的,应当以显著方式区分标记自营业务和平台内经营者开展的经营业务,不得误导消费者",并于第 84 条规定了罚则。该条的主要目的是保护消费者,但在知识产权侵权问题中也有意义。

⑨ 张金平:"第三方电子商务交易平台的知道判断标准研究",载张平、黄绅嘉主编:《网络法律评论》(第 15 卷),北京大学出版社 2012 年版,页 107。

⑩ 朱玲凤、张今:"网络交易平台提供商的商标侵权过错认定",载《中华商标》2011 年第 6 期,页 14;杜颖:"网络交易平台商标间接侵权责任探讨",载《科技与法律》2013 年第 6 期,页 59—60。

⑪ 胡开忠:"网络服务提供者在商标侵权中的责任",载《法学》2011 年第 2 期,页 139—140。

键词或商户进行了过滤,则可在违反事后制止义务情况下的过错判断时,认为其并不"明知"或"应知",或减轻其责任。但在特殊情形下网络交易平台仍应当负有监管义务,主要包括网络交易平台的在先行为增加了侵权风险;网络交易平台中特定经营者反复实施侵权行为;存在监控侵权的有效技术手段等。⑫

对于"存在监控侵权的有效技术手段"的情况,最近有学者从"成本—收益"分析的角度指出存在成本合理且便捷有效的技术性手段发现和制止侵权行为时,平台应当加以使用,否则可能认为平台存在过错。⑬ 本文赞同该分析方式,网络交易平台从第三方卖家的销售活动中直接或间接受益,这种注意义务与其获得的利益相对应,责任承担模式体现了比例原则和该法律关系中的利益平衡原则。从理论发展脉络来看,关于事前监管义务的学说从认为有义务到否认该义务,如今又开始强调有一定义务,这是与网络交易平台的发展规模和水平相适应的。一开始需要鼓励网络交易平台发展时,尽量少对其课以义务使其能够较快地发展;如今网络交易平台繁荣发展,知识产权侵权问题凸显,则有必要强调一定程度上的义务以兼顾各方利益和发展。

(二) 事后制止义务

一般认为网络交易平台应制止其知道或应当知道的侵权行为。对于其是否履行相应义务可以参考其在接到通知后是否进行删除,即适用"通知—删除"规则;同时还须配合"红旗原则",如果侵权事实十分明显,作为一个理性人应当知道侵权行为的存在,因此即使权利人并未向网络服务提供者发出通知,网络服务提供者也应当采取删除等措施。⑭ 需要注意,这种明知不能是"概括性的知道"而应是"具体的知道"。当然在特殊情形下可以将一般侵权状况作为认定是否知情的考虑因素之一。⑮《侵权责任法》第 36 条对此进行了相对概括的规定。《电子商务法(草案)》第 53 条、第 54 条有相应规定。

在事后义务中,"通知—删除"是重要一环。该规则很好地平衡了权利人、网络交易平台及社会公众的利益。一方面,可以推动权利人积极地寻找和发现侵权信息,保护自己的利益;另一方面,也促使网络交易平台及时制止侵权行为,防止侵权后果的蔓延。⑯ 需要澄清的是该规则的性质。关于 ISP 著作侵权的《信息网络传播权保护条例》中"通知—删除"规则属于免责条件(避风港)的组成部分,即网络服务提供者根据通

---

⑫ 王迁:"对电商平台间接侵害商标权的认定",载《人民司法》2016 年第 10 期,页 63—64。
⑬ 同上注。
⑭ 朱玲凤等,见前注 10,页 14—15。
⑮ 孔祥俊:《网络著作权保护法律理念与裁判方法》,中国法制出版社 2015 年版,页 28。
⑯ 邵勋:"网络交易平台经营者帮助侵权的司法认定——衣念(上海)时装贸易有限公司与浙江淘宝网络有限公司等侵犯商标专用权纠纷案",上海法院知识产权司法保护网〈http://www.shcipp.gov.cn/shzcw/gweb/xxnr_view.jsp? pa=aaWQ9MzQ5NTI1JnhoPTEmdHlwZT0xz〉,2017 年 7 月 11 日最后访问。

知移除侵权内容或链接,是不承担赔偿责任的条件。而在《侵权责任法》第 36 条规定的"通知—删除"规则中,ISP 未根据通知采取移除措施,应承担赔偿责任。如果仅按字面意思理解,认为只要权利人发送了符合形式要求的通知,ISP 就必须采取移除措施,即 ISP 负有制止被控侵权行为的法定义务。若这样解释,有可能造成利益失衡的结果。[17] 仍应将该规定理解为,其本身并不为适用者创设责任,并非只要权利人发送了符合形式要求的通知,ISP 就必须删除。更何况,无法适用避风港条款亦不意味着网络服务提供者一定有责任:一方面,仍然需要有充分证据证明网络服务提供者确实存在主观恶意或积极参与了侵权行为;另一方面,也可通过其他传统抗辩理由免责。

对"通知—删除"的运行机制已经有诸多讨论,比如通知要符合一定的形式要求、要有反通知和恢复机制等。[18] 实践中各大网络交易平台为处理"通知—删除"而建立了投诉平台,每年受理大量投诉。[19] 司法中,在宇旭时装(上海)有限公司与徐敏、浙江淘宝网络有限公司侵害商标权纠纷案中,法院认为淘宝网及时撤下了涉案链接而不用承担责任。[20] 不过,在衣念(上海)时装贸易有限公司与杜国发、浙江淘宝网络有限公司侵害商标权纠纷案中,法院认为淘宝网仅被动地根据权利人通知,采取没有任何成效的删除链接措施,未采取必要的能够防止侵权行为发生的措施,从而放任、纵容侵权行为的发生,在主观上有过错,客观上帮助了第三方卖家实施侵权行为,构成共同侵权,应当与第三方卖家承担连带责任。[21] 该判决说明法院认为"通知—删除"并非是免于承担责任的充分条件,《侵权责任法》第 36 条所谓的"必要措施"不限于"通知—删除"。网络交易平台删除侵权信息后,如果卖家仍然利用网络交易平台继续实施侵权行为,网络交易平台应当进一步采取必要的措施以制止继续侵权。网络交易平台的事后制止义务应包括但不限于"通知—删除"、限制侵权卖家商品发布、冻结侵权卖家账号等。

"通知—删除"程序完成后,卖家仍可以重新发布侵权商品信息,直至知识产权权利人下一次"通知—删除",如此循环往复对权利人颇为不利。而对于网络交易平台来说,权利人的多次有效通知即可表明某账号可能为反复侵权的卖家,网络交易平台可

---

[17] 王迁,见前注 12,页 65。

[18] 刘润涛:"'通知—移除'规则在网络交易平台商标侵权中的适用",载《电子知识产权》2015 年第 11 期,页 54。

[19] 例如,阿里巴巴集团建立知识产权保护平台〈http://ipp.alibabagroup.com/submission.htm〉受理旗下淘宝网、天猫、阿里巴巴等网络交易平台中的知识产权侵权投诉。

[20] 宇旭时装(上海)有限公司与徐敏、浙江淘宝网络有限公司侵商标权纠纷案,(2011)杭余知初字第 318 号。

[21] 衣念(上海)时装贸易有限公司与杜国发、浙江淘宝网络有限公司侵害商标权纠纷案,(2010)浦民三(知)初字第 426 号,(2011)沪一中民五(知)终字第 40 号。

以设置达到多少次有效通知后由系统自动进行冻结或删除的操作,因而确定反复侵权卖家的账号并进行冻结、删除的措施对平台而言并非很大负担。且网络交易平台往往在卖家注册时要求其使用身份证件认证,所以有能力有效冻结或删除某一身份证件对应的所有卖家账号,并防止其使用同一身份证件重新注册账号,能够有效地阻止卖家继续出售侵权商品。因此,要求网络交易平台承担一定的事后制止义务,采取包括但不限于"通知—删除"、限制侵权卖家商品发布、冻结侵权卖家账号等必要措施是相对合理且公平的。采取较低的成本获得较好的效果,也是符合"成本—收益"的分析思路。

(三)"通知—删除"机制的滥用问题

以往对于滥用通知的讨论,主要是权利人和网络卖家针对同一侵权事实重复利用通知和反通知,从而造成恶性循环的情况。㉒ 对于反复通知的情况,较好的做法可能是针对同一侵权事实的"通知—删除"达到一定数量后,由第三方主持进行协商并要求恶意的一方承担一定的责任。如今新出现的问题是某些主体进行恶意通知从中牟利,如近期的阿里巴巴公司与杭州网卫科技有限公司(以下称"杭州网卫")不正当竞争案。杭州网卫是一家知识产权代理公司,曾在阿里巴巴公司平台上投诉过数千个卖家,其中不少商家都能举证证明自己并未售假。阿里巴巴公司遂以不正当竞争为由起诉杭州网卫。㉓

在明知不存在假货的情况下,恶意投诉平台商家售假将影响其正常经营并大量消耗网络交易平台的知识产权保护资源。这属于不正当竞争的范畴,但是其手段是"通知—删除",故仍与本文讨论有密切关系。这种情况下,如何判断"恶意通知"是关键。本文认为,可以结合通知人身份(比如是否实际权利人)、通知的频率、通知所涉及商品的范围等综合判断。若某项通知被判定为恶意通知,则网络交易平台可以不予理会。这种针对恶意通知的较高要求,不应影响网络交易平台主观状态("明知"或"应知")的认定,不能因此认为网络交易平台怠于管理。

据报道,阿里巴巴公司正在考虑推出知识产权投诉分层机制,将投诉方分为优质、普通、劣质和恶意四类,每一种配置不同的处理机制和资源,并大幅提高恶意投诉的举证门槛,希望通过分层运营减少卖家损失有效保障优质投诉方的权益。㉔《电子商务

㉒ 刘润涛,见前注18,页56—57。
㉓ 彭琳、叶丹:"阿里状告'杭州网卫'恶意投诉平台商家售假",载《南方日报》2017年2月15日第A12版,〈http://epaper.southcn.com/nfdaily/html/2017-02/15/content_7617861.htm〉,2017年6月19日最后访问。
㉔ 中国经济网:"阿里拟推投诉分层机制,让'知识产权流氓'无处碰瓷",〈http://www.ce.cn/xwzx/gnsz/gdxw/201702/17/t20170217_20299791.shtml〉,2017年6月19日最后访问。

法（草案）》第54条第1款后段规定："知识产权权利人因通知错误给平台内经营者造成损失的,依法承担民事责任",该规定值得赞同。

四、网络交易平台侵权责任承担

近期有学者从风险分配角度提出："在平台不知道站内经营者实施侵权行为,无法找到直接侵权人或查找成本过高时,侵权行为对双方而言均无法控制或预见,但相关商品信息在平台上发布,平台与侵权行为距离最近,可以低成本地发现和制止侵权,因而依风险处置效率规则,权利人的损失由平台承担,平台承担后有权向直接侵权人追偿。""这能激励平台采取措施避免站内卖家销售侵权商品,而平台支付的过滤和人工成本远远小于侵权行为对知识产权人造成的损害,将降低社会总成本,符合法经济分析的效率观。"[25]

本文对此无法认同。平台交易量巨大,面临大量争议投诉（不仅有知识产权侵权争议,还有消费者保护方面的很多争议）；网络著作侵权尚且较容易判断,而网络商标侵权的认定有时需要线下物流配合并综合许多因素,判断成本较高,因而平台所承担的注意义务应该是较低的。在寻找侵权人方面,应当承认很多网络交易平台要求实名注册,定位具体行为人的成本可能并不高。但是侵权人所在地分散,追偿程序复杂（可能需要诉讼）,所以网络交易平台实际找到各个侵权人并要求其承担责任的成本依然很高。若让网络交易平台先承担侵权责任再向侵权卖家追偿则相当于大大增加了平台的责任,相当不妥。

本文认为前述学理分析得出的结论并未考虑网络交易的现实,会给网络交易平台带来极大的负担,不应适用于现实中的网络交易平台,不应要求网络交易平台就某些情况先行承担责任。目前《侵权责任法》第36条的规定虽然存在问题（比如前面提到的"通知—删除"机制性质问题）,但是总体来说对于侵权责任的规定考虑了包括网络交易平台在内的ISP在侵权中的参与程度,较好地平衡了各方利益,较为妥适。

五、结语

网络交易以便捷、价廉物美优势迅速流行,每年的"6·18""双十一"已成为全民狂欢。但网络交易也带来了不少问题,包括网络交易平台的知识产权间接侵权问题。随着相关法规、司法解释的发布,这些问题逐渐有了结论,但仍存在争议。

由于交易量巨大,在知识产权侵权问题上对于网络交易平台不能苛责,因而有"避风港"条款的设置,但也不能任其利用各种方式规避责任。若平台对于自身性质标注

---

[25] 巩姗姗、崔聪聪："风险分配：电子商务平台知识产权侵权的新视角",载《知识产权》2016年第8期,页87。

模糊,则应要求其承担直接侵权责任,否则将造成平台与其他交易参与方的利益极不平衡。随着技术的发展,在存在有效监控手段的情况下,根据"成本—收益"分析,应要求网络交易平台承担一定的事前注意义务。关于事后制止义务,"通知—删除"只是必要措施的一种,当存在恶意反复通知行为时,网络交易平台可不予理会。对网络交易平台的过错需要综合判断。在责任承担方面,由于网络交易数量巨大,侵权人分散,不应对网络交易平台课以太重的侵权责任。分析这些问题时需时时考虑平衡各方利益,不能仅仅从促进知识产权保护或促进电子商务发展的单一角度出发。如此才能促进网络交易有序、健康发展。

论网络环境下合理使用一般条款
——兼评《著作权法送审稿》第43条第13款

石 丹[*]

摘要：为适应数字网络的发展，我国《著作权法》在第三次修订中增加了合理使用的一般条款。一般条款的出现可以增强立法弹性，有助于解决网络环境下混合使用、数字化使用等新问题，为当前司法实践中的"不认定侵权""三步检验法"和"四要素检验法"等不同裁判思路设立基准。合理使用制度本质上需要解决高交易成本、高社会收益、低损害的问题，一般条款的设立有利于在司法层面更好地进行市场分析。当然，设立一般条款的同时应当坚持立法与司法的良性互动，在立法上严格限制一般条款的适用条件，完善12种具体情形，避免向一般条款逃逸，在司法实践中结合先例判决指导制度，统一法律适用标准。

关键字：合理使用　一般条款　市场分析　著作权法第三次修订

The Study on general provisions of fair use on the Internet
—Comments on Article 43 Subsection(13) in Revision Draft of Copyright Law

Abstract: In order to meet the development of digital technology, the third revision of copyright law introduce "general clause" into the fair use system. The

---

[*] 石丹，北京大学法学院2016级博士研究生。

emergence of the general provisions increase predictability and flexibility of law, help to solve the problems of "remix use" and "digital use", and set a standard for the application "three-steps test", "four-factors test", and "not constitute infringement" in the justice. Fair use doctrine seeks to solve the problem of high transaction costs, high social value and low damage, and the market approach can serve as a means for applying fair use to newly emerging uses of copyrighted works made possible by developing technologies. Of course, in order to apply the general clause into the digital word, we should construct a benign interaction between legislation and judiciary. Therefore, the legislator should perfect fair use categories in detailed rules written into Copyright Act, and the judge should refer to the precedent judgment to provide bright-line rules for the public.

Key words: fair use, general provisions, Revision Draft of Copyright Law

合理使用制度历来是著作权法修法争议的焦点。最近的《著作权法修改草案(送审稿)》(以下简称《送审稿》)在12种具体情形外新增"(十三)其他情形",并规定"以前款规定的方式使用作品,不得影响作品的正常使用,也不得不合理地损害著作权人的合法利益"。这一修改打破了当前封闭式列举的立法模式,采用开放式的立法技术。这一条款的出台立即引起了学术界、司法界的热议。在著作权制度创立之初,对权利限制采用穷尽列举方式,严格限制合理使用的情形,可以实现对权利人的有效保护。然而,随着数字时代的来临,著作权的权利内容和使用方式都随之发生相应改变。为适应科学技术的发展,在符合"三步检验法"前提下,法律规定应该有一定的弹性。①

如果仅就一般条款设立的必要性而言,国内多数学者都主张在穷尽列举之外增加一项兜底式条款,以增加合理使用制度的灵活性。② 虽然《送审稿》已经将"三步检验法"作为考量合理使用的一般性判断标准,但是一般条款需要解决网络环境下的哪些问题,如何与当前司法裁判衔接,如何完善现有的12种具体情形等问题都有待厘清。本文拟从当前网络环境下的使用行为出发,对当前的司法实践进行梳理,从市场分析角度阐释合理使用制度的本质,为一般条款的完善与适用提供参考。

---

① 参见王自强:"解读《著作权法》第三次修改",载《北京仲裁》2013年第4期。
② 李明德、管育鹰、唐广良:《〈著作权法〉专家建议稿说明》,法律出版社2012年版,页260;吴汉东:"《著作权法》第三次修改的背景、体例和重点",载《法商研究》2012年第4期,页6;刘春田:"《著作权法》第三次修改是国情巨变的要求",载《知识产权》2012年第5期;三份专家建议稿都赞同在合理使用判断中加入抽象性的判定要件。当然,也有学者反对,认为可以通过对现有具体情形的解释,亦可以实现权利人与使用者之间的平衡。参见孙山:"合理使用'一般条款'驳",载《知识产权》2016年第10期;梁志文:"著作权合理使用的类型化",载《华东政法大学学报》2012年第3期。

一、立法背景：回应网络发展的需求

国务院法制办《关于〈中华人民共和国著作权法〉(修订草案送审稿)的说明》中明确提出修改《著作权法》是回应社会科技发展的客观需要。随着网络文化产业不断发展，《著作权法》必须及时作出回应。当然，这种回应体现在诸多方面：比如著作权权利客体的增加③、著作权权利内容的扩大④等等。而在权利限制方面，这种回应特征就体现在合理使用一般条款的设立。

具体而言，一般条款的出现究竟是在回应哪些新行为、新情况？事实上，正如部分学者所言，部分网络环境下的新型使用行为通过解释或者修改现有的12种情形即可以解决，不需要适用兜底式的规定。⑤ 比如网络媒体报道时事新闻的引用行为，完全可以用第22条第(三)项"新闻报道使用"予以处理。⑥ 通过对"报纸、期刊、广播电台、电视台等媒体"中的"等"来解释"网络媒体"，在适用上没有障碍。⑦ 实践中，法院处理类似问题亦无争议。但是，网络环境下部分使用行为难以通过现行法律加以调整。上述使用行为大致可以分为两类：

(1) 混合使用(Remix)。进入数字时代，版权作品快速传播，使用者在使用版权作品的同时创建了许多衍生作品。比如使用者截取多部影片的片段，配上音乐以及本人解说，形成用户生成作品(UGC)。⑧ 网络用户也热衷于通过各种形式将一些独创性的内容注入旧素材中进行混搭、创新。用户不仅仅是信息的消费者和传播者，也是信息的生产者，并且生产的方式具有一定的创新性。目前而言，法律上无法对上述行为进行事先预测和规制。一方面，我们不愿意牺牲互联网的创新性；另一方面，也不可能打破固有的版权体系，那么平衡的任务只能交由合理使用的一般条款来实现。

不可否认，上述使用的行为侵害著作权人的合法权益，但是其是否构成合理使用

---

③ 《送审稿》第5条增加了关于实用艺术作品的规定。
④ 《送审稿》第14条增加美术作品与摄影作品权利人的追续权；其他修订内容包括：扩大复制权范围，将数字化等其他任何方式纳入《著作权法》的"复制"范围；扩大出租权客体范围，新增"包含作品的录音制品"出租权；将广播权修改为播放权，完善了信息网络传播权与广播权的界定等等。
⑤ 见前注2。
⑥ 《著作权法》第22条：在下列情况下使用作品，可以不经著作权人许可，不向其支付报酬，但应当指明作者姓名、作品名称，并且不得侵犯著作权人依照本法享有的其他权利：……(三) 为报道时事新闻，在报纸、期刊、广播电台、电视台等媒体中不可避免地再现或者引用已经发表的作品……
⑦ 《最高人民法院关于审理侵害信息网络传播权民事纠纷案件适用法律若干问题的规定》第5条一定程度上也支持上述解释。
⑧ 典型的例子包括：直播网站的游戏解说、几分钟解说电影、大型活动宣传片、影视作品的预告片、音乐混音等等。这里并不强调作者的使用行为是否具有转化性，是改编抑或重新编辑原作品，只强调作者混合现有素材生成新作品。

是具有讨论空间的。首先，上述行为是市场中的行为，亦可能是商业性使用的行为⑨，会影响原有作品的正常使用，不能通过个人使用行为条款予以认定。更关键的是，现有列举情形无法准确涵盖此类用户生成作品的行为。比如胡戈的视频作品《一个馒头引发的血案》涉嫌侵犯陈凯歌所导演的电影《无极》的著作权纠纷案引起各界广泛讨论。依照我国现行的著作权法律制度规定，无法对该案做出明确的结论。⑩ 这也暴露出我国合理使用制度类型化规定的缺陷；实践中出现此类混合使用相关问题，现行著作权法律制度下没有妥当的解决方案。⑪ 最终结果演变为如 ACFUN、BiliBili 等采用 UGC 模式的视频网站被迫下架部分原创视频内容。

（2）数字化使用。本文中的"数字化使用"主要指：网络快照、网络缓存、在线浏览、缩略图等。混合使用主要指用户生产作品行为，针对是网络内容服务提供商；而数字化使用主要是针对网络服务提供者（ISP）提供作品的行为。此类行为在开放式的立法模式下可以较好地解决，而在规则主义之下则可能面临类型化和体系化困难。比如针对提供缩略图的行为，参考 Perfect 10 诉谷歌案，美国法院通过四要素检验法认定谷歌对缩略图的使用具有高度转化性，能够带来巨大的公共利益，构成合理使用。⑫ 然而，我国现行的《著作权法》和《信息网络传播权保护条例》并没有关于网络快照、缩略图等问题的直接规定，因此对于这一行为的定性，并不十分明确。⑬ 针对网络快照的性质及法律责任，最高人民法院出台相关司法解释⑭，北京市高级人民法院亦起草过指导意见⑮，但是上述司法解释和指导意见在具体认定标准方面并不一致，比如北京市高级人民法院指导意见中的关注焦点似乎是此类使用行为是否实质性代替用户对他人网站的访问，这与传统合理使用三步检验法并不完全一致，裁判思路不统一可能会降低法律的可预见性。另一方面，分散的制度抑或重复的规定可能会增加立法成本，也不

---

⑨ 这里不能排除作者在混合作品中通过广告进行盈利。

⑩ 参见王迁："论认定'模仿讽刺作品'构成'合理使用'的法律规则——兼评《一个馒头引发的血案》涉及的著作权问题"，载《科技与法律》2006年第1期；罗莉："谐仿的著作权法边界——从《一个馒头引发的血案》说起"，载《法学》2006年第3期。

⑪ 卢海君："合理使用一般条款的猜想与证明——合理使用制度立法模式探讨"，载《政法论丛》2007年第2期，页47。

⑫ Perfect 10 v. Google, Inc., 416 F. Supp. 2d 828 (C. D. Cal. 2006).

⑬ 崔国斌：《著作权法》，北京大学出版社2014年版，页491。

⑭ 《最高人民法院关于审理侵害信息网络传播权民事纠纷案件适用法律若干问题的规定》（2012）第5条："网络服务提供者以提供网页快照、缩略图等方式实质替代其他网络服务提供者向公众提供相关作品的，人民法院应当认定其构成提供行为。前款规定的提供行为不影响相关作品的正常使用，且未不合理损害权利人对该作品的合法权益，网络服务提供者主张其未侵害信息网络传播权的，人民法院应予支持。"

⑮ 《北京市高级人民法院关于网络著作权纠纷案件若干问题的指导意见（一）》第13条："网络服务提供者以提供网页'快照'的形式使用他人网站上传播的作品、表演、录音录像制品，未影响他人网站对作品、表演、录音录像制品的正常使用，亦未不合理地损害他人网站对于作品、表演、录音录像制品的合法权益，从而未实质性代替用户对他人网站的访问，并符合法律规定的其他条件的，可以认定构成合理使用。"

利于网络服务提供商开展相关业务。

二、司法现状:多元的裁判思路

尽管我国《著作权法》第22条是一项封闭的行为规制条款,立法者对可能构成合理使用的12项情形进行详细的正面列举。但不可否认,我国的司法实践中已经多次出现立法未能预见的可能构成合理使用的情形。基于我国目前的司法经验,法院对于上述新型使用作品行为裁判思路大致可以归为以下三类:

(一)不作分析

部分法院严格按照著作权法的规定,拒绝对12种情形外的行为进行因素分析。比如"李强诉于芬侵犯著作权案"⑯中,海淀区法院在判决书中写道"只有法律明确规定的使用方式,才属于合理使用方式。本案被告于芬在其博客中使用原告李强的《西》一文,此种使用方式并不属于我国《著作权法》规定的上述12种情况,故于芬的使用方式不属于我国《著作权法》规定的合理使用事由。"当然,本文并非质疑法院结论,涉案行为即使适用一般条款进行分析亦可能不构成合理使用。本文只强调本案在论证上有进一步说理的空间,直接认定该使用方式不属于《著作权法》列举的12种情形而拒绝深入分析给人一种意犹未尽的感觉。

(二)不认定侵权

在"覃绍殷诉北京荣宝拍卖有限公司侵犯著作权纠纷案"⑰中,法院认定:"被告作为拍卖公司,其复制国画《通途披上彩云间》并向特定客户发行,以及在拍卖过程中以幻灯的方式放映该画的行为,均系按照拍卖法的规定,为了便于客户了解拍卖标的而提供的便利手段,原告没有证据证明被告的上述使用行为系出于其他目的,并且被告的行为既没有影响作品的正常使用,也没有不合理地损害原告的合法权益,因此,被告的上述行为并不构成对原告复制权、发行权和放映权的侵犯。"该案被一些学者引用作为司法突破立法的范例。⑱但从判决书文字表述上看,法官并没有明确该行为构成合理使用,而只是认定该行为不构成侵权。事实上,我国立法以及司法上对于区分不构成侵权和合理使用一直缺乏清晰的标准,比如在"浙江泛亚电子商务有限公司与北京百度网讯著作权纠纷案"⑲中,法院在认定百度网站提供歌词快照功能是否构成侵犯信息网络传播权的问题上,将裁判焦点置于快照或缓存服务是否客观上起到了让用户直接从其服务器上获取歌词的作用,足以影响提供歌词的第三方的市场利益。据此,

---

⑯ 参见北京市海淀区人民法院(2010)海民初字第2197号判决书。

⑰ 参见北京市第一中级人民法院(2003)一中民初字第12064号判决书。

⑱ 李琛:"论我国著作权法修订中'合理使用'的立法技术",载《知识产权》2013年第1期,页16;芮松艳:"网页快照服务提供行为的侵权认定——评丛文辉诉搜狗公司案",载《中国版权》2014年第3期,页24。

⑲ 参见最高人民法院(2009)民三终字第2号判决书。

法院从实质性替代的角度讨论是否构成侵权,从而回避了合理使用框架下的要素考量。

(三) 认定侵权—合理使用分析

学理上,有关合理使用的性质,吴汉东教授总结为:权利限制说、侵权阻却说与使用者权利说。[20] 当前,国内外主流学者基本认为合理使用是一种权利限制[21],但亦由学者主张使用者权利说[22]。本文赞同权利限制说,合理使用的行为事实上可能侵犯著作权人的利益,属于对权利人侵权指控的抗辩。因此,不认定侵权和合理使用应当属于两个层面关系,合理使用是以侵权行为成立为前提。当然,学术上的讨论并未影响到司法裁判,法院在个案中对于网络环境下的新型使用行为如果在合理使用框架内讨论,可能有以下几种判断标准:

(1) 三步检验法

在前述"张海峡诉于建嵘著作权纠纷案"[23]一案中,法院认为"于建嵘的被诉行为不会与张海峡对其涉案作品所行使的权利展开经济竞争,并未影响该作品的正常使用,也不会不合理地损害张海峡的合法权益。原审法院认定于建嵘的转发行为构成合理使用,并未侵犯张海峡对涉案作品享有的信息网络传播权是正确的"。本案中,法院基于《伯尔尼公约》三步检验法对被告的行为进行认定。但是,三步检验法在司法实践中作为综合考量因素的案例并不多,这可能是因为该标准过于简化,不利于对特殊情形的考察。

(2) 四要素检验法

三步检验法虽然已规定在《著作权法实施条例》中,但是多数法院却习惯于在实际使用中选择适用四要素检验法。[24] 比如北京高院对合理使用特殊情形亦采取类似标准,在"王莘与北京谷翔信息技术有限公司、谷歌公司侵害著作权纠纷案"[25],法院认为"在判断涉案复制行为是否构成《著作权法》第 22 条规定之外的合理使用特殊情形时,应当严格掌握认定标准,综合考虑各种相关因素。判断是否构成合理使用的考量因素

---

[20] 吴汉东:《著作权合理使用制度研究》,中国政法大学出版社 2005 年版,页 128—145。

[21] 参见 Lawrence, John Shelton, and Bernard Timberg, eds. *Fair Use and Free Inquiry : Copyright law and the new media*. Praeger Pub Text, 1989;刘春田:《知识产权法》(第 5 版),中国人民大学出版社,页 120。事实上,包括国际知识产权公约以及我国《送审稿》均将合理使用规定在"权利限制"的章节。

[22] 吴汉东,见前注 20,页 130。吴汉东老师认为,著作权法中的合理使用,从著作权人方面来看,是对其著作财产权范围的限定,从著作权人以外的人(即使用者)来看,则是使用他人作品而享有利益的一项权利。

[23] 参见北京市高级人民法院(2012)高民终字第 3452 号判决书。

[24] 参见《美国版权法》第 107 条规定了合理使用应考虑的四种因素:(1) 该使用的目的与特性,包括该使用是否具有商业性质,或是为了非营利的教学目的;(2) 该版权作品的性质;(3) 所使用的部分的质与量与版权作品作为一个整体的关系;(4) 该使用对版权作品之潜在市场或价值所产生的影响。

[25] 参见北京市高级人民法院(2013)高中民初字第 1221 号判决书。

包括使用作品的目的和性质、受著作权保护作品的性质、所使用部分的性质及其在整个作品中的比例、使用行为是否影响了作品正常使用、使用行为是否不合理地损害著作权人的合法利益等"。上述考量因素类似于《美国版权法》第 107 条规定的四要素检验法。虽然可能在要件表述上存在差异,但实际分析思路基本一致。值得注意的是,中美法院在判决中都强调综合考虑并运用各种相关要素,而非机械性地适用四要素。比如,在 Campbell v. Acuff-Rose Music, Inc. 案中,美国联邦最高法院详细分析各个要素,认定被告改编原告歌曲"Oh, Pretty Woman"制作 Rap 歌曲的行为虽然具有商业性质,但是该行为具有转化性且未超出合理限度,不会对原告潜在市场造成实质性损害,综合考量后认定被告的商业性戏仿行为构成合理使用。[26]

此外,在"上海美术电影制片厂与浙江新影年代文化传播有限公司等著作权侵权纠纷上诉案"[27]中,上海知识产权法院就我国《著作权法》中的合理使用审查判断标准以及如何认定适当引用的问题进行深入阐述。值得注意的是,法院在两个问题上适用了不同的考量因素,在审查判断是否构成合理使用时,法院使用的是四要素检验法,综合考虑被引用作品是否已经公开发表、引用他人作品的目的、被引用作品占整个作品的比例、是否会对原作品的正常使用或市场销售造成不良影响等因素;然而在考虑适当引用时,法院按照"三步检验法",即不得影响被引用作品的正常使用、不得不合理地损害权利人合法利益之构成要件。这事实上将合理使用拆分为"质 + 度"的二维问题,在"质"的问题上适用四要素检验法;在"度"的问题上用三步检验法。

(3) 公共利益分析法

公共利益一直是民法讨论焦点,近年在知识产权司法裁判中公共利益的讨论也不断深入,典型如商标法中的"微信案"[28],合理使用领域也不例外。比如在"《可耻的幸灾乐祸》网页快照著作权案"[29]中,法院认为"判断其是否构成合理使用的关键在于以下两点:其一,该行为是否符合合理使用行为的实质条件;其二,如认定其不构成合理使用,是否会对公众利益产生较大影响"。针对涉案的网页快照行为,法官在判决书中写道"鉴于搜狗公司实施的涉案网页快照提供行为对于公众具有不可替代的实质价值,且其并未'不合理'地损害丛文辉的利益,同时如认定该行为未构成合理使用会对

---

[26] Campbell v. Acuff-Rose Music, Inc. , 510 U. S. 591 (1994).
[27] 参见上海知识产权法院(2015)沪知民终字第 730 号判决书。
[28] 2014 年 10 月 22 日,商标评审委员会作出第 67139 号裁定,认为被异议商标的申请注册可能对社会公共利益和公共秩序产生消极、负面的影响,已经构成《商标法》第 10 条第 1 款第(8)项所禁止的情形,据此裁定:被异议商标不予核准注册。创博亚太公司不服该裁定,提起行政诉讼。二审法院认为:被异议商标由中文"微信"二字构成,现有证据不足以证明该商标标志或者其构成要素有可能会对我国政治、经济、文化、宗教、民族等社会公共利益和公共秩序产生消极、负面影响。因此,被异议商标未违反《商标法》第 10 条第 1 款第(8)项的规定。
[29] 参见北京市第一中级人民法院(2013)一中民终字第 12533 号判决书。

社会公众利益产生较大影响,故本院认为搜狗公司提供涉案网页快照的行为已构成合理使用行为。"本案中,法院首先认定涉案网页快照行为符合"三步检验法"的要件,其次强调了网页快照对于社会公众具有不可替代的实质价值,如果不构成合理使用会对公众利益产生较大损害。公共利益这一考量因素,《著作权法》《著作权法实施条例》中均未提及,如何在个案中适用值得商榷。事实上,"三步检验法"抑或"四要素检验法"均未将公共利益作为独立的分析要件。但在司法实践中,法官在对合理使用分析中加入公共利益考量,国内外均不鲜见。比如在美国发生的谷歌数字图书馆案中,巡回法院强调提供片段浏览的功能对社会公众而言具有重要的意义[30],中国法院在"王莘诉北京谷翔信息技术有限公司等侵犯著作权纠纷案"中亦有类似观点[31]。此外,部分美国学者主张法院在合理使用判定中引入乌托邦式的分析方式,以重构良好社会[32]。不可否认,公共利益可以使得司法判决更加符合社会预期,但是其先天的模糊性和不确定性可能会损害司法裁判的一致性。

本节主要总结归纳当前法院多元的裁判思路,并无意于对个案的结果进行分析评价。当法律没有规定或者规定不明确时,法官基于法理裁判有助于解决现实矛盾,对社会关系作出明确具体的调整。数字化时代,面对层出不穷的新型使用行为,这种司法突破立法现状是不得已的选择,更反映出修法的迫切需求。上述问题的最终解决依赖于修改《著作权法》,增加开放式条款一定程度上可以缓解当前多元裁判思路的困境。

三、合理使用的理论分析

(一)合理使用制度的本质

合理使用制度的初衷是为了解决后续作者对在先作品利用的问题,体现出创作者、传播者与使用者之间的利益平衡。随着各国著作权法将其纳入制度体系中,合理使用正当性逐步得到肯定。但是,回归到网络环境下,哪些新行为可以被认定为合理使用? 从宪法角度、利益平衡角度无法形成合理使用的具体判断标准和方法。本文拟从市场分析角度阐释合理使用制度的本质。

第一,合理使用制度本质上需要在高交易成本、高社会收益、低损害环境下适用。数字技术的出现一方面使得使用者接触作品成本下降,海量作品可能在未经授权的情

---

[30] Authors Guild v. Google, Inc., No. 13-4829 (2d Cir. 2015).

[31] 在"王莘诉北京谷翔信息技术有限公司等侵犯著作权纠纷案",北京法院认为谷歌片段式的提供方式具有为网络用户提供方便快捷的图书信息检索服务的功能及目的,可以构成合理使用。

[32] Fisher, William W. "Reconstructing the Fair Use Doctrine." Harvard Law Review 101.8 (1988):1659—1795. 文中,Fisher 教授认为合理使用的目标不仅仅是提高资源使用效率,而是要推进一个公正的文化创作环境。其建议将合理使用重构为一种"乌托邦"模式,理想的合理使用原则应当契合"善良生活"和"善良社会"的秩序。

况下被利用;另一方面著作权人与使用者之间的交易成本亦在降低,当事人之间达成自愿许可的可能性升高。传统版权制度的利益平衡俨然被打破,如何通过合理使用制度重新实现创造激励和传播使用之间的平衡? 本文赞同美国学者 Wendy Gordon 的观点,主张将市场分析运用到网络环境下的合理使用制度中以应对技术发展带来的版权危机,因此合理使用应当满足三个要求:(1) 市场失灵;(2) 被告的使用行为是社会需要的;(3) 合理使用的裁决不会对著作权人的激励造成实质损害。[33] 首先,按照科斯理论,只要初始财产权是明确的并且交易成本为零,那么无论在开始时将财产权赋予谁,都能实现效率最大化。就著作权领域而言,作者基于独创性劳动而享有著作权,但是如果著作权对于被告人的收益高于交易成本,被告会有寻求许可的意愿,双方可能以自愿的形式在市场中达成合意。但考虑到有时搜寻成本过高,或者是卖方提出不切实际的高价,又或原告基于著作人身权而拒绝交易,则可能会产生市场失灵的问题。此时,就需要合理使用制度介入,通过法律制度在权利人与用户之间形成强制的交易。换言之,如果作品使用人可以承担合理许可费时,没有必要通过合理使用。[34] 双方可以达成自愿的转让协议,实现版权价值最大化。其次,满足市场失灵前提后,还要求新型的合理使用行为能够实现著作权法促进文化和科学事业的发展与繁荣的目的。这是著作权法创设目的在合理使用制度的体现,合理使用制度需要保障社会出现更多更好的作品。如果新的使用行为并没有给社会带来更多的收益,法律没有必要进行特别保护。这在一定程度上可以解释前文中法官在判决中自觉或者不自觉地加入公共利益分析。最后,还需要保证使用行为不至于对著作权人激励造成实质性损害。如果仅仅由于高交易成本即强制免费使用,则可能会对权利人造成过大的利益损害。事实上,市场中存在的诸如集体管理组织、法定许可等等替代制度一定程度上亦可以解决市场失灵的问题。[35] 即使存在市场失灵以及高社会收益,当事人之间可以通过代理机制或者政府定价解决,合理使用属于次选方案。比如,我国《著作权法》第 23 条规定教科书使用行为为法定许可而非合理使用,有助于保障作者的基本权益。因此,考虑到数字技术对交易成本的影响,合理使用还需满足一个额外条件:对权利人低损害。总之,合理使用测试真正关注的是高交易成本、高社会收益、低损害的问题,网络环境下新型的使用行为应当满足上述实质条件。

　　第二,合理使用制度本质上需要回归个案审查,从司法走向立法,最终回归司法。从市场分析角度,只有在个案里中法官才可以分析涉案行为对著作权人产生的影响,因为不同市场主体的行为带来的市场损害和社会影响大相径庭。比如,大型互联网企

---

[33] Gordon, Wendy J. "Fair Use as Market Failure: A Structural and Economic Analysis of the" Betamax "Case and Its Predecessors." *Columbia Law Review* 82.8(1982):1600—1657.

[34] 见上注。

[35] 吴汉东,见前注 20,页 234。

业与普通网民实施同样的侵权行为,司法裁判的结果必然不一样,因为对原著作权人造成的实质性损害程度完全不同。特别在网络环境下,大型网站传播和散布作品的能力和普通网民的转发行为完全不在一个数量级。就像在 Sony 案中,法院认为私人性质的、非商业的使用行为并未对市场产生决定性影响可以考虑允许这种使用[36],但是如果是规模性的复制则不可能认定合理使用。如果能够坚持市场分析,可以发现司法实践中的四要素检验法抑或三步检验法只是归纳总结方法不同,最终还是需要回归个案中确定作品使用的市场、损害和社会效益。进一步而言,合理使用制度本身即是法官在判例中创立,之后慢慢被成文法吸收,最后逐步形成具体的判定规则。所以,引入要素判断更大意义在于对当前司法突破立法现状的支持,肯定法院在列举情形之外进行考量,但是在具体裁判中应当给予法官一定的自由空间,让法官可以充分进行市场分析。

具言之,数字技术出现并没有改变合理使用的实质条件,只是在市场失灵是否可以克服、新技术使用对作品的影响、使用作品行为对社会效果等等具体问题判断上增加司法裁判的难度。如果局限于传统列举情形,则可能阻碍法官在个案中对技术发展做出的回应,特别当新技术彻底地改变原有版权市场的时候。因此,网络环境下,合理使用制度需要进行结构性调整,以便于法官在个案中展开市场分析,实现对交易成本和市场损害的彻底评估,重构合理性的标准。

(二) 网络环境下合理使用制度的改革路径

随着经济全球化和世界一体化的深入,互联网对版权造成颠覆性的冲击,世界各国、各地区不断修改著作权法。面对新型不断出现可能构成合理使用的行为,立法者应当采取何种解决路径? 有学者主张在因特网时代应该缩小合理使用制度的适用范围[37],亦有学者主张版权开放创新、知识产权共享许可。[38] 事实上,网络时代完全的知识共享和技术措施均不可实现,如何对新型使用行为进行规制、进行判定需要有新的方法,本文借鉴一些国家处理类似问题的经验,总结网络环境下合理使用制度的调整路径包括:

(1) 增设合理使用类型。受知识产权法定主义的影响,权利的内容和边界由法律作出明确规定当然是一种可行的选择。比如针对戏仿作品,英国、法国、瑞士等国家均通过修法形成具体的处理规则。增设具体情形固然是一种平衡的解决方式,但可能存在滞后性的问题。

---

[36] Sony Corp. of America v. Universal City Studios, Inc., 464 U.S. 417 (1984).

[37] Ryan, Maureen. "Oregon Law Review: Vol. 79, No. 3, p. 647—720; Cyberspace as Public Space: A Public Trust Paradigm for Copyright in a Digital World." *University of Oregon School of Law* (2000).

[38] 张平:"如果知识产权仍需事先获得许可人类将作茧自缚",〈http://economy.caijing.com.cn/20151119/4013845.shtml〉。2017 年 7 月 1 日最后访问。

(2)增设一般性判定规则。美国《版权法》第107条规定了合理使用所应考虑的四个因素㊴,适用于社会生活中的新问题。虽然这些因素有助于法院明确新型使用行为的法律性质,以及界定涉案行为对著作权人损害程度,但是四要素规则本身的模糊性和晦涩的表述方式使得法律的一致性和可预测性难以实现。

(3)援引"公共利益"。例如在英国,采用的是"fair dealing"的模式,合理使用限于著作权法明确规定的情形㊵;在难以满足法定合理利用的情形下时,法官也可能援引"公共利益"或"公共政策"等普通法的抗辩。㊶ 不仅普通法系国家如此,大陆法系国家中也有援引"公共利益"的案例。在法国,曾有法院援引《欧洲人权公约》,在立法限定之外基于公共利益而允许了被告的使用行为。㊷

(4)补充适用"其他规定"。德国著作权法详细规定了著作权合理使用制度,具体列举可以构成合理使用的情形。德国著作权法没有一般条款的规定。对于戏仿作品等新型作品,德国著作权法的保护主要以《著作权法》第24条的自由使用制度为根据,该规定指出自由使用他人著作创作的独立著作可不经被使用的著作的著作权人的同意予以发表或使用。㊸ 值得注意的是,并非所有戏仿作品都能被认定为自由创作,需要对原告作品有较高程度的改动。

各国的制度都为适应网络时代的到来而做出相应的改变,但是改变的方式和层级存在差别,这根本上反映出不同国家著作权体系的差异。美国体例下的版权制度是在市场中,着重于保护版权人市场中的经济权利㊹,规制对权利人潜在市场造成损害的行为。因而这种行为不可能事先类型化,只能依靠事后检验。然而,大陆法系国家受19世纪哲学观和美学观的影响,强调作品体现作者人格㊺,因而对作者权利限制部分条文均有严格规定,对于开放式的条款格外谨慎。客观地说,上述诸多应对方式都具有一定的借鉴意义。当前,我国立法者选择增设一般性判定规则作为我国《著作权法》的应对方案,契合我国当前司法现状。但是,这也并不影响未来通过其他方式对合理使用相关的规则制度加以调整。比如在《民法典》出台之后,援引《民法典》知识产权章

㊴ 见前注24。

㊵ D'Agostino, Giuseppina. "Healing Fair Dealing? A Comparative Copyright Analysis of Canadian Fair Dealing to UK Fair Dealing and US Fair Use." Social Science Electronic Publishing 53 (2007).

㊶ 〔美〕保罗·戈尔斯坦:《国际版权原则、法律与惯例》,王文娟译,中国劳动社会保障出版社2003年版,页287。转引自:李琛,见前注18,页15。

㊷ Paul Edward Geller 主编: International Copyright Law and Practice, 法国法部分页118。转引自:李琛,见前注18,页16。

㊸ 〔德〕雷炳德:《著作权法》,张恩民译,法律出版社,页157—163。"自由使用"条款规定在第二章"著作权内容"中,而非"著作权的限制"章节中,不属于著作权限制的体系。

㊹ Patterson, L. Ray. "Understanding Fair Use." Law & Contemporary Problems 55.2(1992):249—266.

㊺ 李琛:"质疑知识产权之'人格财产一体性'",载《中国社会科学》2004年第2期,页72。

节中的相应规则是否具有可行性？这可能需要结合《民法典》的编纂体例进一步讨论。[46] 法律制度本身即是在回应技术发展，不能期待设立一般性规则一劳永逸地解决所有网络环境下的新问题，法律需要不断创新以应对技术变革。

四、一般条款的完善与适用

（一）立法设计：避免向一般条款逃逸

我国著作权制度的立法设计应当回应社会需求和司法现状。前文分析说明司法实践早已突破现行《著作权法》规定，认定除上述12种情形以外的其他行为构成合理使用。如果此时立法者仍然坚持封闭式立法模式，很有可能会损害法律权威。虽然有学者指责增设合理使用的一般条款，与著作权法所持的权利本位不符，与该法立法目的相悖，更无法与贯通该法之中的权利法定原则兼容并存。[47] 但是这样的批判不能解决现实问题。如果坚守封闭式的立法模式，通过罗列具体情形的方法保障确定性，那么列出22种乃至32种情形也无法涵盖所有可能构成合理使用的行为。特别是随着人工智能、大数据等新兴业态的出现，未来的作品使用行为更将千差万别，封闭式的立法模式越来越无法满足实际保护需求。但是，灵活性和确定性如同双刃剑，一般条款提升灵活性的同时不可避免会损害确定性。因此，本文建议在增加灵活性同时尽量减少对立法确定性的损害，完善列举情形与一般条款的衔接，防止向一般条款逃逸现象，确保法律适用的体系性和稳定性。换言之，一般条款应当是解决立法者始料未及的问题，而非常态性问题。本文建议进一步完善12种具体情形，避免本可以通过列举情形调整的行为最后趋向一般条款。比如《送审稿》中关于个人使用限于片段的规定，可能导致对诗歌、短文的全文使用都被迫适用一般条款予以解释，违背一般条款补充性的本质；《送审稿》第43条第2款，关于"引用部分不得构成引用人作品的主要或者实质部分"也存在类似问题。

当然，一般条款设立之后并不一定会导致向一般条款逃逸的现象。事实上，《著作权法》中开放性条款适用一贯具有谨慎的传统。相比之下，《反不正当竞争法》形成于1993年，第3条至第15条列举情形早已无法适用于网络领域的不正当竞争行为，因此大量互联网不正当竞争纠纷案的解决只能诉诸一般条款。然而，在我国《著作权法》体系下，权利客体、权利内容章节中均有开放性的规定，比如第3条关于作品的规定设有："（九）法律、行政法规规定的其他作品"；关于第5条著作权的规定设有："（十七）

---

[46] 上述问题取决于"知识产权章节"在《民法典》中的编纂体例，具体讨论参见吴汉东："知识产权立法体例与民法典编纂"，载《中国法学》2003年第1期；易继明："历史视域中的私法统一与民法典的未来"，载《中国社会科学》2014年第5期；梁慧星："对民法典编纂若干理论问题的思考"，载《河南社会科学》2017年第4期。本文认为如果知识产权制度编入我国民法典，有可能形成抽象出相应规范适用于著作权制度中，实现在司法裁判中援引总则性的规定。

[47] 孙山："合理使用'一般条款'驳"，载《知识产权》2016年第10期，页57。

应当由著作权人享有的其他权利"。但上述开放性条款也只是在应对民间文学艺术作品[48]、网络定时直播[49]的案件中适用过,实际作为裁判依据案例甚少。此外,理论上12种列举情形内的行为也应当经受"三步检验法"的测试,第13项"其他情形"的引入在著作权法体系下不会造成过重的司法负担。

(二)司法适用:先例判决指导制度

开放式的规定对法官在判决书中的说理论证提出了更高的要求。法官不能再简单的因为涉案行为不符合我国《著作权法》规定的12种情形而轻易地将其排除出合理使用体系,而需要在个案中对该行为进行客观详细的分析。依据中国当前的管辖制度,专利纠纷案件需要中级人民法院管辖,而著作权纠纷案件并没有相应管辖限制,基层法院亦可以审理。那么基层法院法官是否有足够的经验和能力应对网络环境下混合使用、数字化使用等相关案件?《送审稿》将"三步检验法"作为一般条款的裁判规则,然而实践中法官也有:不认定侵权、四要素检验法、公共利益分析法等等方法,如何在多种裁判思路中进行协调?事实上,完全由立法者统一规定并不可行,正如前文所述,合理使用源于司法,也必须回归司法。因此必须在司法层面形成一套稳定的经验法则,通过先例判决对在后判决提供指引,保证裁判标准的统一性。

目前,北京知识产权法院正在探索建立中国特色的知识产权指导案例制度[50]。通过先例指导,统一司法尺度,避免同案不同判,提高审判质量同时可以发挥知识产权司法主导作用[51]。鉴于当前合理使用领域司法判决中存在的多元裁判思路的问题,通过先例判决指导制度有利于明确合理使用判断的相关考量因素,为一般条款的适用提供指引。一般条款的出台不可避免地增加了立法的模糊性,因此亟须在司法层面通过对先例的援引提高法律适用的可预期性。当然,有学者担忧该制度出台之后可能会造成推翻先例的困难,法院受判例拘束而无法自我变革。考虑到合理使用判断本身即与技术发展结合非常紧密,这样的担忧不无道理。因此,该制度难点就在于如何识别先例判决,区分事实部分和指引部分。

此外,先例判决制度具有指导产业实践的作用。一般条款虽然授予了法官自由裁量的空间,但其本身的不确定性也给相关产业的经营者造成困难。对于经营者而言,合理使用列举情形可以为其提供较为明确的指引,但是一般条款则可能使其无法对具体业务形成统一操作标准,增加业务审查成本。本文认为先例判决指导制度有助于解决上述问题,类比合理使用的先例判决方便企业确认相关使用作品行为的合规性,有

---

[48] 参见涉及"乌苏里船歌"著作权纠纷案,《最高人民法院公报》2004年第7期。
[49] 参见央视网诉百度公司案,北京市第一中级人民法院(2013)一中民终字第3142号。
[50] 杨静:"知识产权案例指导制度的障碍与克服——北京知识产权法院庭审实质化实证研究",载《法律适用》2016年第10期,页69。
[51] 参见蒋惠岭、杨奕:"以先例判决指导审判工作制度的创新实践",法制网〈http://www.legaldaily.com.cn/zfzz/content/2016-04/06/content_6554639.htm?node=54621〉,2017年7月10日最后访问。

效地降低审查成本。比如:对于网络内容提供商,相关指导案例可以为其内容审查提供模板,而非一刀切式地直接下架 UGC 作品;对于网络服务提供商而言,相关指导案例亦有助于其确定使用行为的法律性质,而非在纷繁复杂的司法解释中寻求慰藉。

总之,知识产权先例判决制度一方面可以为基层法院法官在司法实践中适用一般条款提供指引,统一多元的裁判思路;另一方面可以为互联网企业的经营活动提供合规范本,为版权产业发展保驾护航。

四、结语

《著作权法》第三次修订时引入合理使用一般条款是适应社会发展的需要,符合修法遵循的独立性、平衡性和国际性原则。进入互联网时代,当前存在的混合使用、数字化使用行为无法通过司法解释或者立法修改予以处理,亟须一般条款予以调整。实践中,我国法院常常从法理出发运用合理使用原则对特殊情形进行裁判,可能使用的裁判方式包括:"四要素检验法""三步检验法""公共利益分析法"等等,不确定的裁判标准可能损害司法稳定性与可预期性。

结合合理使用的本质,本文认为合理使用适用的实质条件应当是:高交易成本、高社会收益、低损害。数字技术的出现对于交易成本、潜在市场认定等都提出了新的要求,传统列举模式已经无法适应,必须回归司法在个案中进行市场分析。各国对于网络环境下出现的新型使用行为,还存在着增设合理使用类型、增设一般性判定规则、援引公共利益、补充适用"其他规定"等等改革路径。鉴于我国的立法背景和司法现状,《送审稿》最终选择增设一般条款,并以"三步检验法"作为判断要件,但并不排除未来进一步调整的可能性。最后,本文建议在设立一般条款的同时,立法上完善具体情形,司法中坚持先例判决指导制度,使得立法与司法之间形成良性的互动,共同编织成完整的合理使用体系。

论代码的可规制性:计算法律学基础与新发展[*]

赵精武[*]　丁海俊[**]

摘要：The DAO 事件引发了人们对于法律与代码的关系思考,代码世界不可以脱离法律的规制,法律治理应当与技术治理有机结合,法律治理优先于技术治理,且技术治理不可突破法律治理的框架。作为域外兴起的新领域计算法律学,其发展经历了计量法学、旧计算法律学和新计算法律学三个阶段,正伴随着区块链等新技术发展而不断迭代升级。未来的计算法律学从架构上应当优先选择私有区块链,并进一步强化智能合约法律化。计算法律学核心难点在于法律本体的代码化,具体表现为法律条文的语义处理、合同文本的代码化、法律推理分析等多个内容。中国的计算法律学,需要落实到中国法律本体问题的研究上。

关键词：计算法律学　区块链　智能合约　技术治理　法律本体

---

[*] 本论文系中国法学会 2016 年度部级法学研究一般课题"安全防范信息的采集与利用相关法律问题研究",项目号:CLS(2016)C13;国家社会科学基金重大项目"信息法基础"(16ZDA075);中国法学会 2016 年度部级法学研究一般课题"大数据时代公共机构的数据开放及其法律问题研究"项目号:CLS(2016)C37 阶段性研究成果。

[*] 赵精武,北京航空航天大学法学院 2015 级博士(计算机学院联合培养),研究方向:网络信息安全、民商法。

[**] 丁海俊,北京航空航天大学法学院副教授,法学博士。研究方向:民商法、信息法。

Regulation the code: The Foundation, Framework, Limitation of Computation law

Abstract: This paper focuses on the relationship between code and law. The DAO has raised the rethinking of the cyber world and physical world. The legal governance should combine with technical governance, legal governance should be the priority method in the governance framework. Computational law has undergone three stages:jurimetrics, old computational law and new computational law. It has been continuously upgraded with the development of new technologies such as block chain. In the future, computational law should focus on private block chains, and strengthen the legalization of smart contract. The core of future research of computational law is the Legal Ontology.

Key word: Computational law, Blockchain, Smart contract, technical governance, Legal Ontology

一、问题的提出

2016年6月17日,一个被称为"太阳风暴"的漏洞激起了轩然大波,黑客发布一封公开信,声称其能够在不对系统自身造成任何破坏前提下,通过 The DAO(Decentralized Autonomous Organization)自身系统功能获得以太币,因为"The DAO 代码本身就包含这种未被发现的功能"①,按照代码世界的通行规则,其行为并非盗窃,其所利用的漏洞没有任何超出 The DAO 代码设定,黑客认为自身的行为是"合法并正当的"。在公开信的后半部分,黑客强调,任何软分叉或硬分叉②,都是在侵犯他人"合法且正当

---

① The DAO 被攻击事件考察报告,载〈http://ethfans.org/posts/127〉,2017年7月14日最后访问。
② 软硬分叉的本质在于是否接受现实世界法律"诚实信用""公序良俗"等原则的规范。
软分叉是指人们无需考虑黑客行为的合法性与否,需要接受黑客的行为,但接下来要避免类似情况的再次发生;更改既有的程序,使得协议发生了变化,但旧节点却不能发现这个协议的变化,从而继续接受新节点用新协议所挖出的区块。旧节点矿工将可能在他们不能完全理解和验证的新区块上继续添加区块,易言之,强制回溯到问题交易发生前的状态。
硬分叉是指必须接受现实世界的法律指示,黑客所导致的交易必须被取消。
协议发生了一些变化,以至于旧节点不接受新节点所创建的区块。随着这些区块被旧节点抛弃,矿工们将在他们(各自)的协议中认为正确的最近一个区块上添加区块。
The Differences Between Hard and Soft Forks, available at〈https://www.weusecoins.com/hard-fork-soft-fork-differences/〉(visited 26 Jun 2017)。

获得的以太币";黑客甚至带有威胁性的指出,任何分叉行为将有害以太坊生态。③

这一事件引发了激烈讨论,总结来看主要包含两个问题:去中心化的思想是否合理,究竟是选择使用公有区块链还是私有区块链;智能合约是否是真的合同?笔者认为,上述两个问题可以归结成为一个问题,网络世界的法律"代码"是否应该受到现实世界法律的指引?④

二、代码是否需要管控

早期网络理论家持有一种代码自由主义的观念,认为代码空间具有一种抗拒管制的能力,不可以也不应被管制,政府对于代码世界施加管理的必要和能力都极为有限。⑤ 随着勒索软件等新兴网络安全事件频出、"网络主权"观念的不断深化,人们意识到完全放任自由的代码空间是不可能存在的,各学科专家开始围绕网络是否应该被管控展开深入的研究。

计算机专家侧重标准与应用技术的开发,如 XML 和 Java⑥;电信专家侧重从关键基础设施强化角度加强网络治理⑦;通讯专家侧重通讯安全的保护⑧;法学家多从维护网络空间不同主体正当利益的角度⑨对于代码世界的治理加以认识⑩。

随着研究的深入人们逐渐发现,一个学科的视角很难透析代码世界的全貌。库恩指出,研究范式的转换意味着思维方式的转换。⑪ 随着代码经济的发展⑫,法律自身的

---

③ Understanding The DAO hack, available at〈http://www.coindesk.com/understanding-dao-hack-journalists/〉(visited 25 Jun 2017).

④ 说明:文中的网络世界指的就是代码世界,二者的含义相同。

⑤ 转引自龙卫球:"我国网络安全管制的基础、架构与限定问题——兼论我国《网络安全法》的正当化基础和适用界限",载《暨南学报:哲学社会科学版》2017 年第 5 期。参见〔美〕劳伦斯·雷席格:《网络自由与法律》,刘静怡译,台湾商周出版 2002 年版,页 42—44。例如: Paulina Borsook, How Anarchy Works, Wired 110(October 1995): 3. 10. ; Davis Johnson and Davis Post, Law and Borders: The Rise of Law in Cyberspace, Stanford Law Review 48(1996):1367,1375; Tom Steinert-Threlkeld, Of Governance and Technology, Inter@ ctive WeekOnline, October 2, 1998.

⑥ Software Engineering, available at〈https://softwareengineering.stackexchange.com/questions/188128/java-xml-intraction-in-android〉(visited 13 Jun 2017).

⑦ Telecommunications—Cyber Security, available at〈http://www.mcit.gov.eg/Project_Updates/442/Tele-Communications/JS/〉(visited 21 Jun 2017).

⑧ 魏亮:《网络空间安全》,电子工业出版社 2016 年版。

⑨ 周辉:《变革与选择:私权力视角下的网络治理》,北京大学出版社 2016 年版,页 20。

⑩ 龙卫球、赵精武:"我国网络安全规制的治理思维与架构",载中国互联网协会编著:《互联网法律》,电子工业出版社 2016 年版,页 25—29。

⑪ 〔美〕托马斯·库恩:《科学革命的结构》,金吾伦等译,北京大学出版社 2012 年版,页 94。

⑫ The Programmable Economy, The Internet of Things, and Bitcoin Are Transforming the Future, available at〈https://news.bitcoin.com/programmable-economy-internet-things-bitcoin-transforming-future/〉(visited 22 Jun 2017).

滞后性使其不能快速地回应类似新兴技术问题,技术的发展更不可能脱离法律的规制,技术与法律的融合成为必然趋势,计算法律学(computational law)在此背景下应运而生,当前域外已经针对计算法律学的结构、拓扑模型、理论框架进行了较为深入的研究,包括加州大学伯克利分校[13]、斯坦福大学[14]、麻省理工大学[15]等多所国外高校都将其作为重要的理论研究对象。

未来社会一定是在计算法律学框架指引下安全、低成本、强隐私保护"数字化社会",计算法律学的价值理念体现为对代码世界与法律世界二者共同关照,计算法律学所蕴含的价值观念,是一种通过法律治理达成规制技术的治理观念[16],计算法律学所秉承的技术治理并非技术主义至上、而是体现为一种法律治理先于技术的治理理念。

技术治理固然可实现对代码世界的管控,但技术治理绝非技术主义至上的乌托邦,技术治理应当与法律治理相互配合,技术治理绝不能突破法律治理的框架。为避免陷入无政府主义的泥淖,必须设计主体机制并赋予其治理之权,包括组织形式、权力依据、权力范围等制度规定,建立包含主体体系、一般管理体系、制度体系的法律机制。

法律治理应当优先于技术治理,体现为以技术治理的全部范围为指向的,一种通过特定法律体系运用权威去维护技术治理的需要。

具体来说,技术治理与法律治理相融合必须具备规制对象的领域性而非个别性、规制方法的体系性而非简单手段性、目的的事业性而非个别利益性、规制运行机制的互动性而非简单命令性等。其规范对象包含人们的网络活动的全过程,本身涉及行为人之间复杂的利益关系。因此,技术治理与法律治理的融合具有活动属性并在某种具体当事人之间的利害关系中展开,应该呈现一种行为规制的特点。但是,这种融合最终附属于技术领域事业活动的开展,属于整体领域的具体化部分,且当事人具体利益关系的背后受制于制度整体配置的复杂性。在这种情况下,简单的行为规制是不够的,即不应以某种具体行为、具体利益关系为对象的单纯的行政规制、侵权法规制、刑法规制等手段实现对技术的规制,必须同时也从网络事业概念出发,引入技术治理和

---

[13] Frame net, available at〈https://www.libqual.org/abour/information/index/cfm〉(visited 31 Jul 2017)。

[14] Computational Law, available at〈https://law.stanford.edu/projects/computational-law/〉(visited 2 Jul 2017)。

[15] Computational Legal Studies, available at〈https://computationallegalstudies.com/〉(visited 2 Jul 2017)。

[16] 有关治理理念,最早在行业管理领域出现,随着工业革命以来社会事业分工日趋发达,这种行业管理的治理观得到极大的蔓延,包括各种产业、事业领域,前者如矿业,后者如金融、医疗、环境保护等。现代"治理观念"滥觞于1989年世界银行对非洲经济危机(Crisis in governance)的形容,从此治理被广泛用于政治、社会、经济学的研究中。政治学者俞可平认为治理一词的基本含义是指官方民间的公共管理组织在一个既定的范围内运用公共权威维持秩序,满足公众的需要。治理的目的是在各种不同的制度关系中运用权力去引导、控制和规范公民的各种活动,以最大限度地增进公共利益。治理与管理最大的不同在于其自身的高度包容性,其具有吸收非正式制度作为公共秩序规则补充的能力,且参与主体多元,以自身的过程性实现对静态命令与服从关系的超越。此外,治理本身还有善治与非善治的区别。

法律治理共同作用的观念,进行一种立体意义的规制。

三、代码如何进行管控

人类用个人只能仰望的财富力量,用钢筋铁骨,铸造了这恢宏的聚合。今天,一个时代理所当然动摇了。⑰ 随着域内外技术革命进程不断加速⑱,人类终将进入数字化、智能融合的数字社会时代,人类的行为和活动越来越依赖于网络虚拟世界。

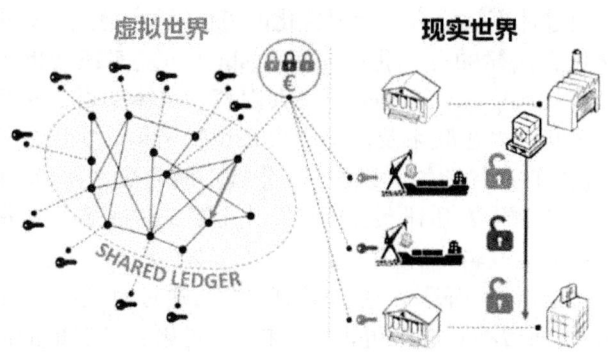

新技术正在成为虚拟世界和现实世界的粘合剂⑲

劳伦斯·雷席格(Lawrence Lessig)教授的《代码2.0》一书中将代码与法律关系互动关系分为东西海岸之争,用以说明究竟是代码世界影响了法律,还是法律影响了代码世界。其认为代码世界应当进行规制,市场、架构、社会规范(norms)、法律四者共同构成规制网络空间的核心。⑳ 代码世界(网络世界)正在显著改变我们的时空,也正在改变国家、社会和个人,改变着生存、活动、利益、安全的概念和方式,技术革命正在不断冲击和影响人类现有的思维习惯和法律规制的方案。

---

⑰ 中央电视台大型纪录片《互联网时代》主创团队:《互联网时代》,北京联合出版公司2015年版,页4。

⑱ Digital Business Success Depends on Civilization Infrastructure, available at〈http://www.gartner.com/technology/research/digital-business/? cm_sp = sr-_-db-_-btn〉(visited 3 Jul 2017)。

⑲ Crypto technologies a major IT innovation, available at〈https://www.abe-eba.eu/downloads/knowledge-and-research/EBA_20150511_EBA_Cryptotechnologies_a_major_IT_innovation_v1.0.pdf〉(visited 5 Jul 2017)。

⑳ Lessig L. Code:And Other Laws of Cyberspace, Version 2.0// Code and other laws of cyberspace/. Basic Books, 2006:123。

(一)计量法学、旧计算法律学与新计算法律学

19世纪90年代,中国一大批学者将视野集中于计量法学(jurimetrics)[21],计量法学是指通过理论假设、数据收集与整理、参数评估、建模型验证,以关系论证和证伪思想来研究法律现象,具体包括立法的科学性研究、法律实施效果评价、法律对经济社会发展影响评价三个领域。[22]

与计量法学不同,计算法律学(computational law or legal computing)是以研究法律推理(automated reasoning)和理解法律文本(legal formal representations)为中心展开的。其核心在于将法律通过计算机语言进行形式化的表达,旨在通过代码的方式表达法律条文。计算法律学包含法律的可视化(legal visualization)、实证分析(empirical analysis)、法律条文的计算化(algorithmic law)[23]三大内容。法律的可视化旨在通过引文图了解不同法律规范之间的内在联系及法律的内在逻辑结构。实证分析主要指的是通过构造引文网络图(类似于谷歌的知识图谱)分析不同判决之间、法条与判决之间关系,用来分析判例之间影响。[24]法律条文的计算化主要是对法律条文进行数学建模,让计算机通过逻辑推理进行逻辑分析。[25]

上述三者并非完全割裂,而是一种互动循环关系,通过对判决和条文的实证分析,对条文的理解精确化,而后将其进行可视化分析,可视化后发现新的问题可以修正实证分析的错谬之处。

随着人工智能、区块链、大数据等新兴技术的广泛应用,计算法律学概念自身也正在不断迭代升级,发展为依托区块链、人工智能、认知计算(cognitive computing)并结合新的应用框架的新计算法律学。

(二)新计算法律学:应用框架

当前,新的计算法律学应用框架不断涌现,如麻省提出的 ID3 OMS(Open Mustard

---

[21] 更为详细的论述,可参见何勤华:"计量法律学",载《法学》1985年第10期,页38;屈茂辉、匡凯:"计量法学的学科发展史研究——兼论我国法学定量研究的着力点",载《求是学刊》2014年第5期,页41;屈茂辉、张杰:"计量法学本体问题研究",载《法学杂志》2010年第1期,页56—59;屈茂辉:"计量法学基本问题四论",载《太平洋学报》2012年第1期,页26—33。

[22] 屈茂辉:"计量法学基本问题四论",载《太平洋学报》2012年第1期,页26—33。

[23] Computational Law, available at ⟨http://worldlibrary.org/article/WHEBN0038358886/⟩(visited 25 Mar 2017)。

[24] Fowler, J. H., T. R. Johnson, J. F. Spriggs, S. Jeon, and P. J. Wahlbeck. "Network Analysis and the Law: Measuring the Legal Importance of Precedents at the U. S. Supreme Court." Political Analysis 15.3 (2006): 324—46. Print.

[25] Michael Genesereth. "Computational Law: The Cop in the Backseat" available at ⟨http://logic.stanford.edu/complaw/complaw.html⟩(visited 25 Mar 2017)。转引自周学峰:"解析计算法律学",载《中国计算机学会通讯》2017年第5期,页29。"汉谟拉比"项目致力于使用计算机对法律进行建模,从而将法律转化为可执行的计算机代码。The Hammurabi Project, available at ⟨https://github.com/mpoulshock/HammurabiProject⟩(visited 5 Jul 2017)。

Seed)安全计算框架体现了"通过设计保护隐私"(privacy by design)的设计观念,充分结合了加密算法、法律的形式化表达、新计算机架构及法律代码化。ID3致力于开发一个可信的、自给自足的数字社会生态系统,在法律框架的指引下,通过技术构造"尊重信任"框架(Respect Trust Framework),确立了控制身份证和个人数据的五个原则("5个准则(p)"):(1)承诺(promise);(2)许可(permission);(3)保护(protection);(4)可携(portability);(5)证明(proof)。其赋予个人的数据资料决定权,由个人来管理自己的数字身份凭证和个人资料,充分保障数字社会中个人的隐私。㉖ 其主要技术包括以下三个部分:

存储技术:进一步强化数据脱敏处理,将原始数据与使用数据相分离,因为原始数据中包含大量隐私信息(如一张照片的数据中可能包含了该照片拍摄的时间和地点)。ID3系统的使用过程中,第三方只能获取软件和系统的计算结果,以防范用户信息泄漏问题。

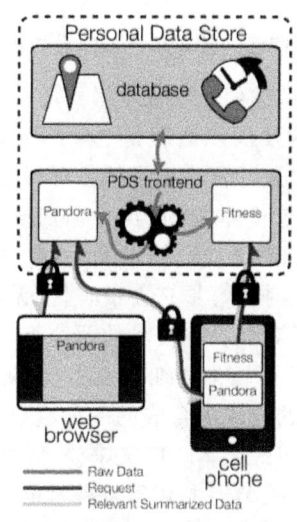

计算法律学核心存储技术

开放式芥子结构(OMS:Open Mustard Seed):提供了一种新的自主部署和自主管理的网络基础设施层,强化个人对自己的身份和数据进行控制。该架构集成了可信的执行环境、区块链、机器学习和安全的移动终端和云计算等技术,实现了公开认证和技术保护的统一。

㉖ Open Mustard Seed (OMS) Framework, available at〈https://idcubed.org/open-platform/platform/〉(visited 5 Jul 2017).

可信任的计算单元(TCC,Trusted Computing Cell):该计算单元由注册管理系统、身份识别系统、个人数据信息管理系统、计算管理系统和应用管理系统组成,综合管理整个系统的运行,整个系统对外表现为一个整体的服务,可以使ID3整个系统变得可信,方便用户使用。

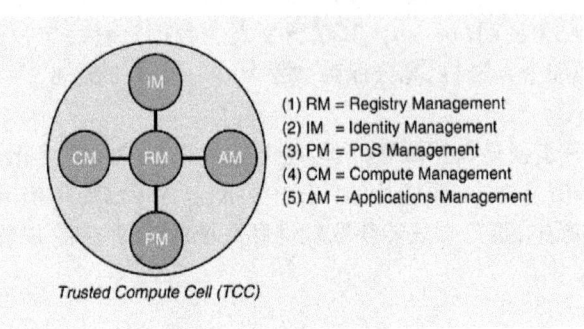

可信任的计算单元技术分析图

(三)新计算法律学:作为保障的区块链技术

如前所述,新计算法律学的发展以区块链、人工智能、认知计算(cognitive computing)为依托。其中,区块链技术是计算法律学信任保障的核心技术。

人们对区块链的认知滥觞于中本聪的《比特币白皮书:一种点对点的电子现金系统》[27],电子货币率先引起了人们对区块链技术的注意。然而,大部分人对区块链的认知仍停留在其作为比特币的底层技术,具有去中心化、无政府主义的特点。

自比特币之后,各国加快了对区块链技术的研究[28],《中国区块链技术和应用发展白皮书2016》对区块链技术进行了较为详细的说明:狭义来说,区块链是一种按照时间顺序将数据库区块以顺序相连的方式组合成的一种链数据库结构,并以密码学方式保证的不可篡改和不可伪造的分布式账本。广义来说,区块链技术是利用块链式数据机构来验证与存储数据、利用分布式节点共识算法来生成和更新数据、利用密码学的方式保证数据传输和访问的安全、利用由数自动化脚本代码组成的只能合约来变成和操作数据的一种全新的分布式基础架构和计算范式。[29]

从时间维度来看,迄今为止,区块链发展经历了三个阶段:

---

[27] Nakamoto S. Bitcoin:A peer-to-peer electronic cash system. Consulted, 2008.

[28] 世界各国区块链普及情况综述,〈http://news.p2peye.com/article-485188-1.html〉,2017年6月27日最后访问。

[29] 工信部发布《中国区块链技术和应用发展白皮书(2016)》,载〈http://www.weiyangx.com/213889.html〉,2017年6月27日最后访问。

区块链发展阶段图

区块链的三个阶段	代表
区块链1.0:数字货币	比特币
区块链2.0:数字资产	智能合约
区块链3.0:监管科技	电子政务、金融科技

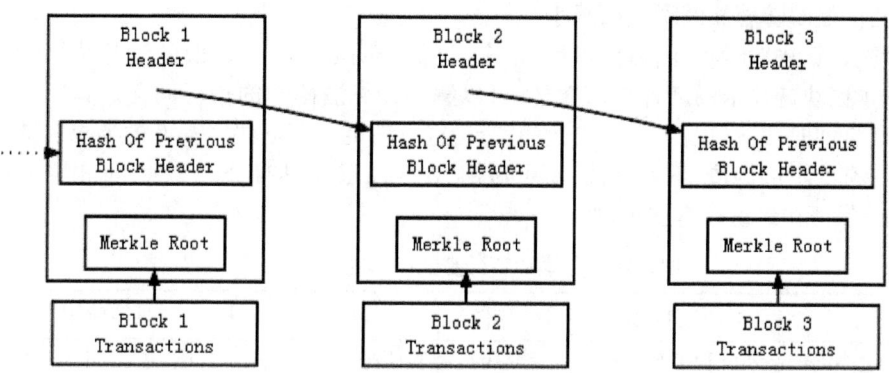

区块链技术原理图1

区块链具有不可篡改性、分布式架构、去中心化、数据采用密码学加密、记录可追踪等特点。其本质上是一个多中心化的数据库,是一串使用密码学方法相关联产生的数据块,每个数据块可用于验证数据的有效性和生成下一个区块。这些块在逻辑上串联成链条,这样,每一次生成新的区块都是对前次区块真实性和完整性的"加强",随着区块链长度的增加,其中区块的可信性也在增加。同时,这种链式结构也保证了数据的时序性,一个区块的产生时间一定早于其后继区块,从而保证数据的时序性。

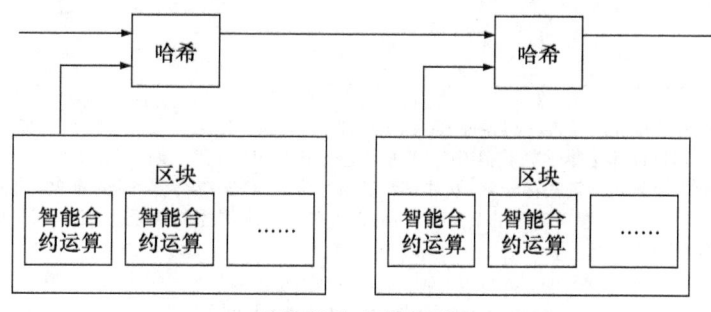

区块链技术原理图2

区块链技术采用分布式平等部署系统、分布式共享相同数据,全网参与的节点协作完成智能合约代码的验证和存储。节点之间采用拜占庭一致性协议,从而保证在不超过1/3节点出错的情况下系统能够正确运行。假设每个节点出错的概率为 P,那么一个由 n 个节点组成的区块链系统出错的概率为:

$$\sum_{i=[\frac{n}{3}]+1}^{n} C_n^i P^i (1-P)^{n-i}$$

系统出错的概率随着 n 的增大而减小。

当前,计算法律学存在管理、可控、安全、可信透明等问题。与旧的计算法律学不同,综合了区块链技术的新计算法律学,可以解决计算法律学的信任问题。其所进行的记录具有即时性、过程性、不可更改的特点,这也满足了证据法客观性的要求。链上代码所特有的不可伪造、不可篡改、不可撤销,在应用层面具有公开透明、可跟踪的特征[30],充分保证在纠纷时有据可循。

旧计算法律学和新计算法律学的对比[31]

	研究目标	研究方法	具体技术	具体应用
旧计算法律学	分析和了解法律	静态的	实证分析 法律计算法 形象化,可视化	美国司法引文网络分析[32]
新计算法律学	使法律代码化,进而可以执行	动态的	区块链 认知计算 新安全计算框架	ROSS 人工智能

当前新技术的不断突破,计算法律学从静态的文本分析,转向了更为注重法律逻辑推理,比较典型的如 2015 年 6 月 22 日,IBM 宣布将运用 Watson 软件来分析法律合同[33],以 Watson 为基础开发的 Ross 机器人[34],通过自然语言处理技术,对用户需求进行分析后,自动抓取海量文本中的信息,构造知识图谱,进行分析、归纳、推理、总结并反馈。

---

[30] Nakamoto S. Bitcoin: A Peer-to-peer Electronic Cash System. Consulted, 2008, 1(2012): 28.

[31] 周学峰:"解析计算法律学",载《中国计算机学会通讯》2017 年第 5 期,页 29。

[32] 引自周学峰:"解析计算法律学",载《中国计算机学会通讯》2017 年第 5 期,页 30。James H. Fowler 使用引用网络来分析案例,以案例为图的节点,以边的权重来表示案例的关联程度,使用图论中遍历的算法来对美国最高法院的案件进行分析。

[33] Computational Legal Studies, available at〈https://computationallegalstudies.com/2015/06/22/ibm-watson-for-contract-analytics-at-legal-onramp-via-ron-friedmann/〉(visited 3 Jul 2017).

[34] Meet Ross, the IBM Watson-Powered Lawyer, available at〈https://www.psfk.com/2015/01/ross-ibm-watson-powered-lawyer-legal-research.html〉(visited 3 Jul 2017).

四、计算法律学有待澄清两个基本问题

近年来,比特币自身自动执行、去中心化的特点,引发了人们对于法律与代码关系的再思考。加密货币的产生、流通、交易均依赖代码,完全无需依靠任何法律和执行机关。这是否标志着代码世界可以脱离现实法律的指引?

从 The DAO 事件中我们可以发现,代码世界需要现实世界法律的监管,完全脱离法律的监管的代码世界秩序终将沦为"互联网民粹主义"。代码世界和现实世界一样,需要"中心化"的裁判者定纷止争,应当选择更利于管控的私有区块链。智能合约的非法律、非智能化表明,任何脱离了法律的指引的技术都是不完美的,纯粹强化事后施加给代码控制者的责任路径抑或事前对代码设计者的准入路径都不具有合理性,需要强化对代码架构的控制同时,代码必须与法律紧密结合。

(一) 计算法律学框架下的架构选择:公有区块链链抑或私有区块链

学界对于代码世界的监管采用公有还是私有区块链一直有很大的争议,但实务界率先进行了反馈,2016 年 Swift 发布白皮书指出,当前很少有机构可以接纳完全脱离法律监管的公有区块链。㉟

公有区块链与私有区块链对比

	公有区块链	私有区块链
参与投票	任何节点都可以参与投票	被特殊允许的节点可以参与投票
参加投票者	数量庞大	数量小
投票机制	工作证明	拜占庭协议
速度	慢	快
网络	P2P 网络(Peer-to-Peer network)	高速网络(high-speed network)
节点存储	个人计算机	大型服务器
交易数据	公开	非公开
属性	不变的数据存储 加密 时间戳技术	不变的数据存储 加密 时间戳技术

依据计算法律学价值理念,区块链架构的选择应当考虑法律的可管制性。㊱ 从法

㉟ The Impact and Potential of Blockchain on the Securities, available at〈https://www.swiftinstitute.org/wp-content/uploads/2016/05/The-Impact-and-Potential-of-Blockchain-on-the-Securities-Transaction-Lifecycle_Mainelli-and-Milne-FINAL-1.pdf〉(visited 6 Jul 2017)。

㊱ 从法律规制的角度来看,"去中心化"的表述具有误导性,"Decentralization"思想,常常被翻译成"去中心化",笔者认为译为"非中心化"似更加合理。在 The DAO 事件的后续处理中,无论是软分叉还是硬分叉,都需要由少数人组成中心单位来管理,其行为本质均为中心化的行为。

律规制的角度来说,采用私有区块链技术更具有合理性,因为私有链自身具有特殊的加入和配对机制和安全的算法,可以充分保证数据的安全性和确定性,并确保私有链所有者对该链的完全控制。同样,私有链的节点可以置于被信赖的第三方机构(例如公安、法院或者非政府组织)中,这可以保证所获得的证据具有不可更改性。区块链技术的不可更改性充分保证在纠纷时有真实依据可循,符合证据法所要求的客观、真实、合法的基本要求。

(二)计算法律学框架下的智能合约:智能合约何以法律化

20世纪末期,尼克·萨博首次提出"智能合约"概念[37],试图将陌生人之间的合同经由网络协议变为自动执行的"代码合同"。随着区块链技术的不断发展,计算机专家对"智能合约"认知发生了变化,意图建立一种无法被人为篡改和操控的升级版的"代码合同",应用于物联网、登记、慈善[38]等领域。

事实上,目前区块链语境下的"智能合约"与尼克·萨博的观点天壤之别,尼克·萨博重视智能合约的法律属性,而计算机专家强调智能合约的可执行性。计算机专家所强调的法律的可执行性,只是类似于20世纪80年代末期的知识系统应用,并非任何新技术。[39] 要知道,通过编写几条Java或Solidity的执行代码就认定为是合同,并不考虑合同双方当事人的意思表示真实合法、权利义务对等等基本的合同法要素,也没有考虑所执行代码是否符合现行法的规定,是否会因为违反禁止性规定(如我国《合同法》第52条)而归于无效。正是因为如此,IBM公司对计算机专家的"智能合约"概念评价到:"当前智能合约只是一段可执行的'链上代码(chain code)',既不智能,也并非严格法律意义上的合同"[40]。

The DAO事件直接回应了作为"代码合同"的"智能合约"是否可信的尖锐问题,法律问题终究不能被技术解决,与法律规范不相匹配的智能合约并非严格意义上的合

---

[37] The Idea of Smart Contracts, available at ⟨http://szabo.best.vwh.net/smart_contracts_idea.html⟩ (visited 5 Jul 2017)。

[38] 赵精武:"慈善事业的公信力契机",载中国互联网协会编著:《互联网法律》,电子工业出版社2016年版,页589。

[39] 20世纪80年代的基于知识系统(knowledge-based systems)。最为核心的是基于规则触发设计的系统(rule-based systems)指的是当满足某个条件时,相应的规则就会被触发。如果是有多个规则同时被触发,会有相应机制协调这些规则的并发运算。

类似的还有三种,一种是黑板结构系统(blackboard architecture),该系统有多个代理负责监控,当某个条件满足时,相应的代理激活自身规则并执行。与基于规则触发设计系统不同之处在于代理可以被分组,同一组代理会基于相同的平台分享相同的数据。还有一种是数据库触发器(Database Trigger),当数据库中的某个数据的改变满足了数据库触发条件,相应的程序自动被激活执行。此外还有面向服务的系统(service-oriented systems),当服务调用者满足条件时,系统就会提供相应的服务给服务调用者。

[40] Error deploying chaincode——"unrecognized import path", available at ⟨https://developer.ibm.com/answers/questions/338785/error-deploying-chaincode-unrecognized-import-path/⟩ (visited 28 Mar 2017)。

同,智能合约取代现实世界的合同仍然任重而道远,但如何通过法律实现对智能合约的法律控制值得深思。

值得关注的是,当前"智能合约"非法问题已经引起了重视,域外如 Codius[41]、CommonAccord[42] 与 Kantara Initiative[43] 等公司都试图在智能合约中加入自动化法律文件,将代码与法律相配套,并把智能合约包装成定义明确的法律文本,使其具有相应的法律效力。

五、计算法律学实现方案:法律规则如何代码化

当前,计算法律学主要通过法律规则的代码化实现,通过构造"法律本体"(Ontology)[44]来实现法律规则的代码化,计算法律学的本体分析、语义分析有助于更好的识别不同法条之间的矛盾和冲突,帮助立法者发现不同法条之间的文义冲突,为立法提供一定的科学指引。

当前法律本体表达语言主要通过 W3C 推出的网络本体描述语言 OWL 实现,例如 Peters[45] 等人介绍了 LOIS 工程中的法律知识结构,探讨了如何将法律变为可执行的代码,当前世界范围内的法律通用本体包括:LLD、FO-Law、FBO、KBO、LRI-Core、LKIF-core、JurWordNet 等。[46] 计算法律学的本体以功能本体、框架本体、知识本体为核心。

法律本体的研究现状[47]

本体或工程	应用	类型	功能	建构方式
专业法律知识本体	法官智能问答系统(intelligence FAQ system)(信息检索)(Iuriservice)	构建的 RDF 知识基础——高度结构化,可转化为 OWL	语义索引及检索	半自动

---

[41] What is Codius? available at〈https://codius.org/〉(visit last 15 Mar 2017). 交易的双方或者多方在系统平台上制定自己的交易合约,对合约内容达到一致后就可以签订合约,直到合约执行完成。智能合约及其执行过程都会被记录在区块链中,产生纠纷后双方就合同争议内容查看代码,以太坊就是把合约本身及其状态存储在区块链中,当合约的条款条件满足时,存储在区块链的合约代码也会被触发执行。由于以太坊智能合约的执行由区块链上的分布式虚拟机完成,相当于分布式系统,所以不仅不存在单点失效,而且还能直接拥有区块链不可更改可验证的特点。因此,智能合约与区块链结合的研究有很大的发展空间。

[42] A World Without Paperwork, available at〈https://commonaccord.wordpress.com/〉(visited 2 Jul 2017).

[43] Kantara Initiative, available at〈https://kantarainitiative.org/〉(visited 2 Jul 2017).

[44] 这里的"法律本体"研究指法律规则代码化、法律规则的形式化表达研究。并非法理学意义上为法律的存在提供合法性论证,法理学意义上的法律本体研究主要表现为三种理论形态,即神法论、自然法论和实践法论。具体参见丁以升:"关于法律本体的三种理论形态",载《现代法学》2003 年第 4 期,页 33。

[45] Peters W., Sagri M. T., Tiscornia D., The Structuring of Legal Knowledge in LOIS. The Netherlands: Artificial Intelligence and Law (15):117—135(2007).

[46] 赵忠君:"国外法律本体研究综述",载《情报科学》2012 年第 1 期,页 149—154。

[47] 同上。

（续表）

本体或工程	应用	类型	功能	建构方式
专业法律知识本体（OPJK）	I-FAQ（Iuriservice第二版）	protégé构建的OWL知识基础—高度结构化	语义索引及检索	手工
法国法典本体	法律信息检索	面向自然语言处理—字典式知识基础—高度结构化	语义索引及检索	自动
金融诈骗本体	金融诈骗案件的表达	UML格式的知识基础—高度结构化	语义索引及检索	手工
意大利犯罪本	意大利法律规范中犯罪的表示框架	UML格式的知识基础—高度结构化	语义索引及检索	手工
CLIME本体	海洋法法律咨询系统	protégé构建的RDF知识基础—适度结构化	推理及其问题解决	手工
法律因果推理	法律中的因果关系的表达	知识基础—高度结构化	澄清领域内容	手工
法院多媒体流程本体 e-Sentencias	西班牙民事听证程序的表达	西班牙民事听证的RDF格式的程序知识	办公视频记录的内容分类与标注（图像和音频）	手工
葡萄牙律师事务本体	为法律文件添加语义信息	OWL和逻辑程序（ISCO和EVOLP）	组织及构造信息	自动
非专业本体	表达非法律专业人士的关于责任的知识	OWL和自然语言处理（NLP）—非专业的自然语言表达的知识基础	澄清领域（侵权,非专业的法）内容,自然与法律概念的互操作	半自动
荷兰Wordne（Crime.NL）	荷兰刑法本体	OKBC	刑法的主要结构	自动
微观本体	表达欧盟指令	OWL和NLP（TERMINAE方法）	澄清领域内容	半自动
UCC本体	表达顶层概念（如所有权）	基于NM的NML上层本体	组织及构造信息	手工
IRC本体	美国税收法典	OWL	基于税收案例进行推理	手工

法律功能本体（a functional ontology of law）指法律知识工程所使用的法律模型应以一个清晰的法律本体为基础。本体在此起到法律理论的作用,其中所提到的法律本体依据功能不同将法律知识分成许多相互联系的类及子类,主要类别包括:规范知识（normative knowledge）、世界知识（world knowledge）、义务知识（respon-sibility knowledge）、反应知识（reactive knowl-edge）、元法律知识（meta-legal knowledge）、创造性知识

(creative knowledge)。法律框架本体主要包含三个框架结构,分别是规范框架(norm frame)、行为框架(act frame)和概念描述框架(con-cept-description frame)。基于知识的法律本体由六个基本类别构成:实体(entities)、本体状态层(on-tological status layers)、认知功能(epistemic roles)、关系(relations)、行为(acts)、事实(facts)。[48]

构造法律本体并非易事,对法律规则代码化的困难之处在于:首先,立法、司法活动很大程度上受制于政治决断、社会实践等法外因素,这直接导致法律规则中诸多名词有多重含义,很多词语在不同法律中的内涵与外延边界并不统一,甚至有时候同一法律体系内部的不同语词之间也会发生冲突。其次,法律需要面向未来,这使得立法者在立法过程中故意选择包容性很强的抽象词语,过于抽象的名词很难通过代码表述清楚其真实含义的边界。最后,由于法律的本体构造需要和具体案件情节相匹配,但国内很多判决并未向社会公开,这进一步增加了因为案情样本容量过小导致构造的本体不具有普遍性的潜在风险。

笔者认为,法律规则的代码化需要遵循一定的方法,首先,将法律进行形式化表达,创造一个有法律效力的智能语义本体库,智能语义本体库必须符合现行法律要求,不得违反现行法律所规定的禁止性规定。其次,将法律规则写入智能合约,通过对智能合约的形式化建模和验证,并对合约的多种属性进行观察,区块链上的智能合约需要满足五大特性:一致性、可观察性、可验证性、自强制性与接入控制五大特点。再次,通过匹配案例对法律本体进行交叉验证,对语义表达错误进行修正。最后,由区块链技术对整个过程进行记录,保证过程数据真实、可信。其所使用的区块链也必须具备可扩展性,充分考虑数据安全及与其他区块链之间的兼容性。

六、余论

代码世界固然需要自治,但其存在目的在于服务人类,因此要受到人类行为规则的限制。不可否认的是,当前代码世界正在和现实世界融为一体[49],人类现实世界的"法律(law)"如何与代码世界的"法律(code)"相统一值得每一位技术专家与法律专家思考。可以期待,我们一定会迎来数字化社会(digital society)[50]的新时代,未来的数字化时代,一定是在计算法律学框架指引下安全、低成本、强隐私保护"数字化社会"。未来计算法律学不仅仅以区块链和智能合约为核心,其同样可能融入机器学习、云计算等新技术工具。

---

[48] Peters W., Sagri M. T., Tiscornia D., The Structuring of Legal Knowledge in LOIS. The Netherlands: Artificial Intelligence and Law 2007, (15): 117—135.

[49] 指如 AI、等新技术的应用,使得代码世界有和现实世界融合的趋势。

[50] Building a Digital Society, available at ⟨http://telsoc.org/ajtde/2014-03-v2-n1/a27⟩ (visit last 15 Mar 2017).

从技术维度来看,计算法律学将以区块链架构为依托,通过运用"法律本体论",将法律变为可执行的代码,进而写入智能合约中使得法律变得可执行,最后由区块链技术对整个行为过程验真;从应用场景来看,计算法律学可应用于金融、保险、慈善事业等多个领域;从产业维度来看,未来计算法律学可能融入机器学习,开发智能律师,作为法律人法律判断的准据,也许在不久的将来,当事人产生纠纷无需聘请律师,只需将法条与相关案情进行匹配后,向机器人询问相应的法律责任建议,法官也可以通过询问智能律师得出合理的判决参考,同时,通过代码世界与真实社会法律的交互过程,可以评估和预测对社会法律的影响。

研究基于中国特色的计算法律学,最终需要落实到法律本体问题的研究,包括法律条文的语义处理、合同文本的代码化、法律推理分析等,此文仅起到抛砖引玉的作用,供学界同仁参考。

网络环境下跨境版权侵权的法律冲突问题研究

阮开欣[*]

摘要：版权的地域性和互联网的无边际性之间的矛盾日益突出。网络环境下跨境版权侵权的法律冲突问题值得学术界和实务界的高度关注。各国版权实体法的统一难以实现，目前无法通过该路径得以解决。有必要对于跨境网络版权侵权建立一套特殊的冲突规范，减少多个准据法的适用，从而在保护版权的同时保障网络的互联互通。《ALI 原则》与《CLIP 原则》对于无所不在之侵权采取最密切联系地法作为单一准据法，并规定"回归地域性"例外，该无所不在之侵权规则值得借鉴和完善。缓解无所不在之侵权所引起的法律冲突问题还需要地域屏蔽技术的应用加以辅助。目前我国相关立法并不完善，缺少针对网络领域知识产权侵权的规定，我国司法实践对于相关问题的处理并不成熟。因此，我国亟须吸收国际上的成熟经验，以便于今后更好地迎接全球化给版权制度带来的挑战。

关键词：跨境版权侵权　法律冲突　无所不在之侵权　地域屏蔽技术

Study on Conflict of Laws Regarding Cross-Border Copyright Infringement in the Internet

Abstract: The conflict between territoriality of copyright and ubiquitousness of Internet is increasingly obvious. The problem of conflict of laws regarding cross-

---

[*] 阮开欣，华东政法大学博士生。

border copyright infringement in the Internet should be paid great attention. Uniformity of laws of different states is difficult to realize. Instead, a special set of rule should be established to solve this conflict by diminishing the number of applicable laws, which safeguards protection of copyright as well as connectivity of Internet. Both ALI principles and CLIP principles provide ubiquitous infringement rule, applying the law with closest connection as single applicable law, added by "retreat to territoriality" exception, which are good examples, but still need to be improved to increase certainty and predictability of law. Geoblocking contributes to the solution. China's current legislation regarding conflict of laws lacks special rule for Internet infringement, and this problem is not well treated in judicial practice. Therefore, China should learn the experience to meet with the challenge of globalization.

Keywords: cross-border copyright infringement, conflict of laws, ubiquitous infringement, Geoblocking

一、问题的提出

随着网络技术的发展和普及,版权的地域性和互联网的无边际性之间的矛盾日益突出。不同国家对于版权的成立、有效性、权属、内容(包括专有权利的范围、权利的限制和保护期)等方面一定程度上有所差异,因此同一使用作品的行为在不同国家是否侵犯版权的结果也不尽相同。如行为人在 A 国传播作品的行为符合 A 国的版权法,但其在 B 国以同样方式传播同一作品的行为却可能违反 B 国的版权法。然而,互联网通常是没有边境的,所上传的作品可能传播到任何可接入互联网的国家。行为人在一国将作品上传至网络的行为没有违反该国版权法,但这并不意味其不违反其他国家的版权法,否则会导致一种"竞次"效应(race to the bottom)①,即行为人会通过选择在特定的国家(最低保护程度的法域)上传作品从而来规避其他国家(主要指高保护程度的法域)的版权法,实质上会导致网络环境中作品的版权保护降低至最低保护程度法域的水平,这显然违背版权的地域性本质。各国对于其版权保护程度具有立法管辖权,"竞次"效应会侵犯各国对于版权法的立法管辖权。

鉴于网络具有无所不在(ubiquitous)的性质,通过网络提供作品(除非网络中采取地域屏蔽技术)实质上是在各个国家实施了公开传播的行为,提供者需要符合所

---

① "竞次"即打到底线的竞争,也被形象地称作"向谷底赛跑",原本用于形容各国在经济竞争中获取竞争优势的办法。本文将此概念用于版权保护的语境中予以类比。

有能与互联网连接的国家的版权法。② 这就要求网络的使用者(包括网络服务商和上传作品的个人用户)在传播作品的时候了解并遵守所有国家的版权法,显然对其施加了过多的负担,不利于网络信息的互联互通。与"竞次"效应相反,这种版权的地域性与网络的无所不在性质之间的冲突导致了一种"竞顶"效应(race to the top),即网络中传播作品需符合最高保护程度国家的版权法,这却会严重阻碍互联网的发展和信息的传播利用。③ 这种版权法和互联网之间的矛盾,其实主要是法律冲突上的问题(各国版权法的差异导致的结果),但同时,作品的最大化传播也是版权法目的中的应有之义,我们应该明确,在保护版权的同时,促进信息传播的最大化才是解决该问题的关键宗旨。

相比于实体环境,网络环境下跨境版权侵权的法律冲突问题凸显。④ 网络技术为跨境版权侵权提供极大的便利条件,任何人都可以在线上实施版权侵权行为,其行为主体涵盖不同层次,甚至包括对于国外版权法毫无所知的人。而线下环境的行为主体往往是具有经验的经营者,如图书出版商、电影制作公司。在线下世界,这些商业主体很明显会意识到不同国家的版权法对其行为的影响,如图书出版商将实体图书出口至外国并进行销售,其会意识到出口销售的行为需要符合外国的版权法。然而,网络环境中的行为人往往并没有注意到外国版权法可能对其行为的控制,甚至可能错误地认为仅仅其住所地的版权法才对其网络上的行为予以适用。⑤

全球化是各国发展的不变命题,网络是全球化的催化剂。随着网络对于社会生活的不断渗透,我国的国际化程度也不断提高,网络环境下跨境版权侵权的法律冲突问

---

② 在互联网诞生之前就存在无所不在之侵权,如直接广播卫星不必经过地面站转发,可直接向用户转播或发射电视广播节目。世界知识产权组织前总干事鲍格胥博士(Arpad Bogsch)曾提出直接广播卫星的传播行为需符合所有被覆盖国家(footprint country)的法律,这被称为"鲍格胥理论"(Bogsch Theory)。See Mihály Ficsor, Direct Broadcasting by Satellite and the 'Bogsch Theory', 18 INT'L BUS. LAW. 258, 258 (1990). 在整个无所不在之侵权的语境下,"鲍格胥理论"对应于"效果理论"(effect theory)或"目标理论"(targeting theory),即传播行为需符合所有存在传播效果的国家(传播目标所在地)的法律。

③ 许多国家的法院都表示过其可以针对一系列侵权行为在各国侵犯版权的案件进行管辖,并且适用外国版权法。See London Film Productions Ltd. v. Intercontinental Communications, Inc., 580 F. Supp. 47, 49 (S.D.N.Y. 1984); Creative Technology Ltd. v. Aztech Sys. PTE, Ltd., 61 F.3d 696, 702 (9th Cir. 1995); Lucasfilm Ltd. v. Ainsworth, [2011] UKSC 39; Jedis Ltd. v. Vodafone New Zealand Ltd. [2012] NZHC 2448, 39.

④ 实体环境下在多国实施版权侵权的行为具有可分性,各国的行为仅在行为发生地的国家产生影响,各国法院通常仅对于各国实施的侵权行为具有管辖权,此时仅需适用自己国家的法律,不存在法律冲突的问题。而网络环境下的版权侵权行为可以同时在不同国家导致侵权影响,一国法院对于侵权行为在他国产生影响的事实享有管辖权。否则,权利人需要到各国法院提起诉讼,侵权事实可能会在各国法院被多次认定,还存在无法执行判决的法律风险,这严重不利于版权人合法利益的保障,也耗费过多的社会成本。本文主要针对网络跨境侵权的法律适用问题进行论述,不主要涉及管辖权问题。

⑤ Marketa Trimble, The Multiplicity of Copyright Laws on the Internet, 25 Fordham Intell. Prop. Media & Ent. L. J. 339, 343—4 (2015).

题也将会在我国引起纠纷,如近年来的谷歌数字图书的版权纠纷(该互联网商业模式被我国法院认定构成版权侵权[6],而美国法院认定其构成合理使用,不构成侵权[7])。这类纠纷的逐渐增多值得学术界和实务界的高度关注。本文主要借鉴国际上的相关经验,试对该法律冲突问题提供解决方案。

二、各国版权实体法的统一难以实现

解决法律冲突主要有两种方式:各国实体法的统一和冲突规范的协调。理论上这同样可以用于解决网络环境的版权法律冲突问题。[8] 实体法的统一对于法律冲突的解决是最有利于法律的稳定性和可预测性,互联网产生的初期的确就有些学者提出在互联网领域统一各国的实体法。[9] 虽然这具有理论上的可能性(如《统一域名争议解决政策》对于域名纠纷属于一种互联网领域较统一的国际实体法制度),但在版权领域一定程度上达成各国实体法的统一至少在现阶段是不现实的。网络环境下跨境版权侵权的法律冲突目前无法从该路径解决。

首先,全球版权实体法的统一是对地域性的完全否定,是无法在短期内实现的。自《保护文学和艺术作品伯尔尼公约》(简称《伯尔尼公约》)在1886年签订并生效以来,各国一直试图通过国际条约来协调其不同的版权实体制度(主要在于确保版权保护的最低标准,后TRIPS时代也主要在于提高该最低标准)。这一百多年的协调过程在一定程度上缩短了各国版权制度的差距,但却远远无法使各国版权制度达到实质上的相同,版权地域性的消失从历史轨迹上来看仍有很长的路需要走。一些学者甚至也断然否认全球统一实体版权制度的可能性。[10] 因为大陆法系的著作权制度和英美法系的版权法制度之间的差距虽然一直处于缩小的趋势,但两者的融合仍然存在难以逾越的鸿沟。第一,作品的构成门槛在两大法系就存在本质的差异。英美法系对于独创性的要求较低,而大陆法系却采取较高的独创性标准。如大陆法系

---

[6] 我国法院认为谷歌数字图书中电子化扫描图书的行为侵犯复制权。参见一审:北京市第一中级人民法院民事判决书(2011)一中民初字第1321号;二审:北京市高级人民法院民事判决书(2013)高民终字第1221号。

[7] Authors Guild v. Google, Inc., 804 F.3d 202 (2d Cir. 2015).

[8] See, e.g., Andrea Antonelli, Applicable Law Aspects of Copyright Infringement on the Internet: What Principles Should Apply?, 2003 SING. J. LEGAL STUD. 147 (2003).

[9] David R. Johnson & David G. Post, Law and Borders—The Rise of Law in Cyberspace, 48 STAN. L. REV. 1367, 1367 (1996); Aron Mefford, Lex Informatica: Foundations of Law on the Internet, 5 IND. J. GLOBAL LEGAL STUD. 211, 222, 236—37 (1997).

[10] Graeme W. Austin, Valuing "Domestic Self-Determination" in International Intellectual Property Jurisprudence, 77 CHI.-KENT L. REV. 1155, 1158 (2002); Paul Torremans, Copyright Territoriality in a Borderless Online Environment, in Copyright in a Borderless Online Environment 23, 35 (Johan Axhamn ed., 2012).

的德国著作权法区分摄影作品和一般的照片,只有表达了摄影师的艺术观点和创造力的照片才会被认定为摄影作品,两者的保护期则有所不同。⑪ 第二,版权的初始归属在两大法系也存在差异。英美法系存在雇佣作品(work made for hire)的规则,即在雇员在创作作品之后雇主可以作为作者而初始地享有版权,而大陆法系的著作权法并不承认雇佣作品,作品的著作权通常在创作完成后初始地归属于自然人作者。第三,在权利内容上存在较大的差异。如英美法系基本上将版权视为财产性的权利,而大陆法系注重于作品的精神权利,这是英美法系版权法制度所长期排斥的专有权利(英美法系国家只是在国际条约的影响下承认一部分精神权利)。第四,权利的限制方面也存在差异。美国法采取开放式的合理使用规则,而大陆法系国家大多封闭式地列举专有权利的限制与例外。尤其是在网络环境中的一些新型商业模式在美国法下被认定为合理使用,而在大陆法系国家则可能被认定为侵权,如搜索引擎的网页快照、缩略图、数字图书馆等。

其次,单独在互联网的版权领域建立这种超国家的统一实体法制度也是难以实现的。其原因在于网络已成为作品传播的主要渠道,线上世界和线下世界具有很强的联系性,很难将网络环境与实体环境进行版权制度上的区分。如果一部电影未经许可在网络上传播,这对于实体市场(如电影院的票房)的影响也会非常明显,版权人及其许可人在实体环境所得到的收入必然会受到网络环境的影响。鉴于这种联系性,各国几乎不可能愿意放弃网络版权领域的立法管辖权。如果网络领域的版权制度与一国原有的版权制度之间具有较大的差异,这将会严重影响该国版权制度的体系性,从而导致其版权政策下利益关系的失衡。实际上,国际上也从未有任何组织去推动该专门制度的建立或形成。著名学者 Graeme B. Dinwoodie 教授曾提议各国法院对网络版权领域建立全球统一的实体法制度⑫,但这并没有得到支持或认可。⑬

版权制度在各国的差异之大,其背后蕴藏着大量历史、文化、经济等国情因素,各国显然不会放弃自己的立法管辖权而使自己的国家利益受到影响。只有当跨国的文化交流、贸易流通和网络技术发展到相当成熟的程度时,出于国家利益的需求,各国的版权制度才可能会达到实质上的相同,此时版权法律冲突则会自然消失,但这需要长期的全球化发展使各国予以磨合和协调。

---

⑪ 〔德〕M. 雷炳德:《著作权法》(第13版),张恩民译,法律出版社2004年版,页151、528。

⑫ Graeme B. Dinwoodie, A New Copyright Order: Why National Courts Should Create Global Norms, 149 U. PA. L. REV. 469 (2000).

⑬ Annette Kur 教授对此指出,法院通过判例建立网络版权的专门机制会影响法律的稳定性。See European Max Planck Group on Conflict of Laws in Intellectual Property, Conflict of Laws in Intellectual Property: The Clip Principles and Commentary art. 3:603 n.7 (2013).

三、冲突规范对于跨境网络版权侵权问题的适用

基于版权的地域性,《伯尔尼公约》第5条第2款实质上确立了被请求保护国法(Lex Protectionis)的原则⑭,但如果对于网络环境的版权侵权也同样简单适用被请求保护国法的原则,那么这实质上会导致网络中的行为受到各国版权法的重叠性适用⑮,从而产生"竞顶"现象。因此,有必要对于跨境网络版权侵权建立一套特殊的冲突规范,减少多国准据法的适用,从而保障互联网的互联互通。权威学者 Jane C. Ginsburg 教授早就指出:理想的冲突规范应该是以一国的法律规制整套的网络版权交易,这可以大大简化法律体系,从而促进网络贸易。⑯

(一) 准据法的选择

对于无所不在之侵权适用单一准据法必然在一定程度上背离于版权的地域性,因此在考虑准据法时关键应在于防止当事人通过"挑选法律"(law shopping)或"挑选法院"(forum shopping)导致"竞次"效应或"竞顶"效应的产生。如存储侵权内容的服务器物理位置所在地的法律作为准据法会导致"竞次"效应,侵权者可以轻易选择侵权内容所上传的服务器从而借此控制准据法的选择。⑰ 又如法院地法作为准据法可能会产生"竞顶"效应,版权人可以通过选择起诉的法院来选择有利于自己的准据法。

那么,对于无所不在之侵权采用单一准据法主要存在五种选择:(1)侵权行为来源地法;(2)侵权人经常居所地法;(3)作品来源国法(Lex Originis);(4)版权人经常居所地法;(5)最密切联系地法。

1. 侵权行为来源地法或侵权人经常居所地法

侵权行为来源地法是指行为人将侵权内容上传至网络时所在国家的法律。实质上,这是将无所不在之侵权的行为视为仅发生于侵权行为来源地,而排除了传播内容的目标所在地。该准据法的选择有利于涉嫌网络侵权的行为人对其法律适用的预先判断,但这并不利于版权人对于准据法的预测。虽然技术上通常可以定位到上传者的地理位置,但版权人仍可能有时基于现实原因而难以知晓侵权行为来源地,或者探知

---

⑭ 虽然对于《伯尔尼公约》是否涉及法律适用问题存在争议,但知识产权侵权(尤其版权侵权)的法律适用基本采取被请求保护国法已不存争议,特别是在欧洲议会和欧盟理事会通过的《关于非合同义务法律适用的864/2007号条例》(简称《罗马Ⅱ条例》)第8(1)条对知识产权侵权确立了被请求保护国法的适用之后。

⑮ Graeme W. Austin, Social Policy Choices and Choice of Law for Copyright Infringement in Cyberspace, 79 OR. L. REV. 575, 588 (2000).

⑯ Jane C. Ginsburg, Copyright Use and Excuse on the Internet, 24 COLUM.-VLA J. L. & ARTS 1, 44 (2000).

⑰ Ginsburg 教授曾认为,服务器位置所在地法在某些情况下可以作为准据法,但如果存在法律规避的情况,那么应回归于各个接收国的法律。See Jane C. Ginsburg, Copyright Without Borders? Choice of Forum and Choice of Law for Copyright Infringement in Cyberspace, 15 Cardozo Arts & Ent. L. J. 153, 173 (1997).

侵权来源地的成本和所救济的版权利益是否能够形成适当的比例。

欧洲曾在卫星广播信号方面采取侵权行为来源地法作为无所不在之侵权的准据法。1993 年通过的《欧盟卫星和电缆指令》就明确了"发射理论"(emission theory),即传播行为仅发生于信号发出所在地的国家,并不延及其他能接收到信号的所在地国。[18]然而,"发射理论"与地域性原则不相适应,容易导致"竞次"效应,因此在该指令的适用范围之外没有被各国所接受。与之针锋相对的则是"鲍格胥理论",即传播行为的地域范围包括各个能接收到信号的各国。"鲍格胥理论"要求传播行为符合所有信号接收国的法律,符合版权的地域性原则,虽然其没有在任何立法文件中所明确,但在各国司法实践中广泛予以确认。[19]

侵权人经常居所地法与侵权行为来源地法大多数情况下是重合的,但前者作为准据法具有一定的优势,"竞次"效应相对难以产生。以侵权行为来源地法作为准据法更便于侵权人"挑选法律",如侵权人在出国度假时上传侵权内容的情形下,侵权人经常居所地法的优越性此时则有所体现。

需要注意的是,对于网络跨境版权侵权适用侵权行为来源地法或侵权人经常居所地法都存在一个多地分散的问题,即当存在数个侵权者分散在多地上传侵权内容或居住时,由于多个行为来源地或多个经常居所地并存,单一准据法的选择仍然存在困难。如不同国家的网络用户使用 P2P 软件上传侵权内容,显然难以选择哪个 P2P 用户的行为地或经常居所地。

2. 作品来源国法或版权人经常居所地法

作品来源国也称为作品的"国籍",主要指作品的首次出版地或作者的国籍(对于未发表或首次发表于成员国以外的作品)[20],其与版权人的经常居所地多数情况下重合。从法律预期性的角度来说,以作品来源国法或版权人经常居所地法作为无所不在之侵权的准据法都有利于权利人,且不存在侵权者多地分散的问题,但是,这却明显不

---

[18] 《欧盟卫星和电缆指令》第 1(2)(b)条规定将"通过卫星向公众传播的行为限定于仅在信号引入不中断的传播链的成员国"。Council Directive 93/83/EEC, of 27 September 1993 on the Coordination of Certain Rules Concerning Copyright and Rights Related to Copyright Applicable to Satellite Broadcasting and Cable Retransmission 1993 O. J. (L 248), at art. 1(2)(b). 英国的《1988 年版权、设计和专利法》第 6(4)条也纳入了该规定。Copyright, Designs and Patents Act 1988, Section 6(4).

[19] 如欧盟法院的 Lagardère Active Broadcasting v. SPRE 案,Case C192/04, July 14, 2005. Cass. 1 civ., December 5, 2006, (2007) 211 R. I. D. A. 367. (来源于法国的案子)。德国的 Felsberg Transmitter 案,BGH, November 7, 2002, (2004) 35 I. I. C. 977. 法国的 Radio Monte Carlo and Others v Syndicat National de l'Edition Phono-graphique (SNEP)案,CA Paris, December 19, 1989, (1990) 144 R. I. D. A. 215. Lucas/Lucas, para. 1016. 美国的 iCrave TV and Prime Time 24 案,211 F. 3d 10 (2d Cir. 2000). 加拿大的 Composers, Authors and Publishers Association of Canada v International Good Music Inc. et al.案,37 DLR 2d 1, Canadian S. Ct., 1963. 奥地利的 Schott v. Universal Edition 案,OGL Vienna, November 30, 1989; (1990) G. R. U. R. Int. 537.

[20] 《伯尔尼公约》第 5 条第 4 款对于作品来源国予以了规定。

利于作品使用人,尤其是使用多个作品和涉案作品存在多个作者的情形,行为人在使用作品前需调查各个作品的来源地或作者的经常居所地,大大增加了通过网络传播或利用作品的社会成本。

实际上,早期的确存在个别国家采取作品来源国法作为版权纠纷的准据法[21],但随着《伯尔尼公约》对于被请求保护国法的明确,对于版权问题完全适用作品来源国显然违背国际条约的国民待遇原则。目前,仅仅个别国家(如法国)对于作品的初始权属问题采取作品来源国法,而版权权属只是判断侵权的部分先决问题,对于版权侵权所涉及的主要问题基本采用被请求保护国法,因此,对于无所不在之侵权适用作品来源国法欠缺正当性。

权利人的经常居所地法作为准据法的情形主要存在于人格权的保护[22],主要原因在于人格权的侵害与权利人的生活环境具有密切的联系,损害的主要发生地是权利人的经常居所地。然而,具有自然性的人格权与政策性的知识产权毕竟有所不同,版权人的经常居所地在许多情况下并不是版权的主要损害发生地(即传播或利用作品的主要地域)。不过,著作权中的精神权利的正当性与一般人格权相同,如发表权和隐私权、保护作品完整权和名誉权具有同质性,因此,在网络环境中对于著作权精神权利的侵害适用作者的经常居所地相对适合。这基本不会给信息的传播利用带来过多的社会成本,因为自然产生的人格权具有一定的普适性,并不会在各国存在较大的差异,其不同于版权中财产权利的地域性。

(二) 最密切联系地法宜作为单一准据法

鉴于连结点僵化、单一的准据法均存在一定的缺陷,对于网络版权侵权应采取最密切联系地法作为单一准据法,从而使连接点变得灵活、弹性,最大限度地防止"挑选法律"。实际上,国际上一些组织机构提出的"软法"基本都支持对无所不在之侵权适用最密切联系地法(无所不在之侵权规则),最主流的提案是美国法学会提出的《知识产权:调整跨境诉讼中管辖权、法律适用和判决的原则》(《ALI 原则》)和德国马克

---

[21] 如希腊、罗马尼亚和葡萄牙。See Rita Matulionyte, Law Applicable to Copyright: A Comparison of the ALI and CLIP Proposals, Edward Elgar Publishing, Inc., 2011, p.80.

[22] 《中华人民共和国涉外民事关系法律适用法》第 15 条:人格权的内容,适用权利人经常居所地法律。第 46 条:通过网络或者采用其他方式侵害姓名权、肖像权、名誉权、隐私权等人格权的,适用被侵权人经常居所地法律。

斯·普朗克研究所提出的《知识产权冲突法原则》(《CLIP 原则》)。㉓ 虽然无所不在之侵权规则涵盖所有的知识产权,但其大多数情况只适用于网络环境中的跨境版权侵权,很少适用于商标和专利的侵权。因为该规则的适用前提是侵权行为具有无所不在的特征,这也意味着被侵犯的权利存在于各国或多数国家,而专利的授权需要权利人自行在各国独立申请,商标也需要权利人的申请或使用,对于一个技术发明或标识,权利人很难在大多数国家享有专利权或商标权㉔,而版权却可以根据《伯尔尼公约》等国际条约在各成员国自动产生和生效。

《ALI 原则》和《CLIP 原则》对于无所不在之侵权规则也都列举了适用最密切联系地法的考虑因素,两项提案非穷尽性列举的因素实质上是类似的。《ALI 原则》的考虑因素包括:(1) 当事人的居住地;(2) 当事人关系㉕的集中地;(3) 当事人的行为和投

㉓ 《ALI 原则》第 321 条规定了"无所不在之侵权的适用法":

(1) 当被诉侵权行为无所不在,且多国法律被提出适用时,法院可以选择与争议有密切联系的一国法律或多国法律来适用于知识产权的成立、生效、期限、性质和侵权及其救济,证明的因素包括:① 当事人的居住地;② 当事人关系的集中地;③ 当事人的行为和投资的程度;④ 当事人行为所指向的主要市场。

(2) 尽管第 1 款规定了所指向的一国或多国,一方当事人可以证明该诉讼涉及特定国家所提供的解决方法不同于依据对整个案件所选择适用的法律而得到的结果。法院在判断责任和救济的范围时应考虑这样的差异。

《CLIP 原则》第 3:603 条对于"无所不在之侵权"予以了规定:

(1) 在通过无所不在的媒体(如互联网)实施侵权的相关争议中,如果侵权可以说发生在信号所能接收到的任何国家,法院可以适用侵权的最密切联系国的法律。该规则也适用于侵权诉讼中附带产生的成立、期限、限制和范围问题。

(2) 在判断侵权的最密切联系国的法律时,法院应当考虑所有相关的因素,特别包括:① 侵权者的惯常居所;② 侵权者的主要营业地;③ 实施整个侵权行为的实质行为地;④ 与整个侵权存在实质性联系的侵权损害地。

(3) 尽管第 1 款和第 2 款规定了准据法,任何当事人可以证明对争议所适用一国或多国的法律不同于争议实质上所适用的法律。除非导致不适当的结果,法院应当适用不同国家的法律,案件中在决定救济时应当考虑这种差异。

另外,日本早稻田大学提出的《知识产权中的管辖权、法律选择及外国判决的承认与执行之透明提案》和韩国与日本国际私法学会提出的《知识产权国际私法原则》也都类似地采纳了无所不在之侵权规则。

需要补充的是,《ALI 原则》在字面上对于无所不在之侵权是否适用单一准据法存在争议,其中的措辞是"有密切联系的一国法律或多国法律(the law or laws of the State or States)",似乎与《CLIP 原则》有所不同,没有限制为单一准据法。实际上,条文中包括"多国法律"并不否定《ALI 原则》坚持单一准据法的一般规则。首先,该措辞可能是为了对应于当事人一方提出回归于地域性的例外时法院适用多国法律。其次,网络侵权涉及成立、范围、期限和救济等不同问题,对于不同问题适用不同法律的分割论(dépeçage)也可能存在。See Rita Matulionyte, The Law Applicable to Online Copyright Infringements in the ALI and CLIP Proposals: A Rebalance of Interests Needed? 2 (2011) JIPITEC 26, para. 23.

㉔ 除非权利人经过大量努力在各国拥有专利权或商标权,如达到《巴黎公约》规定的"驰名商标"的程度。See European Max Planck Group on Conflict of Laws in Intellectual Property, Conflict of Laws in Intellectual Property: The Clip Principles and Commentary art. 3:603. C09(2013).

㉕ 主要指各种合作的创作关系,如共同创作关系、委托创作关系。

资的程度;(4)当事人行为所指向的主要市场。《CLIP原则》的考虑因素包括:(1)侵权者的惯常居所;(2)侵权者的主要营业地;(3)实施整个侵权行为的实质行为地;(4)与整个侵权存在实质性联系的侵权损害地。[26]

然而,两项提案的无所不在之侵权规则并不够完善,一个主要问题则是其未对最密切联系地法的考虑因素给出明确的优先顺位,这也称为"阶梯式方法"(Cascading approach),该方法的缺失不利于法律的稳定性和可预期性。法院在个案中拥有过大的自由裁量权,很有可能最终导致法院地法的适用,反而产生"挑选法院"的后果。实际上,两项提案的草拟过程中考虑过"阶梯式方法",但最终都没有被采纳,可能由于如何确定"阶梯式方法"无法形成统一的认识。

本文试对无所不在之侵权规则中的"阶梯式方法"提出具体标准:(1)通常以侵权的主要目标市场所在地作为最密切联系地法的初始规则。目标市场所在地实际上也就是侵权损害的发生地,以"效果理论"为主来确定初始准据法最大限度地维护版权的地域性。如侵权的主要目标市场主要在中国(侵权网站和侵权内容的语言系中文),那么对于该网络侵权行为应以中国法作为最密切联系地法,不考虑侵权行为的来源地或当事人的经常居所地。(2)当存在多个主要目标市场所在地的情况下,以当事人的经常居所地、侵权行为的来源地或其他连结点作为辅助因素予以考虑。(3)当事人之间存在合同关系的情况下,优先适用合同约定的法律。(4)仅仅涉及侵犯精神权利的情况下,优先适用版权人的经常居所地法。

(三)"回归地域性"例外

单一准据法对于无所不在之侵权的直接适用违背地域性原则,因此《ALI原则》和《CLIP原则》还都规定了"回归地域性"例外,即当事人可以举证其他国家的法律与最密切联系地法对案件适用的结果存在不同,法院应当在确定侵权责任的时候进行相应的考虑。该例外可以有效地维系法律的公平价值与效率价值之间的紧张关系。

提出"回归地域性"例外的当事人既包括作为原告的权利人,也包括作为被告的被控侵权人。例如,根据法院所确定的最密切联系地法涉案行为构成侵权,被告证明涉案行为在某国不构成侵权,那么法院在考虑损害赔偿时不应纳入该国的部分,并保留被控行为在该国的传播。又如,根据最密切联系地法涉案行为不构成侵权,而原告证明涉案行为在某国构成侵权,则法院可判决只禁止被控行为在该国的传播,损害赔偿也只限于该国的范围。

在诉讼中,"回归地域性"例外是由最密切联系地法不利于自己的一方当事人提出并承担举证责任。如果最密切联系地法有利于被控侵权人,存在"回归地域性"例外的

---

[26] 两项提案所列举的考虑因素存在细微的区别。《ALI原则》倾向于当事人的关系集中地,即权利人和侵权人之间有合同关系的情况下,优先适用相关合同约定的法律。《CLIP原则》并没有列明原告的经常居所地作为考虑因素。

情况下,根据过错责任原则被控侵权人通常并不承担损害赔偿,因为被控侵权人并不对例外的准据法具有知晓义务,网络中作品使用者或传播者只需了解最密切联系地法,缺少对其他国家准据法的了解并不意味其存在过错。㉗ 被控侵权人对侵犯特定国家的版权存在过错的情形下,仍然在该国范围内承担损害赔偿的责任,如版权人曾明确通知被控侵权人其行为为侵犯某国版权法。

四、地域屏蔽技术的应用有助于解决网络版权的法律冲突问题

网络中所上传的作品在部分法域合法,而在部分法域侵权的情况下,基于版权原因而一刀切地禁止该作品在网络中的传播,势必会削弱作品的最大化利用,从而影响公共利益。缓解无所不在之侵权所引起的法律冲突问题还需要地域屏蔽技术的应用加以辅助。地域屏蔽技术(Geoblocking)是根据网络用户的地域位置而限制其接入网络内容的技术,如对网络用户的 IP 地址设置黑名单或白名单从而实现地域屏蔽。该技术从一定程度上在网络环境中实现了虚拟的边界性,其逐渐在实务中得到应用从而实现法律的合规。在跨国的版权许可中,版权人在海外许可版权时可以要求他国的被许可人采取地域屏蔽技术,传播被许可的作品只限于该国地域。例如,英国 BBC 电视台在捷克共和国许可播放其电视剧《外科医生马丁》时,要求捷克电视台采用地域屏蔽技术,防止用户可以在捷克共和国地域外接入其平台并收看该电视剧。㉘

如果涉案内容的传播仅在特定的国家侵犯版权,那么网络传播者可以采取地域屏蔽技术,使该内容在特定国家无法被访问,从而免于侵权风险。地域屏蔽技术保障了其他国家的网络用户合法接触到涉案内容,避免了这部分合法利益受到误伤,维护了作品传播最大化的公共利益。地域屏蔽技术在国外的司法实践中逐渐被认可和采用,有效地解决跨境的版权纠纷。例如,在 Spanski 公司(加拿大的电视公司)与 Telewizja Polska 公司(波兰的国有电视公司)之间的纠纷案中,加拿大公司从波兰公司那里获得了一个电视节目在美洲地区的独占许可,该许可包括网络范围的播放,然而美洲地区的用户却可以通过波兰公司的网站观看该电视节目,因此加拿大公司在 2007 年于美国提起了诉讼,之后双方在 2009 年达成了和解,其中要求波兰公司采取地域屏蔽技术。㉙

不过,网络用户可以采取一定的技术手段来规避地域屏蔽技术,最常见的方法则

㉗ 阻却过错的认定通常仅基于事实认识错误,而非法律认识错误。但对他国法律的认识错误属于一种特殊的情形,应该视为事实认识错误。外国法查明本身就主要由当事人承担举证责任,实质上在诉讼中被视为一种事实问题。行为人不对他国法律的知晓具有一般的知晓义务。

㉘ See Trimble, Marketa, "Geoblocking, Technical Standards and the Law" (2016). Scholarly Works. Paper 947.〈http://scholars.law.unlv.edu/facpub/947〉,last visited 2016-12-28.

㉙ Spanski Enterprises, Inc. v. Telewizja Polska, S. A., D. D. C., 1:12-cv-00957-TSC, document 1, Complaint, 11 June 2012, p. 4.

是使用虚拟专用网络(VPN),该问题一定程度上会阻碍地域屏蔽技术对法律冲突的解决。除了版权人在合同中约定相关条款(要求网络传播者设置地域屏蔽技术和禁止网络用户实施规避行为)之外,对于地域屏蔽技术的相关法律制度也需要相应的完善。首先,对于地域屏蔽技术应设置一定的最低标准,以防止网络用户轻易地规避地域屏蔽。相关行政部门或行业自治组织可以根据网络技术的具体发展情况制定行业规范,相应地确定地域屏蔽技术的最低标准,这不仅有利于版权许可的实务操作,也有助于司法实践中要求被控侵权人采取地域屏蔽技术的判决和执行;其次,法律需要对于规避地域屏蔽的行为进行合理的规制和管理[30],版权人对于规避地域屏蔽可以依据版权法下技术保护措施的制度获得救济。毕竟,网络技术一直处于进步发展的状态,地域屏蔽技术难以具有完全的可靠性,规避行为也难以完全避免和预防,自力救济的同时也需要法律的介入,从而有效防止违法的规避行为。

五、对我国的启示

目前我国立法对于网络环境下跨境版权侵权的法律冲突问题缺乏完善的规定。我国自 2011 年 4 月 1 日起开始施行《中华人民共和国涉外民事关系法律适用法》(简称为《法律适用法》),其中第七章规定了知识产权的法律适用规则,对于权利归属、内容和侵权责任以被请求保护国法为原则,其条文较为笼统,并没有对于网络环境中侵犯知识产权的问题作出特殊规定。[31] 那么,对于网络版权侵权适用《法律适用法》规定的被请求保护国法时就存在"发射理论"和"效果理论"的选择问题,如果简单采取国际上基本认可的"效果理论",那么还会出现"竞顶"效应的问题("发射理论"导致"竞次"效应),这将不利于网络的互联互通。因此,在立法上,对于无所不在之侵权应当适用特殊规则,在维护版权地域性的同时促进作品传播的最大化。

对于无所不在之侵权的法律冲突问题,我国司法实践的处理也并不成熟,这在王莘诉北京谷翔信息技术有限公司、谷歌公司侵犯著作权案(谷歌数字图书案)中充分暴露这个问题。[32] 对于谷歌数字图书的版权问题,美国版权法和我国著作权的适用结果截然不同,美国法院在作家协会诉谷歌公司案中认定谷歌数字图书构成合理使用,而我国法院却在王莘诉谷歌公司案中认定电子化扫描的行为侵犯著作权,因此谷歌数字图书的版权法适用存在法律冲突的问题。在谷歌数字图书案中,原告是涉案图书《盐

---

[30] 规避地域屏蔽可能出于违法目的(如盗版),也可能出于合法目的(如合理使用),因此法律需根据规避地域屏蔽的性质确定合理的规制和管理机制,并非一概禁止规避行为。

[31] 《法律适用法》第 48 条:知识产权的归属和内容,适用被请求保护地法律。第 49 条:当事人可以协议选择知识产权转让和许可使用适用的法律。当事人没有选择的,适用本法对合同的有关规定。第 50 条:知识产权的侵权责任,适用被请求保护地法律,当事人也可以在侵权行为发生后协议选择适用法院地法律。

[32] 该案一审判决时间是 2012 年 12 月,二审判决时间是 2013 年 12 月,早于《法律适用法》的施行时间,但《伯尔尼公约》已基本明确版权领域的被请求保护国法原则。

酸情人》的作者和版权人,涉案图书的主要目标市场是中国,与该案具有最密切联系的法律应当是中国法。虽然我国法院对于该案适用了我国《著作权法》,在准据法的选择结果符合"效果理论",但其适用的依据存在问题。北京市第一中级人民法院在一审判决意见中以侵权行为地法作为该案的准据法。㉝ 这混淆了被请求保护国法与侵权行为地法,实际上,两者并不完全重合,关键是在跨境版权侵权的情形上存在区别。将被请求保护国法适用于跨境侵权的情形下,在一国的行为完全可能侵犯另一国的版权。而网络环境的无所不在之侵权是常见的跨境侵权,如行为人在甲国实施了上传侵权作品的行为,该内容可以在乙国被接触到,那么根据"效果理论",在甲国的行为侵犯了乙国的版权,这与侵权行为地法是不相符合的。北京市高级人民法院在二审判决意见中关于法律适用仅简单指出:"中国法院审理案件应当适用中国法律。"这似乎对于准据法采取了法院地法,显然更加不妥,被请求保护国法与法院地法不能进行混同,对于网络版权侵权采取专属管辖也不利于国际合作和全球化的发展。

  谷歌数字图书案的事实发生在《法律适用法》施行之前,我国法院对于无所不在之侵权的法律适用缺少合适的立法依据,《伯尔尼公约》所确立的被请求保护国法没有得到有效的适用。但在《法律适用法》施行之后,我国法院仍然对被请求保护国法的理解存在偏差。如拉科斯特股份有限公司与河南省鞋业商会、鳄鱼国际机构(私人)有限公司侵害作品信息网络传播权案㉞中,河南省高级人民法院对于网络版权侵权的法律适用仅指出:"根据《中华人民共和国涉外民事关系法律适用法》第 50 条的规定,知识产权的侵权责任,使用被请求保护地法律,本案应适用我国著作权法等内国法。"这缺少了权利内容的准据法作为法律依据,即《法律适用法》在第 48 条的规定,而"权利内容"和"侵权责任"是两个不能混淆的概念。版权侵权与传统侵权不同,版权侵权的判断更多地在于权利内容的问题,如被控侵权行为是否属于专有权利控制的行为,是否属于权利限制的情形,而对于传统侵权的判断更多在于侵权责任,其主要关于归责原则(是否以过错为要件)和损害赔偿的问题,并不涵盖权利内容的问题(专有权利的范围、权利限制和保护期),如版权的合理使用是一种权利限制,属于权利内容问题,与侵

  ㉝ 一审判决书中指出:因本案为民事侵权纠纷案件,故本案准据法的确定应依据《民法通则》第八章"涉外民事关系的法律适用"中有关涉外侵权案件法律适用的相关规定。该部分第 146 条规定,"侵权行为的损害赔偿,适用侵权行为地法律"。对于何为"侵权行为地",《最高人民法院关于贯彻执行〈民法通则〉若干问题的意见(试行)》第 187 条作了进一步限定,"侵权行为地的法律包括侵权行为实施地法律和侵权结果发生地法律。如果两者不一致时,人民法院可以选择适用"。由此可知,涉外侵权民事案件的审理既可以适用侵权行为实施地法律,亦可以适用侵权行为结果发生地法律。本案中,原告认为两被告应对如下两个侵权行为承担民事责任:将原告作品进行电子化扫描(即复制)的行为;涉案网站将原告作品向公众进行信息网络传播的行为。鉴于本院已认定中国为涉案信息网络传播行为的行为实施地,以及涉案复制行为的结果发生地,故依据上述规定,可以依据中国的相应法律对涉案被控侵权行为进行审理。

  ㉞ 河南省高级人民法院民事判决书(2013)豫法知民终字第 23 号。

权责任无关。《法律适用法》在第 48 条和第 50 条中分别对权利内容和侵权责任作出了规定,也明确了两者属于不同概念。

综上所述,对于网络环境下跨境版权侵权的法律冲突问题,我国应该吸收国际上的成熟经验,考虑到互联网的特殊性而纳入无所不在之侵权规则,即适用与网络版权侵权具有最密切联系的法律作为单一准据法,同时配以"回归地域性"例外从而保障其与被请求保护国法原则不产生矛盾。最密切联系地法的选择应以"效果理论"为主,在特殊情况下再考虑其他连结因素。在版权产业和司法实践中应当接受并完善地域屏蔽技术的应用。这些做法可以有效地缓解版权的地域性和互联网的无边际性之间的矛盾,使版权保护与技术发展之间达到合理的利益平衡,以便于今后更好地迎接全球化给版权制度带来的挑战。

# 互联网广告发布者的认定标准与责任配置
——兼评《互联网广告管理暂行办法》相关规定[*]

王玉凯[**]

摘要：互联网广告发布者的认定与相应的责任配置对消费者权益保护和互联网广告产业的健康发展具有重要影响。《互联网广告管理暂行办法》对此采纳了"审核加控制"标准，限缩了广告发布者的外延，没有考虑与民事责任的衔接。互联网广告发布者认定应采"呈现"标准，将消费者的认知考虑在内。在此基础上，本文对互联网广告发布者的民事与行政责任配置进行了梳理，就其虚假广告责任和消费者信息保护责任进行了特别论证，强调在行政监管之外，应重视司法对互联网广告活动的规范作用。

关键词：互联网广告发布者 广告法 虚假广告 用户信息

On the Identification Criterion and Liability of Internet Advertisement Publisher: And Comments on *the Interim Measures to Regulate Internet Advertisement*

Abstract: The legal system of identification criterion and liability of internet advertisement publisher has a critical influence on the protection of consumers and the healthy development of the advertising industry. The criterion adopted by *the*

---

[*] This paper is conducted as a PhD research at the University of Bologna, with the contribution of CIRSFID within the Erasmus Mundus Joint International Doctoral (Ph. D.) Program in Law, Science and Technology.

[**] 王玉凯，欧盟伊拉斯莫"法律与技术"项目博士研究生。

Interim Measures to Regulate Internet Advertisement limits the extension of advertisement publisher and has not taken into account its connection with liabilities. It is advised to replace the criterion of check with the criterion of presentation, which will take into consideration the recognition of consumers. Besides, this paper analyses the liabilities of the publishers in false advertising and the rules to use the users' personal information. And it is advised to pay attention to the role of judicial regulation on Internet advertising in addition to administrative supervision.

Key words: Internet Advertisement Publisher, Advertising Law, False Advertising, Users' Information

一、问题的提出

2015年7月,国家工商总局发布《互联网广告监督管理暂行办法(征求意见稿)》(以下简称《草案》),公开征求意见。① 2016年5月,"魏则西事件"引发了公众对互联网虚假广告的高度关注,国家工商总局遂加速立法进程②,于2016年7月通过《互联网广告管理暂行办法》(以下简称《办法》)。《办法》明确将此前存在较大争议的推销商品或者服务的付费搜索广告认定为互联网广告,值得肯定。

互联网广告与传统广告相比,特殊性在于发布平台和方式。从主体角度来看,则体现于广告发布者的不同。传统广告的发布者为报纸、广播、电视等媒体,受制于市场准入规定与客观技术,广告发布者数量有限且严格区别于广告主,并对广告内容有绝对控制。互联网技术的普及,则使广告发布分众化,包括广告主在内的任何主体皆可在互联网媒体发布广告信息。当然,基于互联网上信息爆炸的事实,为有效导入流量以吸引消费者,广告主依然依赖流量密集网站的推荐。加之互联网广告的经济性、丰富性、定向性、交互性等优势③,使互联网广告迅速超越传统广告,无论从绝对收入还是市场占比来看,都日益占据更重要地位。④

---

① 来源:国务院法制办公室网站,网址:〈http://www.chinalaw.gov.cn/article/xwzx/tpxw/201507/20150700399832.shtml〉,2017年7月1日最后访问。

② 参见余瀛波:"竞价排名机制存在问题必须立即整改",载《法制日报》2016年5月10日,第1版。

③ See Tchai Tavor, Online Advertising Development and Their Economic Effectiveness, *Australian Journal of Business and Management Research*, Vol. 1 No. 6, 2011, pp. 121—122; Subodha Kumar, Optimization Issues in Web and Mobile Advertising: Past and Future Trends, Springer, 2016, pp. 5—6; S. Shyam Sundar, Qian Xu, and Xue Dou, Role of Technology in Online Persuasion: A Main Model Perspective, on Shelly Rodgers and Esther Thorson, eds., Advertising Theory, Routledge, 2012, pp. 355—356.

④ 参见艾瑞咨询:《中国网络广告行业年度监测报告》,2012年至2016年,网址:〈http://www.iresearch.com.cn〉,2017年7月1日最后访问; McKinsey & Company Global Media Report 2015, p. 17; Craig Dempster and John Lee, eds., The Rise of the Platform Marketer: Performance Marketing with Google, Facebook, and Twitter, Plus The Latest High-Growth Digital Advertising Platforms, Wiley, 2015, pp. 4—5 and p. 7.

但互联网在便利广告发布的同时,也客观地加剧了违法广告的泛滥。⑤ 与此相应,法律上互联网广告发布者的认定标准与责任配置也就成为互联网广告市场监管与相关纠纷解决的关键。《草案》和《办法》均试图将《广告法》上广告发布者的认定标准具体化,以适应互联网广告发布的特殊性,《办法》还特别就"程序化购买"中缔约各方的属性与责任进行了规定。但笔者认为,其所采纳的互联网广告发布者认定标准存在可商榷之处,现行法律体系对互联网广告发布者的责任配置也存在不足。

《广告法》是《办法》制定的依据。互联网广告有着不同于传统广告的上述特征,但《广告法》所要实现的立法目标及其具体制度设计中所凝结的社会共识则应当在互联网环境中一以贯之。⑥《广告法》第1条规定,该法以"规范广告活动,保护消费者的合法权益,促进广告业的健康发展"为基本目标。互联网广告发布者构成标准与责任配置必须以此为价值判断基础,在适用新技术的同时兼顾不同主体的权利与义务分配,而不能以牺牲消费者利益与互联网法律秩序为代价,片面强调产业发展。⑦ 本文对互联网广告发布者的认定标准予以讨论,并就现行规则之完善提出建议。

二、现行法上互联网广告发布者的认定标准

(一)《办法》的"审核加控制"标准

《广告法》第2条第4款规定:"本法所称广告发布者,是指为广告主或者广告主委托的广告经营者发布广告的自然人、法人或者其他组织。"传统广告发布者的特点在于呈现能力和控制能力的统一,广告发布者既是发布平台的提供者,也是发布行为的完整实施者。

但互联网广告中,广告发布者的认定则较为困难。利用自身空间和界面完整储

---

⑤ See Khaled Moustafa, Internet and Advertisement, Sci Eng Ethics. 2016 Feb;22(1), pp. 293—295.

⑥ 可得类比的是,美国联邦贸易委员会消费者保护部门主任 Jessica Rich 在2016年4月面向广告商协会的演讲中总结道,"尽管技术版图变动不居,但保护消费者的基本原则将一以贯之,并作为联邦贸易委员会有力执法的坚定和持续的基础",see Jessica Rich, Consumer Protection 2016.0: Challenges in Advertising-Association of National Advertisers, at ⟨https://www.ftc.gov/public-statements/2016/04/consumer-protection-20160-challenges-advertising-association-national⟩, last access:01/07/2017.

⑦ 有观点认为,《广告法》的首要目的是保护消费者,服务于公共利益而非广告主利益,参见左亦鲁:"公共对话外的言论与表达:从新《广告法》切入",载《中外法学》2016年第4期,页973。也有观点认为,保护消费者的法律规范不仅服务于个体消费者利益,也为市场机制的正常运转所不可或缺,see Franziska Weber, The Law and Economics of Enforcing European Consumer Law: A Comparative Analysis of Package Travel and Misleading Advertising, Ashgate, 2014, p.3. 即两种认识中,对于何所谓与消费者保护相关的公众利益,存在不同认识。实际而言,消费者作为一般认知中的弱势群体,其利益保护通常被认为是公共利益。但互联网广告作为相当一部分互联网企业的重要收入来源,其相关产业发展也同样关系社会福祉。所以,在价值判断上很难断言消费者保护与互联网广告产业发展孰为优位。但可得肯定的是,一方面,长远来看,二者在管控虚假广告方面的诉求是一致的,互联网产业的发展不应以虚假广告的维系为代价;另一方面,即便短期评估中,互联网企业也应努力将广告活动的负外部性内部化,而非以技术中立或产业发展为由置消费者保护于不顾。

存、呈现广告信息的互联网运营商可依《广告法》的一般标准被认定为广告发布者。但为充分利用主页界面并多元、深入地呈现广告内容,互联网广告多用链接技术将用户从运营商界面导向广告主界面,广告内容实质由广告主自主或委托前述运营商之外的主体进行呈现、控制、修改。此时,初始界面的运营商提供的是对广告主界面内容的简要说明及其链接地址,而不能像传统媒体一样审核与控制链接导向的广告主界面的实质内容。甚至,基于加框链接等技术,以及运营商广告模式的多元选择,初始界面的广告信息也可以从广告主界面自动抓取或者由广告主自行设置,运营商仅提供呈现界面与技术基础,付费搜索广告即属典型。至于在移动互联网和大数据时代日渐重要的程序化购买广告⑧,其广告过程就更加复杂,参与主体亦更为多元。⑨

　　对此,《办法》采纳了"审核加控制"标准,其第11条规定,"为广告主或者广告经营者推送或者展示互联网广告,并能够核对广告内容、决定广告发布的自然人、法人或

---

⑧ See Xiang Li and Devin Guan, Programmatic Buying Bidding Strategies with Win Rate and Winning Price Estimation in Real Time Mobile Advertising, on Tseng V. S., etl., eds., Advances in Knowledge Discovery and Data Mining, Springer, 2014, p.447.

⑨ 所谓"程序化购买广告"(Programatic Advertising),狭义上与英美法系常用的实时竞价广告(Real-time Bidding)相近(广义上还包括程序化直接购买等方式),但其定义尚未十分明确,学者多从描述的角度总结对此类广告的认识,see Oliver Busch, The Programmatic Advertising Principle, on Oliver Busch, ed., Programmatic Advertising: The Successful Transformation to Automated, Data-Driven Marketing in Real-Time, Springer, 2016, pp.1—8. 程序化购买的大致流程是:(1)在特定用户首次访问某网站时,网站会向用户电脑发送名为Cookie的代码,该代码通常经过加密而存储于用户电脑。待该用户第二次点击该网站,网站就可以凭借此前记录,识别用户的特定信息。(2)当网络用户点击进入某网站时,网站服务器在向用户电脑发布用以呈现内容界面的代码时,也会同时发送特定的广告代码,该代码可以发送广告需求给广告交易平台(Ad Exchange),由后者向用户所在界面发送广告。这一广告需求即告知广告交易平台在该用户网页上存在可以执行拍卖的广告位以及用户的个人信息。(3)交易平台可以读取广告需求,并在首次投放广告之后也向用户电脑发送Cookie,以便追踪用户信息。如此,交易平台就掌握了包含网页信息与用户信息的广告位信息,并将这一具体广告位信息发送给不同的竞标者,即广告主或其代理者。(4)竞标者可能基于此前用户的浏览而在特定用户电脑上存储过Cookie,即其可以将交换平台的广告位信息与自身掌握的用户信息相结合,作出是否竞标以及如何出价的判断(已通过程序预先设定),并向交易平台发送竞标指令。(5)交易平台评价所有竞标者的出价,决定中标者(通常采荷兰式拍卖或维克里拍卖),并向中标者通知。(6)中标者发布广告代码至用户电脑并呈现广告内容。由于前述所有过程均由程序自动实时完成,所以用户打开特定网页时,最终中标广告会和网页主内容同时出现。See Mike Smith, Targeted: How Technology Is Revolutionizing Advertising and the Way Companies Reach Consumers, AMACOM, 2014, pp.69—77; Craig Dempster 等,见前注4,页23—25。概言之,程序化购买即依托交易中介和数据管理中介,对广告位供给和广告主需求和进行自动和实时匹配,实现互联网广告资源的优化配置。这里的交易中介和数据管理中介即《办法》第14条第3款规定的广告信息交换平台,而组织广告需求和广告位供给的平台则分别被《办法》概括为广告需求方平台和媒介方平台。相较于传统广告甚至一般互联网广告,程序化购买广告的突出特征是广告服务交易和广告发布的自动性、实时性与规模化、具体化,前引 Oliver Busch 文则用"粒度"(Granularity)来描述这一广告模式对海量而具体的广告需求与供给的收集和连接。如果说搜索引擎广告是通过搜索引擎和关键字实现的对用户需求与广告内容的匹配,则程序化购买广告则是通过对用户信息更为主动的搜集和跟踪,将搜索引擎广告所具有的定向性优势扩展到其他类型的互联网运营商广告。

者其他组织,是互联网广告的发布者"。国家工商总局广告司负责人在人民网的解读中进一步说明,广告发布者"不但能决定是否发布广告,还有时间、有可能对要发布的广告内容进行核对"。⑩ 特别地,在程序化购买广告中,《办法》第14条规定,广告需求方平台为广告发布者,媒介方平台只需承担合同订立中相对方信息的审核义务和明知或者应知是违法广告时的制止义务。可得对比的是,《草案》曾在其第5条中只强调"控制"标准,广告发布者需"对互联网广告内容具有最终修改权、决定权"。如依上述解读,《办法》对广告发布者的认定比《草案》更加限定。

(二)"审核加控制"标准之不足

《办法》系从行政管理的角度出发来界定广告发布者及其监管,但作为《广告法》在互联网环境中的具体化,其规定从体系解释的角度会对互联网广告发布者的认定产生重要影响。《办法》对于互联网广告发布者认定所采"审核加控制"标准存在不足。

1. 标准本身存在模糊

实践中,互联网运营商当然可以决定在自身界面呈现的广告的发布,即实现控制,但是否能够核对广告内容,则存在模糊。对于与传统广告模式相似而只是媒介不同的互联网广告,运营商在决定广告发布的同时也客观能够核对其内容,如视频贴片广告。此时,广告或者直接存储于互联网运营商的服务器中,或者基于其他技术设置不能由广告主自行发布或修改,运营商对广告内容的审核与传统媒体没有差别。

但互联网广告尚有其他模式。以在互联网广告中收入占比最高的付费搜索广告为例,广告主选择购买关键词后,在搜索引擎页面所显示的内容,以及经由链接导向的广告主页面的内容体量巨大且并不固定,搜索引擎运营商难于实时审核广告内容。⑪ 又如,《办法》第13条至15条规定的程序化购买广告,本身就是借助信息交换平台实现的多个广告主依托多个互联网运营商的广告发布。最终直接向消费者呈现广告的运营商如欲核对广告内容,客观上也需要极高成本,因其需要预先审核所有可能经由预设程序投放于自身界面的广告。当然,审核成本较高不等于无法审核,在技术层面上运营商可以通过程序设置,限制呈现于自身界面的广告内容以及广告主的自行修改,或者通过对广告主行业资质的严格控制间接保障广告内容真实合法。

所以,运营商是否能够核对广告内容,并非一成不变的事实,而取决于运营商对广告模式的设计和在审核方面的投入力度。而运营商应当对广告发布承担何种审核义务,正是法律需要明确的内容。根据《办法》第12条第2款、第3款的规定,互联网广告发布者、广告经营者应当核对广告内容,配备熟悉广告法规的广告审查人员,但在解

---

⑩ 参见张国华:《解读〈互联网广告管理暂行办法〉》,载人民网强国论坛,网址:⟨http://ft.people.com.cn/directList.do? fid=14695⟩,2017年7月1日最后访问。

⑪ 参见吴峻:"中国互联网广告法律规制路径探索",载李林、田禾、吕艳滨主编:《中国法治发展报告(2017)》,社会科学文献出版社2017年版,页183—184。

释论上,特定运营商必须首先依照《办法》第 11 条构成互联网广告发布者,才需要承担审核义务。但第 11 条所谓"能够核对广告内容"的标准非常模糊,依此标准建立的广告发布者的外延与其具体需要承担的审核义务之间存在循环说明。

2. 没有考虑消费者感知

广告的受众是消费者,向消费者传达真实有效信息而避免误导,是法律调整广告发布的重要目标。实践中,特定广告是否会误导消费者,并不完全取决于技术层面的审核与控制能力,而首先与广告呈现方式和内容给消费者造成的整体印象相关。[12] 即便在程序化购买中,消费者在广告活动中首先接触和互动的也是最终呈现广告内容的发布者网站[13],即《办法》第 15 条第 2 款中规定的"媒介方平台成员"[14],而非广告需求方平台。消费者也并不能判断特定广告是存在需求方平台的程序化广告,还是其直接接触的网站发布的常规广告。[15] 认定法律意义上的广告发布者并配置其责任,应当将消费者权益保护考虑在内,但"审核加控制"标准并未考虑消费者的感知。实践中,消费者往往并不能区分其最终接触的广告系何种模式发布,或者广告实际由何种主体审核与控制,尤其是不可能了解诸如搜索引擎广告、程序化购买广告在最终呈现界面之外的广告活动参与主体。由此类主体承担对消费者的广告责任,与消费者对广告的接触事实和对广告发布者的朴素感知并不相符。

可得比较的是,北京知识产权法院在(2016)京 73 民终 143 号判决中认为,对于侵犯著作权的信息网络传播行为应以服务器标准而非用户感知标准为依据。但该判决中同时指出,"用户的认知以及用户是否会产生误解等因素,通常是商标法或者反不正当竞争法框架下所考虑的问题"。相较而言,互联网环境中的著作权保护,基本目标在于溯源性地制止作品的非法传播,被保护主体是权利人。而互联网广告则面向不特定公众,广告发布者独立于广告主责任的意义,部分地在于对公众信赖利益的保护。[16] 此信赖不仅与广告内容相关,也与消费者基于一般经验所判断的广告发布者相关。与之

---

[12] 有调查表明,对于中国消费者而言,广告是消费者获悉品牌的最广泛渠道,参见王海忠:"中国消费者品牌知识结构图及其营销管理内涵",载《财经问题研究》2006 第 12 期,页 63。尽管该调查所涉广告主要是传统媒体,但广告发布者对品牌的背书和塑造能力在互联网广告中亦有可类比性。

[13] Craig Dempster 等,见前注 4,页 25。

[14] 该款规定,媒介方平台成员只"对其明知或者应知的违法广告,应当采取删除、屏蔽、断开链接等技术措施和管理措施,予以制止",其责任内容与媒介方平台经营者、广告信息交换平台经营者一致,即《办法》并不将其作为广告发布者。

[15] See Justin Orr, Digital Marketing in an Analog World, 29 Geo. J. Legal Ethics 2016, p. 1205.

[16] 传统民法上,信赖利益主要是合同法上的保护对象,但广告本身就有进入契约的可能,参见綦骏:"论广告进入契约的可能性及其实现",载《法商研究》2005 年第 1 期,页 67。广告发布者不仅是广告主的客观帮助者,亦不可避免地凭借自身信誉而影响消费者选择。当然,此种信赖具有或然性,亦因具体发布者信誉之不同而存在区别,以之作为广告发布者独立或最终责任的基础或有不妥。但要求发布者据此承担提供广告主信息和特殊情况下的连带责任则是对消费者信赖的正当保护。

相应,广告发布者的认定不应采纯粹客观的技术标准。

3. 与责任规定存在脱节

《办法》将程序化购买中的广告需求方平台的经营者认定为广告发布者,即在此模式下媒介方平台和广告最终呈现界面的运营商不构成需要承担法律责任的广告发布者。同时,此类主体也不能被解释为《广告法》上的广告经营者等其他需要就虚假广告承担责任的主体。⑰ 如依《办法》第 11 条所确立的"审核加控制"标准,付费搜索广告等事实上难以核对广告内容的商业模式中,运营商也很难被认定为广告发布者。在较低的侵权成本下,运营商的理性选择是采用此类能够规避自身责任的广告模式,而非加大对广告内容的审核力度,这不利于其调动技术和人力资源探索广告内容的审查机制。同时,此类广告的盈利基础正在于其规模化与定向性,这类增加其收入的技术手段同时成为其规避责任的原因,也未能实现权利义务之统一。

《广告法》第 1 条规定的立法目标中,基本的是"规范广告活动"和"保护消费者的合法权益",其调整广告发布的目标在于不干扰广告产业健康发展的前提下,通过行政监管与民事责任配置,促进媒体发布符合诚实信用标准的广告信息,并在广告造成消费者损害的情况下,便利消费者及时、充分维权。但"审核加控制"标准有利于互联网产业充分探索和利用技术优势,却无助于《广告法》其他立法目标的实现。

三、从"审核"标准回归"呈现"标准

本文认为,互联网广告发布者的认定标准应当回归《广告法》的立法目标与责任体系,即从"审核"标准回归"呈现"标准。是否对广告内容进行审核,是广告发布者确定之后的义务规定,而不应当作为广告发布者的内涵限定。

(一) 何谓"呈现"标准

理论上,运营商对于呈现于自身界面的内容,具有控制力,能够概括性地决定其发布。但基于互联网技术的复杂性和广告模式的多样性,具体互联网广告内容,有可能是通过加框链接技术从广告主界面自动提取,甚至可以交由广告主或其代理人,如程序化购买中的广告需求方平台自主决定和修改。但不论广告主与发布者之间的具体合同关系如何,以及特定广告模式中究竟由何种主体直接决定广告内容的发布和修改,广告最终向消费者呈现时必然依赖特定互联网界面。在公众一般认知里,此界面所属运营商即其直接接触之广告的发布者,也是消费者对广告产生信赖的重要乃至关

---

⑰ 《办法》本身并未将媒介方平台与信息交换平台认定为广告经营者,依《广告法》第 2 条第 3 款的定义,广告经营者为接受委托提供代理服务的主体,显然媒介方平台或信息交换平台与广告主并不存在委托关系。

键影响因素。⑱《草案》第 11 条第 3 款曾规定,"对于在该互联网媒介资源直接显示的广告内容以及其他存储于本网站的广告信息,还应当履行本条前两款规定的互联网广告发布者的义务",作为对其前述第 5 条规定的互联网广告发布者的补充。这一规定系采"呈现"标准,但《办法》并未最终采纳。

在"呈现"标准下,广告发布者系决定广告发布并在自身界面呈现广告内容的互联网运营商。这一标准突出了事实控制与消费者感知的结合。在技术层面,运营商当然能够最终决定是否发布特定广告内容,因不论特定广告模式将完整的广告活动作何种切割,参与其中的运营商都可以在其所承担的环节控制广告发布,所以"控制"要件其实不言而喻。⑲ 但特定运营商是否应当被认定为广告发布者,则应当考虑其是否最终向目标消费者呈现广告内容。即便特定内容系从广告主界面调取而并不存储于呈现界面所属运营商的服务器中,或基于特定广告模式运营商对广告内容逐一审核成本较高,运营商也不得以不能审核、控制而拒绝承担发布者责任。这意味着,运营商对于下述一般的广告发布者民事责任即不能提供广告主信息情况下的先行赔偿,应当承担类似《侵权责任法》第 7 条上的无过错责任,这也是《广告法》对广告发布者责任的一般要求。互联网运营商采纳搜索引擎、程序化购买等存在海量投放广告的模式,系基于提升广告针对性和追求营利最大化的理性经济选择,而非互联网广告在技术上之必须。由此带来的逐一审核广告内容的难度以及相应的为虚假广告提供的客观机会等负面效果,应当由运营商通过责任承担予以内部化,而非由消费者承担。

相较而言,"呈现"标准提高了运营商对广告内容的注意义务,实现了权利义务的统一,避免其在与广告主的关系中借用自身对广告内容的担保信誉取得谈判优势,而在与消费者的关系中却否定特定信息构成广告或否定自身的发布者身份而回避责任。当然,"呈现"标准并非只有扩张广告发布者外延的意义。互联网具有链接属性,互联网广告往往采用链接地址导向广告主界面以呈现更丰富的内容乃至促进交易完成。对于并非在运营商界面呈现或运营商作出有效界面跳转说明的内容,不应将运营商作为发布者。例如,在付费搜索广告中,搜索引擎只需要对搜索排序结果和自身界面呈现的内容负责,而不构成消费者点击链接导向的广告主界面内容的发布者。搜索引擎所需要承担责任的虚假广告,是混淆基于竞价干扰的排序和纯技术排序。若其充分表明特定搜索结果不同于纯技术搜索结果,则向消费者有效说明了该搜索结果的广告属性,避免消费者将竞价增加的排名优势误认为纯技术搜索所表征的访问量、关注度优

---

⑱ See Charles R. Taylor, Editorial:The Six Principles of Digital Advertising, International Journal of Advertising, 28:3, pp.413—414.

⑲ 《办法》并未将媒介方平台、信息交换平台认定为广告发布者或经营者,但在第 15 条第 2 款中规定,此类主体对明知或者应知属违法广告的内容,应当采取删除、屏蔽、断开链接等方式予以制止,这当然是一种"控制"。《办法》第 17 条规定,未参与互联网广告经营活动,仅为互联网广告提供信息服务的主体也有此类义务。换言之,控制广告发布并非广告发布者独有的功能和义务,也不构成广告发布者认定的核心要件。

势,则特定搜索结果本身不构成虚假广告。

(二)"呈现"标准的优势

付费搜索、程序化购买等广告数量巨大而难于审查的广告模式,是运营商能够获得高额广告收入的原因,也是造成虚假广告泛滥的重要因素。运营商不能仅坐收高额利润而排斥承担制止虚假广告的责任。较之"审核"标准,"呈现"标准的优势在于主观和客观标准的统一,有利于实现《广告法》的前述立法目标。

1. 规范互联网广告活动

我国互联网产业的高速发展及其对整个社会经济生活的深度影响有目共睹。2015 年 7 月,国务院印发《关于积极推进"互联网 +"行动的指导意见》,肯定了互联网在未来经济发展中的引领作用。但与互联网产业的快速发展严重失衡的是,相应法律规则完善和法律秩序建设未能同步。

企业作为营利性主体,具有利用互联网探索新盈利点与交易模式的内在动力,却没有在网络环境中承担相应责任的诉求。例如,看似微不足道的垃圾邮件广告,实际不仅直接妨碍消费者行为,由于应对此类邮件所采取过滤措施更会导致每年数十亿美金的损失。[20] 又如,2011 年,谷歌曾因其广告客户发布违法广告,向美国司法部缴纳了 5 亿美元的罚金,此后即加强了对广告的审核。截至 2015 年,其 6 万名员工中的 1000 名专门从事人工监测和移除非法广告,所监视的虚假广告逐年上升。[21] 而"魏则西事件"充分说明,在我国即便像百度这样的领军企业也并未自发对消费者保护予以重视,互联网产业的发展带有强烈的野蛮生长特征。在保护消费者权益、塑造公平诚信的网络环境方面,市场的自发调节是严重失灵的,而"审核"标准赋予运营商过度的责任豁免。据此,一旦特定广告模式中基于广告数量、广告来源、呈现方式等事实与技术原因,运营商较难审核广告内容,则只需要承担《办法》第 26 条、第 27 条规定的行政责任。但仅依行政监管,难于实现对互联网广告活动的有效规范。这不利于运营商在探索新的广告模式的同时,兼顾自身行为的合法性、合理性,并结合技术手段、法律途径,保护消费者正当权益。

相较而言,"呈现"标准增加了运营商对广告相对方资质和广告内容方面的审核义务,并通过对公众认知的兼顾,将运营商的广告行为置于适度的民事责任与普遍的公众监督之下。在此标准下,运营商就不能一味探索规避自身责任的广告模式,不论其所采广告模式或与广告主的具体关系为何,必须始终将公众认知作为自身行为合法与否的评价标准。同时,在最终呈现界面的运营商作为广告发布者的情况下,可能并不

---

[20] See Peter B. Maggs, Abusive Advertising on the Internet (SPAM) under United States Law, 54 Am. J. Comp. L. 2006, p.396.

[21] See Alistair Barr: Google Disabled 49% More Ads in 2015, The Wall Street Journal, Jan 21, 2016, at〈http://blogs.wsj.com/digits/2016/01/21/google-disabled-49-more-ads-in-2015/〉, last access:01/07/2017.

直接呈现广告内容而经由广告主委托而就广告位进行集中竞价并向运营商投送广告的广告需求方平台,仍应依《广告法》第 2 条第 3 款和《办法》第 14 条第 1 款被认定为广告经营者。如此界定,符合《广告法》对广告发布者和经营者的区分。㉒ 同时,在新的商业模式探索中,各种互联网运营商就有动力将广告活动的合法性作为必须兼顾的内容,从而提升注意义务或者通过责任保险等途径分配可能的民事责任,最终有利于互联网广告活动的规范与互联网广告产业的健康发展。

2. 便利消费者保护和维权

保护消费者合法权益是《广告法》的重要立法目标,也是我国互联网法律秩序建设中必须着力解决的内容。但《办法》基于行政规范性文件的性质,突出了对互联网广告的行政监管,却并未将消费者权益保护充分考虑在内。

互联网广告的重要特征之一是参与主体的多元性和法律关系的复杂性。㉓ 特定广告活动中,能够控制广告发布和审核广告内容的主体往往并不容易具体确定。在"审核"标准下,运营商是否构成广告发布者,影响因素是其与广告主等合同相对方的内部关系或特定的广告模式,而非消费者感知。在《办法》所建立的认定标准与责任体系下,消费者是否将特定主体认定为广告发布者从而增加对广告内容的信赖并非广告发布者的认定考量因素。在程序化购买等模式中,最终向消费者呈现广告的媒介方平台成员并不需要承担面向消费者的民事责任,《办法》甚至未能明确其向消费者告知广告主信息的披露义务。这不利于消费者因广告内容虚假而受到损害时及时、有效进行追诉并获得赔偿,反而鼓励了运营商通过复杂的广告模式和合同关系,规避对消费者的民事责任。

最终直接向消费者推荐特定商品或服务的运营商究竟采何种广告模式、其与广告主之间究竟为何种法律关系或是否有其他中介主体,并非消费者所能认知的内容。此时,法律在互联网秩序构建中有两种选择:一种是提升消费者的注意义务而默认互联网广告不可信赖的事实,一种是促进广告内容的诚实信用。我国互联网上充斥假冒伪

㉒ 依"呈现"标准,《办法》第 14 条第 1 款将广告需求方平台作为广告发布者并不合理,但将其作为广告经营者则《广告法》对广告经营者的定义,也与广告需求方平台在程序化购买中的实际作用相称。Craig Dempster 等,见前注 4,页 29。此外,国外也有研究将网络用户之外的互联网广告活动所涉主体分为三类,即 Adviser、Publisher 和 Ad-Firm,外延上大致分别对应我国《广告法》上的广告主、发布者和经营者。其所认定的发布者即提供广告展示的实际位置的主体,而将从广告主处集中收集广告并予以投放的主体即广告需求方平台归于广告经营者。Subodha Kumar,见前注 3,页 41—42。

㉓ 参见刘双舟:"广告法修订中的互联网困境",载中国法学网,网址:⟨http://www.iolaw.org.cn/showNews.aspx?id=44024⟩,2017 年 7 月 1 日最后访问。

劣的事实与公众评价[24],实际表明现行法律秩序实现的是第一种标准,即消费者应当"明知"互联网广告不可靠,应予谨慎对待。[25] 但这实际上是对互联网广告资源的巨大浪费[26],也没有考虑到消费者判断能力不同的客观现实,更非法律所应追求的市场目标。相反,尽管广告内容的审核在特定模式下有较大成本[27],但为产业健康发展和处于弱势的消费者保护考虑则值得鼓励。而且,相对于消费者,运营商显然具有更高的合法性判断与风险分担能力,"呈现"标准维系了消费者感知与运营商责任的统一。在更广阔的视域内,广告是影响整个社会、经济、文化的重要因素[28],而互联网广告本身就是整个互联网内容和生态的组成部分,广告活动应当符合诚实信用等价值准则。[29] 通过"呈现标准"提升运营商的注意义务,能够改良互联网世界的诚信度[30],从而促进互联网产业的健康发展,这与《办法》本身的立法目标也是一致的。

四、互联网广告发布者的责任配置

互联网广告法律关系中涉及三方主体:广告主、广告发布者、消费者。何种主体构成法律意义上的广告发布者,并非纯粹的概念与外延之争,而是为了与相应的权利义务相衔接。综合来看,互联网广告发布者的法律责任可以从私法与公法两个维度,分为民事责任与行政、刑事责任。

---

[24] 2006年,中国消费者保护协会发布的《广告公信度调查报告》表明,超过2/3的网民对商业广告不信任,2/3的被调查对象表示受到过虚假违法广告的伤害,参见姚芃:"2/3被访者受过虚假广告伤害",载《法制日报》2006年9月5日,第6版。国家工商总局2013年3月至12月监测抽查的105.6万条各类网络广告中,共发现严重违法广告34.7万条次,约占监测总量的32.9%,参见马津:"总局召开互联网广告监测监管情况通报会议",载《中国工商报》2014年1月15日,第1版。

[25] 当然,国外也有实证调查表明,公众倾向于认为互联网相对于其他媒体受政府的管控较低,并将此与危害或骚扰广告相联系,see Yann Truong and Geoff Simmons, Perceived Intrusiveness in Digital Advertising: Strategic Marketing Implications, Journal of Strategic Marketing, 18:3, 2010, p.247.

[26] 参见周粒粒:"虚假广告界定的法律经济学分析",载《中南财经政法大学研究生学报》2007年第5期,页68。

[27] 广告审核所增加的是广告主体的成本,但就社会总成本而言则仍较消费者的具体审核更经济,参见张保红:"论虚假广告发布者侵权责任",载《河南财经政法大学学报》2015年第2期,页126。

[28] See Arthur Asa Berger, Ads, Fads, and Consumer Culture: Advertising's Impact on American Character and Society, Rowman & Littlefield, 2015, p.4.

[29] See Constantin SASU, Geanina Constanta PRAVAT and Florin-Alexandru LUCA, Ethics and Advertising: Literature Review, Practical Application of Science. 2015, Vol. 3 Issue 1, p.516—517.

[30] 比较法上,美国联邦贸易委员会即将保证互联网作为广告媒介的可信度作为其互联网广告规制的目标之一,参见美国联邦贸易委员会网站,网址:〈https://www.ftc.gov/tips-advice/business-center/guidance/advertising-marketing-internet-rules-road〉,2017年7月1日最后访问。

（一）民事责任

广告发布者的民事责任类型多样，《广告法》第 69 条的规定在互联网环境中适用。[31] 但《广告法》予以详细规定和在互联网环境中值得特别讨论则首先是广告虚假造成消费者损害时，广告发布者面向消费者所承担的责任。此外，《办法》并未涉及但与定向广告技术密不可分的消费者信息的保护问题，应在体系解释中予以重视。

1. 虚假广告责任

广告发布者的虚假广告责任主要体现于《广告法》第 56 条。该条第 1 款规定了广告发布者的信息告知义务与先行赔偿责任，第 2 款、第 3 款规定了其连带责任。综此而言，广告发布者的民事责任有以下特征：

（1）广告发布者并非最终责任人。《广告法》第 56 条第 1 款第一句规定，广告主是广告民事责任的最终责任人。广告发布者作为媒介，并非最终责任主体。该条第 1 款所称"先行赔偿"责任，一方面以其不能提供广告主有效信息为前提，另一方面也区别于连带责任，在其能够提供有效信息的前提下，即便广告主赔偿不能，发布者亦不承担补充责任或连带责任。而该条第 2 款、第 3 款规定的连带责任，依《侵权责任法》第 14 条，其亦可以向广告主全额追偿。除非极端情况下，广告发布者自主增加虚假广告内容或对广告主发布虚假广告有所教唆，否则其对由于广告内容虚假造成的损害不应承担最终责任。广告发布者并非最终责任人，意味着其合理规避民事责任风险的主要和有效方式是审核合同相对方的名称、地址、联系方式等便利消费者和自身追偿的信息，除必要管理成本外，其实质风险只是连带责任追偿不能时的自己责任。

（2）广告发布者连带责任的限制。连带责任较之以不能提供广告主有效信息为前提的先行赔偿责任，区别在于在广告主赔偿不能的情况下由何种主体承担虚假广告损害，以及程序设置是否便利消费者维权。广告发布者需要向消费者承担的连带责任，有严格的适用条件，限于关系消费者生命健康的商品或服务，或发布者明知、应知广告虚假的情况。《办法》第 6 条再次明确了对特殊商品或服务广告的审查前置程序[32]，实际上广告发布者承担连带责任的情形有限。在互联网广告中，对于并非由运营商在其界面直接向用户推荐而经由链接导向的广告主界面的内容，运营商不作为广告

---

[31]《广告法》第 69 条所涉及的利用广告进行不正当竞争、侵犯他人知识产权的情况，如搜索引擎关键字搜索侵犯商标权、构成不正当竞争的问题，近年国内外已有诸多讨论，《北京市高级人民法院关于涉及网络知识产权案件的审理指南》等文件中也有详细的解释意见，本文不予赘言。

[32]《办法》第 6 条规定："医疗、药品、特殊医学用途配方食品、医疗器械、农药、兽药、保健食品广告等法律、行政法规规定须经广告审查机关进行审查的特殊商品或者服务的广告，未经审查，不得发布。"与此相应，本文认为，如互联网广告发布者履行了前置审查程序，并向广告审查机关充分披露了广告内容和形式并向消费者作出有效公示，则可以免除此类广告造成消费者损害的连带责任。当然，《广告法》第 56 条第 1 款有关先行赔偿的规定依然适用。

发布者,这也限缩了广告发布者承担对象的范围。㉝ 此外,尽管《广告法》本身并未明确,但依照侵权法基本法理,个案中主张虚假广告损害赔偿的消费者必须证明虚假广告与损害之间的因果关系,不能过分夸大广告内容对消费行为的劝导力,更不能将广告之外的产品或服务责任等同于虚假广告损害赔偿责任。㉞ 换言之,广告发布者承担连带责任的责任范围和因果关系都对其民事责任有所限制。

广告发布者承担损害赔偿责任的上述特征,意味着即便采前述"呈现"标准,也不会对互联网运营商和互联网广告产业的发展造成障碍。对合同相对方资质的审核,本身就是运营商缔结广告发布合同的应有内容。而连带责任适用的条件限制和责任承担的非终局性,更能有效限制企业的经营风险。但是,这依然要求运营商必须对广告主资质作出有效评估,而不能置身事外,放纵虚假广告的泛滥。

广告发布者的认定及其规制,应当考虑完善对消费者民事责任承担的完善。㉟ 互联网广告活动涉及多方主体,各主体责任设置均需以实现《广告法》第1条的立法目标为据。㊱《办法》采"审核"标准限制互联网广告发布者的外延,在程序化购买等广告模式中将媒介方平台排除在民事责任体系之外,广告活动规范在很大程度上依赖行政监管而非民事责任对广告发布者的约束,不利于发挥司法对广告活动的规范,也造成消费者怠于索赔和维权不利。㊲ 从体系解释上看,最终向消费者呈现广告的运营商构成

㉝ 在解释论上,此时运营商可能构成链接导向界面的广告发布者的帮助行为人。是否采此解释乃至在立法上明确运营商的此种较为宽泛的民事责任,取决于立法和司法机关对充分保护消费者与减轻运营商经营风险的权衡。考虑到广告发布者对于由其发布和呈现的内容尚不一概承担帮助侵权意义上的连带责任,举重以明轻,运营商不应一概就其并非作为广告发布者的广告主界面的内容承担连带责任,对此的详细讨论参见王玉凯:"互联网广告中运营商民事责任认定的类型化研究",载《南京大学法律评论》2017年春季卷,法律出版社2017年版,页178—180。

㉞ 参见姚辉、王毓莹:"论虚假广告的侵权责任承担",载《法律适用》2015年第5期,页7。有观点认为,产品价格中包含了广告费用,购买商品和服务的消费者相当于购买了虚假广告,虚假广告损害赔偿中因果关系的认定应变信赖因果关系为买卖因果关系。张保红,见前注27,页128。此种标准会造成广告发布者责任的过分扩大,并混淆了产品责任与广告责任。依《侵权责任法》第42条、第43条,产品责任的连带责任人是销售者。对于虚假广告责任,《广告法》的规定相对于《侵权责任法》是特别法,《广告法》第56条有关广告发布者责任的规定优先于《侵权责任法》第9条有关帮助侵权的一般规定适用。在事实层面,广告发布者通常并无与广告主就广告内容的意思联络,通常也没有发布虚假广告的故意,而只可能存在审核不力的过失。在价值判断层面,《广告法》之所以就广告发布者作出不同于一般帮助侵权人的责任类型与限制,实际是要在保证消费者权益的同时,适度限定广告发布者的责任。与之相应,因果关系的认定以发布行为与损害结果之间的关系为据,而不能扩展到产品责任。

㉟ 参见赵炬:"论媒介对虚假广告应承担的民事法律责任",载《当代法学》2003年第10期,页139。

㊱ "虽然从理论上说,对广告制作、发布等的任何一个环节予以控制,虚假广告就可以得到抑制,但现实的情况表明,控制一个环节以堵漏是不可能的,通过多环节的控制设定一张较严密的网是必要的",引自应飞虎:"对虚假广告治理的法律分析",载《法学》2007年第3期,页84。

㊲ 参见于林洋:"虚假广告泛滥根源的法经济学解释",载《经济问题探索》2007年第7期,页77—78。维权成本高造成消费者怠于维权而虚假广告难于受到司法制约的恶性循环。

对广告主的帮助,且其直接从帮助行为中获利而并非中立的信息服务提供者。对比《侵权责任法》第9条有关帮助侵权的法理,其不作为广告发布者承担一定责任,也显然有违外在规范与内在价值的体系性。"呈现"标准较之"审核"标准,与民事责任体系更加契合。

2. 消费者个人信息保护责任

互联网广告的重要特征是定向性,而决定定向准确度与覆盖面的关键因素是数据的来源和质量[38],这首先依赖对消费者个人信息与浏览记录等内容的确认与跟踪[39]。在此过程中,存在对消费者个人信息的不当获取和利用风险[40],消费者的信息保护应当成为广告发布者等互联网广告参与主体从事互联网广告活动中应予注意的内容[41]。从比较法上看,欧盟以隐私与电子通讯指令(Directive on Privacy and Electronic Communications)和即将付诸实施的一般数据保护条例(General Data Protection Regulation)为主干,构建起严密的个人信息保护基础,前者序言第25项特别规定了运营商使用Cookie技术的要求。[42] 基于其自由贸易立场,美国至今为止并无就消费者信息的完整的保护规定,美国法院在实践中也倾向于认为以隐私权为诉由的消费者主张让位于互联网行业发展。[43] 但其在特殊领域已有调整规范,如《儿童在线隐私保护法案》(Children's Online Privacy Protection Act)。[44] 美国互联网广告协会等商业团体也在探索在线广告和跟

---

[38] 参见刘鹏、王超:《计算广告:互联网商业变现的市场与技术》,人民邮电出版社2015年版,页97。

[39] Mike Smith,见前注9,页72。

[40] See Joanna Penn, Behavioral Advertising: The Cryptic Hunter and Gatherer of the Internet, 64 Fed. Comm. L. J. 2011—2012, pp. 605—609. 程序化购买下,运营商对消费者信息的跟踪是通过程序设置实时、自动完成的,并无人为干预因素。但一方面,程序性干预最终还是在运营商的控制之下,存在运营商不当获取信息和滥用跟踪技术的可能;另一方面,即便运营商将对个人信息的使用严格限定在广告投送范围内,也存在消费者知情和选择的问题。

[41] Khaled Moustafa,见前注5,页294。

[42] 参见欧盟网站数据隐私(Digital Privacy)专栏,网址:〈https://ec.europa.eu/digital-single-market/en/online-privacy〉,2017年7月1日最后访问。

[43] 参见于莹、石浩男:"Cookie跟踪中的隐私权保护——美国经验与中国选择",载《求是学刊》2015年第1期,页92。

[44] 这一法案是以13岁以下儿童为目标的网站经营者或网络服务提供者,以及其他知道其在从13岁以下儿童处收集个人的主体规定了特定要求,来源:美国联邦贸易委员会,网址:〈https://www.ftc.gov/enforcement/rules/rulemaking-regulatory-reform-proceedings/childrens-online-privacy-protection-rule〉,2017年7月1日最后访问。美国法上其他现行有关个人隐私的法律规定见George R. Milne, Digital Privacy in the Marketplace: Perspectives on the Information Exchange, Business Expert Press, 2015, pp. 106—107.

踪行为的行业自律规范。㊺ 更重要的是,隐私保护缺失和互联网广告对个人信息的利用现状已经引起美国消费者的不满。㊻ 学者也认为,行业自律已经不足以充分保护消费者隐私而有必要强化立法干预。㊼

我国的司法实践中已经出现了与定位广告对用户个人信息利用的争议即"百度与朱烨隐私权纠纷案"。㊽ 该案二审法院认为,基于 Cookie 技术的个性化推荐行为不构成消费者隐私权的侵犯,同时,法院也在判决中表明其价值取向,即应当"正确把握互联网技术的特征,妥善处理好民事权益保护与信息自由利用之间的关系,既规范互联网秩序又保障互联网发展"。该案发生时,我国尚无有关个人信息保护的专门规定,原告诉讼请求和争议焦点以隐私权的认定为主。此后,2013 年 10 月修正后的《消费者权益保护法》第 14 条和第 29 条分别申明了消费者个人信息受保护的权利以及规定了经营者收集、使用消费者个人信息的要求。2017 年 6 月 1 日起实施的《网络安全法》第四章专门规定了"网络信息安全",就网络运营者收集、利用个人信息作出了明确规定。自 2017 年 10 月起实施的《民法总则》第 111 条规定了自然人的个人信息受保护,且对照该法第 110 条可见,此项权利不同于隐私权。

产业界有观点认为,我国程序化购买广告市场发展进程慢于美国,独立的数据管理平台发展滞后,其原因之一即"国内关于用户数据运用的限制仍旧界限模糊",导致数据的公开自由流转受限。㊾ 所以,明确互联网运营商利用消费者个人信息的范围和方式,不仅是出于保护消费者的考虑,同样有助于运营商的技术开发与商业模式安全。

㊺ 参见孟茹:"美国在线行为广告的自律规制研究",载《新闻界》2016 年第 10 期,页 62—64。实践中,政府特定部门也会对行业自律进行提供指导原则,如美国健康、教育和社会福利咨询委员会就自动信息系统(Automated Data Systems)确立的合理信息实践准则(The Code of Fair Information Principles):公开、个人参与、收集限制、数据质量、使用限制、安全、责任;负责实施联邦隐私法案的美国联邦贸易委员会确立的信息实践准则:通知、同意、获取、安全。此类准则对于行业自律有参考价值,美国联邦贸易委员会也会监督特定行业是否能够实践此类准则。George R. Milne,见前注 44,页 111—113。

㊻ See Debra Zahay, Digital Marketing Management: A Handbook for the Current (or Tuture) CEO, Business Expert Press, 2015, pp.108—109.

㊼ See J Zukina, Accountability in a Smoke-Filled Room: The Inadequacy of Self Regulation Within the Internet Behavioral Advertising Industry, 7 Brook. J. Corp. Fin. & Com. L. 2012—2013, pp.290—294. 文中随后介绍了美国法上调整互联网环境中消费者隐私保护的立法动议,如信息安全与违约通知法案(Data Security and Breach Notificaiton Act of 2011),禁止在线跟踪法案(Do-Not-Track Online Act of 2011)以及消费者隐私权法案(The Consumer Privacy Bill of Rights 2012)等,可见美国实践中对于互联网环境下消费者信息的调整也确实在从行业自律到强化监管的方向转变。

㊽ (2013)鼓民初字第 3031 号,(2014)宁民终字第 5028 号。该案一审判决认为,"隐私权是自然人享有的私人生活安宁与私人信息依法受到保护,不被他人非法侵扰、知悉、搜集、利用和公开的权利……百度网讯公司利用 cookie 技术收集朱烨信息,并在朱烨不知情和不愿意的情形下进行商业利用,侵犯了朱烨的隐私权",二审法院则认为,个性化推荐行为不构成侵犯朱烨的隐私权。

㊾ 参见艾瑞咨询:《中国 DSP 行业发展趋势报告:2015 年》,网址:〈http://www.iresearch.com.cn/report/2543.html〉,2017 年 7 月 1 日最后访问。

从体系解释的角度,互联网广告发布行为应当构成上述法律法规的调整对象,广告发布者收集和利用个人信息,应当遵循《消费者权益保护法》第 29 条、《网络安全法》第四章就个人信息利用所作规定。参酌前述比较法上的经验,在明确征得消费者同意的基础上,对于程序化地使用消费者信息的行为,应予认可。《办法》第 13 条规定互联网广告可以以程序化购买广告的方式发布,等于间接肯定了此种个人信息收集为必须的广告模式。以前述法律为解释论基础,程序化广告中对消费者个人信息的利用应依法进行。2014 年 3 月,中国广告协会互动网络分会制定了《中国互联网定向广告用户信息保护行业框架标准》,规定了此类广告中信息使用的准则,但其具有行业自律性质,效力有限,所规定的用户信息的外延也存在局限。[50] 而为向消费者与广告发布者表明各自的权利义务范围,《办法》的后续完善宜就定向广告中可得利用的用户信息及利用方式作出直接和具体说明。[51]对于不当利用消费者个人信息的广告发布行为,互联网经营者应当承担相应的停止侵权等民事责任。

(二) 行政责任与刑事责任

《广告法》与《办法》详细规定了广告发布者的广告活动规范与相应的行政责任。依《广告法》第 55 条第 3 款、第 4 款、第 56 条第 3 款、第 58 条第 3 款、第 59 条第 2 款,以及《刑法》第 222 条,广告发布者承担行政责任与刑事责任以其明知或应知广告虚假或存在其他违法行为为前提。这就意味着,即便采"呈现"标准,也并不会导致广告发布者行政与刑事责任认定标准的降低,不会增加运营商公法上责任的扩张。

值得注意的是,依《广告法》第 57 条和《办法》第 5 条、第 21 条,互联网广告发布者违反禁止发布广告的商品或者服务的规定,承担行政责任不以其明知或应知为前提,而此类违法行为的责任较重,甚至包括吊销营业执照和广告发布登记证件。在传统广告中,排除主观要件考察有利于对此类广告的严格管控。[52] 但与传统广告模式不同,互联网广告中确实存在发布者非出于故意而难以完整、准确核对具体广告的情况,这与采"呈现"或"审核"标准无关。即便采最为严格的审核要求,只要广告模式中广告主对发布内容存在一定的自主性,理论上发布者就存在非出于故意而监控不能的风险。此时,在民事责任中基于保护消费者,对于信息提供和先行赔偿责任,可以不考察发布者的主观要件。基于民事责任的责任方式,不会对发布者造成严重影响。但鉴于行政乃至刑事责任的严重性,即便对于禁止发布广告的内容,发布者的责任承担也应以明知或应知违法行为存在为要件,尤其是对第 57 条所谓"情节严重"宜采严格限制。如

---

[50] 参见杨秀:"大数据时代定向广告中的个人信息保护——《中国互联网定向广告用户信息保护行业框架标准》分析",载《国际新闻界》2015 年第 5 期,页 144—148。

[51] 参见朱芸阳:"定向广告中个人信息的法律保护研究——兼评'Cookie 隐私第一案'两审判决",载《社会科学》2016 年第 1 期,页 109—110;张晓阳:"基于 cookie 的精准广告投放技术及其法律边界刍议:以朱烨诉百度公司隐私权纠纷为视角",载《电子知识产权》2015 年第 9 期,页 86—87。

[52] 传统媒体中,此类责任的适用亦应严格限制。应飞虎,见前注 36,页 86。

此,在广告主自行设置、修改广告内容或经由链接导致发布者界面与广告主界面并不存在清晰界限的情况下,发布者就不致因过失而承担被吊销营业执照、广告发布登记证件等严重处罚。如此,可以将发布者的风险控制在合理程度,不至于过分限制广告模式选择和广告业的正常发展。

综上,应采"呈现"标准定义广告发布者,以实现对虚假广告中受损害的消费者的充分救济;应采严格的主观要件标准,限缩广告发布者承担行政乃至刑事责任的范围,以保证互联网广告产业的正常发展。换言之,互联网广告发布者承担民事责任与行政、刑事责任的主观要件标准应有区别,以实现特定的规范目标。可得补充的是,《广告法》与《办法》的主要规范对象是特殊商品或服务的广告与虚假广告,以及广告行为本身。但在更宽泛的视域内,广告对于整个社会经济文化的影响远不止于此。例如,有实证研究表明,食品广告对消费者尤其对容易受广告影响的儿童的身体健康有重要影响。㊼ 与此相关地,我国《食品广告管理办法》仅在第三条中概括性地规定,"食品广告内容必须真实、健康、科学、准确,不得以任何形式欺骗和误导消费者"。但何所谓"健康、科学",由何种主体进行判断及如何落实,则并不明确。《食品安全法》也只是在第73条中概括规定食品广告应当真实合法。相较于传统媒体,互联网广告在内容和受众上更加难于限制。在完善前述重点类型广告的基础上,依据科学调研和对广告受众的进一步区分作出相应的调整规范,应是互联网广告法规未来的完善方向。

五、结论

本文认为,互联网广告发布者的认定不应以运营商是否能够核对广告内容为标准,而应采"呈现"标准,将消费者感知考虑在内。运营商需要对呈现于其界面的广告内容承担广告发布者责任。《广告法》对广告发布者民事责任的非终局性规定能够有效限制广告发布者的经营风险。而司法实践与规则完善中,对于广告发布者承担行政、刑事责任则应采严格的主观要件,避免在特定广告模式中运营商在客观上不知广告内容违法的情况下面临被吊销营业执照等较大风险。在此限定下,采"呈现"标准并据此完善广告发布者的责任体系不会对互联网广告产业的健康发展造成障碍,而有利于规范广告活动和保护消费者权益。

互联网广告发布者的认定与责任,在规范意义上事关既有价值判断结论与规则体系在新环境中的适用,也是法律与技术、经济关系的一个缩影。面对日新月异的技术进步与不断丰富的经济样态,法律总是不免滞后。而技术的进步和相关经济的发展,至少在短期来看有排斥法律干预的倾向,尤其是《广告法》这种以市场秩序与消费者保护等传统价值目标为取向的规则。资本具有迫切的逐利性,企业对利用新技术探索和

㊼ See Barrie Gunter, Food Advertising: Nature, Impact and Regulation, Palgrave Macmillan, 2016, pp. 135—138.

完善盈利模式具有敏锐嗅觉,对公平、诚信等基本价值追求和弱势消费者的保护却并无相当关切。但技术进步和新的经济模式,在法律面前却并不具有相对于基本价值目标的当然优势。互联网广告法律秩序的构建,依然应当以诚实信用的广告内容和对消费者信赖的有效保护为基本取向。我国互联网产业要实现从野蛮生长到持续繁荣的转变,秩序构建与责任承担是互联网运营商必须重视的成本。

论"通知—删除"规则的重构
——从版权到其他领域的思考

秦 洋[*] 盛星宇[**]

摘要：发端于网络著作权领域的"通知—删除"规则，建立在数字复制传播的匿名性、快速性以及界权成本相对较低的基础之上。"通知—删除"规则本身属于诉前措施，未经司法程序对行为进行认定而采取相关措施，本身就需要慎重，而"通知—删除"规则通过反通知、错误删除的责任承担制度来进行调整，以避免出现规则滥用的现象。商标、专利领域并不具有数字复制领域的特征，而且在商标、专利领域"通知—删除"规则并未建立反通知制度、错误删除的责任承担制度等来进行权利义务平衡，导致规则滥用现象明显。以商品实物为载体的商标、专利领域通过一般规则完全能够解决侵权问题。退一步而言，如果在商标、专利领域建立"通知—删除"规则，需要通过形式要求、反通知、担保等制度构建来平衡各方权利义务。

关键词：通知—删除规则 权利滥用 反通知 错误删除

Reconstruction of "Notice-and-Takedown" Rule: A Reflection from Copyright to Other Fields

Abstract: The "notice-and-takedown" rule, which originated in the field of network copyright, is based on the anonymity, fastness and relatively low delimitation cost of digital replication. The rule itself is a pre-action measure, and it re-

---

[*] 秦洋，北京大学法学院2016级硕士研究生，研究方向：知识产权法。
[**] 盛星宇，北京大学法学院2014级硕士研究生，研究方向：知识产权法、网络法。

quires careful consideration to judge the conduct and adopt relevant measures in the absence of judicial process. In order to avoid the phenomenon of abuse, the "notice-and-takedown" rule is adjusted by counter-notification and the responsibility of incorrect deletion. However, trademark and patent fields do not have the characteristics of digital replication, and in those fields, there is neither counter-notification nor the responsibility of incorrect deletion to balance the rights and obligations, which leads to obvious abuse of the "notice-and-takedown" rule. The trademark and patent fields, using physical commodity as a medium, can solve the problem of infringement completely by general rules. To say the least, if we establish the "notice-and-takedown" rule in those two fields, it is necessary to balance the rights and obligations of the parties through form requirements, counter-notification, guarantee and so on.

Key words: "Notice-and-takedown" Rule, Abuse of Rights, Counter-notification, Incorrect Deletion

一、引言

发端于网络著作权领域的"通知—删除"规则,被视为网络侵权中对权利人最便捷有效的救济手段。① 近年来的立法表明,"通知—删除"规则已被用作平衡网络服务提供者、权利人二者之间权利义务关系的最重要的制度,尤其是《侵权责任法》第 36 条将该规则上升到一般侵权的概念项下。而目前公布的《电子商务法(草案)》第 54 条、《专利法修订草案(送审稿)》第 63 条亦将明确引入这一规则。

但从现行立法来看,《侵权责任法》第 36 条规定得过于原则,甚至在通知的具体条件要求、反通知机制、错误删除的责任后果等配套制度方面处于"缺位"状态,无疑给"通知—删除"规则的适用带来了诸多不确定性。这种一般化的制度设计,一方面考虑

---

① 参见刘波林:"关于《信息网络传播权保护条例》的几点感悟",载《电子知识产权》2006 年第 8 期,页 27。

了网络侵权各领域中立法目的②、运作模式③等方面的相似性;另一方面却忽视了不同客体之间的独特属性,以及由此导致的界权成本差异。不同边界的权利却采用相同的标准,其后果只能是造成各方主体之间权利义务的不平衡。依照目前的制度设计,权利人能够在不承担诉前禁令的举证责任、担保义务的条件下,享有等同于"诉前禁令"效果的"救济"。④ "通知—删除"规则也可能由此沦为权利人"敲竹杠"乃至打击竞争对手、实施不正当竞争行为的工具。今年2月,阿里巴巴公司宣布因杭州网卫公司大量虚假恶意投诉,在全平台停止受理该公司代理的任何知识产权投诉,并以不正当竞争为由将之诉诸法院。⑤ "通知—删除"规则之滥用现象由此可见一斑。合理的制度安排应当有效平衡权利人、网络服务提供者以及网络用户之间的利益。"通知—删除"规则由网络版权侵权向一般网络侵权的扩张适用有无合理性?在规制权利滥用的语境下,需要进一步厘清"通知—删除"规则的适用困境、完善机制等问题。

二、我国的"通知—删除"规则体系及其问题

(一) 从著作权侵权到一般网络侵权的扩张

"通知—删除"规则最早见于2000年最高人民法院出台的《关于审理涉及计算机网络著作权纠纷案件适用法律若干问题的解释》之中。该司法解释第8条第2款同时规定,著作权人对不实警告所造成的损失应承担赔偿责任。2005年国家版权局、信息产业部联合发布的《互联网著作权行政保护办法》在"通知—删除"规则外,第一次提出了"反通知"规则。根据该《办法》第7条,网络服务提供者根据内容提供者不侵权的"反通知"而恢复被移除的内容,对该恢复行为不承担行政法律责任。但从效力层面看,《互联网著作权行政保护办法》属于部门规章,仅具有行政法的效力,而不具有民事

---

② 就立法目的而言,为了减少网络侵权行为的发生,立法中通过"通知—删除",鼓励网络服务提供者配合权利人维权,激励网络服务提供者与权利人合作以遏制网络侵权行为的蔓延。这一方面是对"避风港原则"的限制,避免网络服务提供者助长侵权行为的发生;另一方面也为权利人提供了强有力的及时救济,甚至在某种程度上是超越司法性的救济。关于"通知—删除"规则具有超司法程序之性质的观点,可参见梁志文:"论通知删除制度——基于公共政策视角的批判性研究",载《北大法律评论》〈第8卷第1辑〉,北京大学出版社2007年版,页169。

③ 从运作模式来看,各类型的网络侵权行为多由第三人利用网络服务提供者所提供的平台实施。用户在平台内发布信息、上传作品、从事商品交易等,而平台可对第三人的行为进行一定的控制,如删除信息、断开连接等。

④ 这实际上架空了《民事诉讼法》第100条、《专利法》第66条等确立的诉前禁令制度。参见董笃笃:"电子商务领域知识产权权利警告的规制",载《知识产权》2016年第4期,页72。

⑤ 参见《国内首例电商平台状告"知产流氓"案在京立案 阿里正式起诉杭州网卫公司索赔110万》,资料来源:⟨http://www.legaldaily.com.cn/Finance_and_Economics/content/2017-02/14/content_7012449.htm⟩;2017年6月16日最后访问。

司法的效力。⑥ 2006年颁布的《信息网络传播权保护条例》,在行政法规层面进一步规定了"通知—删除"规则,确立了这一规则在我国著作权法领域的适用。《条例》通过六个条文的规定,构建了"通知—删除并转通知—反通知—通知错误赔偿责任"⑦的规则体系,也是目前为止对该规则规定最为完善的法律规范。

2010年实施的《侵权责任法》第36条将"通知—删除"规则上升到"法律"层面,并将其适用范围由一开始的著作权领域,扩张到了包括人身权、其他财产权在内的一般网络侵权领域。也正是由于要适用于一般化的网络侵权行为,其中涉及表达自由与公民合法权益保护,个人权利保护与互联网产业发展,社会公众的知情权、监督权与公众人物隐私权、名誉权等多方面的冲突与博弈,对于是否应全面规定所有类型的网络服务提供者的责任以及责任的严苛程度等,立法过程中存在极大争议。⑧ 最终的《侵权责任法》第36条仅作出了原则性规定,对"通知—删除"规则中的反通知机制、通知错误的赔偿责任等均付诸阙如。这样的制度安排,造就了《侵权责任法》所建立的"通知—删除"规则在规制权利滥用方面存在天然的制度缺失。此后,2014年最高人民法院出台的《关于审理利用信息网络侵害人身权益民事纠纷案件适用法律若干问题的规定》,就《侵权责任法》第36条所规定的"通知"的形式要件、网络服务提供者采取措施的"及时"性判断、"通知"发出后的法律后果,以及因通知进行错误删除后的责任等问题进行了补充规定。⑨

虽然《侵权责任法》将"通知—删除"规则扩展到了一般网络侵权,不过实践中对该规则的适用大多集中在知识产权领域。"通知—删除"规则起源于著作权领域,而专利、商标同著作权一样,具有非物质属性,容易被"复制"侵权,同时二者在权利属性上也与著作权一样是排他性权利,网络环境尤其是电子商务领域中的商标侵权、专利侵权适用"通知—删除"规则被认为是理所当然。⑩ 近年来新一轮的知识产权修法更是尝试将"通知—删除"规则全面纳入知识产权专门法中:《著作权法修订草案(送审稿)》吸收了该基本制度,提出网络服务提供者在接到通知后未及时删除的情况下承担

---

⑥ 《最高人民法院关于裁判文书引用法律、法规等规范性法律文件的规定》第4条排除了部门规章在民事司法中的规范效力。但根据第6条,部门规章根据审理案件的需要,经审查可以作为裁判说理的依据。

⑦ 何琼、吕璐:"'通知—删除'规则在专利领域的适用困境——兼论《侵权责任法》第36条的弥补与完善",载《电子知识产权》2016年第5期,页12。

⑧ 参见张新宝、任鸿雁:"互联网上的侵权责任:《侵权责任法》第36条解读",载《中国人民大学学报》2010年第4期,页18—20。

⑨ 参见《最高人民法院关于审理利用信息网络侵害人身权益民事纠纷案件适用法律若干问题的规定》第5—8条。

⑩ 司法实践中也是如此操作的,例如北京市高级人民法院在2016年4月13日发布了《关于涉及网络知识产权案件的审理指南》,其中"涉及网络商标权部分"的第22条至第25条针对网络平台服务商在商标侵权中如何适用"通知—删除"规则,比照著作权领域进行了详细的规定,对审判起到了一定的指引作用,但该审理指南的法律层级较低。

连带责任而不承担事前审查义务⑪;《专利法修订草案(送审稿)》中再次提及了"通知—删除"规则⑫,但该条几乎照搬了《侵权责任法》中的规定,因而"只是明确了《侵权责任法》第 36 条第 2 款对专利侵权的适用,并不是创设新的规则"⑬。然而,无论是《著作权法修订草案(送审稿)》,还是《专利法修订草案(送审稿)》,都未涉及"反通知"规则、"错误通知"的法律后果等。值得注意的是,2016 年 12 月,经全国人大常委会初步审议的《电子商务法(草案)》第 54 条,确立了"通知—删除"规则在电子商务领域的适用,其中对反通知、错误通知的民事责任等均有规定,并拟通过公示程序规范这一规则的适用。⑭

(二)"通知—删除"规则的滥用及其原因分析

原本为及时有效保护权利人利益而设的"通知—删除"规则,在实践中却存在被滥用之势,主要表现为发出虚假侵权通知,即"权利人"在明知网络用户不构成侵权的情况下,虚构侵权行为而向网络服务提供者发出侵权通知,要求网络服务提供者采取删除等必要措施。其背后的目的,或意图打压、排挤竞争对手,造成竞争对手可能存在侵权的假象,以期垄断市场或实现其他商业目的⑮;或为实现商品销售的渠道管理,进行价格管控⑯;或仅将其作为"敲竹杠"的工具。

"通知—删除"规则何以被滥用?究其原因,在我国目前的"通知—删除"规则体系下,"立法者将更多地目光投向了平衡权利人利益上,而忽略了对其他主体权益的考虑"⑰。天然的制度缺失使得利益的天平在权利人与网络用户之间明显倒向前者,从而滋生出滥用"通知—删除"规则的土壤。具体而言,"通知—删除"规则设计对网络用户权益的忽视主要体现在以下三个方面:

其一,网络服务提供者的"转通知"义务规定不明。《侵权责任法》第 36 条未规定网络服务提供者应权利人"侵权通知"要求删除或断开链接后对相关网络用户的告知义务。《信息网络传播权保护条例》第 15 条虽规定网络服务提供者应在删除或断开链接的同时,将"侵权通知"转送网络用户,但未明确其不及时告知网络用户时所应承担的责任。仅在北京市高级人民法院《关于涉及网络知识产权案件的审理指南》第 24 条

---

⑪ 参见《著作权法修订草案(送审稿)》第 73 条。
⑫ 参见《专利法修订草案(送审稿)》第 63 条。
⑬ 王迁:"论'通知与移除'规则对专利领域的适用性——兼评《专利法修订草案(送审稿)》第 63 条第 2 款",载《知识产权》2016 年第 3 期,页 28。
⑭ 该条第 3 款规定:电子商务第三方平台应当及时公示收到的通知、声明及处理结果。
⑮ 参见易继明:"禁止权利滥用原则在知识产权领域中的适用",载《中国法学》2013 年第 4 期,页 46。
⑯ 例如,当商品在电商平台上的价格远低于线下供应商的价格时,部分商标权人以编造的侵权事实要求电商平台采取删除、断开链接等措施,以实现商品销售渠道的管理,通过价格管控攫取更多市场利润。参见司晓、范露琼:"知识产权领域'通知—删除'规则滥用的法律规制",载《电子知识产权》2015 年 Z1 期,页 92—93。
⑰ 崔越:"论滥用通知行为的法律规制及其完善",载《电子知识产权》2016 年第 10 期,页 72。

中有规定,平台服务商超过合理期限未通知网络卖家,且存在过错,导致网络卖家产生损失的,应当承担赔偿责任。但该《审理指南》仅在北京市高级人民法院内部具有指导意义,缺乏一般化的规范效力。实践中,"网络服务提供商常常在未通知网络用户情况下,就移除了指称侵权的内容"[18],这从根本上剥夺了并未侵权的网络用户寻求救济的机会。

其二,"反通知"规则缺失。尽管《信息网络传播权保护条例》规定了"反通知"机制,但《侵权责任法》以及目前的知识产权各专门法修订草案,均未在法律层面对此加以规定。这一立法漏洞可能导致这样的推论:既然《侵权责任法》在吸收《信息网络传播权保护条例》中的"通知—删除"规则时未规定"反通知"机制,是否意味着著作权以外的一般网络侵权中并不适用这一机制?如果认为"反通知"机制是"通知—删除"规则的应有内涵[19],则网络服务提供者接到"反通知"后的义务该如何确定:若需要恢复被断开的链接,应在多长时间内恢复?若未能及时恢复,网络服务提供者是否需要承担由此给被控侵权的网络用户带来的损失?根据《信息网络传播权保护条例》第17条,网络服务提供商收到合格的反通知后,一方面要"立即恢复"被删除内容,另一方面需将"反通知"转送权利人,权利人不得再重复提起"侵权通知",但该条并未规定网络服务提供商违反此项要求的法律责任。与之类似,《关于审理利用信息网络侵害人身权益民事纠纷案件适用法律若干问题的规定》第8条第2款规定,被错误采取措施的网络用户请求网络服务提供者采取相应恢复措施的,人民法院应予支持,但该条亦未进一步明确当网络服务提供者未及时恢复被删除内容时的责任。另外,若网络服务提供者根据反通知恢复了被删除链接,而后在侵权诉讼中法院认定相关内容构成侵权,此时网络服务提供者是否属于《侵权责任法》第36条第2款所规定的"网络服务提供者接到通知后未及时采取必要措施的,对损害的扩大部分与该网络用户承担连带责任"?毕竟该条款未规定"反通知"的恢复行为与"及时采取必要措施"之间的关系,也未规定恢复链接后产生的损失是否属于"损害的扩大部分"?由此观之,由于"反通知"规则的缺失,权利人与网络用户实质上处于不平等的法律地位,网络服务提供商无需承担因违反"反通知"规则、未及时恢复链接而给网络用户造成损失的法律责任,但却需承担违反"通知—删除"规则给权利人造成损失的法律责任,且在错误恢复侵权内容时亦存在向权利人承担责任之虞。基于此,在缺乏法律责任威慑的情况下,理性的网络服务提供商出于节约运营成本的考虑,即使收到被控侵权人的反通知,也未必会及时恢复相关信息。

其三,因错误通知而"删除"的法律责任不明确。《侵权责任法》第36条没有对因"错误删除"而给被删除人造成损失的法律后果作出规定。虽然《信息网络传播权保

---

[18] 崔越,见前注[19],页73。
[19] 参见杨立新、李佳伦:"论网络侵权责任中的反通知及效果",载《法律科学》2012年第2期,页158。

护条例》第24条规定了权利人对因其通知导致错误删除而给被删除人造成损失应承担赔偿责任,在一定程度上起到了防止通知者滥用"通知—删除"规则的效果[20],但条例未明确网络服务提供者是否需要对错误删除造成的损失负责,尤其是在"侵权通知"不符合法定要件或通知所称侵权明显不成立的情形下。错误通知的法律后果不明确,易导致网络服务提供者为避免向通知人承担责任,而不假思索地对所有通知均采取删除措施,以致助长"通知—删除"规则的滥用。

三、"通知—删除"规则的"追本溯源"

"通知—删除"规则肇始于美国1998《数字千年版权法》(Digital Millennium Copyright Act, DMCA),该法案第二章在美国版权法中增加第512条,其中第512条(c)规定了网络服务商根据用户指示在系统或网络中存储信息时的版权侵权责任限制。[21] 符合以下三个条件时,网络服务商不承担版权侵权责任:一是不具备对侵权行为所需要的认知水平;二是没有直接从侵权行为中获得经济利益;三是在收到声称侵权的适当通知后迅速撤下或阻挡材料的访问入口。所谓不具备相应的认知水平,是指网络服务商实际上不知道侵权,没有意识到侵权行为发生的事实或情况,或在得知或意识到的情况下,就立即撤下或阻挡了侵权材料的访问入口。同时,该规定还确立了适当通知的程序及其有效性规则[22],并为防止发出错误或欺诈性通知制定了配套制度,即"反通知"规则[23]和错误通知的损失赔偿责任[24]。

"通知—删除"规则源自网络版权领域,而我国《侵权责任法》第36条却将之扩张适用于一般网络侵权中。对这一规则的"扩展"是否有其合理性,应结合该规则建立的基础性背景进行判断。换言之,一旦支撑该规则的前提发生了变化,规则的简单"扩展"就将是"无源之水、无本之木"。

(一)"通知—删除"规则的"初衷"

"通知—删除"规则构建的目的是为了解决网络服务提供者在著作权侵权中的责任问题。但"自己责任"是近代民法三大原则之一,其强调民事主体仅因自己行为的过错而承担法律责任。[25] 因而按照传统的"侵权"归责逻辑,为"自己"行为负责才是合理的责任分配规则。在用户利用网络服务实施侵权行为时,权利人应当直接向侵权用户

---

[20] 司法实践中尚未出现适用该条规定的案例,被采取错误"删除"措施的网络用户或出于诉讼成本考虑等而未向通知者主张责任,因而该条规定对滥用"通知—删除"规则的抑制效果可能比较有限。

[21] 《美国版权法》第512条(d)规定了提供信息搜索工具的网络服务商的版权侵权责任限制,其基本规则与第512条(c)对根据用户指示在系统或网络中存储信息的规定基本相同。

[22] See 17 U.S.C.A. § 512 (c) (3) (1998).

[23] See 17 U.S.C.A. § 512 (g) (1) (1998).

[24] See 17 U.S.C.A. § 512 (f) (1998).

[25] 参见孙宪忠(主编):《民法总论》,社会科学文献出版社2004年版,页30—31。

主张权利才符合"传统"的侵权救济逻辑。而对于并未直接实施侵权行为的网络服务提供者何以被纳入责任主体范畴，就要回归到网络环境下著作权侵权的基本特征来理解，既然不能按照传统逻辑来救济，也就意味着传统的救济逻辑在网络环境中处于失灵状态。

数字技术、信息技术的运用使得信息在网络环境中的存储、流通几乎不存在成本。网络对著作权侵权归责的影响，归根结底是来自网络架构的技术特征：分散控制、开放、分组交换、端对端设计等，使得海量信息的存储、检索与作品的低成本、高效率传播成为可能。由此造就了一种互动、多向的传播模式，从而彻底改变了传统技术环境下"点到面"的传播方式。而在信息传播过程中，"网络的匿名性导致信息发布者的自律能力降低、执法者无法及时有效地获得实施违法行为人的身份信息，互联网降低了法律对非法行为的遏制效果"。[26] 人们如果希望对网络环境下的版权侵权行为进行有效规制，则必须清楚地知晓何人在未经权利人许可的情况下在何地实施了何种侵权行为，而网络的匿名性特征阻碍了上述信息的获取。此外，网络技术使得过去必须依靠特殊技术、机器以及资金投入的复制门槛被大大降低，仅仅一台计算机以及接口设备，便能够实现对作品的批量、同质复制；或将其他形式的作品制作成数字化复制件以进行存储、传播，或直接对数字化形式储存的影视作品进行复制等。以数字化形态存在的作品，得以通过互联网技术以数据流的方式快速地在全球信息网络中传播。权利人对于作品控制力的弱化使其无法有效控制作品的传播和使用行为。这些低成本、快捷的复制与传播方式，助长了网络版权侵权行为的发生。

可以看出，网络技术使得权利人向侵权用户主张权利的传统救济手段存在以下障碍：第一，网络的匿名性使得直接实施侵权行为的主体的真实身份难以被发现或发现的成本较高；第二，网络的分散性和快速传播性使得向侵权用户主张权利的救济手段时效性不足。[27] 由此，网络服务提供者成为了替代选择：网络服务提供商利用技术优势，通过收集、处理、提供信息获得经济收益，其对网络空间具有运营与控制能力。相比于确定侵权用户身份时的困难性，网络服务提供者的身份易于确定，而且在赔偿能力上相对于一般侵权用户也更具优势；此外，网络服务提供者能够利用技术优势对其网络服务中的侵权行为采取及时有效的删除、屏蔽措施，避免损害结果的扩大。此种情形下，著作权人为了有效维护自身利益，自然会将网络服务提供者纳入到侵权争议之中。[28] 最直接有效的做法就是让网络服务提供者承担侵权责任，既能从网络服务提

---

[26] 孟兆平、周辉等："网络音乐版权价值实现的路径分析：电商模式构建"，载《电子知识产权》2015年Z1期，页108。

[27] 著作权保护的是权利人对作品传播的专有控制，因而侵权行为对权利人所生损害之高低取决于作品的传播范围。若权利人仅得向直接侵权用户主张权利，则基于网络的分散和快速传播特性，将不可避免地导致作品传播范围、权利人损失的进一步扩大，由此体现出传统救济手段在救济效果上缺乏时效性。

[28] 参见李明德：《美国知识产权法》（第二版），法律出版社2014年版，页440。

供者处填平所生之损害,也可利用其技术优势实现对侵权行为的及时阻断。立法者同样将目光投向了网络服务提供者,若预期通过控制网络服务提供者来预防用户侵权,最有效的方式可能是无论何种情况下均对网络服务提供者课以侵权责任。显然这样的制度设计是不合理的,而多数国家的解决方案是在一定条件下追究或免除网络服务提供者的侵权责任。㉙

除了网络环境下的匿名性与救济手段时效性不足这两个前提外,"通知—删除"规则的建立尚以界权成本相对较低为基础。由于网络服务提供者通过提供网络服务获得了经济利益,自身又具有技术、管理优势,在制止著作权侵权中具有不可替代的作用。从法经济学视角考察,根据侵权法领域著名的汉德公式,"注意义务应当分配至能够以更低成本进行预防的一方"。㉚ 在"通知—删除"规则确立之时,网络环境下的版权侵权主要表现为非法"复制"传播。网络服务提供者接到版权人通知后,无需对作品内容进行实质性分析,而仅需判断作品的传播是否已取得权利人的同意,其所负担的界权成本相对较低。㉛ 此时,对网络服务提供者课以一定的注意义务,既是有效率的,亦符合风险与利益相一致的原则。但基于"通知—删除"规则,由未尽注意义务的网络服务提供者对用户实施的著作权侵权行为负责,本质上是将权利人的维权成本部分地转嫁给了网络服务商。对于"抄袭类"等需要就作品内容进行实质性判断的其他侵权类型,网络服务提供者将不得不为之付出更高的界权成本。此时,仍由网络服务提供者而非版权人负担此项成本,是明显缺乏效率的,这也导致"通知—删除"规则存在适用上的困难。

由前述讨论可得知"通知—删除"规则建立的初衷:在数字化的非法"复制"传播领域对著作权进行有效保护,并合理界定网络服务提供者在网络著作权侵权中的责任。"通知—删除"规则作为"避风港"制度的核心及实质内容,在著作权保护与网络服务提供者责任限制之间作出了有效平衡:权利人可以通过向网络服务提供者发出通知的形式来实现对侵权行为的快速打击,而网络服务提供者在收到通知后只要及时采取了"删除"等措施便可免于承担侵权责任,同时为了限制"通知—删除"程序,设置"反通知"机制,并要求通知发出者对因虚假通知等而错误删除所造成的损失承担责任。可以说,"通知—删除"规则体系成为网络环境下平衡权利人、网络服务提供者、侵权行为人三方权利义务关系的"最佳安排",该规则也被国际组织和部分国家的立法所借鉴或移植,成为网络著作权领域事实上的"国际标准"。

㉙ 参见徐伟:"网络侵权治理中通知移除制度的局限性及其破解",载《法学》2015 年第 1 期,页 138。

㉚ 施小雪、徐春成:"论网络交易平台商标侵权判定规则的修正以事前审查义务为中心的考量",载《电子知识产权》2015 年第 6 期,页 33。

㉛ 参见杨明:"《电子商务法》平台责任条款之失",载《中国经济报告》2017 年第 5 期,页 48。

(二) 扩张适用对"通知—删除"规则"初衷"的背离

"要求网络服务提供者对其用户的侵权行为承担责任是在权利人难以从侵权用户处直接得到救济的情况下发展出来的一种救济选择和要求。"[32]这种替代性选择的基础在于网络著作权侵权的匿名性、救济手段时效性不足、界权成本相对较低等特征。《侵权责任法》第36条将"通知—删除"规则上升到一般化的网络侵权领域，其逻辑前提自然是所有类型的网络侵权均呈现出与前述相同之特征。换言之，一旦上述特征不复存在或被淡化，基于这些特征所构建的规则也就需要进行相应的调整，甚至是不再适用。

在非著作权领域，"通知—删除"规则的基础性前提发生了变化，以电子商务中的商标侵权和专利侵权为例：第一，相比于实施作品传播等侵权行为的网络用户而言，进行电子商务交易的主体，其匿名性特征大大降低。一般而言，想要在电商平台上进行商品销售，都需要向平台提供个人身份信息等，并经信息真实性核验。这意味着一旦发生知识产权侵权，权利人可通过平台清楚地锁定侵权人的真实身份。第二，以实物为载体的商品交易不具有数字化作品的快速传播性，相比于数字化对作品传播带来的损害，电子商务中的专利与商标侵权对侵权阻断的时效性要求降低。第三，电子商务环境中，网络服务提供者基于"通知—删除"规则所负担的界权成本显著提高。在数字化的作品传播领域，作品仅仅是载体形式改变，权利人只要能够提供权利证明，网络服务提供者对是否属于非法复制的侵权判断相对容易。但商标或者专利则不同，尤其是专利，需要进行实质性技术特征比对，如果直接套用"通知—删除"规则，要求第三方交易平台对侵权与否进行判断，则无异于让电商平台扮演法院的角色。此外，不同于网络版权领域普遍存在的"免费+广告"的商业模式，在电商平台中，商品的合法销售者因其商品被错误地删除或屏蔽所遭受的损失较大，而作品被错误删除后，合法传播者遭受的损失一般较为有限。[33] 从赔偿角度而言，从事电子商务交易的市场主体一般具有较强的经济实力，而且其在进入电商交易平台之前大多支付了一定的保证金，这意味着权利人直接向侵权商家主张权利便可获得较好的救济。

由此得出的结论便是：电子商务领域中的商标侵权、专利侵权已经不存在网络著作权领域中无法通过"传统"侵权规则得到有效救济的问题了。电子商务中第三方交易平台事前的真实身份核验已经属于为预防知识产权侵权付出的成本，并且也能够为权利人的侵权救济提供有效的帮助，在这样的情况下，将基于匿名性特征发展出来的网络著作权领域的"通知—删除"规则套用在商标权、专利权领域是明显不合理的。

---

[32] 徐伟，见前注[31]，页138。
[33] 参见何琼、吕璐，见前注[9]，页17。

四、"通知—删除"规则的重构

在非著作权侵权中,"通知—删除"规则适用的基础性前提已然发生变化,因而将这一规则由作品数字化的非法"复制"传播领域扩张至一般化的网络侵权中,并不具备天然的合理性。同时,由于存在信息不对称的问题,网络服务提供者无法充分了解通知方与反通知方的真实情况。通知方与反通知方发出虚假通知所承担的风险较小,从而有动机以此来谋取私利或损害被通知方的合法利益,"通知—删除"规则被滥用的现象愈演愈烈。此时,网络服务提供者面临大量的审查工作,以致其不得不投入高额的预防成本,而这在客观上会加剧互联网领域的产业集中。[34] 因此,有必要对"通知—删除"规则体系予以重构和完善。

(一)"通知—删除"规则体系的完善思路

当我们关注到电子商务领域中匿名性和传播时效性的弱化以及界权成本的显著提高之后,最釜底抽薪的思路就是取消"通知—删除"规则的适用。但目前尚在修订中的著作权法、专利法均明确吸收了这一规则,《电子商务法(草案)》亦确立了该规则在电商领域的适用。据此,在知识产权网络侵权中全面引入"通知—删除"规则似乎已成为大势所趋。既然在电子商务领域中直接侵权人的身份很好确定,其赔偿能力也有所保障,在保留"通知—删除"规则的前提下,合理的思路应当是降低第三方交易平台在"通知—删除"规则中的责任,向传统的"争议双方解决、第三方协助"的模式转变;如果需要在司法判断之前就采取侵权阻断措施,则应适当增加权利人发起事前措施的成本,或提高被控侵权者的对抗能力。具体而言,可以在区分能否以数字化形式传播的前提下对"通知—删除"规则进行完善,能够以数字化形式传播的领域(如网络著作权"复制类"侵权)基本可适用通常意义上的"通知—删除"规则;而对于不能以数字化形式传播的领域,可以采取如下思路:

第一个层面是跳出网络版权侵权中"通知—删除"规则属于诉前措施的思维定式,将"删除"建立在侵权行为经"权威"机构作出实质性判断的基础之上,比如法院的判决书、行政机关作出的认定结论等。目前,专利等行政部门正逐步建立地方知识产权维权援助中心等机构,以期实现电子商务领域知识产权侵权与否的快速认定。[35] 因此,可以在法律层面赋予这些机构的认定意见以初步效力,并以此作为要求第三方交易平台采取删除、屏蔽措施的依据。

第二个层面是与诉前禁令相结合,充分发挥诉前禁令制度在"通知—删除"规则中

---

[34] 杨明,见前注[33],页50。
[35] 国家知识产权局在2014年5月15日发布的《电子商务领域专利执法维权专项行动工作方案》中提出,支持地方建立知识产权维权援助中心。维权中心根据电子商务交易平台提供的材料,及时出具专利侵权的判定咨询意见书。电子商务交易平台参照咨询意见书决定是否采取删除或屏蔽相应链接的措施。

的作用。当权利人要求网络服务提供者在未经"权威"机构对被控行为作出实质性裁判之前采取删除措施时,最有效力的依据应当是法院的诉前禁令。与"通知—删除"规则类似,知识产权诉前禁令制度本质上是为权利人提供及时、有效的程序性救济,以免对权利人的实体权益造成进一步损害。㊱ 对于诉前禁令的申请,法院需实质审查被申请人构成侵权的可能性、如不及时制止是否会给申请人的合法权益造成难以弥补的损害。与此同时,申请人必须提供担保,并应赔偿因错误申请而给被申请人造成的损失。诉前禁令的制度设计可有效缓解"通知—删除"规则下的权利滥用问题。尽管诉前禁令对权利人的申请提出了更高的要求,加之法院的实质审查,权利人欲获得救济需花费更长的时间。但诉前禁令的时效性足以满足以实物交易为主的电子商务领域中知识产权侵权的救济需求。

第三个层面是在传统意义上的"通知—删除"规则下,改变目前各方主体权利义务不平衡的状况:一是明确"通知"有效性规则,要求权利人对侵权成立负担较高的证明责任,并借鉴诉前禁令制度建立相应的担保机制。二是在"反通知"机制中加强被控侵权者的对抗能力,同时也应当要求其在"反通知"中承担较高的不侵权证明义务,当"反通知"达到相应证明标准时,平台必须予以恢复。三是对具有主观过错的错误"通知""反通知"设置相应的责任。

对著作权之外其他领域中"通知—删除"规则的构建,理想化的完善路径是前述第一和第二层面的改进思路。但结合当下《电子商务法》《专利法》等立法草案,在传统意义下的"通知—删除"规则基础上进行完善,更易实现,后文也将对此加以论述。当然,彻底在非著作权领域取消"通知—删除"规则的适用,仍然是立法者值得考虑的方案。

(二)"通知"有效性规则的完善

"通知—删除"规则在适用中所面临的首要问题就是何为有效的"侵权通知"。关于"合格"通知的标准,尤其是权利人应否提供构成侵权的证明材料,立法上存在两种不同的设计思路:一是如美国《数字千年版权法》之规定,版权人仅需提供作品使用未经授权的"善意声明"以及保证通知内容准确可靠的"真实性声明"即可,而无需提供具体的侵权证明材料。㊲ 此种规定客观上免除了网络服务提供者的实质性审查义务,而仅将其作为版权人与网络用户之间解决纠纷的渠道。二是类似我国《互联网著作权

㊱ 参见张晓薇:"知识产权诉讼诉前禁令探析",载《知识产权》2008年第3期,页67。
㊲ DMCA明确规定"侵权通知"应包括:(1)版权人或独占许可人的纸质或电子签名;(2)被侵权作品的名称及出处;(3)被控侵权内容的名称及位置;(4)权利人的相关信息;(5)善意声明,即此种对作品的使用未经版权人授权或法律的准许;(6)真实性声明,即此通知已获得版权人授权,其信息准确可靠,否则将承担伪证罪。有效的通知并非必须具备全部六项要件,只要通知"实质性符合"前述六项要求即可。参见熊文聪:"避风港中的通知与反通知规则——中美比较研究",载《比较法研究》2014年第4期,页126。

行政保护办法》第 8 条[38]、《信息网络传播权保护条例》第 14 条[39]的规定,要求权利人向网络服务提供者提供构成侵权的相关证据,后者需对此进行一定的审查。

在非法"复制"传播类的网络版权侵权中,降低甚至免除权利人对侵权成立的证明责任,适应于权利人对侵权救济的时效性要求。但在一般化的网络侵权领域,尤其是以实物交易为主的电子商务知识产权侵权纠纷中,权利人对救济手段时效性的客观需求已明显降低。若使权利人免于在"通知"行为中负担侵权成立的证明责任,为避免权利人与网络用户之间权利义务的过度不平衡,"反通知"中对侵权不成立的证明责任也必然随之降低或免除。这看似减轻了网络服务提供者因实质审查所付出的成本,却极易可能使"通知""反通知"流于形式。由于发出"通知""反通知"的门槛大大降低,网络服务提供者恐怕将疲于应对大量的通知行为,其中不乏虚假通知、重复通知,以致在"删除"与"恢复"之间循环往复,徒增成本,"通知—删除"规则也将失去意义。

因此,结合我国目前"通知—删除"规则被滥用的现状,在一般网络侵权中,宜适当提高权利人对侵权成立所负担的证明责任。以电子商务中的专利侵权纠纷为例,《浙江省电子商务领域专利保护工作指导意见(试行)》(以下简称《指导意见》)中的相关规定可资借鉴。《指导意见》中明确要求:专利权人向交易平台提交的投诉材料应包括专利权证书及其有效性证明、涉嫌侵权商品与专利权保护范围的比对材料等[40];对于实用新型或外观设计专利,交易平台可要求权利人提交国家知识产权局出具的专利权评价报告。[41] 由于实用新型与外观设计经形式审查便可获得专利授权,其权利状态相对不稳定,而实践中的专利侵权投诉多以这两类专利为主。[42] 要求"权利人"提交专利有效性证明等,可防止其凭借随时可能被宣告无效的专利,以"通知—删除"规则为名,行打压竞争对手之实。另外,若仅凭平台上的商品信息难以认定是否构成侵权,第三方

---

[38] 根据《互联网著作权行政保护办法》第 8 条的规定,著作权人的通知应当包含以下内容:(1)涉嫌侵权内容所侵犯的著作权权属证明;(2)明确的身份证明、住址、联系方式;(3)涉嫌侵权内容在信息网络上的位置;(4)侵犯著作权的相关证据;(5)通知内容的真实性声明。

[39] 根据《信息网络传播权保护条例》第 14 条的规定,通知书应当包含下列内容:(1)权利人的姓名(名称)、联系方式和地址;(2)要求删除或者断开链接的侵权作品、表演、录音录像制品的名称和网络地址;(3)构成侵权的初步证明材料。

[40] 根据《指导意见》第 7 条的规定,投诉材料应当包含下列内容:(1)专利权人身份证明(营业执照副本或身份证复印件)、有效联系方式和地址。委托他人投诉的,还应当提供授权委托证明;(2)专利权证书及其有效性证明;(3)要求删除、屏蔽的商品名称和具体互联网链接;(4)涉嫌侵权商品与专利权保护范围的比对材料;(5)其他能够证明存在侵权行为的证据材料。

[41] 参见《指导意见》第 9 条第 1 款。

[42] 根据淘宝网公布的《2014 年淘宝联动知识产权局打假报告》,2014 年淘宝平台处理的专利侵权投诉中,外观设计侵权占 74%,实用新型专利侵权占 23%,发明专利侵权仅占 3%。参见《淘宝发布联动知识产权局打假报告 5 年处理专利侵权 3000 余件》,资料来源:〈http://epaper.jinghua.cn/html/2014-12/20/content_153752.htm〉;2017 年 6 月 15 日最后访问。

交易平台可要求权利人提供被控侵权商品的实物。㊸ 投诉涉及方法、工艺、材料等发明专利或实用新型专利的,第三方交易平台可要求权利人提供法院、专利行政管理部门或仲裁机构生效的法律文书。㊹ 此类规定在特定情形下对权利人课以更为严格的证明责任,有助于削减"通知—删除"规则下的权利滥用现象。

此外,应借鉴诉前禁令制度建立相应的担保机制,要求权利人在发出通知的同时提供相应的担保。对此,有学者提出反对意见,认为"这样的设置加大了电商的工作量,加重了通知方(权利人)的负担,把电商放在与法院等同的位置,是不适当的"㊺。需要说明的是,一旦建立担保机制,必然涉及一整套规则的设计,网络服务提供者并不必然成为担保金的管理者。而目前的"通知—删除"规则实际上将权利人的维权成本部分地转嫁给了网络服务提供者,适当提高权利人发出"通知"的成本,可维系权利人、网络服务提供者与网络用户三者间的平衡。

(三)"反通知"机制的完善

无论是《侵权责任法》或是知识产权各专门法修订草案,都未涉及"反通知"规则。这导致"通知—删除"规则下权利人与网络用户权利义务的严重不对等。在规制权利滥用的语境下,应借由"反通知"机制的设计,加强被控侵权者的对抗能力,具体来讲主要包括以下两个方面:一是明确规定网络服务提供者的转通知义务,要求网络服务提供者应权利人"通知"删除或断开链接后及时告知相关网络用户,超过合理期限未通知网络用户且存在过错的,网络服务提供者应承担相应的赔偿责任。"转通知"是"反通知"的前提条件,对网络服务提供者施加转通知的程序性义务,并不会导致其投入过高的成本,同时可避免网络用户因完全不知情而被剥夺通过"反通知"获得救济的机会。二是要求网络用户在"反通知"中负担较高的不侵权证明责任,具体证明标准可参照合格"侵权通知"的要求,同时当"反通知"达到相应证明标准时,平台必须在合理时间内予以恢复。如前所述,对反通知设置较高的证明标准,可兼顾权利人利益的维护,避免"通知""反通知"流于形式,以致动摇"通知—删除"规则存在的意义。并且立法上极有必要明确网络服务提供者对合格"反通知"的及时恢复义务。在法律层面,《侵权责任法》仅原则性规定,网络服务提供者接到权利人通知后未及时"删除"的应承担侵权责任。按照现有的规则设计,网络服务提供者在收到侵权通知后,及时采取必要措施似乎成为了其必须承担的义务,这也引发了学者对"通知—删除"规则系免责条款抑或归责条款的讨论。㊻ 应当明确的是,删除、断开链接并非网络服务提供者的法定义务,

---

㊸ 参见《指导意见》第 8 条。
㊹ 参见《指导意见》第 9 条第 2 款。
㊺ 刘迪:"刍议电子商务平台服务提供者专利间接侵权中'通知—删除'规则的完善",载《电子知识产权》2015 年第 6 期,页 25。
㊻ 王迁,见前注⑮,页 24—26。

即使其错误恢复了侵权内容,只要网络服务提供者在审查"反通知"时尽到了合理的注意义务,则无需向权利人承担侵权责任。唯如此,方可防止追求自身利益最大化的网络服务提供者即使收到合格的"反通知"也不恢复相关内容,从而真正实现权利人与网络用户在"通知—删除"规则下的平等地位。

(四)错误删除责任的完善

《侵权责任法》第36条未对错误删除的法律责任作出规定,《信息网络传播权保护条例》第24条、《关于审理利用信息网络侵害人身权益民事纠纷案件适用法律若干问题的规定》第8条均规定由权利人对因错误删除给被删除人造成的损失承担赔偿责任。但权利人仅在故意发出虚假通知时才承担赔偿责任,因为即使权利人发出的通知存在错误,被删除人最终并不构成侵权,也不当然表明权利人实施了滥用"通知—删除"规则的行为。㊼

有学者主张,借由竞争法规制滥用"通知—删除"规则的行为以维护市场竞争秩序。㊽ 司法实践中业已出现相关案例,被投诉人以权利人恶意投诉为由提起不正当竞争纠纷,并将第三方交易平台作为共同被告拉入诉讼。㊾ 例如在湛江市舒心科技有限公司诉南京德萨商贸有限公司等不正当竞争纠纷一案中,天猫公司收到投诉材料后采取了删除措施。但涉案专利在此后专利复审委口审时被当庭宣告无效,而投诉人在被投诉人发函要求其撤回投诉的情况下,未采取任何补救措施。法院认为,投诉人在投诉时有合理理由认为被投诉产品侵害其专利权,故不构成不正当竞争行为;但在专利被宣告无效后,其怠于撤回投诉的行为,违反了诚实信用原则,构成《反不正当竞争法》第2条规定的不正当竞争行为,而天猫公司依据其投诉审查机制对投诉及申诉作出处理,并无过错,不构成帮助侵权。㊿

通过《反不正当竞争法》规制"通知—删除"规则滥用现象的问题在于,不正当竞争行为的成立以投诉人存在不正当竞争意图为前提,被投诉人意图通过不正当竞争之诉获得赔偿较为困难。而因错误删除给被投诉人造成损害属于一般侵权行为,即使法律未作具体规定,也可直接适用《侵权责任法》第6条第1款的规定确定侵权责任。(51) 诉诸《反不正当竞争法》第2条规范错误通知的赔偿责任,可能在某种程度上架空甚至虚化了侵权法层面上的救济渠道,造成向《反不正当竞争法》一般条款逃逸的现象。(52)

㊼ 崔越,见前注⑲,页75。

㊽ 董笃笃,见前注⑥,页77。

㊾ 参见(2010)浙知终字第196号民事判决书、(2015)杭余知初字第169号民事判决书、(2015)杭余知初字第170号民事判决书等。

㊿ 参见(2015)杭余知初字第169号民事判决书。

(51) 参见杨立新:"《侵权责任法》规定的网络侵权责任的理解与解释",载《国家检察官学院学报》2010年第2期,页7—8。

(52) 参见薛军:"互联网不正当竞争的民法视角",载《人民司法(应用)》2016年第4期,页12。

至于网络服务提供者是否需要对错误删除造成的损失负责,《关于审理利用信息网络侵害人身权益民事纠纷案件适用法律若干问题的规定》第7条明确,网络服务提供者可以以通知对被删除用户进行违约或侵权抗辩。根据第8条的规定,因通知而被网络服务提供者错误删除(包括屏蔽、断开链接等措施)的网络用户,可以请求通知人赔偿,并要求网络服务提供者恢复。本条规定亦从侧面反映出,网络服务提供者因错误通知而删除内容的行为可以免除对网络用户的违约或侵权责任。但应规定例外情况下,尤其是在"侵权通知"不符合法定形式要件或通知所称侵权明显不成立的情形下,网络服务提供者应赔偿被投诉人因错误删除所造成的损失,以防止网络服务提供者为避免向通知人承担责任,而不假思索地对所有通知均采取删除措施。

此外,参照DMCA第512条(f)的规定[53],被控侵权网络用户在反通知中故意作出虚假陈述、给权利人造成损失的,亦应向权利人承担损害赔偿责任。

五、结论

发端于网络著作权领域的"通知—删除"规则,建立在网络的匿名性、快速传播性(由此导致的传统救济手段时效性不足)以及界权成本相对较低的基础之上。由于以上特征在其他网络侵权类型(尤其是电子商务领域的知识产权侵权纠纷)中的弱化,《侵权责任法》将这一规则扩张适用于一般网络侵权领域,便缺乏合理性基础,亦造成实践中大量存在规则滥用现象。

尽管网络服务提供者通过数据分析对通知者建立信誉评价机制,可在一定程度上规制"通知—删除"规则的滥用。但这一问题的解决仍需从根本上依赖规则体系的改进与完善。若仍在一般网络侵权中保留"通知—删除"规则的适用,理想的改进方式是降低第三方交易平台在"通知—删除"规则中的责任,向传统的"争议双方解决、第三方协助"模式转变,将"删除"建立在侵权行为经法院、相关行政机关等作出实质性判断的基础之上,或与诉前禁令相结合,要求权利人提供法院的诉前禁令作为"删除"的依据。而考虑到目前的立法及修法实践,一种妥协性的方案是保留传统意义上的"通知—删除"规则,通过完善"通知"有效性规则、"反通知"机制以及错误删除责任,改变目前各方主体权利义务不平衡的状况,以防止规则的滥用。

---

[53] 该条规定:无论是发出告知或相反告知书,如果是在明知的情况下对材料进行错误描述都会受到惩罚。任何人在明知的情况下误示材料是侵权或材料是被错误地除去或阻挡,都要承担由此给被诉称的侵权者、版权所有者或其许可人,或服务商造成的损失(包括诉讼费用和律师费)。

互联网金融

中美网络投资者关系规制比较研究

冯彦杰*

摘要：通过梳理分析美国2000年《电子发布指引》《公平披露法》和2008年《公司网站使用指引》中有关公司网站的规制条文及2013年发布的针对网飞公司不规范使用社交媒体的调查报告等，比较中美两国在网络投资者关系规制上的异同，建议我国在现有的指定媒体信息发布制度框架下，采取措施积极推动、鼓励和规范上市公司使用公司网站和社交媒体等新兴网络技术开展网络投资者关系活动，同时满足、培养和促进投资者通过网络获取信息的习惯，以使资本市场的信息更加丰富、高效和透明。

关键词：网络投资者关系　信息披露　证券市场监管　证券规制　证券法

Comparison Study of Internet Investor Relations Regulation in the U.S. and China

Abstract: More and more listed companies use internet as a main investor relations activity channel. How to make the internet platform become an efficient and fair communication method while as the same time to avoid unfair and other illegal activity have become the major concerns of regulators and listed companies. This paper analyzes regulation rules and actions of the U.S. and suggests that China

---

* 冯彦杰，上海对外经贸大学副教授。本文受到教育部人文社会科学研究规划基金项目（项目编号16YJA630011）、国家自然科学基金重大研究计划（项目编号91546121）、上海市高峰高原学科建设项目（2016—2020年）支持。

should formulate regulations matching listed companies' internet investor relation activity needs and put in place some regulation rules to regulate and promote the development of internet investor relations on corporate website and social media, cultivate and facilitate investors practice to get information from the internet and eventually make information of capital market more rich, efficient and transparent.

Key words: Internet Investor Relations, Information Disclosure, Capital Market Supervision, Security Regulation, Security Law

引言

随着因特网的快速发展，投资者越来越多地依赖于网络渠道获取投资决策相关信息，因此越来越多的上市公司在指定网站、公司官网、社交媒体和其他因特网平台上开展了与资本市场各种主体进行信息交流沟通的工作，使网络投资者关系活动越来越普及。根据 Lymer 的研究，上市公司网络投资者关系的历史，至少可以追溯至 1992 年，从那时起就已经有一些上市公司在公司网站上进行年报信息发布，并利用电子邮件系统等开展与投资者的信息沟通。2000 年，美国投资者关系协会报告其 74% 的公司会员在公司网站上设立了投资者关系栏目。[1] 2014 年，中国的巨潮 40 指数公司和美国道琼斯工业平均指数成分公司全部都在自己的网站上设立了"投资者关系"相关栏目。[2] 许多学者的研究[3][4]表明，网络投资者关系有助于改善上市公司投资者关系水平，降低投资者与上市公司之间的信息不对称。

网络投资者关系（Internet Investor Relations（IIRs））正在深刻改变着上市公司和投资者之间的交流沟通方式，同时也改变着证券市场现有制度的基础。基于纸质时代所发展出来的投资者关系相关规制和监管理念、政策、方式，如何能够适应网络技术的发展，是一个新的课题。研究发现中国上市公司的网络投资者关系总体水平与美国、英国等相比，存在显著差距。[5] 本文力图通过梳理中美两国在网络投资者关系规制方面的发展历程和条文，分析中美两国网络投资者关系规制建设的异同，为我国进一步建设相关的规制提供一些参考和借鉴。

---

[1] Amir Allam, Andrew Lymer. Developments in Internet Financial Reporting: Review and Analysis across Five Developed Countries. The International Journal of Digital Accounting Research, 2003, 3(6): 165—199.

[2] 冯彦杰、徐波：" 上市公司网络投资者关系比较研究 "，载《证券市场导报》2014 年第 1 期，页 33—39。

[3] James, M & Ian, C 2006, What Every Director Should Know About Investor Relations. International Journal of Disclosure & Government, 3(1): 59—69.

[4] Michael, E & Jr., John G 2005, Timelines of Investor Relations Data at Corporate Web Sites. . Communications of the ACM, 48(1):95—100.

[5] 冯彦杰等，见前注 2。

一、投资者关系规制、网络投资者关系规制及相关文献综述

（一）投资者关系规制概述

中国证监会对投资者关系的定义[6]是："投资者关系工作是指公司通过信息披露与交流，加强与投资者及潜在投资者之间的沟通，增进投资者对公司的了解和认同，提升公司治理水平，以实现公司整体利益最大化和保护投资者合法权益的重要工作。"Laskin[7]调查了投资者关系日常工作的主要内容，调查结果按从业者所花费的时间多少打分排列如下：

（1）路演，演讲和会议
（2）回复来自股东、分析师和证券经纪的问询
（3）为高层或其他部门提供信息
（4）一对一会议和谈判磋商
（5）持股人研究和分析
（6）报告准备（年报或其他报告）
（7）合规方面的工作
（8）可控媒体信息发布（网站、邮件列表、时事通讯和其他公司媒体）
（9）证券首发或增发等
（10）大众传媒沟通

从这些工作内容可以看出，投资者关系工作的主要作用是信息准备、发布和沟通，其中既包括内部信息沟通，也包括外部信息沟通。这些工作内容中的大部分目前均可以通过网络信息技术实现。关于上市公司信息披露和内外部信息沟通方面的规制条文分布在很多证券监管的法律法规中，而相关的这些法律法规条款对投资者关系活动都具有规制作用。

本文之所以选取投资者关系规制的角度，而不像一些有的学者从信息披露的规制角度进行研究，是因为投资者关系工作涵盖的内容和形式非常丰富，很多类型的投资者关系活动具有比较强的"互动性"，而信息披露只是其中一部分的内容。上市公司与各种类型的投资者和潜在投资者在互动的交流沟通中，可能产生相互的激发和临场性质的信息交换。尽管投资者关系工作的实质之一，仍然是上市公司向相关市场参与主体进行了信息披露，但对内容和形式丰富、具有很强互动性的信息流动进行规制，显然比规制以单向、有计划、有准备为主要特征的信息披露需要更加全面的考虑。

---

[6] 中国证券监督管理委员会："上市公司与投资者关系工作指引"，〈http://www.csrc.gov.cn/n575458/n776436/n804965/n806153/2034248.html〉,2016年7月20日最后访问。

[7] Laskin A V, A Descriptive Account of the Investor Relations Profession A National Study. Journal of Business Communication, 2009, 46(2): 208—233.

世界经合组织 OECD 认为规制是政府或政府授权的非政府组织和自律组织对企业或公民施加影响的各种手段。⑧本文从规制的角度研究,而不是从监管或者条文等其他角度研究,是因为规制包括了法律法规研究、起草、征求社会各界意见、发布、解释、根据法律法规对相关主体进行监管和对违反法律法规的主体进行调查、取证、判罚等一系列工作,既包含消极的干预(限制权利),也包含积极的干预(鼓励、保护协助),既包括强权性干预,也包括非强权性干预⑨,从而可以从更多的角度研究政府行为发展历程。

投资者关系的规制与证券市场规制是密不可分的。美国证监会将证券监管相关基本规制分为两大类:法律法规下相关政府机构的规制、上市规则下证券交易所的规制。有时行业自律组织规制也被看作是规制的一类。本文主要考察政府规制。在美国,与投资者关系规制最密切相关的联邦法律是《1933 年证券法》(the Securities Act of 1933 简称 the "Securities Act"证券法)和《1934 年证券交易法》(the Securities Exchange Act of 1934,简称 the "Exchange Act"交易法)。其他相关法律还包括 1970 年《证券投资者保护法》(Securities Investor Protection Act of 1970),《2002 年公众公司会计改革与投资者保护法》,也称《萨班斯—奥克斯雷法》(Sarbanes-Oxley Act of 2002),《2010 年多德—弗兰克法》(Dodd-Frank Act of 2010),《创业企业促进法》(Jumpstart Our Business Startups,简称 JOBS Act)等。下文中,我们用"联邦证券法律"统称以上法律。

作为证券活动的管理机构,美国证券交易委员会(以下简称 SEC)通过规章制定(rule making)程序针对这些法律制定了很多的规章制度。除此之外,SEC 还通过理念性公告(SEC Concept Releases)、解释性公告(SEC Interpretive Releases)和证监会工作人员解释(SEC Staff Interpretations)等不断发展细化法律法规。按照美国的法律框架,联邦法律和 SEC 制定的规章是有法律效力的,而 SEC 发布的其他文件的法律效力程度则大小各异。⑩

中国证监会将证券监管相关法律法规分为 5 个类型:国家法律、行政法规、司法解释、部门规章和规范性文件。⑪《中华人民共和国证券法》(简称《证券法》)、《中华人民共和国公司法》(简称《公司法》)、《中华人民共和国刑法》(简称《刑法》)是最重要的证券监管法律,从而都与投资者关系直接相关。中国证监会 2007 年颁布了《上市公

---

⑧ 朱明、谭芝灵:"西方政府规制理论综述:兼谈金融危机下我国规制改革建议",载《华东经济管理》2010 年第 10 期,页 134—137。

⑨ 沈伯平:"管制、规制与监管:一个文献综述",载《改革》2005 年第 5 期,页 116—120。

⑩ SEC, Researching the Federal Securities Laws Through the SEC Website. 〈http://www.sec.gov/investor/pubs/securitieslaws.htm〉, accessed July 8, 2015.

⑪ 中国证监会:"法律法规",〈http://www.csrc.gov.cn/pub/newsite/flb/flfg/〉,2016 年 7 月 8 日最后访问。

司信息披露管理办法》⑫,这是与投资者关系密切相关的部门规章。与投资者关系密切相关的规范性文件是证监会 2005 年颁布的《上市公司与投资者关系工作指引》。⑬

（二）网络投资者关系规制概述

作为投资者关系的一种特定类型,网络投资者关系无疑也受到前述投资者关系相关规制的管理。但是作为一种新型的投资者关系活动形式,与以纸媒和面对面直接交流为主要形式的传统投资者关系活动相比,IIRs 有自己一些独特的特点。

相比 IRs 线下活动,IIRs 通过网络上开展路演和会议等活动节省了上市公司的 IR 成本和投资者获取信息的成本。上市公司网络上发布的信息,易于通过转载转发等形式进行传播,从而使上市公司发布的信息以超过纸质时代空间限制的方式广泛而迅速地传播。留存在网络上的信息便于保存、回溯和检索,使得投资者可以更有针对性地留存和查找信息。网络信息传播的即时性有助于投资者即时获取上市公司信息。网络的开放性极大地丰富了投资者获取信息的渠道,并有助于增加传播内容的深度和广度。PPT、视频广播、网络广播、超链接文件、网络订阅等多种网络传播方式和文件形式的使用有助于投资者对上市公司信息的阅读和理解,并提高了投资者获取信息的便捷性。

IIRs 在给上市公司和投资者带来了诸多便利的同时,也给投资者关系规制带来了诸多问题。首先,是信息披露公平性问题。监管机构在是否允许发行人、上市公司等信息披露义务人通过网络向证券市场进行信息披露时,要充分考量投资者是否能够公平地获取网络信息内容;其次,电子化的信息披露文件存在着易被篡改的特征,增加了证券市场违法行为发生的几率,也不利于监管机构对信息披露的监管;再次,丰富的网络证券信息给投资者带来了发现、甄别和选择问题,增加投资者的筛选成本,投资者面对浩如烟海的网上信息,如何方便地找到可作为投资依据的证券信息,给监管机构提出了挑战;最后,证券市场的违法行为人也充分利用了网络技术的匿名性、迅捷性、超链性等特征,通过发布虚假信息进行市场操纵,通过黑客技术窃取上市公司内部信息等给证券市场监管带来了挑战。⑭

国际证券监管委员会组织 IOSCO 在 1995 年、2001 年和 2003 年就网络证券活动发布了三个报告（REPORT ON SECURITIES ACII VITY ON THE INTERNET I, II, III）,给出了有关网络证券活动的规制参考原则,并就其成员国的网上证券交易监管的措施作了

---

⑫ 中国证监会:"上市公司信息披露管理办法,2007 年 1 月颁布",〈http://www.csrc.gov.cn/pub/zjh-public/zjh/200804/t20080418_14481.htm〉,2016 年 7 月 8 日最后访问。

⑬ 见前注 6。

⑭ 武俊桥:"证券信息网络披露监管法律制度研究",武汉大学 2010 年博士学位论文。

总结。⑮美国证券监管委员会 SEC 在 2000 年出台了《电子发布指引》、在 2008 年出台了《公司网站使用指引》、在 2013 年发布了针对网飞公司不规范使用社交媒体的调查报告等文件规范和推进了上市公司网络投资者关系的发展。我国证监会在相关的法律法规规章和平时的新闻发布中也对网络投资者关系某些活动提出了一些规范性的条文和指导意见。本文关于中美网络投资者关系规制的比较就是建立在两国这些法律法规制度和相关规范性活动基础上的。

(三) 网络投资者关系规制研究综述

国内目前有关网络投资者关系规制的研究非常少见,系统研究美国网络投资者关系相关规制的更是非常少。已有相关研究大多数是从网络证券信息披露的角度出发的,提出的一些对于规制的建设性意见包括:

(1) 提高公司网站等网络技术手段的法律地位和作用,利用网络建立证券市场的实时信息公开系统和更公平的信息披露机制。例如刘俊海⑯认为证券市场信息除了在指定报刊上刊登外,还应置备于信息披露义务人的住所和网站,方便公众投资者查询、摘录、复印;为了提高信息披露的实时性,应责令上市公司在披露事项发生之时即应通过公司的官方网站与证监会指定的官方网站同时披露相关信息。冯果、武俊桥认为通过网络进行实时信息披露系统有利于证券市场的发展,在电子时代,信息披露的公平原则应该确立,通过网上证券信息披露的方式充分实现对投资者利益的保护。⑰

(2) 加强证券发行网上路演过程中的信息监管,尤其是自愿信息披露内容的监管。冯果、武俊桥⑱认为,在网上路演的过程中,由于互动性较强,发行人及承销人难以保障其所陈述内容全部符合招股意向书的规定。为此他们建议,网上路演过程中发行人所披露的内容应当向证监会报备,其中披露内容如果属于发行人在招股意向书中未披露的内容应构成招股说明书之组成部分。这个研究从发行过程的信息披露角度注意到了互动过程对信息披露的影响,对我们研究投资者关系工作中频繁的互动造成的规制方面的影响给出了有益的启示。

(3) 以网络为导向的信息披露监管理念应该鼓励多媒体方式在信息公开中的应用,但也应注意准确性和公平性的问题。⑲例如视频应加上文字说明以提高准确性,为多媒体文件提供同等的纸质文件以方便那些不能读取多媒体文件的投资者等。

尽管上述研究都是从信息披露的角度进行的,但研究中提出了公司网站法律地

---

⑮ 转引自冯果编著:《网上证券交易法律监管问题研究》,人民出版社 2011 年版,页 189。
⑯ 刘俊海:"打造投资者友好型证券法 推动资本市场治理现代化",载《法学论坛》2015 年第 4 期,页 5—20。
⑰ 冯果,见前注⑮,页 223、226。
⑱ 冯果,见前注⑮,页 260。
⑲ 冯果,见前注⑮,页 221。

位、披露中的互动对信息披露的影响等问题,对网络投资者关系规制的具有很强的指导意义,同时也意味着详细研究借鉴国外网络投资者关系的规制具有十分紧迫的时代需要。

网络投资者关系规制,涉及公司网站和社交媒体账号等新兴网络渠道的使用、政府指定信息披露网站的使用、证交所主导下的网络平台的使用、某些第三方网络平台的使用以及其他的以网络为媒介的信息发布、沟通和交换等,使用场景既包括发行市场也包括交易市场,涉及众多的法律制度。为便于聚焦,以下集中讨论关于指定网站、上市公司网站和社交媒体使用的规制,梳理和比较中美两国在这两个方面的规制的发展脉络和条文。

二、使用指定网站和公司网站开展投资者关系活动的规制比较

使用监管机构指定的网站和上市公司自己的网站开展投资者关系活动是上市公司开展网络投资者关系活动的最常见方式,以下介绍美国这方面相关规制的发展历程和相关条文,归纳中国相关规制条文,并进行比较分析。

(一) 美国关于上市公司使用网站开展投资者关系活动的规制

美国证监会对于网站投资者关系活动的规制主要表现在两个方面,一方面要求和监管上市公司使用 EDGAR 系统进行证监会所要求的文件的上传和披露,另一方面积极推动和监管上市公司使用自己的网站开展各类投资者关系活动。

EDGAR,全称是电子数据收集、分析和检索系统(the Electronic Data Gathering, Analysis, and Retrieval System),上市公司和其他依据法律需要向美国证监会提交资料的主体,其所提交的所有资料内容都经这个系统进行自动收集、确认、索引、接收和转发。[20] 所有在美国上市的美国和他国公司,都需要通过该系统上传注册文件、定期报告和其他证监会要求的文件(commission filings)的电子文档。任何人都可以在美国证监会的网站上免费查阅和下载这些信息。

除了 EDGAR 系统,美国证监会还制定发布了一系列解释性公告和规章,推动和监管上市公司利用自己的公司网站向投资者提供信息并与投资者开展交流。关于上市公司使用网站开展与证券市场的沟通和交流等活动,SEC 先后通过 2000 年的电子发布指引,2000 年的公平披露法和 2008 年的公司网站使用指引加以了引导、规范,以下重点介绍和分析这三个规章的内容和意义。

1. 2000 年电子发布指引(the 2000 Electronics Release)中有关公司网站信息发布的指引

SEC 多次以解释性公告的方式发布"电子发布"指引,包括 1995 年、1996 年和

---

[20] SEC. Important Information About EDGAR. ⟨http://www.sec.gov/edgar/aboutedgar.htm⟩, accessed July 9, 2016.

2000年的电子发布指引。[21] 这些解释性公告都以规章制定的方式补充进入了美国证券法和证券交易法等相关法律。这些解释和规则的基本原则是，只要电子媒介信息的获取对所有人是免费的，使用电子媒介递送信息和使用电子媒介让投资者和市场获得信息，被视作与使用其他方法具有同等效力。这些指引多处涉及对公司使用网站发布信息的引导和规范。

2000年4月28日，美国证监会以解释性公告的形式颁布了电子发布指引（the 2000 Electronics Release）[22]，以规制电子媒介的使用。该公告指出，联邦证券法同样适用于发行人网站上发布的内容，如同适用于可以追溯到（归因于）发行人的任何其他信息一样。针对发行人网站内容，指引在两个方面做出了一些引导和解释性说明：联邦证券法中反欺诈条款下，发行人对超级链接信息的责任；在注册发行阶段发行人网站信息沟通。

如发行人提供了第三方信息的链接，该链接所至信息的法律责任是否可以归因于某发行人，取决于发行人是否参与了信息准备，或者明示或暗示地核准了该信息或为该信息背书。在分析发行人对第三方信息（例如链接的分析师报告）的责任时，法院和SEC参考两个界线：第一是纠缠理论（"entanglement" theory），第二是收养理论（"adoption" theory）。纠缠理论下的责任取决于信息发布前发行人在信息准备过程中的参与程度；而在收养理论下的责任则取决于，在信息发布后，发行人是否明示或暗示地认可了该超链接所至信息或者为该信息背书。超链接信息的上下文、在网页上的展现形式、是否警示此为第三方信息等等，都会影响到责任的判定。

在注册发行阶段，1933证券法及相关规章将发行相关信息限定在招股说明书和其他基于证券法安全港规则允许沟通的信息范围内。这个规定同样适用于发行人建立了超链接所指向的第三方网站信息。处于注册发行阶段的发行人应该与公众就限定范围内的正常经营信息（ordinary-course business）和财务信息的问题进行沟通。

电子发布系列指引的主要意义在于三点：第一，明确了电子文件具有与其他形式的文件（例如纸媒文件）具有完全可替代的法律地位，这标志着美国针对发行人信息披露的监管，从纸媒时代进入了网络时代；第二，上市公司网站内容被纳入了法律的监管范围，上市公司必须为自己网站发布的信息负法律责任；第三，上市公司对根据纠缠理论和收养理论可追溯至上市公司的任何第三方发布的信息，例如超链接信息，负有法

---

[21] SEC, Use of Electronic Media, Release No. 33-7856（Apr. 28, 2000）65 FR 25843（"2000 Electronics Release"）; Use of Electronic Media for Delivery Purposes, Release No. 33-7233（Oct. 6, 1995）60 FR 53458（"1995 Electronics Release"）; Use of Electronic Media by Broker-Dealers, Release No. 33-7288（May 9, 1996）61 FR 24643（"1996 Electronics Release"）.

[22] SEC, Use of Electronic Media, Securities Act Release No. 33-7856, Exchange Act Release No. 34-42728（Apr. 28, 2000）（the April 2000 Release）.〈http://www.sec.gov/rules/interp/34-42728.htm〉, Accessed 2016-10-24.

律责任;公司在注册发行阶段的信息披露法律责任同样适用于发行人网站上建立了超链接所指向的第三方网站信息。

2. 2000年《公平披露法》中有关公司网站使用的规定和指引

2000年8月,《公平披露法》(Regulation FD)颁布。㉓ 该规章是对证券法、交易法和投资公司法的规章制定,但很多时候被作为单独的法案引用。其主要致力于消除选择性披露及可能由此引发的内部交易现象。在选择性披露中,一些投资者可以先于其他投资者(通常是中小投资者和个人投资者)获得市场动向信息。公平披露法要求发行人在有计划地披露重大非公开信息时,必须以可以向公众公开披露的形式进行,而不是通过选择性披露进行。

关于企业网站用于重大信息披露,SEC解释说,尽管在公平披露法建议稿中,SEC认为在发行人网站上张贴信息本身不会被认定为充分的公开披露。但是,随着技术进步和越来越多的投资者运用网络,SEC相信,一些被投资界广泛关注了其网站的发行人,可以用这个方式实现公开披露。而且,尽管在现阶段,发行人在其网站上张贴信息,仅就这个行为本身,不构成公开披露的充分方式,但是SEC认可发行人网站可以是有效披露程序的一个重要构成要素。所以,在某些情况下,发行人可以说明在其网站上的披露是实现信息公开披露的"合理设计的可广泛、非排他地向公众发布信息的途径"的组合方式的一部分。

同时,SEC警示发行人,如果发行人选择与其常规公开披露方式不同的方式进行披露,可能会影响到关于其针对特定情况选择的方式是否合理的判断。例如,如果一个发行人通常用新闻发布的方式进行季度业绩披露,但是在最后一分钟却决定采取网络广播的方式进行披露,SEC会怀疑,其在网络广播中披露的信息是否涉嫌选择性披露,而不是提供了有效的"广泛、非排他的披露"。简言之,发行人针对特定情况选择披露途径时,应审视其是否符合"合理设计的可广泛、非排他地向公众发布信息"这一原则。

《公平披露法》对上市公司网站在公平披露方面能够发挥的作用给予了充分的肯定,认可在一定情况下,网站披露是实施信息公平披露义务的一个重要组成部分,极大地促进了上市公司在自己的网站上积极开展投资者关系活动的积极性。为防止出现选择性披露,很多上市公司开始把分析师会议、年度业绩发布会、管理层在外部会议的演讲等的音频、视频和文字记录稿等发布在自己的网站上㉔,以尽可能使得所有的对外重大信息披露能够使广大投资者公平获得。

㉓ SEC. Selective Disclosure and Insider Trading, Securities Act Release No. 33-7881, Exchange Act Release No. 34-43154 October 23, 2000.〈http://www.sec.gov/rules/final/33-7881.htm〉,Accessed 2016-10-25.

㉔ Jung M J, Miller G S, Bushee B J. Do Investors Benefit from Selective Access to Management?〈http://www.sec.gov/divisions/riskfin/seminar/bushee110812.pdf,published 2011.12〉,Accessed 2016-10-28.

3. 2008年公司网站使用指引

《2000电子发布规则》和《公平披露法》颁布后,上市公司网站应用快速发展。同时投资者通过网络获取信息的方式也越来越普及。调查发现,2006年,92%的基金投资者可以通过因特网获取信息。2008年,美国证监会意识到,对大多数投资者来说,通过 EDGAR 或者通过公司网站获得电子形式的信息,比其他方式的信息获得方法都更加快捷和经济。㉕ 尽管 SEC 的法律法规并不强制要求所有的有披露义务的公司建立和维护(自己的)网站,但它确实意在推动公司使用自己的网站实现强制信息披露,在某些情况下,甚至是要求公司这样做。SEC 相信,公司披露的信息应该存放在多个地点并采取多种形式,以帮助投资者获取这些信息。公司自己的网站对投资者寻找公司信息来说是一个显而易见的地点,而且绝大多数的上市公司已经在自己的网站上提供了获取证监会所要求文件的方式。技术的进步和成本的降低使得公司可以在网站上放置更多的"交互"性强和最新的信息,使得网站不再仅仅是一个静态的文件柜,而是变得更加动态,能够根据市场的需求提供更多最新的、可搜索的和交互的信息。允许公司以比 EDGAR 所规定的数据格式更先进的方式将信息提供给投资者将使投资者获益。正是由于 SEC 认识到因特网在推动联邦证券法目标实现方面的巨大潜力,它持续鼓励公司在遵守联邦证券法的前提下不断发展自己的网站,使公司网站成为帮助投资者有效获取信息和分析信息的工具。公司网站信息呈现方式的改进将使各类投资者能够收集到翔实程度满足自己意图的公司信息。为了鼓励公司将自己的网站作为向投资者发布重要公司信息的途径,美国证监会认为推出针对公司网站运用的专门指引的时机已经成熟,公司网站使用指引(COMMISSION GUIDANCE ON THE USE OF COMPANY WEB SITES)发布。

公司网站使用指引是以解释性公告(作为交易法和投资顾问法的解释性条文)的形式推出的。指引总结了以往分散在联邦证券法律多处条文中的关于公司网站信息满足法定信息披露要求的三种情形,并重点就4个领域的问题进行了进一步的分析澄清并做出指引,这4个领域是:(1) 公平披露法下,公司网站信息是否是"公开"(public)的性质评估;(2) 反欺诈和交易法其他相关条款下,公司对于公司网站信息的法律责任,包括早前在网站上张贴的信息,经由超级链接指向的第三方信息,总结性信息和网站交互内容等;(3) 披露控制和程序;(4) 公司网站信息可读性(而非可打印性)格式。

SEC2008 公司网站使用指引意在引导证券规制向网络时代全面进化,从而在以下方面做出了务实、同时兼具前瞻眼光的法律引导:

(1) 将以往法律法规中与网络信息披露和投资者关系活动相关的法规条文做了

㉕ Sec, Commission Guidance on the Use of Company Web Sites, Exchange Act Release No. 34-58288, August 7, 2008.〈http://www.sec.gov/rulcs/interp/2008/34-58288.pdf〉, Accessed 2016-10-28.

全面的梳理，以使得公司对如何使用网站有了总体的概念；

（2）突破性地正式全面肯定了公司网站在发布重大信息方面的重要法律地位，规定满足一定条件下，公司网站可以作为公开发布重大非公开信息的首选和唯一渠道。这个规定为上市公司以低成本、即时方式与投资者开展全面深入沟通大开了方便之门。

（3）对网络环境下如何适用证券法律相关条款做出了比较详细的解释，所涉及的法律条文包括证券法、证券交易法、公平披露法、萨班斯—奥克斯雷法等，而相关解释覆盖了网络与纸媒相比可能出现的一些新特征，例如超链接信息、交互信息、早前张贴的信息等。这些解释既对公司网站信息发布的规范性设定了边界，又解除了公司在使用网络先进工具方面的一些疑虑，对推动公司使用网站和网络新兴工具开展投资者关系活动可以起到极大的促进作用。

这些规章条文发布后，网络投资者关系在美国取得极大进步。包括 e-Bay 和 Emulex 等一些公司都声明使用公司网站作为公平披露法下的选择性披露信息的公开披露渠道，很多公司网站上投资者关系板块的内容都发展得更加丰富、全面、即时。

（二）中国关于上市公司使用网站开展投资者关系活动的规制

中国证券市场虽然起步较晚，但是中国证监会显然也注意到了互联网带给投资者关系的积极意义。总体上看，证监会一直在积极推动上市公司在指定网站上的信息披露。中国《证券法》第 70 条规定，依法必须披露的信息，应当在国务院证券监督管理机构指定的媒体发布，同时将其备于公司住所、证券交易所，供社会公众查阅。根据证监会热线电话咨询结果，目前对于主板上市公司，证监会指定的信息披露媒体为 6 家指定报刊和 3 家指定网站。㉖三家指定网站为上海证券交易所网站、深圳证券交所网站和巨潮信息网 cninfo.com.cn。

针对指定网站信息发布政策，证监会在多个文件和场合进行了重复强调。例如，2003 年 6 月证监会发布《公开发行证券的公司信息披露内容与格式准则第 3 号——半年度报告的内容与格式（2003 年修订）》㉗，其中第 11 条规定"公司应当半年度报告全文刊登于中国证监会指定的互联网网站，将半年度报告摘要刊登于至少一种中国证监会指定的报纸上。公司可以将半年度报告刊登于公司自己或其他互联网网站、其他报刊上，但不得早于在中国证监会指定的互联网网站或报刊上披露的时间"。该准则中特别提到了公司网站，可见当时证监会对公司使用自己的网站发布信息持一定的鼓励态

㉖ 该信息由作者于 2014 年 7 月 10 日致电证监会官方热线 010-12386 获得。

㉗ 中国证监会，"公开发行证券的公司信息披露内容与格式准则第 3 号——半年度报告的内容与格式（2003 年修订）"，2003 年 4 月，〈http://www.sse.com.cn/lawandrules/regulations/disclosure/c/c_20120918_49506.shtml#0〉，2014 年 8 月 27 日最后访问。

度。该《准则》经过2007年和2013年两次修改,至2013年,相关条款修改为第9条[28],其中规定:公司应当将半年度报告全文刊登在中国证监会指定网站上;同时将半年度报告摘要刊登在至少一种中国证监会指定报纸上,刊登篇幅原则上不超过报纸的1/4版面,也可以刊登在中国证监会指定网站上。公司可以将半年度报告刊登在其他媒体上,但不得早于在中国证监会指定媒体披露的时间。修改后的条款中,原有关于公司网站的表述被去掉了。有关年报[29]、季报格式规则等的相关条款中,对公司网站使用的描述基本相同,都是"不得早于指定网站"。

2005年月7证监会发布的《上市公司与投资者关系工作指引》[30]中与公司网站投资者关系相关的规定主要体现在第10条与第11条中。第10条规定"公司应充分重视网络沟通平台建设,可在公司网站开设投资者关系专栏,通过电子信箱或论坛接受投资者提出的问题和建议,并及时答复"。第11条规定"公司应丰富和及时更新公司网站的内容,可将新闻发布、公司概况、经营产品或服务情况、法定信息披露资料、投资者关系联系方法、专题文章、行政人员演说、股票行情等投资者关心的相关信息放置于公司网站"。在这个指引中,我们可以看到,除了强调了指定网站制度,证监会特别对上市公司利用自己的网站开展投资者关系活动进行了内容指引,表明了一定的鼓励态度。

对于创业板企业,为了降低信息披露成本,证监会改变了以往针对主板上市公司规定的指定报刊披露,转而规定创业板公司不需要在指定报刊上进行信息披露,只要在指定网站披露信息即可,而且指定网站的信息披露是免费的。2009年9月,中国证监会批复巨潮资讯网、中证网、中国证券网、证券时报网、中国资本证券网等5家网站为创业板信息披露指定网站。[31] 创业板信息披露制度的改革,实质上极大提高了电子媒介在信息披露中的地位,大大降低了创业板公司信息披露的成本。

(三)中美关于使用指定网站开展网络投资者关系的规制条文比较

比较美国联邦法律和SEC相关规制与中国相关规制条文,可以发现如下的异同点:

---

[28] 中国证监会,《公开发行证券的公司信息披露内容与格式准则第3号——半年度报告的内容与格式(2013年修订)》,2013年4月,〈http://www.gov.cn/gongbao/content/2013/content_2449507.htm〉,2014年7月10日最后访问。

[29] 中国证监会,《公开发行证券的公司信息披露内容与格式准则第2号(2012年修订)》,〈http://www.csrc.gov.cn/pub/newsite/flb/flfg/bmgf/xxpl/xxplnr/201310/t20131017_236414.html〉,2016年7月10日最后访问。

[30] 证监会,《上市公司与投资者关系工作指引》,〈http://www.csrc.gov.cn/pub/newsite/flb/flfg/bmgf/ssgs/gszl/201012/t20101231_189739.html〉,2016年7月10日最后访问。

[31] 新华网:"证监会明确创业板信息披露指定网站 发布时间:2009年09月20日",〈http://news.xinhuanet.com/fortune/2009-09/20/content_12085871.htm〉,2016年7月10日最后访问。

（1）两者都建立了信息发布的指定网站制度,不同的是,美国证监会指定信息披露网站为证监会自己规划、创建和维护监管的 EDGAR 系统,而中国证监会指定的证交所网站和第三方网站。美国这种做法的潜在的问题是,政府包揽了信息收集、维护和提供检索服务,增加了政府的运行成本。

（2）两者都对上市公司在自己网站上开展投资者关系持鼓励态度,但是中国证监会对于使用公司网站限定了比较强的条件,就是严格规定上市公司在自己网站上发布应发布信息不得先于证监会指定网站。美国证监会针对不同类型的信息设定了不同的条件,对于某些应发布的信息,美国证监会允许公司使用 EDGAR 系统之外的信息发布平台作为信息发布渠道,例如将上市公司网站作为信息发布渠道,当然这样是有一定前提的,就是投资者已被广泛告知公司会将公司网站作为信息公开渠道,而且投资者也已经明晰这一点。由于中国证监会强调在公司网站上发布的信息不得先于指定媒体发布,作为投资者很难将对上市公司信息的注意力从指定媒体转移到公司网站上来,从而可能影响上市公司在自己网站上开展投资者关系活动的积极性。

（3）关于使用网络渠道发布信息的方式,中国证监会规定比较严格,而美国证监会则规定的比较宽泛灵活。美国证监会允许在满足一定条件的情况下,以电话会议、视频会议等方式,发布重大未公开信息,而中国证监会的规定是,必须以在指定媒体上发布公告或报告的方式发布重大未公开信息,不得以电话会议、答记者会等方式进行信息发布,在其他媒体和渠道发布的信息或者以其他方式发布的信息,不得多于指定媒体上发布的公告和报告中的信息。由于上市公司对于在网站开展投资者关系活动中,其中信息是否多于在指定媒体的发布和先于指定媒体具有很大的顾虑,保守的上市公司宁可不在自己网站上与投资者进行信息交流,或者仅仅转发公告信息,从而使上市公司网站投资者关系功能被大大限制。美国做法的问题是,投资者会面对更大的信息甄别和获取成本,因为其面对的信息发布渠道更多。中国做法的问题是,上市公司公开与分析师或记者的交流情况的意愿非常低,以免触发监管条款,但是否在非公开或不公开的情况下进行更充分的沟通,实则很难监管。

（4）美国的安全港制度针对非故意泄露重大信息情况的补救规定,显得更加现实。使得投资者关系工作开展中可以比较积极,例如发布一些前瞻性信息,或在深入交流中披露一些信息。但是也会存在潜在的漏洞,即上市公司故意采用这个方法,进行选择性披露。

（5）美国早已放弃强制上市公司通过纸质传媒发布法定应发布信息的做法,而我国针对主板上市公司一直强调在指定报刊上发布报告和公告。中国有广大的中老年投资者或信息手段不发达的投资者,可能不能适应仅通过网络获取信息。

三、使用社交媒体开展投资者关系活动的规制比较

除了基于指定网站和公司网站的网络投资者关系,使用社交媒体等新兴网络渠道开展网络投资者关系活动的公司也越来越多。为了使上市公司规范使用这些新渠道,中美两国分别通过不同的方式对上市公司使用社交媒体进行了规制。在相关规制中我们可以看到,两国对社交媒体的规制思路基本上是公司网站政策的延伸,所以相关规制不像对公司网站的规制那么丰富,而仅仅是通过对发生的个别案例作出规范性应对的方式对社交媒体的使用进行了规范化。由于社交媒体是一个新的渠道,大量公司在使用这些渠道,并发生了一些在使用中的不规范问题,进行规制是非常必要的。

(一)美国证监会相关规制

2013年,SEC注意到自从2008年发布了公司网站使用指引后,公司使用社交媒体与股东和市场进行沟通呈现出快速增长的趋势。[32] 为了澄清有关使用社交媒体方面的政策,SEC在2013年4月2日,发布了一份调查报告。调查报告是SEC针对美国网飞公司(Netflix)的首席执行官瑞得·黑斯汀2012年7月3日在其个人的脸谱网页上发布敏感信息的事件所发起的调查的结案报告。黑斯汀在其个人主页上声称网飞公司在6月份历史性地达到了10亿小时内容浏览流量(比半年前增加了50%)。网飞公司之前没有在任何其他渠道公开过该信息。网飞公司的股票价格在该信息发布出来时为70.45美元,在第二个交易日收盘时达到了81.72美元。这引起了SEC的注意,并引发了SEC对网飞公司发起调查。网飞公司此前一直引导公众通过公司的脸谱网页、博客、推特推送和公司网站获取网飞公司的信息。[33]

事件过去将近9个月后,SEC发布了调查报告。调查报告宣布SEC不会就该事件对黑斯汀或网飞公司采取惩罚措施,但强调,第一,发行人利用社交媒体渠道开展信息沟通应该仔细审视自己是否遵守了公平披露法的规定;第二,2008年公司网站使用指引中的规定,尤其是有关"投资大众应该事先被告知公司将用来发布重大信息的渠道"的规定,同样适用于公司使用社交媒体进行信息披露的情况。

报告同时解释说,SEC发布这个调查报告并不是为了禁止公司使用发展中的社交媒体进行信息沟通,SEC认为在当今的市场信息沟通中,社交媒体具有积极的价值和作用,SEC支持公司寻求使用与股东和市场进行沟通交流的新途径。

---

[32] SEC. Report of Investigation Pursuant to Section 21(a) of the Securities Exchange Act of 1934: Netflix, Inc., and Reed Hastings, April 2, 2013, Release No. 69279.⟨http://www.sec.gov/litigation/investreport/34-69279.pdf⟩, accessed July 14, 2016.

[33] Gibson Dunn. NIRI Webinar: Social Media and SEC, posted 2013-05-06,⟨www.niri.org⟩, accessed 2016-10-15.

（二）中国证监会相关规制

社交媒体在中国发展迅速,很多上市公司的高管、董事和股东等,具有经过社交媒体运营主体实名认证的社交媒体账号。为了引导规范社交媒体上发布上市公司相关信息的行为,中国证监会2013年6月以新闻发布会的意见发布形式㉞,发布了针对上市公司微博、微信等社交媒体使用的规范性指导意见,强调"信息披露义务人在公司网站及其他媒体发布信息的时间不得先于指定媒体,不得以新闻发布或者答记者问等任何形式替代应当履行的报告、公告义务。"

（三）中美证监部门对上市公司使用社交媒体的规制比较

从上述两国的规制发布可以看出,两国证监会在上市公司使用社交媒体的政策上存在明显的差异。在美国,满足一定的条件下,SEC允许公司将社交媒体作为发布非公开重大信息的首发(及/或唯一)渠道。按中国证监会的政策,上市公司发布非公开重大信息,必须在证监会指定的报刊或网站上,社交媒体上的发布不得早于指定媒体。

四、结论与建议

论文对美国网络投资者关系相关规制的历史发展和条文进行了分析并与中国相关规制进行了比较,两者主要的异同参见表1。通过梳理发现,美国在网络投资者关系规制方面起步比较早,并对将新兴网络技术应用于网络投资者中一直持开放和鼓励的态度,同时先后出台相应规制条文及采取相应规制措施,规范网络投资者关系活动。美国对网络投资者关系的规制,大致经历了四个重要节点:

纸媒全面转向电子媒介——2000年电子发布指引中明确了电子文件对纸媒文件的替代地位,并将上市公司网站发布内容列入监管范围;

充分肯定上市公司网站在投资者关系中的作用并引导其规范发展——2000年公平披露法对上市公司网站在公平披露方面能够发挥的作用给予了充分的肯定,认可在一定情况下,网站披露是实施信息公平披露义务的一个重要组成部分;

全面规范上市公司在网站上开展各种投资者关系活动并突破性地肯定在满足一定条件下,上市公司网站在重大信息披露上具有重要法律地位——SEC2008公司网站使用指引引导投资者关系规制向网络时代全面进化,突破性地正式全面肯定了公司网站在发布重大信息方面的重要法律地位,规定满足一定条件下,公司网站可以作为公开发布重大非公开信息的首选和唯一渠道并对网络环境下如何适用证券法律相关条款做出了比较详细的解释;

㉞ 中国证监会:"2013年6月21日新闻发布会",〈http://www.csrc.gov.cn/pub/newsite/zjhxwfb/xwfbh/201306/t20130621_229568.html〉,2016年7月10日最后访问。

规范上市公司利用社交媒体开展各种投资者关系活动,并肯定社交媒体的法律地位——SEC2013年针对网飞公司利用社交媒体发布重大信息进行了调查并发布调查报告,提醒上市公司使用社交媒体需满足公平披露法和网站使用指引,从一定意义上使得投资者关系规制迈入了网络社交媒体时代。

中国也采取了一些措施,表明了积极推动网络投资者关系的发展的态度,但是设定了一条底线,即指定报刊和指定网站制度,相对美国来说比较审慎保守。中国资本市场发展历史还不长,投资者教育和上市公司教育都还任重道远,采取审慎保守的政策是必要的。从长远看,在采取审慎保守政策的同时,我们也应该采取措施有步骤地推动网络投资者关系的发展。

表1 中美两国关于上市公司网络投资者关系的规制对比

规制内容	中国规制	美国规制
是否可以放弃纸质传媒的法定信息披露	主板上市公司不可以,创业板可以	可以电子版文件进行法定文件递交和发布
是否允许以上市公司网站作为非公开重大信息公开发布的唯一渠道	不允许	可以,须满足公平披露法关于公开发布的条件。公司网站是否满足这些条件的判定责任由公司自负
证券法律指定的信息发布网络平台	交易所网站和某些第三方网站	SEC的EDGAR平台和公司自己的网站或社交媒体账号等
是否允许非公开重大信息在业绩发布会、网络交流、分析师会议等投资者关系活动中进行初次公开发布	不允许,必须首先在证监会指定媒体上发布	满足联邦证券法律相关要求的条件下,允许
是否有专门针对公司网站使用等网络投资者关系的系统的法律规章	无,有关条文规范散见于其他规制	有,并针对网络信息发布的一些特有性能如交互信息、第三方链接信息、公司或高管的社交媒体账号等的法律责任做出了法律指引

来源:本文作者整理。

网络的普及和各种新兴网络技术的发展,使得投资者越来越依赖于网络高效地获取信息及同上市公司进行交流沟通。公司网站和其他网络技术,能够降低披露成本,使信息披露形式多样化,信息更加丰富,对上市公司和投资者都是有益的,从而对推动资本市场发展也是非常有益的。随着信息技术的发展,可以预见将会有更多新形式的信息沟通方式出现。这些信息在提高互动性、用户友好性的同时,其对信息的存储空间的需求会急速膨胀,对信息存储的安全性和稳定性的要求也非常高。如此大规模的信息,集中上传和存放在少数几个指定网站上,供广大投资者使用,给指定网站和用户使用都会带来巨大的挑战。而分布存放在上市公司网站上,信息的扩充能力则大大增强。从长远看,仅指定少数媒体作为信息的权威发布途径,对提高资本市场的信息公开和提高效率、促进竞争,是有一定的局限性的。证券市场中的交易活动,在很大程度上是一个以信息为基础的博弈活动,在信息的传播途径中,发行证券的股份有限公司通常是信息的制造者,或称信息源。㉟从信息的源头,通过公司网站等的发布方式建立起处于监管之下、承担明确法律责任的、权威的发布途径,是一个可供思考的提高网络投资者关系的重要方向。如何顺应潮流,积极推动中国资本市场在这方面的发展,已经成为了一个重要的时代命题。

网络投资者关系的发展是一个不可逆转的历史潮流,如何顺应潮流,积极推动中国资本市场在这方面的发展,已经成为了一个重要的时代命题。从中美的规制发展历程出发,建议在现有的指定媒体信息发布框架下,积极推动和鼓励上市公司使用公司网站和社交媒体等新兴网络技术开展网络投资者关系活动,同时培养投资者通过网络获取信息的习惯。例如:

——鼓励上市公司在其官网的投资者关系栏目下,张贴其定期报告和临时公告,披露公司治理相关文件并实时更新,并逐渐将这个政策的强制性提高;

——鼓励上市公司利用网络渠道,开展一些互动性较强、实时性较强的投资者关系活动;

——从政府监管引导、上市公司披露行为引导和投资者教育引导等多个角度,逐步树立上市公司在公司网站、社交媒体账号和移动应用等渠道上进行上市公司信息发布的权威性并培养受众的广泛性;

——针对网络的较强互动性可能造成的非计划性重大信息突发披露的情况,明确补救补充披露的规则;

——鼓励引导上市公司将分析师会面、外部会议演讲等的音频、视频和文字笔录等信息发布在自己的网站上,提高上市公司信息发布的公平性,进一步改善中小投资者的信息不对称情况,并需要将这些政策的强制性逐步提高;

——如果公司网站满足具有足够的稳定性和安全性的条件,可以将公司网站作为《证券法》第70条所规定的法定文件的存放虚拟地点;

——参考SEC的上市公司网站使用指引,按照法定文件的不同性质和上市公司的不同性质,将公司网站作为指定传媒之外的独立信息发布渠道、补充发布渠道或替代发布渠道;

——引导上市公司积极开展投资者关系的同时,总结各种实践,出台针对网络特有特征的法律法规指引;

——设定过渡期限,使得电子文件最终具有可替代纸媒文件的法律地位。

㉟ 李东方:《证券法学》,中国政法大学出版社2007年版,页23。

本文出于比较中国和美国的规制发展历程,推动中国网络投资者关系发展的目的,对两国相关规制的条文进行了比较分析。后续研究可以比较研究纸媒和网络媒体在证券信息传播中的作用,对网络信息发布受众的广泛性和投资者的接受度进行深入调研和评估,对规制中的监管部门执法和证交所的规则条文及执行措施等进行进一步的研究,以使网络投资者关系规制的研究更加全面和深入,并为政策制定提供更坚实的基础。

慎思谨行：美国电商发展的财税法启示

胡　翔*

摘要：美国电商税制的发展历程为我国提供了制度关照。可税性和征税权的先行确立是电商税制生发的源泉。税法的收入功能与治理功能在电商领域应得到重视与调和。美国电商税制的要点包括税收法定、税收中性、税收公平等三大根本原则，这同时也是我国财税法治建设的破题思路与落脚之处。立足基本国情和吸纳可考经验相结合，切实落实税制基本原则，重视电商行业发展与财政收入兼顾，将为本土化电商税制提供立法角度和制度逻辑。

关键词：可税性　征税权　税收收入　电商税制　财税法治

The Enlightenment of American Electronic Commerce Taxation

Abstract: The development of the American e-commerce tax system has shed a light on establishing correlative systems in China. The e-commerce tax system started with the establishment of taxability and taxation authority. The e-commerce taxation shall reconcile and pay special attention to income allocation and management functions. The basic principles of tax statutorily, tax neutrality and tax tax equity in American e-commerce tax system are also the critical points of the construction of governance of China's tax laws and regulations. The implement of basic principles mentioned above and reconciliation of e-commerce development and fis-

---

* 胡翔，北京大学法学院2016级博士研究生。

cal revenue will provide legislative and institutional inspirations for e-commerce tax system's localization.

Key words：taxability，taxation authority，fiscal revenue，e-commerce tax system，the governance of tax laws and regulations

电子商务因其高效、简便等优势日渐社会化、普及化。区别于传统货币与实物的当面交易,大量的电子化交易在排除实体店面等需求后形成了截然不同的交易模式。电子商务参与主体依赖互联网平台提供的服务进行交易。由于现行税制对电子商务课税的规定尚不完善甚至缺失,我国面临着税收大量流失、税收监管失灵等问题。从长远看,不利于我国财税法治建设和市场经济平稳发展。

放眼全球,美国是较早发展电商,且电商税制较为完善的国家之一。虽然中美税制存在体例上的差异,但在面对电商兴起和是否确立税制规范方面,与我国存在相似际遇。特别是美国电商税制中生发的税收法定、税收中性以及税收公平等税收基本原则亦是我国财税法治建设的要点。本文的立场是,如果其有关电子商务税制制定之渊源对于尚处发展中的本土化电商税制能够提供若干智识参照,提炼这样的要件,将便于我们思考和把握电商领域的财税法治。

一、情境制度:美国电商税制发展

美国于 20 世纪 90 年代开始步入互联网时代,诸如 Amazon、Ebay 等大型电商企业均成立于这一时期。而根据相关数据显示,2013 年度美国通过电子商务交易的货运价值占其制造业货运总价值的 57.1%(3.3 万亿美元),远远超过批发零售业(占比 26.5%,2 万亿美元)。[①] 在美国电商高速发展的背后,是美国税制的演进和变迁,一方面,电商高速发展的表征并未遮盖税收流失的客观问题,另一方面,为进一步推进社会互联网化,美国政府又投入了大量资金来促进电商发展。这样一来,税制设计就显得尤为重要。

(一) 萌芽:如何征税

在电商发展的起步阶段,为保障电商行业获得良好的发展环境,美国成立了电子商务工作组(Working Group of Electronic Commerce),用以研究和制定电商政策。随后,为掌握电商的发展情况,美国通过联邦普查局(United States Census Bureau)、联邦经济分析局(Bureau of Electronic Analysis)和联邦劳工统计局(Bureau of Labor Statistics)来收集和分析量化指标,以帮助完善相关政策。

---

① E-Stats 2013：Measuring the Electronic Economy,〈http：//www. census. gov/econ/estats/e13-estats. pdf〉,last visited 10-07-2017.

受惠于这些机构的保障,美国电商在萌芽阶段就获得了良好的发展条件。而为了保持网络技术和电子商务应用在世界范围内的领先地位,实现全球经济战略和本国的持久竞争力,美国政府对电子商务施行非常宽松的税收政策,这些税收政策主要以限制州政府新开税种和增加税负为主②,保留了部分类比适用于传统交易的"销售税"(Sales Tax)和"使用税"(Use Tax)。客观上达成了"放水养鱼"、推动电商迅速发展的结果。

（二）壮大：评估市场影响

从本质上看,美国电商发展初期的税收优惠政策是通过扩大联邦政府的"减免税权"来约束州政府的"征（新）税权"和"加税（率）权"。由于电商的空间范围不再局限于某个特定地区,跨州、跨境交易该如何定性成为了美国电商税制的又一难题。1992—2007年近15年间,美国相继出台《互联网免税法案》和《互联网税收非歧视法案》来延缓对电商征税的约束。③ 但加强了对电商交易的监管和评估。

与此同时,各州通过判例、解释等方式,打击逃税和避税行为,以保障州财政收入的正常运转。这一时期,联邦法院和州法院之间的博弈尤为突出。其中最为著名的包括Quill案(112 S. Ct. 1904【1992】)④。围绕电商纳税问题,美国税法的发展经历了相当长的矛盾期,唯一能得到确认的是,美国的联邦政府和州政府在对待电商课税时所采取的立场刚好代表了电商课税的两个基本问题：其一,税收政策是否必须帮助电商行业发展壮大？其二,税收政策是否应当维持保证财政收入的基本功能？

（三）健康：税收流失的规制

上述两个问题的纷争因巨额的税收流失而暂时告一段落。下表是2012年美国税收流失数量位列前5的具体情况。

---

② 1996年美国财政部发表了《全球电子商务选择性税收政策》白皮书(Selected Tax Policy Implications of Global Electronic Commerce),主张不对电子商务开设新的税种或附加,而是通过调整现有的税收制度以适应和促进电子商务的发展。

③ 例如2001—2007年间,时任美国总统布什通过《互联网免税法案2001》《互联网免税法案2004》《互联网税收非歧视法案》等法案连续三次宣布延长电商产业的免税期,并禁止对电子商务开征多重性或歧视性的税收。

④ Quill是北达科他州的第六大办公用品供应商,拥有超过3000名客户。但Quill在该州没有零售店、仓库或任何有形资产,而是通过发行销售目录、传单、广告、打电话等方式拓展市场,并通过邮政等公共交通运输将其他州的货物运送到该州的客户。北达科他州试图根据其本州对零售商的定义,对Quill施加代扣代缴使用税的义务。

2012 年美国电子商务销售税和使用税流失前 5 情况（单位：百万美元）⑤

	加利福尼亚州	德克萨斯州	纽约州	佛罗里达州	伊利诺伊州	总计
销售税流失	4160	1777	1767	1484	1059	23300
使用税流失	1905	870	866	804	507	11393

电商税收优惠政策的长期推行助力了美国电商行业的快速发展，也引发了巨额的财政赤字。由于大量交易向电子化转型，税收流失形成了财政收入的缺口。目前，已有 13 个州通过颁布法令来扩张州政府对远程销售商征收销售税和使用税的权力，这些法令被统称为"亚马逊法案"（Amazon Laws）。在一定程度上，亚马逊法案的出台为地方财政挽回了一定的税收收入。

在谋求发展电商市场和保障财政收入的平衡成为核心问题后，美国国会接连推出《市场公平法案》（Marketplace Fairness Act，简称 MFA）和《远程交易平权法案》（Remote Transactions Parity Act of 2015，简称 RTPA），二者均旨在扩张州政府对远程销售商的销售税管辖权，统一各州对电子商务远程销售商的征税规则，减轻远程销售商跨州交易的合规成本与负担，从而实现电子商务与传统商务的税收公平，促进电子商务的健康、可持续发展。

二、智识提炼：税制特征基本探求

因美国税制与我国税制结构存在较大差异，讨论具体税种设计并没有现实意义。故这里便不论美国电商课税的具体税种，而注重探究美国电商税制的规制逻辑和理论特征，深挖制度表象之下能够使本土电商税制建设受益的要素。

（一）纳税主体的可税性

由于电商交易的监管存在诸多难题，其课税尺度难以得到有效把握。一方面，为了明确电商交易的可税性，美国法对电商税收征纳关系的调整进行了清楚界定。在 1996 年颁布的《全球电子商务选择性税收政策》白皮书中，电子商务的税收政策被明确包含一般性、中立性和互联网技术特征。这在根本上树立了电子商务各交易方的纳税主体资格。即在前述三个特征的法律框架下，电商参与主体应当缴纳税款。

另一方面，为了细化征纳税款时需要参考的课征要素。白皮书中还提到了电子货币、银行账目、记录保存等认定标准。并且通过对几种"实质性税收法律问题"（Substantial Tax Issues）的列举，强调了电商税收收入分配的关键点和重要性。如此，美国电商税制的基本架构得以形成，这也是美国对其电子商务课税可税性的源泉界定，使数

---

⑤ 数据来源：〈http://www.ncsl.org/research/fiscal-policy/collecting-ecommerce-taxes-an-interactive-map.aspx#1〉.2017 年 7 月 10 日最后访问。

十年来美国电商税制的发展消解了能否征税的疑虑。

（二）征税权

税款征收以征税权的行使为前提,而现代税收国家中,征税权势必来源于法律,对电商的课税亦概莫能外。前文论及本质上美国电商发展初期的税收优惠政策是通过扩大联邦政府的"减免税权"来约束州政府的"征（新）税权"和"加税（率）权"。这些权利均衍生自法案、判例和法官解释,具备较高程度的正当性。

所有优良税收制度的公分母（在它们变坏之前）都是适度。[6] 决定这种适度断然不是空手为之：正是美国税制中对征税权来源的合理分配,在电商税制的发展中才会存在税权博弈的平衡局面。而征税权的法定性也在尽力维持电商税制循序渐进的发展。这可能是超越电商税制本身,引发人们关注税收对市场经济影响的原因之一。

（三）税收收入与市场

一面是定分止争的可税性界定,一面是法律赋予的征税权,美国电子商务的税制在此二者的支撑下,从片面强调税收优惠,保障电商发展过渡至扩大州政府征税范围,重视保障税收收入。客观上遵循了"涵养税源,增加税负"的课税法则,实际上却反映了美国电商税制建设在市场发展与税收收入间的抉择。

不可否认,开征新税和提升税率会在一定程度上消减电商交易的积极性,但在传统交易向电商交易转型的过程中,考虑到电商交易的效率和成本更低,理论上只要相关税负不会高于电商交易所节省的成本,那么电商行业并不会受到过大冲击。另一方面,税收的职能本身应当是积累财富、提升产业水平。[7] 如此理解,显然多年来美国针对电商的包容和鼓励的态势限制了税制的过分扩张。只不过传统交易不再成为税源的"重镇",日益高涨的财政赤字让电商税制回归冷静。虽很难预料未来美国电商的税负将从重或从轻,可其敲定税制中体现出的市场促进与税制限制的考量标准依旧可圈可点。

三、关照适用：本土电商税制反思

作为电商产业的后起之秀,我国电商税制的发展尚处在"彷徨"甚至是"迷茫"当中。数据显示,2017年中国在全球电子商务中的份额将达到75%,将超越美国成为电子商务大国。[8] 与美国同样进入快车道的中国电商在税制安排上还没有找准定位。两

---

[6] 〔美〕查尔斯·亚当斯：《善与恶——税收在文明进程中的影响》,翟继光译,中国政法大学出版社2013年版,页482。

[7] 参见刘剑文："财税法功能的定位及其当代变迁",载《中国法学》2015年第4期,页170。

[8] 工业和信息化部国际经济技术合作中心："全球电子商务发展酝酿新高度",张冬杨编译,载《中国电子报》2014年5月9日第3版。

个方面的原因决定了建立健全本土化电商税制的必要性：其一，税制缺乏容易引起盲目的交易行为，例如微商中的二手商品交易存在欺诈等现象；其二，税制缺乏直接导致国家税收流失，后文中加以论述。观察美国电商税制演进的过程，涉及可税性、征税权等方面的探讨亦存在关照余地。

（一）基本定位

旁观美国电商，自20世纪90年代开始发展，至今已有近20年的研磨期，如今美国电商税制在《市场公平法案》等一系列法案的规制下，基本形成了成熟的治理结构。虽然各州电商发展的程度可能存在差异，但各州的法律体系至少保证了"相对稳定"的电商市场秩序，也因此催生了相适应的税制安排。

反观我国电商，严格意义上我国电商的发展起步于互联网普及以后，约摸2007年后期。以笔者亲身体验为例，诸如淘宝、京东等电商平台几乎均从此时开始步入社会生活。历经飞速发展，随着第三方支付软件的推广，我国电商交易规模如今已经超过20万亿。应当注意，时间短、速度快几乎是我国所有行业的标志特征，而具备互联网特性的行业发展速度更是十分迅速。日新月异的行业发展与我国法治建设之脱节已成为国家治理中不可忽视的障碍，税制建设方面尤为突出。

目前，我国尚没有系统性法律法规专门针对电商课税，甚至连专门规范电商发展的《电子商务法》草案，也于2016年12月19日才首次提请第十二届全国人大常委会第二十五次会议审议。尚不明确电商行业应当征何种税，又如何来确定税率和优惠政策。但可以肯定电商行业必须纳入税收管理的范畴中。究其原因，除巨大的税源外，税收秩序可以克制电商交易中可能产生的盲目性和自发性问题。税收作为晴雨表，亦能反映电商发展的实际状况。由此，我国电商的基本定位应当是速度十分快，但税制（及法制）不明确，发展质量堪忧。

（二）破题思路

旁观美国电商，从《全球电子商务选择性税收政策》白皮书到《全球电子商务纲要》，再到《互联网免税法案》和《互联网税收非歧视法案》以及《市场公平法案》，美国的电商税制在大量的法案中，得到了交易定性、课税区分等规范准则。在清楚界定纳税主体、纳税行为等要素的同时，还给予了各州政府征税权的正当性与必要性，也正由于这些法案的推动，才形成了美国税制日趋完善的治理结构。

反观我国电商，目前在各类税收政策文件中与电商直接相关的，均是从跨境电商的角度进行规定，包括《国务院办公厅关于促进跨境电子商务健康快速发展的指导意见》（国办发〔2015〕46号）、《财政部 海关总署 国家税务总局关于跨境电子商务零售进口税收政策的通知》（财关税〔2016〕18号）等，而针对本土电商的境内交易则无明确规定。对电商交易行为类别、模式等规定的缺失，客观导致税制安排时缺乏相应考量标准,这可能也是目前我国电商税制窒碍难行的重要缘由。建议首先通过相关法律法规确定电商的纳税主体地位。而有关征税权的问题,笔者将在后文中进行论述。

(三) 地域差异

旁观美国电商,因美国的地域经济发展状况较为均衡,即便发展程度略有不同,但各州电商普及时间趋于同步,宏观协调的联邦税收政策(特别是税收优惠)和微观适用的地方税收政策相结合,并不会引发失控的社会问题。另外,美国的交易信息系统较为完善,有前述具体的机构进行监督和管理,进一步保持了电商交易行为的可控性和合规性,给电商税制提供了良好土壤。换言之,美国电商税制的环境因素需要被纳入思考范围。

反观我国电商,由于东中西部地区经济发展并不平衡,其应用电子化交易的程度存在很大差异。沿海及中部地区的信息网络普及较西部地区更为发达,人们选择电商交易的可能性也更高。而一旦适用统一的税收政策,很可能因地方征税权的缺失从而制约了西部等欠发达地区电子商务的发展,从而加剧地域间的发展失衡。因此,我国尚不具有适用统一电商税制的条件。

但对于社会生活来说,从一定视角来看,一个社会的形成其实是在一个确定的社会环境中。⑨ 即便不具备统一适用电商税制的条件,本土化电商税制构建依旧具备个性化优势。例如试点方法。可考虑在东部等较发达地区开展类似"营改增"试点的方法进行测试,并在西部推行电商发展的优惠条件,促进区域间的均衡发展,为后续统一的税制建设提供条件。

(四) 收入功能

从美国多年"免税"环境的实践看,电商获得了蓬勃发展的空间,但造成了大量的税收流失。有研究表明,我国电商行业的税收流失已经从 2009 年的 6.12% 上升到 2014 年的 8.22%⑩,同美国相似的情况与我国空白的电商税制不无关系。在财税法诞生时期,国家的主要目的是通过财税法来组织财政收入。传统交易向电商交易转型的过程中,因电子信息的安全性和随意性等特征,容易造成交易主体逃税和避税的客观问题,从而引发税收流失。将电商交易收归课税对象,能够一定程度上防止税收流失,这也要求发挥电商税制的收入功能。

尽管我国应对本土化电商时已经尝试对垂直型电商和企业开征增值税和所得税,但这部分企业仅包含了类似京东、苏宁等几大巨头,而缺乏完备管理体系的中小型电商企业的纳税遵从度并不令人满意。与之同时,在税务监管中,存在大量的认定难题,

---

⑨ 参见苏力:《法治及其本土资源》,北京大学出版社 2015 年版,自序。
⑩ 参见谢菲:"电子商务税收征管问题研究",华东政法大学 2016 年硕士学位论文,页 17。

例如微信朋友圈中的代购,微商等均处于规制空白区。一边是监管失灵,一边是自觉纳税意识不足,可得推知,我国电商课税实务中能够获取的收入在理论评估数和实际收缴数间存在很大差距。

四、原则拓扑:财税法治本源脉络

美国是以直接税为主,联邦及各州均有税收立法权的国家。而我国是以间接税为主,税收立法权高度集中于中央的国家。乍一看,二者的税制各不相同。针对电商课税,美国所推行的销售税和使用税并不能直接套用到我国的立法实践中。但所有的立法都必须反映立法原则和立法精神,否则这些法律将缺乏生命力。特别是我国正面临财税法治建设的关键时期,大量的税收立法工作已列入计划,源于美国电商课税中可得灌输的税制原则,在本土化电商税制甚至是整体财税立法中亦具有参考价值。

(一) 税收法定原则之统摄——法治的基本定位

从美国州政府无法随意针对电商的跨州交易行为进行课税的实例来看,美国的税种开征,也即征税权的设定需要通过判例、法案、解释等进行授权,进而才能进行相关的稽征行为,这税收法定原则的典型体现。我国电商税制多年来除却一般的企业所得税、增值税外,针对商品通过平台交易的增值[11],消费者购买简单的网络服务[12]等应税行为的规制基本空白。征税权究竟应当赋予何种稽征机构,相关交易又当设定何种征收方式均为亟待探究的现实问题。

由于立法是一项需要征求民意的工程。囿于研力,整章建制的对策还有待进一步思考,但回归理性的探讨却能让我们面对电商课税事项时保持冷静,避免立法失败。目前,我国电商税制的主要问题集中于开征环节,还未触及调整环节。开征环节当中,尚需筹集电商税制的基本要素。而相关法律依据则是电商税收征管的基础环境。此外,由于法律制定过程最为正式、规范、透明,能够以严格的程序规范征税权的运行过程,使之至少具有最低程度的形式理性。[13] 因此,依循税收法定,推进电商税制有法可依有助于财税法治得到具体体现,也能够规范电商交易行为,维护市场秩序。

(二) 税收中性原则之强调——市场的根本属性

《全球电子商务纲要》中指出电商税收立法应当遵循以下三大原则:其一,税收中性原则,税法制度不能歧视任何交易行为。其二,税法体制应当秉承简单、透明的原则,能够容纳相关的税种,易于补充,并且最大程序节约记录的保存成本。其三,应当能够适应美国和其他国家现有的税法体制(国际税收层面)。

---

[11] 一些黄牛炒作的门票、车票等。
[12] 包括网络预约的手机刷机、越狱、维修等服务。
[13] 参见刘剑文:"落实税收法定原则的现实路径",载《政法论坛》2015年第3期,页16。

由于电商市场本质上并未脱离市场属性,如果纯粹以促进互联网发展的角度来看待电子商务,那么因市场自发性引起的竞争乱象将对互联网产业造成冲击,长远看并不利于电子商务的发展。从美国电商税制的经验看,我国也应当坚持税收中性原则,即税收政策不能排斥规制电商交易的任务,而当积极参与到电商的规制中来。一方面不应区分所得是通过网络交易还是通过传统交易取得,对相类似的经营收入在税收上应公平对待,另一方面税制安排也应当因地制宜,结合不同地区的电商发展状况适用具体的税收政策。由此两面来促使税收中性原则为电子商务提供稳定的税制。

（三）税负公平原则之带入——税收优惠的适用

《市场公平法案》中规定年收入低于100万美元的远程销售商可以豁免州政府的销售税管辖权,《远程交易平权法案》也为小型远程销售商制定了渐进的三年标准豁免规则,此类税收优惠政策均是为了保护电商中小企业的发展。应当注意,除了阿里、京东、苏宁等大型电商企业外,我国还有大量的中小型电商企业。即便当下近乎免税的电商税制环境需要改变,也应当重视为这些中小型电商提供发展空间。须指出,税制方面的具体表现应从税收优惠方面展开,而税收优惠适用的标准是落实税负公平原则的内涵之一。

相较于保护中小电商企业,税收优惠的另一项优点是能够吸引更多的企业向电商转型,一方面符合国家供给侧结构性改革的吁求,推动创新驱动发展和互联网+战略转型升级,另一方面能帮助税务机关在税务征收工作上提升效率。[14]"十三五"规划指出要"促进信息技术向市场、设计、生产等环节渗透"。合理的税收优惠设计不仅是税负公平原则的具体落实,也能达致信息技术向传统交易模式的渗透,从而完成推进市场信息化的制度目标。

五、结语

电商课税之所以势在必行,主要还是由于税制对于市场的调整和规范作用能够助力我国的财税法治建设。美国电商税制的发展为我国电商课税提供了若干智识参照。从可税性的前提要件出发,多部法案和案例稳定了美国电商税制的演进历程,促使其最终在税收收入和电商发展中谋得平衡。税收法定原则作为现代税收国家遵循的基本原则,是税收体系不可或缺的重要指导。而征税权又是税务机关能够开展税收征收行为的基础,亟待立法予以确定。还当注意,推进电商领域税制从"无法"走向"有法",再到"良法"甚至"善治"不可忽视我国的本土个性和特殊国情。

长期以来,财税法作为政策被行政部门灵活使用,使一些新兴领域的税制可能"朝

---

[14] 例如在相关企业履行协力义务时,涉税的账本、票据等均可从网上进行处理,便于数据保存。

令夕改",缺乏预见性和保障性,并不利于我国市场经济的进步。美国电商税制推进电商行业发展的结论体现出,无论未来我国电商行业面临何种具体的税制安排,税收中性和税收公平两大原则将作用于均衡电商行业的纵横发展。唯有符合国民意志的税收政策才能最大程度保障税收法治的顺利推行。在互联网渗透人民生活各方面的时代,财税法治面对着纷繁复杂的市场环境和多元客体,为了规制市场浅显意见的乱象,极易忽视财税法的本来功能和法治目标。合理调配电商税制的功能分殊是时代背景中财税法治行稳致远的重要方面。

中国预付券/卡法律规制的完善

金大薰*(KIM,DAE HOON)

摘要：预付券/卡消费作为一种新兴的消费模式已普遍应用于多种消费领域。目前,中国对预付券/卡的法律规制尚处于初级阶段,存在预付券/卡的概念及性质界定不明确、预付券/卡经营准入制度不完善、忽视消费者权益保护等问题。为降低代币卡/券交易给消费者带来的损失,防范发行和交易风险,中国应坚持消费者保护的基本理念,明确代币卡券的定义和性质,完善预付券/卡的发卡人的经营准入制度,赋予消费者后悔权,建立债务履行强制担保机制和明确监管机构等相关规制制度。

关键词：预付券/卡 消费者保护 规制

On the Improvement of China's Legal Regulation of Prepaid Coupons / cards

Abstract：Prepaid coupons / cards consumption as a new consumption model has been widely applied in a variety of consumption areas. At present, China's legal regulation of prepaid coupons / cards is still at the initial stage and there are problems that the concept and nature of prepaid coupons / cards are not clear, the access system of prepaid coupons / cards is imperfect, ignoring the protection of consumers' rights and so on. In order to reduce the loss of consumers caused by the transaction of the token cards / coupons and to prevent the risk of issuance and transaction, China should adhere to the basic concept of consumer protection and

---

* 〔韩〕金大薰,北京大学法学院博士研究生。

make regulation about the definition and nature of the token cards/coupons, improving the access system of card issuer of prepaid coupons/cards, empowering consumers the regret right, establishing compulsory guarantee mechanism of debt enforcement and make clear the regulatory agencies.

Key words: prepaid coupons / cards, consumer protection, regulation

当代社会,纸质型商品券(如分期付款券、兑换券、交换券等)、IT型预付卡、虚拟型社会化电子商务型优惠券等替代货币功能的代币券或代币卡(本文将其合称为"预付券/卡"),因其高效便利的特性而普遍应用于中国和其他国家的零售业、餐饮业、居民服务业等消费领域。一方面,预付券/卡具有的"预付功能"为消费者在何时选择购买何种商品或服务方面提供了更多的优惠和可能性,同时又为发卡人固定客户、预先锁定运营资金、灵活运用预付款等提供了便利。但另一方面,绝不可忽视的是,从预付券/卡的另一个属性即"预付后买"来看,预付券/卡消费亦存在发卡人欺诈、破产或变更、拒绝退还余额等风险,损害购买预付券/卡(消费者)合法权益的可能性始终存在。对此,站在消费者权益保护的高度,中国需要厘清预付券/卡的法律概念和性质,对现行预付券/卡发行、流通规制制度加以完善,以便更好地促进中国预付券/卡行业健康发展。

一、预付券/卡的法律规制理论基础及法律属性

(一)预付券/卡法律规制的理论基础分析

根据监管的一般理论,市场可以对消费者提供一定的保护,但是市场并不能一直发挥作用,当存在负外部性、信息不对称等问题时,会发生市场失灵。市场失灵的存在,导致单纯依靠市场力量无法为消费者提供完全有效的保护,市场也无法从根本上解决消费者保护问题,在预付券/卡消费市场亦然。此时,消费者需要中立的政府或行业自律机构来为交易提供客观的、公正的信息,并对交易对方实施一定的外部干预,以克服市场失灵的弊端。管制经济学中的规制理论认为,政府的主要任务是实现生产者与消费者之间的利益平衡,并在此基础上寻求社会整体福利的最大化。交易双方无法通过市场来完成这种平衡,只能依靠拥有强制力的第三方——政府来完成,因此,政府有必要承担起消费者保护的义务。[①]

尽管发售和使用预付券/卡能有效刺激消费、扩大市场规模,但在实践中有些商家在获取购券/卡资金后,拒绝履行预付卡已经预先购买的服务或者拒绝交易,甚至跑路,商家欺诈、消费者权益受损等问题较为严重。消费者购买预付券/卡后,在商家是

---

① 参见孙天琦:"金融消费者保护:市场失灵、政府介入与道德风险的防范",载《经济社会体制比较》2012年第2期,页206。

否能够及时履行义务的问题上,消费者往往不能得到强有力的保护,因而处于较为弱势特别是信息弱势的一方。因此,我们在肯定预付券/卡具有良好经济效益的同时,应对其进行必要的规制,由监管部门平衡预付券/卡消费双方的利益,防止商家为了短期利益侵害消费者的权益。这既能在市场发生风险之前防患于未然,也可以为纠纷的解决提供有效的依据和途径。

(二) 预付券/卡概念的规定现状

在中国监管实践中,各类规范性文件均未对预付券/卡的概念给出明确的定义。现有的法律规范仅对商业预付卡做了比较粗浅的规定。从现有规范来看,一是中国人民银行出台的《非金融机构支付服务管理办法》(人民银行令〔2010〕第2号)第2条第3款将多用途预付卡定义为"以营利为目的发行的、在发行机构之外购买商品或服务的预付价值,包括采取磁条、芯片等技术以卡片、密码等形式发行的预付卡"。二是商务部出台的《单用途商业预付卡管理办法(试行)》(商务部令〔2010〕第9号)第2条将单用途预付卡界定为"从事零售业、餐饮业和居民服务业等企业发行的,仅限于在本企业或本企业所属集团或同一品牌特许经营体系内兑付货物或服务的预付凭证,包括以磁条卡、芯片卡、纸券等为载体的实体卡和以密码、串码、图形、生物特征信息等为载体的虚拟卡"。三是国务院办公厅转发的中国人民银行、监察部等多部委联合颁布的《关于规范商业预付卡管理的意见》(国办发〔2011〕25号,以下简称《意见》)并未对预付券/卡加以定义,只是将种类繁多的购物卡统称为商业预付卡,并将商业预付卡区分为单用途预付卡和多用途预付卡。

从上述规范性文件的规定可知,中国对预付券/卡(预付卡)的定义,除了区分多用途与单用途这一关键区别外,基本上都是一致的,并且都对预付券/卡的电子载体特征进行了较为详细的描述。这些规定对我们认识预付券/卡提供了必要的指引,但这些概念界定并未涉及到预付券/卡的特征、性质等关键性要素,尚未揭示代币卡/券的法律性质,也使得在厘清预付券/卡法律关系进而完善规制制度时缺乏法理依据。

(三) 预付券/卡的法律性质探讨

关于预付券/卡的法律性质,学术界有"证券说"、代币工具说、"合同说"、债权凭证说等观点。[2] "证券说"主张预付券/卡是一种特殊的有价证券,因为其具有广义证券中的商品证券和现金证券的性质,但商业预付卡并不是证券法调整的对象。[3] "合同说"则认为预付券/卡的性质是合同,是一种债权凭证。[4] "支付结算说"认为预付券/卡的持有人可以在指定的商店进行消费,具有使用价值和交换功能,具有了货币的

---

[2] 各种观点可参见马太广、范励:"论商业预付卡的本质属性与法律规制",载《东方法学》2013年第2期,页55—57。

[3] 刘迎霜:"商业预付卡的法律规制研究",载《法商研究》2012年第2期,页91。

[4] 参见赵越:"商业预付卡的法律规制研究",辽宁大学2011年硕士学位论文,页9。

某些特征。代币工具说认为，预付券/卡具有对现金的高替代性，但又明显区别于货币，不具有货币的价值尺度功能，类似于支票，仅为一种支付工具。⑤

笔者认为，预付券/卡是合同和债权凭证的结合体，是一种债权合同凭证。之所以说预付券/卡是一种合同，是因为预付券/卡消费者取得预付卡的前提条件是支付一笔价款，然后消费者在约定的期限内可以享受发卡人提供的各种商品或服务消费，故消费者与发卡人之间实质上是一种消费服务合同法律关系。消费者支付费用是一种履行合同义务的行为，消费者在取得预付券/卡后，就表明其已经履行了合同义务。接下来，发卡人则必须按照既有的约定履行其承担的合同义务，即为消费者提供相应的商品或服务消费，否则，就构成合同法上的违约，要承担违约责任。

之所以说预付券/卡又是一种债权凭证，是因为：从基本交易原理来看，商业预付券/卡通常是先付款后使用，因此其具有一定的信贷功能和价值存储功能。从债权债务关系的角度分析，商业预付卡对于持卡人而言属于债权凭证，而对发卡机构来讲则是一种以企业信誉为担保的债务凭证。⑥究其本质，预付券/卡是一种特殊的债权凭证，发卡人与使用者之间形成消费服务合同关系。因此，上述学者将预付券/卡界定为"以先存款后消费为模式的债权凭证"具有合理性。这一法律定性是和中国人民银行发布的《关于对购物卡性质认定的函》（银办函[2000]519号）规定相符合的。在该函中，中国人民银行将代币票券的基本要素归结为：具有一定量的金额、无限期使用或有一定的使用期限、在一定范围内使用和流通、不记名不挂失。从这些基本要素来看，预付券/卡的债权合同凭证学说都符合这些特征。详言之，其一，作为债权凭证的预付券/卡当然具有一定量的金额，即说明存在价值性。因为各种形式的预付券/卡都记载了一定的金额，消费者通过支付等值的货币金额而获得预付券/卡，将其作为代替货币进行结算的支付工具。其二，作为债权凭证的预付券/卡当然具有期限性。从商业实践来看，商业企业通常会对预付券/卡的使用期限进行限制，对于一次性预付券/卡，往往根据金额的多少来规定不同的使用期限，金额越大则使用期限越长。其三，作为债权凭证的预付券/卡当然具有范围限定性。这是因为由商业企业自主发行或第三方发行的预付券/卡，根据合约内容的不同，其使用范围可能限于某一家或多家商场、超市，其使用范围相对于法定货币来说是特定的。其四，作为债权凭证的预付券/卡当然具有流通性。这是因为商业实践中一般的预付券/卡都不记名、不挂失，因此具有较强的流通性。

---

⑤ 刘迎霜，见前注④，页91。
⑥ 同上。

二、中国现行预付券/卡法律规范及案例实证

（一）规制预付券/卡的基本法律缺位

目前,中国尚无一部对预付券/卡予以直接规制的基本法律。在法律层面,仅能从《中华人民共和国消费者权益保护法》(以下简称《消费者权益保护法》)和《中国人民银行法》中找到对预付券/卡予以间接规制的规定。《消费者权益保护法》第53条规定:"经营者以预收款方式提供商品或者服务的,应当按照约定提供。未按照约定提供的,应当按照消费者的要求履行约定或者退回预收款,并应当承担预收款的利息、消费者必须支付的合理费用。"此条款是对经营者从事商业预付款消费方式应遵循的义务所作出的一般性规定,但对于经营者如何发行、流通预付券/卡,如何在此过程中保护消费者权益并无任何的规定。《中国人民银行法》第20条规定:"任何单位和个人不得印制、发售代币票券,以代替人民币在市场上流通。"第45条规定:"印制、发售代币票券,以代替人民币在市场上流通的,中国人民银行应当责令停止违法行为,并处20万元以下罚款。"这是从行政管理的角度对禁止发行和流通代币票券所作出的禁止性规定,但是何为代币票券,商业预付券/卡是否属于代币票券并没有明确(事实上预付券/卡也非代币票券⑦),这显然无法对预付券/卡形成有效规制。

综上可知,我国尚无基本法律对预付券/卡予以直接规制。同时考虑到民法通则、合同法只能调整预付券/卡的发行和流通中的基本民事法律关系,并不能对预付券/卡经营准入资格、预付券/卡发行和流通的营业行为及其监管等予以调整,确立专门对预付券/卡予以规制的法律规范迫在眉睫。

（二）已有规制集中于部门规章

如上所述,中国目前并无基本法律对预付券/卡加以规制。目前,能对预付券/卡予以规制的大都是部门规章和政策。从现有规范情况来看,首先,《意见》区分了商业预付卡的类型,其核心内容包括明确监管职责、预付卡发行管理制度、维护消费者权益等制度。此外,《意见》对预付卡的发卡人资格进行了限定,即未经人民银行批准,任何非金融机构不得发行多用途预付卡,一经发现,按非法从事支付结算业务予以查处;金融机构未经批准,不得发行预付卡。其次,2010年中国人民银行发布的《非金融机构支付服务管理办法》(中国人民银行令〔2010〕第2号)、2012年商务部发布的《单用途商业预付卡管理办法(试行)》等两个办法分别对多用途商业预付卡和单用途商业预付卡的业务管理做出了较为翔实的规定,初步确立了中国人民银行监管多用途商业预付卡、商务部监管单用途商业预付卡的分类监管体系,以及多用途预付卡发行由中国人民

---

⑦ 商业预付卡具有有限的流通领域和一定的信用索取权特征,但由于不具备法定计价单位的属性,因此不是货币,也没有货币的国家权力特征,并不需要由国家垄断发行,也不是国家参与和调控经济权力的体现。

银行予以审批、单用途预付卡发行实行备案的制度。再次,中国人民银行于2012年发布《支付机构预付卡业务管理办法》(中国人民银行公告〔2012〕第12号),确立了"规范发展与促进创新并重"的总体监管思路,按照审慎监管原则,从严规范和管理预付卡业务。⑧ 最后,国家工商总局于2016年8月公布《消费者权益保护法实施条例(征求意见稿)》⑨,该条例拟针对预付卡领域商家关门跑路等乱象,细化了《消费者权益保护法》第53条的规定,加强了消费者权益保护。⑩

由此可见,中国正试图采取多部门制定、实施管理办法等措施,加强对预付券/卡发行流通的规制。而这些管理办法的内容大都是原则性的规定,导致了监管规则难以被完全落实,无法对预付券/卡进行有效的规制。并且这些部门管理办法多偏重于行政监管、侧重于公权力的介入,对通过私法调整预付券/卡法律关系的方法有所忽视。值得注意的是,这些管理办法对消费者权益保护的规定少之又少,缺少对预付券/卡消费者权益保护的机制。同时,由于缺乏事前监管,一旦发生消费纠纷,司法实践往往只能套用《合同法》《消费者权益保护法》的一般规定进行处理,无法对经营者作出实质性的处罚,使得消费者的合法权益难以得到切实保障。⑪

(三) 案例实证

法规规制制度的不完善也导致了实践中预付券/卡消费纠纷的高发。仅以国家工商总局发布的《全国工商行政管理机关2015年处理消费者投诉举报咨询情况》为例加以分析,预付券/卡消费是消费者投诉十大热点问题之一。自"十二五"以来,全国预付卡消费投诉年均增长35.7%,2015年达到2.93万件,投诉量居近5年来最高。消费者投诉的问题集中在:商家服务缩水、霸王条款、费用无故被扣除、擅自终止服务、商家"关门跑路"等。⑫ 2017年3月,中国消费者协会发布的预付式消费体验调查结果表明,预付式消费中普遍存在诱导消费、经营主体不合法、霸王条款、强制服务、虚假宣传

---

⑧ 按照该《办法》的规定,一是建立购卡实名制度、非现金购卡制度和限额发行制度等要求。二是加强对消费者权益的保护。该办法要求发卡机构应履行告知义务,应提供延期、激活、换卡等服务,从而保证消费者的知情权和资金使用权。三是加强了预付卡客户预付资金的安全管理。该办法要求发卡机构应当通过其客户备付金存管银行直接向特约商户划转结算资金,受理机构不得参与资金结算。发卡机构委托销售合作机构代理销售的,代销售资金应直接存入发卡机构备付金银行账户,以切实防范预付卡业务中可能出现的资金风险。

⑨ 截至2017年4月1日,该《条例》尚未正式出台,但反映出对预付券/卡规制的愿望。

⑩ 该《征求意见稿》第36条对预付式消费合同的内容要点、经营活动的变动、解约退款以及退款计算方式等做了较为详细的规定。第37条规定,经营者发行多用途预付卡需要有人民银行的支付业务许可,发行单用途商业预付卡的,应当向消费者明示兑付风险,并采用保险等方式保障预收资金安全,告知消费者相应权益。

⑪ 参见王建文:"中国预付式消费模式的法律规制",载《法律科学》2012年第5期,页153。

⑫ 参见中国消费者权益保护网,〈http://www.315.gov.cn/wqsj/12315sj/zj12315sj/201604/t20160420_168093.html〉,2017年4月22日最后访问。

等问题。具体而言,诱导消费和经营主体不合法的问题较为突出,将近一半商家都存在这两类问题。霸王条款问题率次之,占比也达到24.2%。而在办卡后环节中,强制服务问题率稍高。[13] 预付式消费"乱象横生",事实上已成了众多消费者的"糟心卡"。这也例证了既有的法律规制制度难以对预付式消费形成有效的监管,这使得商家诚信缺失行为,甚至是违法行为得不到有效控制。由此,如何构建完善的法律规制制度,最大限度保障消费者的权益,已然成为预付式消费中亟须解决的问题。

三、预付券/卡法律规制的完善方案

整体而言,中国对预付券/卡的规制制度呈现出"政策规范为主,法律规制为辅"的特征,相关规制制度也不健全,缺乏明确性、稳定性和连续性,不利于对预付券/卡的有效规制,为促进预付券/卡行业健康长远发展,中国应在梳理现行预付券/卡规范性文件的基础上,对预付券/卡的法律规制制度予以完善。

(一)明确预付券/卡的定义和法律性质

毫无疑问,唯有厘清预付券/卡的定义和法律性质,才能对预付券/卡发行和流通构建科学合理的规制制度。对于预付券/卡的定义,正如本文第一部分所述,中国现有规定均对预付券/卡的概念界定作出了一些尝试,但是与预付券/卡的本质以及实际运用情况存在很大反差[14],需要在吸收现有规定并借鉴国(境)外相关定义的基础上,在对预付券/卡的特征和性质等充分理解的基础上对该概念予以界定。

对于预付券/卡的概念界定,从方法论来看,笔者非常赞同有些学者所主张的概括与列举相融合的思维。[15] 以经验观之,域外国家和地区的相关法律规定,采取概括与列举的方式界定预付券/卡也是一种常见的立法方法。韩国2015年3月制定的《新型商品券法标准条款》第3条将发行人向顾客无偿提供新型商品券、电话卡等只以通信服务为目的发行的商品券、为证明电影预售票和演出预售票等特定服务的买卖而发行的商品券等排除在适用的范围之外。我国台湾地区的《零售业等商品(服务)礼券定型化契约应记载及不得记载事项》将商品礼券界定为发行人发行记载或圈存一定由发行人金额、项目或次数之凭证、芯片卡或其他类似性质之证券,而由持有人以提示、交付或其他方法,向发行人或其指定之人请求交付或提供等同于上开证券所载金额之商品或服务,但不包括发行人无偿发行之抵用券、折扣券。在借鉴台湾地区或韩国有关商品券的规定后,同时结合中国国情,考虑到预付券/卡的价值性、期限性、可流通性等特

---

[13] 参见中国消费者协会网,〈http://www.cca.cn/jmxf/detail/27264.html〉,2017年4月22日最后访问。

[14] 例如,有学者指出,尽管《非金融机构支付服务管理办法》第2条对何为"预付卡"作了解释,但是其"在发行机构之外购买商品或服务的预付价值"的规定,与现实中大量流通的发行机构"之内"购买的预付卡存在严重的反差,不具有合理性。参见黎宗仁:"中国预付式代币卡规制法律制度之反思",载《财经理论与实践》2012年第1期,页126。

[15] 黎宗仁,见前注[14],页126。

征,我们可以将预付券/卡定义为:由具有发行资格的发行人发行、记载或预先存管一定金额、项目或次数的凭证、芯片卡或其他类似性质的债权合同凭证,但不包括发行人无偿发行的抵用券、折扣券等。同时,应按照中国人民银行发布的《非金融机构支付服务管理办法实施细则》规定的做法对不属于预付券/卡的范围作出列举。[16]

(二) 完善发行主体的准入资格要求

预付券/卡发行主体的资格直接影响到预付券/卡发行和使用的可信度,加强发行准入资格监管极为重要。对于资金流动速度慢,缺乏经营能力的商户,由于其未来经营成果的不确定性,其难以保障预付券/卡发行后是否会提供相应的商品和服务,应将此类主体排斥到发行主体的范围之外。以日本为代表的主体型预付券/卡监管模式[17]侧重对发卡主体进行监管,其对发卡主体的资质和信用等方面进行了严格规定。根据日本《预付式证票规制法》,任何主体在符合申报或登记事项及谨慎要求的条件时,均可发行预付凭证。[18]而对预付式证票的发行则实行严格的发行审批制度。《预付式证票规制法》将预付式证票按发行和兑现方式分为两大类:自家发行型和第三者发行型。[19]自家发行型预付式证票实行登记备案制度,发行人在计划发行或正在发行的预付式证票时,如果在基准日之时未使用的证票金额超过了法定金额的限制,必须在法定期限内将发行情况报送内阁总理大臣(基准日余额申报制度)。对已申报自家型发行者,在发生法定的变更事项时必须及时递交通知函于内阁总理大臣。[20]第三者发行预付式证票采取核准制度,只有获得内阁总理大臣登记批准的法人方能发行,审查是整个登记制度的核心程序。对发行人资格的审查,包括申请法人和其负责人两方面。审查的内容除了申请法人的经济实力等因素外,还关注负责人行为能力、个人信用和守法情况等。对于满足审查要求的,内阁总理大臣还须将登记文本公开,以便消费者在消费之前确认发售者的合法身份。[21]

---

[16] 该《实施细则》第 2 条就采取了列举排除方式界定预付卡的范围,该《实施细则》第 2 条规定:"第二条《办法》所称预付卡不包括:(一) 仅限于发放社会保障金的预付卡;(二) 仅限于乘坐公共交通工具的预付卡;(三) 仅限于缴纳电话费等通信费用的预付卡;(四) 发行机构与特约商户为同一法人的预付卡"。

[17] 对于预付券/卡消费的法律规制,大体上有三种模式:一是以美国为代表的功能型监管模式;二是以日本为代表的主体型监管模式;三是以中国台湾地区为代表的专题型监管模式。王建文,见前注[11],页 148。

[18] See Jean J. Luyat. A Tale of Regulation on the European Union and Japan: Characterizing the Business of Stored-Value Cards as a Financial Activity Impact Its Development. Pacific Rim Law & Policy Journal 18.3 (2009), p. 525.

[19] 自家发行型预付式证票是指仅能在发行者处使用的预付式证票,使用范围较小。第三者发行型预付式证票是指可以在发行者以外的商品、服务等的提供者处使用的预付式证票,适用范围不像自家型那样单一。

[20] 王建文,见前注[11],页 149。

[21] 参见李志明:"预付式证票规制法",〈http://www.lizhiming.com/? p = 417〉,2017 年 3 月 6 日最后访问。

中国现有的法律法规等规范性文件对预付券/卡的发行人资格进行了简要的限定，即多用途预付卡采取批准制度，单用途预付卡实行备案制度，这与日本的监管思路相一致。笔者认为，从实行发行核准制和准入门槛限制发行人资格的监管思路是正确的。因为并不是所有的市场主体都有能力发行预付券/卡，如果不对发卡权进行一定的限制，就会导致不具备发卡能力的发卡主体发行预付卡，或者具备发卡能力的发卡主体超出规定范围发行预付卡。这将极大地增加预付券/卡消费的风险。因此，设定发行预付券/卡的资格准入门槛能有效降低预付券/卡的商业风险，并在一定程度上避免预付券/卡市场发行的泛滥，还可以最大限度地保护消费者的利益，规制不具备发卡能力的商家利用此手段获取不正当利益。但如前文所述，现行规制预付券/卡的规范性文件的具体规则大多是原则性规定，故对预付券/卡的发卡主体的准入资格要求还须进一步细化。《意见》尽管明确了多用途预付卡的发行须经审查批准，但具体的审查标准、审查的要素有哪些等并未明确。笔者认为，监管机构应当明确审查标准，借鉴日本法的经验，侧重于对发行人经济实力的审查，重点考虑发行人的注册资本、经营能力等因素。此外，还应关注发行人的信用、守法情况等。在商事交易过程中，经济实力在某种程度上是交易能力和履约担保能力的体现，较强的经济实力往往意味着发行人具有较强的交易能力和履约担保能力。审查经济实力是为考察发行人是否具备这两项能力，防止不具备这些能力的发行人进入市场交易，以此降低预付券/卡的商业风险，当然这也是为了更好地防止消费者的权利受到侵害。同时，预付券/卡是建立在商业信用基础上一种债权债务凭证，有必要将发卡主体的信用状况纳入市场准入的条件之中。[22]

（三）加强对消费者权益的保护

消费者权益受到不同程度侵害的事实成为困扰预付券/卡发行监管的核心问题之一，发行人欺诈、恶意倒闭的"跑路"现象或是由于经营不当而导致债务无法履行等问题也是预付券/卡所面临的重要问题。因此，保证发行人依法履行其向消费者所负担的债务，保障消费者的合法权益就显得尤为重要。从当前各地预付券/卡消费投诉情况来看，预付券/卡消费中主要存在预付金欺诈、追偿无门、霸王条款、退卡退款补卡难、虚假宣传、虚假承诺等问题。[23] 这些现实消费纠纷反映出当前预付券/卡的监管重点要放在保障消费者权益方面，规制的关键应在消费者预付资金安全、消费者知情权保护、公平交易权保护等方面。如前文所述，中国对预付券/卡的法律规范具有较大的局限性，更多是对公权力介入与监管的强调，忽视了私法路径在预付式消费者保护中所发挥的作用。现行《消费者权益保护法》第 53 条的规定也过于笼统，原则性强，可执行性较差。笔者认为，可以从以下几个方面着手加强对消费者权益的保护。

---

[22] 参见郑爽："国外预付卡保险机制监管经验对我国的启示"，载《国际金融》2016 年第 2 期，页 74。
[23] 参见麻冠丽："试论预付式消费的权益保护"，载《中国工商管理研究》2009 年第 3 期，页 52。

1. 引入消费后悔权机制

在预付券/卡的销售过程中,很多经营者通常以各种促销的方式,甚至采取虚假宣传的方式进行销售,消费者在面对五花八门的宣传广告时,一般只能依据经营者宣传、广告或标识所提供的有限信息、偏见信息、误导信息、甚至虚假信息进行消费决策。在此情况下,消费者极易发生冲动消费。此外,在预付券/卡的交易中,消费者往往已经提前支付购买商品和服务的全额费用,但是对经营者能否按照约定履行义务及与经营活动相关的信息完全处于不知情的状态,二者之间的信息差异进一步失衡。消费者在没有对商品和服务进行全面认知的情况下,就已支付了购买多次商品和服务的价款,这显然有违公平正义,侵犯了消费者的知情权和自主选择权。于此情形下,有必要建立一种能够有效保障消费者权益的制度,即冷静期制度,赋予消费者在一定的期限内冷静思考自己的消费决策是否正确的权利。冷静期制度也称消费者的后悔权,是一种典型的规制信息不对称的重要制度,是对契约自由原则的重要修正。[24] 在预付券/卡的流通中引入《消费者权益保护法》规定的消费者后悔权,具有重要的实践价值。一方面,消费者的后悔权可以有效地解决预付券/卡消费过程中的信息不对称问题,不仅可以转变消费者在信息获取方面的弱势地位,还可以强化消费者知情权的保护与经营者信息供给义务的履行。另一方面,可以减轻消费者的交易成本,赋予消费者更多的纠纷解决途径,而不再是寻求成本较高、周期较长的司法诉讼。

2. 引入债务履行强制担保机制

预付券/卡是一种债权债务凭证,消费者支付价款后便与经营者形成债权债务关系,而债权能否实现和债务能否履行从根本上取决于债务人的清偿意愿和清偿能力。由于预付券/卡消费是众多消费者对经营者变相、单方、长期的信用授予行为,既然预付券/卡消费的基础是信用,而信用离不开担保机制。[25] 且预付券/卡消费具有授信人数广,授信金额多,授信期限长的特征,这些特征均表明消费者的担保需求强于普通债权人。在预付券/卡的消费中引入担保机制,明确由经营者向消费者提供清偿债务的承诺与担保手段,借此来确保经营者能够依约全面、及时地履行债务,从而维护消费者的权益。同时,还可以约束企业行为,又能强化企业社会责任,促进社会信用体系建设。[26] 从域外国家和地区的实践经验来看,强制发卡人提供相应的债务履行担保是一种常见的做法。例如,韩国的《新型商品券法标准条款》第4条规定发行人发行新型商品券须标示支付保证或有关签订损害赔偿保险合同等事项。又如:台湾地区的《零售

---

[24] 参见邢会强:"信息不对称的法律规制——民商法与经济法的视角",载《法制与社会发展》2013年第2期,页114。

[25] 参见王博:"台湾地区预付卡法律规制的制度构造及其借鉴",载《财经法学》2015年第6期,页127。

[26] 参见朱金东、孙婷婷:"中国预付式消费履约担保制度的法律构建",载《东岳论丛》2014年第6期,页76。

业等商品(服务)礼券定型化契约应记载及不得记载事项》规定单用途商业预付卡的发行人必须提供债务履行担保,可选择的方式包括由金融机构直接提供履约保证、由同行业内的大型企业或行业协会提供补充连带保证、将预收款存入特定的信托账号并保证专款专用等。笔者认为,结合域外国家和地区的实践经验,以及中国的实际情况,预付券/卡消费的履约担保可以包括下列几种类型。

第一,保证金机制。为了降低预付券/卡消费中的风险,可以采用保证金机制约束发卡人的经营行为,要求经营者将一定比例的预收款作为风险保证金存入特定账户,且明确要求该保证金账户不得挪用。一旦发生发卡人亏损、破产、恶意欺诈时,消费者从保证金中先行补偿。从而适当限制经营者对预收款项的处分行为,避免经营者滥用销售收入诱发违约风险。㉗ 中国现有的法律规范对保证金制度作出了一定的规定。在《单用途商业预付卡管理办法》中,将规模发卡企业的保证金设定为预收款的20%,集团发卡和品牌发卡的保证金分别定为预收款的30%和40%。但是,上述规定较为教条。笔者认为,对保证金的额度规定可以采取比较灵活的方式,针对不同行业、不同规模的经营机构设置不同的额度。

第二,商业保险制度。可以要求发卡人每发行一次预付券/卡就购买保险,为将来能够提供对价商品或服务提供保险。㉘

（四）明确监管主体

由于预付券卡的发行、销售以及使用涉及商业贸易、流通、金融等多个领域,按照中国目前的行政权限配置情况,工商行政机关、税务机关、商务部门、中国人民银行等行政部门均负有监督管理职责,出于部门利益的考量,对于预付券/卡的监管,很容易形成要么"九龙治水",要么相互推诿、扯皮的局面,消费者权益很难得到保护。因此,确立专门的预付券/卡的监督管理主体极为重要。考虑到中国监管权配置的基本情况,笔者建议对于预付券/卡的发行资格和发行的额度等发行行为进行监管。而工商行政管理部门可通过登记申报,制定预付卡合同格式文本,规范格式条款,建立失信企业黑名单,建立合同担保制度等措施进行日常工商监管。具体的职权划分,可由中国国家编制部门予以分配和确定,但一定要清晰具体,并建立起协作的工作机制。

四、结论

加强预付券/卡的法律规制有利于保护预付消费者的合法权益,维持预付消费的良好秩序。从法律规范上看,中国对于预付券/卡的法律规制尚处于相对不完善的阶段,现有监管规则还须进一步细化,必要的监管规则亟须出台。在监管理念上,应以强

㉗ 王博,见前注㉖,页127。
㉘ 刘迎霜,见前注④,页96。

化对消费者权益的保护为核心。在具体的规则上,对于预付券/卡的监管,须先厘清预付券/卡定义、法律地位和性质,从根源上明确预付券/卡监管的范围。还须完善发卡主体的资格限制要求,注重事先监管以防范风险的发生和侵害消费者权益事件的发生。最后,应加强对消费者权益的保护,引入消费后悔权机制和建立较为完善的债务履行担保机制,以解决预付券/卡法律规制所存在的核心问题。

"心由境生":互联网金融诈骗犯罪被害情境预防策略研究
——以北大法宝108件互联网金融诈骗案例为研究样本

江耀炜[*]

摘要:犯罪现象是被害人与犯罪人之间互动的结果。互联网金融诈骗犯罪现象亦是如此。以北大法宝网站中的108件互联网金融诈骗犯罪现象为研究样本,将被害人的被害性操作化为贪利性和制度缺陷两个变量,将被害损失操作化为消极发现率和损失金额两个变量进行实证研究,可以发现互联网金融诈骗犯罪被害人的被害性与被害损失之间具有显著关系。可以说被害性的有无和程度,在一定程度上决定了被害损失的有无和严重程度。互联网对金融诈骗犯罪被害人被害性的影响,一方面是互联网放大了贪利性,另一方面在互联网环境下会产生新的制度缺陷。情境预防通过确认、管理、涉及、调整等方式,持久有机地改变情境,影响行为人的理性选择,减少犯罪机会情境因素和促成情境因素,从而达到减少犯罪现象的目的。而被害情境预防就是通过改变被害情境即控制和减少自身被害性,来预防被害,以有效控制和减少互联网金融诈骗犯罪现象的发生。

关键词:互联网金融诈骗 互动 被害性 情境预防

---

[*] 江耀炜,厦门大学法学院刑法学博士研究生。

The Motive of Crime from the Situation: A Research on the Strategy of Situational Internet Financial Fraud Crime Prevention
— Just Employs 108 Pieces of Internet Financial Fraud Cases from the Magic Weapon of Peking University as the Research Sample

Abstract: The phenomenon of crime is the result of interaction between the victim and the perpetrator. So it is the phenomenon of internet financial fraud crime. In this paper, we employs 108 pieces of Internet financial fraud cases from the Magic Weapon of Peking University as the empirically research sample. When we transform the victimity into two variables which include the greedy and the system flaw, and transform the losses of the victim into two variables which include the passive discovery rate and the amount of loss, we found a significant relationship between the victimity of victim and the losses of the victim in the phenomenon of internet financial fraud crime. Whether victimity of victim exists or not and how much the victimity is, we might even say, determining the existence and severity of victim loss. As to the impact of Internet on victimity of financial fraud crime, on the one hand, the Internet has amplified greedy nature of victim, on the other hand new system defects will be produced in the Internet circumstance. Situational crime prevention is a series of strategy which include confirmation, management, participation and adjustment to cut down crime through reducing situational crime opportunity and situational crime precipitators. While in the phenomenon of internet financial fraud crime, the strategy to prevent from victimizing is to control and reduce the victimity by victim oneself.

Key words: internet financial fraud, interact, criminal victimity, situational crime prevention

影片《杀生》讲述的是一个特立独行的小混混是如何被残酷体系用"集体智慧"给"诛杀"掉的故事。这里的"诛杀"带引号是因为这个小混混实际上是自杀,而其背后的逻辑就是"心由境生"。历史将社会推进了互联网时代,与此同时,互联网金融也孕育了互联网金融诈骗现象。那么,互联网金融诈骗犯罪的原因是什么呢? 是什么样的

"境"造就了互联网金融诈骗现象？按照影片"心由境生"的逻辑,改变互联网金融诈骗犯罪现象发生之"境",可以达到预防犯罪之目的。

一、互联网金融诈骗现象：犯罪即互动

白建军教授在《关系犯罪学》中提出"犯罪即互动"的观点,并依照加害人与被害人之间的互动关系的不同,将犯罪分为被迫被害犯罪(如杀人、强奸、抢劫等)、缺席被害犯罪(如盗窃、贪污等)和交易被害犯罪(如诈骗等)。[①] 按照这一分类逻辑,互联网金融诈骗则属于交易被害犯罪,这一类犯罪是被害人与加害人互动最为充分的犯罪。如果说被害是犯罪的直接结果,毋宁说在交易被害犯罪中"被害人影响并塑造了他的罪犯"(汉斯·冯·亨蒂语)。[②] 在交易被害犯罪中,"被害人是在面对面与加害人进行交易的情况下受到侵害,因而是被害人有机会但没有有效运用自身判断力的情况下'自愿'向加害人交付利益而遭受的侵害,是在一定程度上对犯罪侵害的'积极'服从"[③]。正是因为在交易被害犯罪中,被害人对加害行为的"积极"服从和参与,才能导致犯罪现象的发生。换言之,没有交易就没有犯罪。因此,可以说互联网金融诈骗被害人与加害人之间的互动是互联网金融诈骗现象的最直接原因。

互动是社会成员之间通过信息的传播而发生的相互依赖性的社会交往活动。互联网金融诈骗犯罪等交易被害犯罪是被害人与加害人互动最为充分的犯罪,对该犯罪现象的研究,"加害—被害"关系应当是我们关注的一个焦点。无论是犯罪人还是犯罪行为都无法单独解释互联网金融诈骗犯罪的基本形态,而在"加害—被害"关系视野中,我们能够清楚地观察到被害人对加害行为、加害人的作用的影响。被害人与加害人的互动集中表现在被害人的被害性上,或者说被害人的被害性决定着被害人在与加害人互动过程中的作用和影响。不同的被害性决定着不同的犯罪现象,这为犯罪预防提供了一个有价值的思路,即从被害预防的角度预防犯罪。

传统犯罪学理论认为,诈骗犯罪被害人的行为中多存在着两个比较明显的易感性因素,即贪利和利令智昏。被害人往往因为贪利而利令智昏,对于具有一般智商和常识便能识破的骗局由于贪利心切而不能识破甚至自投骗局。[④] 该结论对于互联网金融诈骗犯罪现象的解释是否还适用不无疑问。同时,值得进一步思考的是所有的诈骗犯罪都是被害人贪利造成的吗？被害性的内容由被害人的自身因素和被害的客观因素组成,前者包括被害人的人口统计学特征、心理特征、生活方式等,后者包括不良的家

[①] 参见白建军：《关系犯罪学》(第3版),中国人民大学出版社2014年版,页160,页170。
[②] 参见许章润主编：《犯罪学》(第2版),法律出版社2004年版,页144。
[③] 白建军,见前注①,页170—171。
[④] 参见郭建安主编：《犯罪被害人学》,北京大学出版社1997年版,页117。

庭生活环境、不良的社区环境等。⑤ 贪利与利令智昏或许只是被害人自身因素的某一部分,为此,有必要对互联网金融诈骗的被害性进一步进行分析。

二、互联网金融诈骗被害人的被害性实证分析

（一）研究背景、样本选取及说明

通常,被害人为什么遭受被害的最基本的解释是犯罪人出于恶意,实施了针对被害人的加害行为。在互联网金融诈骗犯罪现象中,被害人是否遭受损失,遭受的损失是否严重也是取决于诈骗分子的恶意吗？而事实的情况是同一帮诈骗分子针对不特定公众实施诈骗行为,有的人成为了被害人遭受损失,而有的人却能识破骗局或者并未识破骗局但却能免为被害人；有的被害人遭受了巨大损失,而有的被害人遭受的损失较小。如果用被害人的一些自身因素(被害性)来解释似乎更符合实际。那么,被害性真的能够解释互联网金融诈骗犯罪被害损失吗？它又能够在什么程度上解释被害损失呢？

前文在理论层面论述了互联网金融诈骗现象是被害人和加害人互动的结果,接下来将从案例实证分析角度验证被害性对互联网金融诈骗现象被害损失的影响。本文的实证假设是：互联网金融诈骗现象被害人自身的被害性对被害损失结果有重要影响,被害性越大,则被害损失越严重；被害性越小则被害损失越小。为了验证这个假设,笔者从北大法宝收集了108个互联网金融诈骗案件,并对这108个案例统计后用SPSS软件进行整理和分析。在实证研究分析展开之前作几点说明：

1. 本文对互联网金融诈骗犯罪现象的界定。首先,"金融诈骗犯罪"指的是我国《刑法》分则第三章第五节规定的犯罪。而"互联网金融诈骗犯罪"在这里则指的是金融交易或者交付行为在互联网领域发生的金融诈骗犯罪。基于交易行为本身的特点,部分金融诈骗犯罪实际上无法在互联网领域发生。

2. 关于样本案例的选取。本文研究全部样本案例均来源于北大法宝公开的判例,通过案由和关键词双重设定高级检索后人工逐一筛选,排除无关案例和重复案例。检索结果显示：

（1）涉及互联网金融诈骗犯罪的类型只有集资诈骗和信用卡诈骗,其中网络集资诈骗案件242件,逐一排除无关案例、重复案例后剩下38件,全部选为研究样本；网络信用卡诈骗案件1005件,由于案情具有高度相似性,因此仅选取"经典案例""法宝推荐案例"和部分时间较近的"普通案例"作为研究样本,逐一排除无关案例和重复案例后剩下70件。

（2）其他类型的案件涉及互联网部分仅为通过互联网进行虚假宣传、购买犯罪工

---

⑤ 参见李伟主编：《犯罪被害人学教程》,北京大学出版社2014年版,页97—98。

具如伪造的票据等,均不符合"金融交易或者交付行为在互联网领域发生"这一限制条件。最后选取样本案例合计108件,筛选结果如表1所示。

表1 样本案例检索和筛选统计表

类型 结果	集资诈骗罪	贷款诈骗罪	票据诈骗罪	金融凭证诈骗罪	信用证诈骗罪	信用卡诈骗罪	有价证券诈骗罪	保险诈骗罪
检索结果	242	10	24	5	1	1005	2	3
有效案例	38	0	0	0	0	—	0	0
样本案例	38	0	0	0	0	70	0	0

3. 关于被害性的界定。在被害人学中,被害性(victimity)是指某些社会因素所造成的某些损害的所有各类被害人的共同特征。⑥ 按照以往的研究经验和本文案例统计过程中的总结,互联网金融诈骗犯罪被害人的被害性概念可以操作化为以下2个可在具体案件中通过经验观察的代表性变量:

(1)贪利性。传统的犯罪学研究对诈骗类犯罪现象被害人的被害性的总结是贪利和利令智昏,对于互联网金融诈骗犯罪现象而言贪利性对被害损失是否也有影响呢?研究认为,在互联网金融诈骗犯罪现象中,如果被害人具有贪利性,则造成被害损失相对较大,反之,如果被害人不具有贪利性,则成为被害人的可能性和被害损失均相对较小。

(2)制度缺陷。在互联网金融诈骗犯罪中,制度缺陷并不是被害人自身的特性,但却是造成被害的客观环境因素,在相当程度上说明了互联网金融诈骗犯罪现象的被害性。研究结果显示,在已经确定被害的前提条件下,如果存在制度缺陷,则被害损失相对较小,而如果不存在制度缺陷,则被害损失相对较大。

4. 关于被害损失的界定。在互联网金融诈骗犯罪现象中,被害损失的观察应当是多维度的,而不仅仅是损失金额的绝对大小,否则可能就犯了"片面结果导向"的错误。有的金融诈骗案件,个案损失金额非常巨大,但是案件发生概率极低;有的金融诈骗案件,个案损失金额较小,但是案件发生概率极高,且被害人范围广。因此,我们必须找到若干个具有可比性的变量,对互联网金融诈骗犯罪现象的被害损失进行综合的比较,以往有研究将被害损失具体操作化为3个变量即得逞率、财产损失和消极发现率。⑦ 但是,由于本文研究样本案例全部来自法院的有罪判决案例,所有互联网金融诈骗犯罪均已得逞,因此对于得逞率在本研究中的统计结果没有统计学意义。按照样本案例的统计实际情况,本文将被害损失概念操作化为以下2个可在具体案件中通过经

---

⑥ 参见施耐德主编:《国际范围内的被害人》,中国人民公安大学出版社1992年版,页18。

⑦ 如白建军教授的《金融诈骗百案研究》即这样操作。参见白建军主编:《金融犯罪研究》,法律出版社2000年版,页63—131。

验观察的变量：

（1）消极发现率。消极发现率所表示的，是互联网金融诈骗行为着手实施后，骗局被以积极有效的方式较快发现的可能性。在具体案件中观察的是被害人是否在骗局发生后在较短时间内主动发现骗局并向公安机关报案。一般来说，骗局着手实施后在较短时间内被识破的，被害人很可能能够及时挽回全部或者部分损失，其遭受的实际损失的可能性和严重程度都较小；反之，如果骗局着手后需要较长的时间发现或者以消极的方式发现，那么被害人的损失可能就无法挽回，损失较为严重。

（2）损失金额。损失金额所表示的是在具体案件的被害人遭受实际损失的绝对数值，所直观反映的是案件经济损失的严重程度。

5. 本文研究方法。本文的研究采用定性分析与定量分析相结合的研究方法。其中，定性变量可以采用交互分类表对统计结果进行分析性描述；而损失金额作为数值型变量可以对其进行比例分析。本文的验证思路是，如果"被害性"对"被害损失"有显著影响的话，那么，代表"被害性"的 2 个具体变量与代表"被害损失"的 2 个具体变量之间存在显著的相关关系，检验逻辑如图 1 所示。如果"被害性"的变量与"被害损失"的变量之间的显著关系被证实，则本文假设成立即互联网金融诈骗现象被害人自身的被害性对被害损失结果有重要影响，被害性越大，则被害损失越严重；被害性越小则被害损失越小。

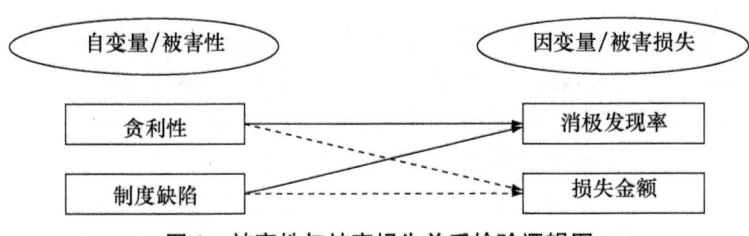

图 1　被害性与被害损失关系检验逻辑图

（二）消极发现率与被害性

对于被害人而言，一个互联网金融诈骗犯罪案件是否对其带来财产损失不仅仅取决于加害人在实施加害行为后是否得逞，还取决于被害人在被害后能否及时发现骗局，如果及时主动发现骗局并报案，则很可能及时挽回部分或者全部财产损失；如果被害人不能及时主动发现骗局，时过境迁，基本就错过了挽回损失的最佳时机。从这个意义上说，互联网金融诈骗犯罪的消极发现率也是反映被害损失的重要方面。这一部分的研究任务是对被害性与消极发现率之间的关系进行观察、统计分析，希望得到的答案是哪些被害性因素容易导致被害人消极发现骗局？

1. 消极发现率与贪利性

我们先来看说明被害性的第一个变量贪利性对消极发现率的影响。常言道：利令

智昏。那么,贪利性对被害损失能够造成多大程度上的影响呢?统计分析结果如表2所示:

表2 是否贪利对消极发现的影响 交叉列表

			是否消极发现		总计
			否	是	
是否贪利	否	计数	50	8	58
		是否贪利 内的 %	86.2%	13.8%	100.0%
		是否消极发现 内的 %	80.6%	17.4%	53.7%
		占总计的百分比	46.3%	7.4%	53.7%
	是	计数	12	38	50
		是否贪利 内的 %	24.0%	76.0%	100.0%
		是否消极发现 内的 %	19.4%	82.6%	46.3%
		占总计的百分比	11.1%	35.2%	46.3%
总计		计数	62	46	108
		是否贪利 内的 %	57.4%	42.6%	100.0%
		是否消极发现 内的 %	100.0%	100.0%	100.0%
		占总计的百分比	57.4%	42.6%	100.0%

注:样本数 $N=108$; $P=0.000<0.05$

表2中的数据,首先,从列百分比来看,互联网金融诈骗犯罪现象的被害人如果有贪利性,则其被积极发现的可能性为24.0%,如果没有贪利性,则其被积极发现的可能性为86.2%,后者的比例超过前者的3倍。这就意味着贪利性是影响互联网金融诈骗犯罪现象被害人是否消极发现骗局的重要因素。其次,从行百分比来看,在被消极发现骗局的互联网金融诈骗案件内部,82.6%的被害人具有贪利性,在被积极发现骗局的中,19.4%的被害人具有贪利性,说明大部分消极发现骗局的案件都能通过被害人的贪利性因素来解释。这一结论的是否具有显著性,其卡方检验的结果是 $P=0.000$ 远小于 0.05,说明关系显著,可以接受"贪利性对消极发现率具有显著影响"的假设。具有贪利性的被害人在被诈骗后对高额回报即利益有一种期待,而这种高额回报或者利益却不能立刻实现,只有经过一段时间预期利益没有达到时才发现自己身陷骗局,这或许就是具有贪利性的被害人较多倾向于消极发现骗局的原因。

2. 消极发现率与制度缺陷

我们再来看说明被害性的第二个变量制度缺陷对消极发现率的影响。本研究的假设是,制度缺陷对被害类型具有显著性影响。统计分析结果如表3所示:

表 3 是否制度缺陷对消极发现率的影响 交叉列表

			是否消极发现		总计
			否	是	
是否制度缺陷	否	计数	29	36	65
		是否制度缺陷 内的 %	44.6%	55.4%	100.0%
		是否消极发现 内的 %	46.8%	78.3%	60.2%
		占总计的百分比	26.9%	33.3%	60.2%
	是	计数	33	10	43
		是否制度缺陷 内的 %	76.7%	23.3%	100.0%
		是否消极发现 内的 %	53.2%	21.7%	39.8%
		占总计的百分比	30.6%	9.3%	39.8%
总计		计数	62	46	108
		是否制度缺陷 内的 %	57.4%	42.6%	100.0%
		是否消极发现 内的 %	100.0%	100.0%	100.0%
		占总计的百分比	57.4%	42.6%	100.0%

注:样本数 $N = 108$；$P = 0.001 < 0.05$

表3中的数据,首先,从行百分比来看,互联网金融诈骗犯罪现象中如果存在明显的制度缺陷,则骗局被积极发现的可能性为76.7%,骗局被消极发现的可能性为23.3%。也就是说,存在制度缺陷的互联网金融诈骗骗局更容易被积极发现。其次,从列百分比来看,在骗局被积极发现的互联网金融诈骗案件内部,存在制度缺陷的案件比例为53.2%,在骗局被消极发现的案件内部,存在制度缺陷的案件比例为21.7%,说明有超过一半的骗局被积极发现的互联网金融诈骗现象能够都能通过制度缺陷这个因素来解释。对于这一结论的可信度,卡方检验的结果是 $P = 0.001$ 小于 0.05,说明关系显著,可以接受"制度缺陷对被害类型具有显著影响"的假设。

那么,为什么互联网金融诈骗犯罪现象中加害人利用制度缺陷的情况比较容易被积极发现呢？也就是说存在制度缺陷的情况下被害损失反而更小？乍一看,这似乎并不符合我们的认知经验,但是认真分析实际上这一结论是合理的。损失更大还是更小,关键在于比较的对象的设置。本研究所选取的样本全部为构成互联网金融诈骗犯罪的已决案件,也就是说是在已经被害的对象内部进行比较,相对于没有利用制度缺陷的互联网金融诈骗被害结果而言,利用制度缺陷的互联网金融诈骗被害结果的损失相对较小。但是,如果我们把假设前提换成:有制度缺陷的情况下互联网金融诈骗犯罪更容易得逞,并且样本足够多,我们相信该假设能够得到实证数据的证实。

(三) 损失金额与被害性

财产损失金额并不是衡量互联网金融诈骗犯罪现象的被害损失严重程度的唯一尺度，但是财产损失金额却是被害损失严重程度的最为直接、最为直观的体现。这一部分的主要任务是分析具有不同被害性的互联网金融诈骗犯罪现象被害人，在遭受财产损失的金额方面有什么不同，进而证实被害性和被害损失之间的是否存在显著性关系。需要注意的是，损失金额只是表现被害损失的一个变量，并不是被害损失的全部内容，一个损失金额巨大的互联网金融诈骗犯罪现象，其发案率可能很低，发案之后的消极发现率也影响着被害损失的严重性，被害规模更是直接影响着财产损失金额的大小，每个人损失金额只有 2000 元的案件，也有可能因为被害规模极大导致案件整体财产损失金额很大。而且互联网金融诈骗犯罪现象个案之间被害损失金额差距巨大，样本案例选取过程中的偶然因素对数据统计结果可能产生比较大的影响。因此，即便是表现被害性的 2 个具体变量都分别被证实与严重的财产损失之间存在内在联系，也要审慎对待被害性与被害损失之间关系的结论。

由于损失金额是数值型变量，为更为准确分析其与被害性的关系，这里不再采用交互分析的方法，而是采取比例分析的方法，并将"损失金额"这一变量进一步分解为以下几个具体的指标，从多维度观测表现被害性的各个具体变量和被害损失金额之间的关系。(1) 案件数，反映的样本的情况，一定程度上能够说明结论的可信度。(2) 涉案金额，是同类案件的累计涉案金额，整体上反映了互联网金融诈骗犯罪现象被害人所面对的资金风险的大小以及该类案件对金融秩序的破坏程度。(3) 涉案金额占比，涉案金额的绝对大小反映资金风险的大小，而比例则是反映了资金的风险结构。(4) 损失金额，反映的是不同类型案件对被害人造成的实际损失规模。(5) 损失金额占比，反映的是不同类型案件造成的实际损失的结构。(6) 人均损失金额，其计算方式是先计算个案中的人均损失金额，再计算同类案件的人均损失金额。所有的互联网金融诈骗犯罪现象给被害人造成的实际损失严重性程度最终反映在各个具体的被害人所遭受的实际损失的大小，在统计意义上则是这些被害人的人均损失金额的大小。(7) 案均损失比，其计算方式是先计算各类案件的案均损失金额，然后以某类案件的案均损失为基数观察其他类型案件的案均损失与该类案件的案均损失的倍数关系。案均损失比从个案的水平反映了不同案件的危险程度。

1. 损失金额与贪利性

我们先来看贪利性对损失金额的影响。贪利性能否解释被害损失金额的大小呢？是不是具有贪利性的被害人财产损失金额相对更大呢？统计分析结果如表 4 所示：

表4 损失金额与贪利性关系

被害性	损失金额	案件数	涉案金额（万元）	涉案金额占比	损失金额（万元）	损失金额占比	人均损失金额（万元）	案均损失比
是否贪利	是	50	344621.52	99.80%	127707.54	99.35%	14.33	1:177.5
	否	58	685.53	0.20%	834.39	0.65%	3.00	1:1

说明：统计样本中有21个案件涉案金额缺失，因此上表中涉案金额按有涉案金额的部分案件统计。

从表4可见：

第一，互联网金融诈骗犯罪现象给被害人造成的实际损失来看，有贪利性的被害人的实际损失占到所有损失的99.35%，涉案金额达到所有涉案金额的99.80%，而不具有贪利性的被害人的实际损失仅占0.65%，其涉案金额也仅占所有涉案金额的0.20%，也就是说互联网金融诈骗犯罪现象所造成的损失几乎都是具有贪利性的被害人的损失。

第二，在被害人具有贪利性的互联网金融诈骗案件中，被害人的人均损失达到14.33万元，是被害人不具有贪利性的互联网金融诈骗犯罪案件被害人人均损失的近5倍。在被害人具有贪利性的情况下，人均损失更大。

第三，从每个案件所造成的平均损失来看，被害人具有贪利性的案件平均损失金额是不具有贪利性的案件平均损失金额的177.5倍。在被害人具有贪利性的情况下，案均损失更大。

综上，贪利性对互联网金融诈骗犯罪现象损失金额具有显著影响，具有贪利性的被害人财产损失金额相对更大。由于在网络集资诈骗犯罪案件中，多数案件都提供了加害人对被害人承诺的高额年利率、月利率或者日息，而贪利的程度从某种意义上说可以由承诺年利率来反映。为进一步验证贪利性对损失金额的影响，我们将所有提供高额回报数据的案例中月利率和日息统一换算成年利率与这些案件中的损失金额进行皮尔森相关系数分析。统计结果如表5：

表5 承诺年利率与涉案金额的相关分析

		承诺年利	涉案金额(万元)
承诺年利	皮尔森（Pearson）相关	1	0.560**
	显著性（双尾）		0.004
	N	27	25
涉案金额(万元)	皮尔森（Pearson）相关	0.560**	1
	显著性（双尾）	0.004	
	N	25	87

** 相关性在 0.01 层上显著(双尾)。

在表5中可见,互联网金融诈骗犯罪中承诺年利率与涉案金额的皮尔森相关系数 $r = 0.560$,两者不相关的双尾检验值为 0.004,由于 $0.5 < |r| \leq 0.8$,具有显著相关性。由以上统计结果可知,贪利性程度与涉案金额之间存在正相关关系:当贪利性程度升高时,涉案金额也随之升高,从而否定了贪利性程度与涉案金额不相关的虚无假设。这里存在两个问题:第一,为什么贪利性程度与涉案金额成显著相关关系,而不是与损失金额成显著相关关系呢? 如前所述,损失金额除了受到贪利性影响外,还受到消极发现率等因素的影响,而涉案金额反映的是互联网金融诈骗犯罪现象被害人所面对的资金风险的大小,因而与被害人的贪利性程度直接相关。第二,为什么贪利性程度与涉案金额成显著相关关系而不是高度相关(即 $0.8 < |r| \leq 1$)或者完全相关($|r| = 1$)关系呢? 这里存在一个被害人理性及常识问题,加害人承诺年利率只有在一个相对合理的区间内是骗局才容易得逞,当加害人承诺年利率极端低或者极端高时,骗局即很容易被被害人识破,几乎不可能得逞,在骗局未得逞的情况下就无所谓涉案金额的问题了。

2. 损失金额与制度缺陷

我们再来看制度缺陷对损失金额的影响。本研究的假设是,制度缺陷对损失金额具有显著性影响。统计分析结果如表6所示:

表6 损失金额与制度缺陷的关系

被害性\损失金额		案件数	涉案金额（万元）	涉案金额占比	损失金额（万元）	损失金额占比	人均损失金额（万元）	案均损失比
制度缺陷	有明显缺陷	43	10508.27	3.04%	6648.74	5.17%	5.12	1:0.1
	无明显缺陷	65	334798.78	96.96%	121893.19	94.83%	10.31	1:1

说明:统计样本中有21个案件涉案金额缺失,因此上表中涉案金额和损失风险比均按有涉案金额的部分案件统计。

从表6可见：

第一，互联网金融诈骗犯罪现象给被害人造成的实际损失来看，存在明显制度缺陷的情况下被害人实际损失占到所有损失的5.17%，涉案金额达到所有涉案金额的3.04%，而在不存在明显制度缺陷的情况下被害人实际损失达到94.83%，其涉案金额也达到所有涉案金额的96.96%，也就是说互联网金融诈骗犯罪现象所造成的损失几乎都是无明显制度缺陷的案件被害人的损失。这个结论似乎与常理相悖，而在鼓励制度缺陷的存在。其实不然，这里比较的对象是在已经确定被害的情况下，是否存在制度缺陷对损失金额的影响，验证的结论是二者之间存在显著影响。这一结论的被害人学意义在于，被害预防需要积极弥补制度缺陷，避免加害得逞从而造成被害损失。

第二，存在明显制度缺陷的互联网金融诈骗案件中，被害人的人均损失为5.12万元，而不存在明显制度缺陷的案件中，被害人的人均损失达到10.31万元，超过前者的两倍。可见制度缺陷同样对被害人均损失金额存在显著的影响。

第三，从每个案件所造成的平均损失来看，无明显制度缺陷的情况下案件平均损失金额是具有明显制度缺陷的案件平均损失金额的10倍。可见制度缺陷同样对案均损失金额存在显著的影响。

以上三个指标均可观察到制度缺陷对损失金额的显著影响。

三、互联网对金融诈骗犯罪被害性的影响

（一）互联网放大金融犯罪被害人的贪利性

伴随着信息科学技术的发展，互联网已经走入人们的生活并成为人类工作、学习和娱乐的主要工具和手段。互联网的出现和发达是现代化的一个重要标志，网络文化与互联网相伴而生。利令智昏是传统金融诈骗犯罪被害性的一个重要方面，同时甚至也可以说贪利性是人性的一个重要方面。然而，在互联网环境下，人们接触包括互联网金融信息在内各类信息的渠道极大地被扩展，人性中贪利性被激发和放大，进而容易成为互联网金融诈骗犯罪的被害人。"与以往的社会生活不同，网络将人类带入了一个虚拟化的电子世界，限制和改变了人们的交往方式。在网络这样一个'私人'世界里，一些现实世界中迫于外在规范而被压抑的欲望在网络上被尽情地宣泄出来。"⑧所谓"心由境生"就是环境能够影响人们的心境、动机，以网络集资诈骗为例，倘若没有互联网这一便捷的获得信息和交易的工具，人们获得高利集资信息的渠道受到时间、地域范围的限制，并不那么主动和便捷的参与到网络集资活动中进而成为被害人。

互联网对金融犯罪的影响，从网民规模和网络金融参与度中亦可管窥一斑。根据中国互联网络信息中心（CNNIC）在2017年1月发布的第39次《中国互联网络发展状

---

⑧ 康树华、张小虎主编：《犯罪学》（第2版），北京大学出版社2009年版，页378。

况统计报告》，截至2016年12月，中国网民规模达到7.31亿，相当于欧洲人口总量，互联网普及率为53.2%，其中我国使用网上支付的用户规模达到4.75亿人，使用网上支付的比例达到64.9%；购买互联网理财产品的网民规模为9890万人，网民使用率为13.5%。⑨ 如此巨大的参与网络金融的网民群体规模意味着：其一，网络金融群体的价值观念和意识形态趋向多元性，而多元性则是意味着价值认同的混同可能性以及多元性文化之间冲突及引发犯罪的可能性。其二，巨大的规模意味着网络金融亚文化生长的可能性、犯罪得逞的可能性以及犯罪的高收益性，孕育着网络金融诈骗等网络犯罪。

（二）在互联网环境下会产生新的制度缺陷

随着互联网技术的发展与成熟，网络金融业务已经从单纯的支付业务向转账汇款、跨境结算、小额信贷、现金管理等传统银行业务领域渗透。互联网业务的创新和快速成长，在发展方向上没有现成的法规约束或者成熟的经验可循，难免在金融管理秩序中形成制度性的缺陷或者漏洞。例如，支付宝等第三方支付平台的注册、登录制度的缺陷、网银大额转账认证制度的不完善等等。此外，互联网金融业务的扩张与跨界对公民个人信息尤其交易信息的安全产生风险，在相应的管理制度不完善的情况下，一旦个人信息被泄露、挖掘和数据分析，极易诱发违法犯罪。个人信息泄露与互联网金融制度缺陷相结合，犯罪人能够轻易利用这两者实现被害人缺席型的金融交易（如信用卡诈骗）。例如，有些不法分子通过非法渠道利用公民个人信用信息，在互联网上设立钓鱼网站进行诈骗或者通过发送短信等方式进行信用卡诈骗活动。

"由于互联网金融通过互联网技术手段可绕开金融机构在资金融通过程的主导地位，融资双方直接交易，并且能够吸收大量社会和个人的闲散资金，不仅加剧了金融'脱媒'的速度，还可能使金融机构的金融中介作用和资金集聚功能不断弱化。"⑩最终结果是，因监管缺失而加大互联网金融领域的制度缺陷，从而加大其自身的风险。事实上，由于互联网金融对象的不特定性和陌生性，其比传统金融更加需要建立严格的信用体系、监管体系和风险评估体系以规范金融秩序，防范网络金融犯罪被害。

四、"心由境生"：情境预防在互联网金融诈骗被害预防中的应用

（一）被害情境预防及其理论基础

情境预防（Situational Crime Prevention）理论是近年来世界范围内减少犯罪的主流理论之一，其最主要倡导者罗恩·克拉克对情境预防所做的定义是，通过确认、管理、涉及、调整等方式，持久有机地改变情境，影响行为人的理性选择，减少犯罪机会情境因素（situational opportunity）和促成情境因素（situational precipitators），从而达到减少犯

---

⑨ 中央网络安全和信息化领导小组办公室、国家互联网信息办公室、中国互联网络信息中心：《中国互联网络发展状况统计报告》（2017），页4、页56。

⑩ 郭华：《互联网金融犯罪概说》，法律出版社2015年版，页11。

罪现象的目的。⑪ 该理论强调情境因素如时间、空间、机会和条件等对犯罪人理性决策和犯罪决策的影响。情境预防关注的是对犯罪现象发生的空间和时间方面的考察，关注实施犯罪的机会。情境研究将犯罪现象视为是被害人与犯罪人在活动的时间和空间上趋同的结果，以及犯罪现象是对机会和诱因的反应⑫，如果减少或者消除了产生犯罪的机会和情境性诱因，对犯罪现象就能够加以预防。为了限制潜在的被害人与危险的人接触，并避免进入存在危险性的情境，以适度地防止潜在的被害人成为犯罪人的目标，"回避策略"（avoidance strategies）已经成为被害预防的一种新思想。⑬ 情境预防最为重要的是将被害人和犯罪人都作为行为人，重视其在犯罪中的地位和作用，而不是像传统那样把犯罪现象看成是由犯罪人实施的单向的静态行为。当下，情境预防对于有组织犯罪、恐怖主义犯罪和欺诈犯罪等类型的犯罪是有效而适当的预防方式。⑭

一般认为情境预防的理论基础是以下三个密切联系的理论模式：理性选择理论（Rational Choice Theory）、环境犯罪学理论（Environmental Criminology）和日常生活形态理论（Routine Activities Theory）。⑮ 当然，也有学者认为，情境预防采用的理论模式是理性选择理论、社会控制理论⑯和日常生活形态理论⑰，实际上，社会控制理论和环境犯罪学理论并没有实质性的差异。而值得注意的是，无独有偶，我国著名学者储槐植先生在犯罪控制论中开创性地提出犯罪场理论，与情境预防理论异曲同工。犯罪场是"犯罪原因产生犯罪效应的特定领域"，"既不是犯罪的社会原因，也不是个体原因，但它又是发生犯罪的不可少条件""在结构上由时间、空间、侵犯对象（被害人）因素、社会控制疏漏、潜在的犯罪人以及潜在的被害人组成"。⑱ 控制犯罪的捷径是控制犯罪场，控制犯罪场的任一构成因素便能够收到控制犯罪的效果，比控制犯罪原因简便而

---

⑪ See Derek B. Cornish & Ronald V. Clare, Opportunities, Precipitators and Criminal Decisions: A Reply to Worley's Critique of Situational Crime Prevention, Crime Prevention Studies, 2003(16), pp. 79~80. 转引自张远煌主编：《犯罪学》，中国人民大学出版社2007年版，页379。

⑫ See Hugh D. Barlow, Introduction to Criminology, Little, Brown and Company, 1984, p.62. 转引自郭建安，见前注④，页129。

⑬ See Joseph F. Sheley, Criminology: A Contemporary Handbook, Wadsworth Publishing Company, U.S. A., 1991, pp. 131—132. 转引自郭建安，见前注④，页131。

⑭ See Sohraby, Farzad; Habibitabur, Hossein; Masoudzade, Mohammad Reza: Money Laundering Crime and Its Situational Prevention in Iranian Law and International Law, Journal of Politics and Law, Vol. 9, Issue 7 (September 2016), 页58。

⑮ 参见张远煌，见前注⑪，页389—393。另可参见陈晓明："就情境犯罪预防策略论对盗窃犯罪的预防"，载《法学》2001年第8期，页41。庄劲、廖万里："犯罪预防体系的第三支柱——西方国家犯罪情境预防的策略"，载《犯罪研究》2005年第2期，页20—24。

⑯ 参见〔英〕戈登·休斯：《犯罪预防——社会控制、风险与后现代》，刘晓梅、刘志松译，中国人民大学出版社2009年版，页85译者注。

⑰ 同上注，页85—86。

⑱ 参见储槐植：《刑事一体化论要》，北京大学出版社2007年版，页254—256。

省力。

(二) 减少被害性因素——互联网金融诈骗被害情境预防策略

情境预防理论与实践证明了情境对于犯罪心理的形成能够起作用,即"心由境生",犯罪人不是天生犯罪人,他们在一生中若未遇到合适的犯罪情境,并不必然导致犯罪的发生。那么,互联网金融诈骗犯罪现象应当并且也可以通过情境预防来减少和控制。按照克拉克对情境预防具体措施的归纳,具体包括五个方面:增加犯罪难度、提升犯罪风险、降低犯罪收益、减少犯罪刺激、排除犯罪借口。[19] 既然互联网金融诈骗犯罪现象是被害人与犯罪人互动的结果,那么从被害预防的角度而言,其情境预防最直接的措施就是减少被害人的被害性,通过破坏被害人与犯罪人互动的"境",来预防犯罪人恶意之"心"的生成与实践。

前面我们对互联网金融诈骗犯罪现象被害人的被害性与被害损失对应形成的4对现象进行了实证考察,目的在于验证被害人的被害损失能否由被害性得到解释。验证结果如表7所示("√"表示相关,"×"表示不相关):

表7 被害性对被害损失的影响

被害损失 \ 被害性	贪利性	制度缺陷
消极发现率	√	√
损失金额	√	√

表7可见,表示被害性的变量与表示被害损失的变量均具有显著相关关系,也就是互联网金融诈骗被害人的被害性对被害损失具有重要影响。可以说被害性的有无和程度,在一定程度上决定了被害损失的有无和严重程度。那么,被害人如何进行被害情境预防呢?

1. 科学设定回报预期,理性投资

贪利性是传统诈骗犯罪现象的被害人共同被害特征,既然贪利性与被害损失显著相关,贪利性越大,被害损失越为严重,那么,潜在被害人在进行互联网投资时就要保持清醒的头脑,理性投资。坚信"天上不会掉馅饼",越是回报越高的金融产品,越是需要理性斟酌,越是容易获得的利益,越是需要谨慎选择。第一,在作出投资选择之前可以对相应市场进行简单的调研,在此基础上科学的设定投资回报预期。第二,如果拟投资项目的承诺回报远高出调研时预设的回报,那么,对该项目的投资选择就需要重新进行更为全面的评估,注意风险防范。第三,如果最终仍然选择投资该项目,则需要注意交易过程各个环节的证据保存并在交易后密切关注项目动态。第四,一旦发现是金融骗局,要及时报案,以防止造成更大的损失并及时追回自己遭受的损失。

---

[19] 张远煌,见前注⑪,页397。

2. 完善互联网金融制度,清理被害死角

制度缺陷对被害损失有显著影响,在已经得逞的互联网金融诈骗犯罪现象内部,存在制度缺陷的情况下,被害损失相对较小,而不存在制度缺陷的情况下被害损失相对较大。这一结论对被害预防的启发并不是鼓励制度缺陷。在现实生活中,某个人或者组织是否成为互联网金融诈骗犯罪的现象的被害人并不是绝对确定的,而且被害人也无法在此前提下主动选择成为哪种类型的互联网金融诈骗的被害人,因此,这一结论的意义仅仅在于证实了制度缺陷对被害损失有显著影响,制度缺陷是被害性的组成部分。据此,被害预防的正确选择是加强互联网金融相关制度的自查,努力发现制度漏洞,并及时堵漏,清理被害死角。预防加害人利用制度漏洞实施互联网金融诈骗行为,从整体上减少可实施互联网金融诈骗犯罪的情境。具体而言:

首先,要建立和完善互联网金融的相关法律法规体系,明确监管主体、完善监管制度,创新互联网金融监管模式。互联网金融的本质仍属于金融,没有改变金融风险隐蔽性、传染性、广泛性和突发性的特点。加强互联网金融监管,是促进互联网金融健康发展的内在要求。

其次,完善和健全互联网金融企业的内控规范,如支付宝等第三方支付平台的注册认证制度、互联网银行大额转账身份确认制度等,进一步贯彻和落实互联网实名制。互联网金融的身份认证措施宽松与非面对面交易相结合易引发互联网金融诈骗,而目前互联网金融产品身份认证措施不严格、不完善,仅仅依靠身份证号、手机号、职业、住址、单位等个人信息且无法具体核实信息的真实性。

再次,加强互联网金融诈骗被害技术防范。技术本身是中立的,互联网技术为互联网金融诈骗犯罪提供了可能,同样也可以成为预防被害的有效手段。例如,目前支付宝已经推出人脸识别登录技术,识别人脸后自动与公安系统身份证照片进行比对,比对成功才能登录,这一技术如果推广到用户注册及大额转账认证等领域,无疑能够降低互联网金融诈骗风险。

最后,完善和健全互联网金融的信用信息查询机制、抵押信息等公共信息的公众查询制度。在网络集资诈骗犯罪现象中,很多情况下被害原因都是平台或者项目方提供了抵押信息等担保情况,但是潜在的被害人并无法核实或者无法通过较为简便的方式核实该信息,导致陷入骗局。如果互联网金融信用信息、抵押信息等公共信息在互联网条件下能够通过一定的认证方式实现信息共享查询,那么,在很多情况下能够预防潜在的被害人陷入骗局。

(三) 被害情境预防的局限性

从控制和减少互联网金融诈骗犯罪现象的途径来看,被害预防与犯罪预防同样重要。如果能够在情境预防和社会预防之间建立平衡,那么预防策略将取得持久而有效的效果。[20] 既然被害性与被害损失的关系既有理论依据,又有实证数据的支持,那么,自觉减少和控制被害性因素,显然能够达到降低被害现象和被害损失的功效。但是,我们也应清醒地认识到被害情境预防的局限性:

首先,互联网金融诈骗犯罪现象出现有其特定社会层面的原因,被害情境预防仅仅从被害人与犯罪人互动的现实情境中考虑犯罪控制,并未从社会阶层等更为根本的方面着手控制犯罪,因而犯罪控制的效果是相对有限的。

其次,情境预防策略措施包括增加犯罪难度、提升犯罪风险、降低犯罪收益、减少犯罪刺激、排除犯罪借口等五个方面,被害情境预防只是从被害预防、减少被害人被害性的角度控制犯罪,并未完全采取情境预防全部策略,因此预防效果也是有局限的。

最后,从情境预防自身的弊病来看,可能引发犯罪转移是涉及情境预防价值的核心问题。早在19世纪末,著名犯罪学家菲利即提出了犯罪饱和法则(law of criminal saturation)[21],犯罪饱和法则对于犯罪无法被完全消灭的解释是有力的,然而该理论将犯罪预防和被害预防的效果无限缩小乃至忽略,则是不可取的。在承认特定社会中犯罪的规模具有相对稳定性的前提认识下,我们应当对被害情境预防的效果的局限性有所自觉。某些被害人加强了被害预防,对社会整体而言,犯罪数量并不会真正下降,犯罪活动只是被替代或者转移了。如果某个地区的违法机会被封杀,渴望金钱的人就会将其注意力转移到相对更易攻击的目标身上。[22] 当然,这种犯罪转移现象的发生并不是不可避免的。Hesseling发现在他观测的55个研究中有33个发现了犯罪转移证据,有22个未发现犯罪转移证据,但是转移的犯罪绝对没有被预防的犯罪多。[23]

五、待续的结论

由于研究条件的限制,样本来源均为法院已决案例,裁判文书中注重的是对犯罪事实的认定,而被害人学所研究对象中的被害人方面的各种因素、特征以及被害人的身份、性别、年龄等客观因素并不为法官所关心,因此在判例中所归纳的被害人方面因

---

[20] See Gonczol, Katalin: Strategy of Community Crime Prevention in Practice as a Integrative Part of Public Policy, Annales Universitatis Scientiarum Budapestinensis de Rolando Eotvos Nominatae: Sectio Iuridica, Vol. 51, 2015, p.100.

[21] Enrico Ferri, Criminal Sociology, Translated by Joseph I. Kelly & John Lisle, Little Brown, Boston, 1917, p.209. 转引自张远煌,见前注⑪,页53。

[22] See National Commission on the Causes and Prevention of Violence (NCCPV). Crimes of violence. Washington, DC: U.S. Government Printing Office,1969. 转引自〔美〕安德鲁·卡曼:《犯罪被害人学导论(第六版)》,李伟等译,北京大学出版社2010年版,页109。

[23] Ronald V. Clarke. Situational Crime Prevention: Theoretical Background and Current Practice. In Handbook on Crime and Deviance Handbooks of Sociology and Social Research, edited by Marvin D. Krohn. Alan J. Lizotte and Gina Penly Hall. New York: Springer, 2009, pp.269—270. 转引自崔海英:"犯罪预防的第三条路径——情境犯罪预防理论评析",载《人民论坛》2015年第17期,页122。

素、特征极其有限,并不能全面反映被害性的内容。但是,哪怕是一部分被害性的发现和证实对于互联网金融诈骗的被害预防、犯罪预防都是有重要理论意义和实践价值的。经过实证分析,本文发现互联网金融诈骗犯罪现象被害人的被害性至少有贪利性和制度缺陷。利令智昏除了是传统诈骗犯罪的重要原因外,仍然能够在相当程度上解释在互联网领域的金融诈骗犯罪现象。伴随着互联网兴起的是网民群体的形成,不同群体文化之间的互动导致一部分传统犯罪向互联网领域蔓延,但是在互联网领域这些犯罪现象的现实发生情境又会与互联网特性结合而产生新的特点。就被害人与犯罪人互动的现实情境而言,互联网使得金融交易或者交付更加便捷,被害人与犯罪人不再需要"面对面"进行互动,在传统领域不可能发生没有物理接触而单纯利用信息的金融诈骗行为,在互联网领域却能够轻而易举地实现金融诈骗;而制度缺陷在互联网领域能够被无限放大,对犯罪人而言更具可用性。

因此,互联网金融诈骗犯罪被害情境预防不仅仅要改变和减少传统的被害性(如贪利性),更需要注意控制和减少可能与互联网的特性结合而新形成的被害性(如制度缺陷)。而互联网技术在不断成熟,互联网群体内部也逐渐产生分层,与互联网特性结合的被害性特征更是相伴发展变化着,从这个意义上说互联网金融诈骗犯罪现象的被害情境预防结论也未完待续。

追踪研究

互联网技术创新专利观察报告(2016)*

北京大学互联网法律中心　中国科学技术法学会

《互联网技术创新专利观察报告(2016)》是北京大学互联网法律中心与中国科学技术法学会联合发布的对互联网企业进行专利分析的年度报告,主要通过专利数据观察互联网企业的创新活跃领域。本报告第一期于2014年4月26日发布,之后发布了2015年度报告,本报告为第三期2016年度报告。本报告选取了涉及互联网技术领域在中国市场最为活跃的20家企业,从不同维度观察企业专利申请状况与创新能力。

一、2016年数据综述

(一) 检索对象

20家企业:百度公司(Baidu)、谷歌公司(Google)、乐视公司(LeTV)、奇虎360公司、深圳市腾讯计算机系统有限公司(Tencent)、北京小米科技有限责任公司(MI)、阿里巴巴网络技术有限公司(Alibaba)、亚马逊公司(Amazon)、优酷公司(Youku)、鸿海精密公司(富士康)、华为技术有限公司(Huawei)、联想集团(Lenovo)、微软公司(Microsoft)、诺基亚(Nokia)、中兴通讯股份有限公司(ZTE)、国际商业机器公司(IBM)、TCL集团股份有限公司、三星集团(Samsung)、索尼公司(Sony)、高通公司(Qualcomm)。本报告对这20家企业及其子公司的全部专利申请分别进行了国际和中国专利申请检索。

(二) 检索数据库

以汤森路透专利数据库为主,智慧芽专利数据库作为数据校验。

(三) 申请量排名

表1依次为20家企业2016年全球申请量排名、2016年中国申请量排名、全球申请总量排名、中国申请总量排名。

---

* 由于篇幅所限,这里只选取本报告中综述和结论部分。如需获取本报告全文,请关注微信公众号"PKU互联网法律中心"进行索取,同时热切期待您通过公众号留言,对本报告批评指正。

表1 20家企业2016年全球申请量排名、2016年中国申请量排名、
全球申请总量排名、中国申请总量排名

排名	公司名称	2016年全球申请量	排名	公司名称	2016年中国申请量
1	三星	8028	1	乐视	3016
2	高通	3449	2	TCL	2247
3	华为	3358	3	小米	1495
4	IBM	3351	4	三星	1086
5	乐视	3116	5	联想	1065
6	索尼	2892	6	腾讯	828
7	中兴	2481	7	百度	751
8	TCL	2393	8	360	607
9	微软	1815	9	华为	592
10	小米	1778	10	中兴	430
11	腾讯	1366	11	IBM	185
12	苹果	1334	12	苹果	92
13	谷歌	1218	13	阿里巴巴	55
14	联想	1174	14	索尼	25
15	百度	765	15	富士康	22
16	阿里巴巴	738	16	诺基亚	13
17	诺基亚	713	17	谷歌	8
18	360	679	18	微软	1
19	亚马逊	383	19	亚马逊	1
20	富士康	241	20	高通	0
排名	公司名称	全球申请总量	排名	公司名称	中国申请总量
1	三星	581119	1	三星	56077
2	索尼	399762	2	华为	54178
3	IBM	256444	3	中兴	43305
4	高通	163180	4	富士康	36351
5	华为	116377	5	索尼	29904
6	富士康	109075	6	IBM	13495
7	诺基亚	107574	7	TCL	12959
8	微软	105920	8	联想	12881
9	中兴	76643	9	高通	10876
10	谷歌	27371	10	腾讯	10368
11	TCL	20722	11	诺基亚	8904
12	联想	20476	12	微软	7152
13	腾讯	18505	13	百度	5191

(续表)

排名	公司名称	全球申请总量	排名	公司名称	中国申请总量
14	苹果	7603	14	小米	4705
15	阿里巴巴	7278	15	360	4616
16	小米	5707	16	乐视	4529
17	百度	5485	17	苹果	3209
18	360	5105	18	阿里巴巴	2513
19	亚马逊	5035	19	谷歌	1328
20	乐视	4709	20	亚马逊	317

无论从国际申请总量还是中国申请总量以及2016年的国际申请量，三星公司排名始终领先。而谷歌、微软、亚马逊、高通2016年在中国的专利申请均不多，可能存在公开滞后的问题。为了进行对比，表2给出20家企业主要IPC分类的分布申请，表3给出了2015年报告的统计数据。

表2　20家企业主要IPC分类2016年国际专利申请排名

排名	公司名称	国际申请量	中国申请量	重点分布领域	
1	三星	8028	1086	H01L 27/32	G06F 3/041
2	高通	3449	0	H04L1/00	H04L29/06
3	华为	3358	592	H04L29/08	H04L29/06
4	IBM	3351	185	G06F17/30	H01L21/336
5	乐视	3116	3016	G06F 17/30	H04L 29/08
6	索尼	2892	25	H04L 29/06	H04N 5/232
7	中兴	2481	430	H04M 1/725	H04L 29/08
8	TCL	2393	2247	G09G 3/36	G02F 1/1362
9	微软	1815	1	G06F17/30	G06F9/44
10	小米	1778	1495	G06F 17/30	H04M 1/725
11	腾讯	1366	828	G06F17/30	H04L29/08
12	苹果	1334	92	G06F 3/0488	H04W 88/06
13	谷歌	1218	8	G06F 17/30	G06N 3/08
14	联想	1174	1065	G06F 3/01	G06F 1/16
15	百度	765	751	G06F 17/30	H04L 29/08
16	阿里巴巴	738	55	G06F17/30	H04L12/58
17	诺基亚	713	13	H04W 48/16	H04L 5/00
18	360	679	607	G06F 17/30	H04L 29/06
19	亚马逊	383	1	G06F17/30	G06F15/16
20	富士康	241	22	H01R13/02	H01R13/502

表3 2015年度20家企业全球及中国申请专利的情况

排名	公司名称	全球申请量(件)	中国申请量(件)
1	三星集团(Samsung)	573091	54991
2	华为	113019	53586
3	中兴	74162	42875
4	鸿海精密(富士康)	108834	36329
5	索尼公司(Sony)	396870	29879
6	IBM	253093	13310
7	联想集团	19302	11816
8	高通公司(Qualcomm)	159731	10876
9	TCL	18329	10712
10	腾讯	17139	9540
11	诺基亚(Nokia)	106861	8891
12	微软公司(Microsoft)	104105	7151
13	百度	4720	4440
14	奇虎360	4426	4009
15	小米	3929	3210
16	阿里巴巴	6540	2458
17	乐视	1593	1513
18	谷歌(Google)	26153	1320
19	亚马逊公司(Amazon)	4652	316
20	优酷	246	236

除上述排名指标,结合本报告第三部分其他数据表现,对企业科技创新综合评价如下:

第一,企业的科技创新活跃程度与专利申请的数量存在一定的联系,科技创新较为活跃的企业其专利申请数量也较多。诉讼活动也会对企业的专利申请数量产生影响,专利诉讼越多的公司其专利申请数量也较多,专利诉讼数量包含企业作为原告与被告的情形。三星公司的全球申请量的激增,与其在全球的专利纠纷增多存在一定的联系。

第二,企业的市场布局与专利申请的国家存在一定的联系。企业通常会首先选择总公司的注册国进行专利布局,其次是其产品的生产、制造以及销售地,对于其涉及专利诉讼的地域,也会成为其布局专利的重点。基于企业国际申请量与中国申请量的对比分析可见,尽管大部分企业主要专利申请都在其本土,但随着企业国际化的发展,其本国申请量的比例将逐渐减低。目前中国大部分企业的中国申请量占国际申请量的

50%以上,但华为公司作为中国国际化程度较高的企业,其中国申请量占其全球申请量的20%左右。

第三,专利申请国际分类G06F与H04L是互联领域两类核心技术,这两类专利主要涉及电子数据处理技术与数字信息传输技术,其中"G06F 17/30"类专利涉及的信息检索及其数据库结构技术,以及"H04L 29/06"类专利涉及的通信协议技术成为互联网企业的核心技术。

第四,尽管中国本土企业的专利数量增长较快,但从专利整体来看,尚存一定的风险。对比谷歌与百度的专利布局,谷歌在国内重点技术领域专利申请量趋势基本与整体趋势相符,百度在H04L29/06(以协议为特征的)、H04L29/08(传输控制规程,例如数据链级控制规程)领域的增长率落后于整体趋势。百度在G06F17/30(信息检索;及其数据库结构)技术领域专利申请量一支独大,达到总申请量的57%,H04L29/06(以协议为特征的)技术领域专利申请量占总申请量的13%,H04L29/08(传输控制规程,例如数据链级控制规程)技术领域专利申请量占总申请量的8%,G06F9/44技术领域专利申请量占总申请量的4%,其余后六位技术领域专利申请量均占总申请量的3%,这样的专利布局存在一定风险。对比华为与高通的专利布局,华为和高通在G06F17/30(信息检索;及其数据库结构)、H04L29/06(以协议为特征的)技术领域专利申请量趋势与整体趋势不符,但两公司在上述两个技术领域专利申请量趋势却非常相像,都是在2007、2008年开始下降,至2010、2011年后又迅速上升。三星国内各重点技术领域专利申请量很有特点,G06F17/30(信息检索;及其数据库结构)、H04L29/06(以协议为特征的)、H04L29/08(传输控制规程,例如数据链级控制规程)、G06F9/44四个技术领域专利申请量趋势都与整体趋势不符,都在2007年开始下降,至2009年后迅速上升,并且在2013年起四个技术领域专利申请量呈现出均衡状态,在上述四个技术领域三星都拥有相当的实力。

二、基本结论

本报告结合企业本身的产品创新、经济体量以及发展方向,从产业发展的宏观角度考察了中国互联网企业在创新时所面临的机遇与风险。

(一)专利数据中体现的"创新改变生活"理念

从企业的专利申请中可见许多新商业模式软件被提出并进入应用阶段,比如:网络游戏、社交网络(微信朋友圈)、粉丝产品研发(米粉)、共享经济模式(滴滴、共享单车)等。目前专利审查已经放开对新商业模式的可专利性条件,司法实践也在考虑对这类专利的加强保护,预计今后这类申请会大幅增加。

从宏观的数据看,2016年互联网及通讯企业在中国的专利申请数量仍然呈现迅速增长的态势。在数字时代的背景下,创新已然成为企业发展的强劲竞争力之一,为了不断获取竞争优势,企业将创新工作融入产品设计及科技研发中,并就研发成果申请专利保护,以维持创新的可持续发展。从下述企业的财务报表以及企业新产品的发展情况可以看出,2016年企业规模及经济体量的发展与企业的数量呈正比,互联网的创新活动充分地体现了"创新改变生活"的理念。

腾讯公司在互联网类的公司中一直表现十分活跃。从该公司的财务报表中可见,2016年腾讯总收入、营业利润增幅均为40%以上,在一千亿的体量下创新工作持续保持增长态势。根据收入分类,腾讯最主要的营业收入仍来自于网络游戏与社交网络的服务收入:(1)网络游戏收入增长25%,至708.44亿元,PC客户端游戏方面,腾讯保持着作为中国最大的游戏运营商及发行平台的领先地位,运营中国前三大PC客户端游戏(分别为《英雄联盟》《地下城与勇士》《穿越火线》);而在手机游戏方面,多款腾讯自主研发的游戏接连上线,2016年底,《王者荣耀》的日活跃用户超过5000万,创造了腾讯平台上手机游戏的新纪录;(2)社交网络收入增长54%,至369.66亿元,QQ、微信等即时通讯终端的活跃用户持续增长。在创新伴随着收入增长的同时,腾讯的专利数量也相应地呈现出增长的趋势:从2012年起,腾讯每年的专利申请维持在2000件以上,申请数量稳定增长;在海外布局上,着重加强对美国市场的开拓,欧盟、日本、韩国也有200件以上的申请;2016年,G06F17/30(信息检索;及其数据库结构)、H04L29/08(传输控制规程,例如数据链级控制规程)、H04L29/06(以协议为特征的)等领域仍是腾讯研发的重点领域,表明其一直保持着比较好的持续性和前沿性,并且创新具有多样性和全面性,在互联网几大领域均有一定规模的专利布局。

小米作为一家专注于智能硬件和电子产品研发的移动互联网公司,自2010年成立以来一直保持着较快的增长速度。其专利申请数量增势也较快,G06F17/30(信息检索及其数据库结构)、H04M1/725(电话通信……无绳电话机)、H04L29/08(传输控制规程,例如数据链级控制规程)仍是其重点创新领域。小米公司积极拓展其商业版图,在电视、机顶盒、路由器、移动电源、空气净化器、平衡车等智能家居领域作出了颠覆传统行业的革新,小米公司旗下生态链企业持续增加,在专利申请上也体现了其创新性,如2016年,智米、飞米、云米、绿米等公司均有一定数量的专利申请,体现出其"为发烧而生"的产品创新概念。

乐视致力于在基于"平台+内容+终端+应用"垂直整合乐视生态基础上打造全球生态型电商平台,自2014年开始专利申请量就一直保持上升的趋势,甚至专利申请量最高的10个IPC分类中有半数以上都在持续增长中,包括G06F17/30(信息检索及其数据库结构)、H04L29/08(传输控制规程,例如数据链级控制规程)、H04N21/472(用于请求内容、附加数据或服务的终端用户界面)等等。与乐视的专利申请状况相对应,其超级电视销量、终端用户数量、付费用户数量和广告业务都快速增长。

从上述企业的专利分布情况可见,各企业均立足于人们的实际生活,创造出许多新的商业模式,已经改变了人们的消费观、社交观、出行观。腾讯在网络游戏和社交网络方面的多样化创新、小米"为发烧而生"概念创新、乐视的生态创新、以及优酷的平台策略化创新,在给企业不断创造经济增长点的同时,也使得日常生活愈加便利化、多样化和高效化,终而惠益于消费者。

(二)互联网企业依然面临来自传统 ICT 企业的专利竞争

通信传输技术是"互联网+"时代的核心技术,也是传统信息产业专利积累最多、市场最活跃的领域,这些专利大多依然在传统通讯企业手中,将与具有后发优势的互联网企业共同参与互联网基础设施标准之争以及新商业模式应用的市场竞争。

互联网产业在与其他传统产业融合的过程中,将面临软件与硬件结合的物联网时代的转型发展,从现有的专利数量观察,中国本土的互联网企业尚未做好充分的准备,其主要的原因在于通讯企业早期的积累。传统通讯企业早期在 H04L(数字信息传输)领域积累了大量的专利,以华为为例,其现有专利中,属于 H04L 领域下的申请数量高达 37616 件。相比之下,新兴互联网企业在该领域的专利积累则稍显逊色。作为互联网企业的"三巨头",百度、腾讯、阿里巴巴在该领域下的专利积累也不过分别为 903 件、6285 件、2052 件,其中数量较高者都不及华为数量的 1/6,在"三巨头"之外的奇虎 360 公司的 1827 件更是远低于华为这样的传统通讯企业。

前述专利状况并非 2016 年的新趋势,在北京大学互联网法律中心于 2015 年发布的《中国互联网技术创新观察报告(2015)》中已然作出了相同态势的判断。尽管今年互联网企业的专利数量依然在增加,但通讯领域的专利数量从数量对比上看,短期之内难以被超越。数字信息传输领域的专利积累并非一朝可以完成,它需要时间和资金的投入,需要人才和技术的积累。在以通信、协议等技术作为基础的物联网时代中,基础领域的专利积累薄弱,势必会令企业在日后的创新与发展中处于相对劣势地位。物联网时代,除了需要发展互联网软件技术,更不能忽视通信、协议等传统核心硬件技术。虽然通讯领域专利数量的积累需要耗费时间,但是为了把握住物联网转型的时机,新兴互联网企业仍应重视对通信、协议等核心技术的战略投入,牢固立足之根基,同时也要考虑应用端技术研发的投入。

此外,在"互联网+"持续推进的过程中,标准必要专利(简称"SEP")以及非专利实施实体(简称"NPE")的问题仍然不可忽视。传统通讯企业经过长期的投入研发,已经积累了大量的互联网基础专利,特别是通讯与数据传输领域中的 SEP。与此相较,目前中国互联网企业的专利数量则望尘莫及。具有市场优势的传统通讯企业所掌握的 SEP 通常是几万件到几十万件,而互联网企业掌握的专利总数大部分不足万件,实践中在面对 SEP 权利人的侵权控诉时,互联网企业的专利积累常常难以成为其有利的谈判资本。对于 NPE 而言,有关数据显示,其倾向的最佳"猎物"仍然主要在互联网企业上,例如互联网金融、电子商务、智能制造等领域,由此引发的专利诉讼纠纷仍然多涉及软件专利和商业方法专利。因此,互联网企业对关涉 SEP 和 NPE 的问题,仍需引起重视,保持警惕。

(三)显示屏将成为下一代个人终端设备的技术竞争重点

显示屏中涉及的液晶等物理元器件技术的专利申请有上升势头,并正在形成专利联营,对我国手机厂商、户外广告、汽车影像、航空航天、人工智能产品等均有影响;下一代个人终端设备的竞争将在显示屏领域更为激烈,新型的显示屏,如超薄、曲面、折叠、可卷曲等产品已经研发成熟并开始生产,这一领域的专利申请早已部署相当数量,本研究小组发现,尽管 G06F 和 H04L 是近些年企业创新的核心领域,但不容忽视的是日韩企业在液晶等物理元器件领域拥有的传统优势地位,这种优势地位体现在其长期积累的庞大的专利数量。尤其在可折叠液晶屏的手机——电脑一体机产品方面,专利的竞争将会异常激烈,我国近几年上马的收集厂商将面对新一轮的产业淘汰,互联网企业也会加盟终端产品制造,如无人驾驶等,加之 SEP 的因素以及 NPE 的活跃,终端设备制造商会面对频繁的专利诉讼。例如,对于 IPC 分类为 G02F 1/13(基于液晶的,例如单位液晶显示单元)领域的专利进行检索,该领域专利申请量最多的权利人,分别为 LG、三星、夏普、索尼、松下、东芝、日立等日韩公司,表明这些公司在此领域中占有的市场份额之巨大。夏普公司在该领域内的总申请量为 12590 件,LG 公司为 17307 件,其申请量的峰值,大约均集中在 2001 年至 2007 年,之后申请逐年放缓,但每年均有三四百件左右的稳定申请。

与日韩企业相较,我国企业在此领域内起步较晚,虽然京东方、华星光电作为后起之秀已经分别申请了 6556、4786 件专利,但其大量申请均是从 2011 年开始,前期积累较弱,目前得到授权的稳定专利也不多。就申请的地域来看,传统日韩优势企业早已将其专利延展到整个世界,在美国、欧盟、中国、日本、韩国五大局均有较大数量的授权专利,而我国的企业的专利申请还是局限在中国内部。不过,这些企业也在积极尝试通过 PCT 国际申请的手段扩展其技术保护范围。

对于此类基础器件产业的发展与升级,并不是短期创新活动可以带来的,而更注重长期的发展与可持续性的积累。从现有的专利申请情况观察,目前中国本土的企业在该领域尚需要努力,在意识到下一代终端设备的竞争重点将围绕显示屏相关的核心技术展开的基础上,开始进行相关专利的战略性布局,从而避免企业在未来的新型竞争中处于劣势。

(四)立法政策可能增加企业技术创新的侵权风险

企业对数据检索技术的研发与立法政策对个人信息保护监管的合规性要求之间可能会存在矛盾,互联网个性化服务的趋势使得企业必须具有超强的数据检索和处理能力,在技术中立原则下,互联网平台提供的新商业模式不会当然构成侵权,但是已经实施的《网络安全法》以及《侵权责任法》中,对平台商的"删除权"义务会增加互联网平台商的侵权风险，技术开发商也可能因为《专利法》修改草案中的规定而需要承担较为严格的专利侵权责任，而涉及区块链的专利技术更对现有专利制度规则提出了挑战，对第三方专利侵权责任享受的避风港原则也有适用上的困惑。

  无论是互联网企业还是通讯企业，数据检索与处理技术都成为各个企业创新的重要方面，随着大数据产业和人工智能时代的到来，数据处理与分析能力直接涉及企业未来的竞争力。在前互联网时期，为了鼓励互联网企业的发展，我国的立法较多适用"技术中立原则"，对互联网企业适用"安全港"免责规则。但在分享技术（P2P等）的著作权侵权责任上，我国的立法政策倾向于扩大平台商的责任。今年6月1日起《网络安全法》开始正式施行，这部法律的一大亮点是引入删除权和数据泄露通知制度对个人信息加以保护，同时，以法律的形式确认了"网络实名制"，由此导致在云存储和区块链技术领域可能会出现对平台商较为严格的侵权责任规定，互联网企业的业务可能会面临只能在技术创新与个人信息保护中"二选一"的困境。届时，数据自动检索以及区块链技术的"机器自治"都可能使得个人信息保护问题成为互联网企业发展新的瓶颈。

  结合现有的立法趋势与互联技术的发展可见，互联网企业在数据检索业务飞速发展的同时，面对个人信息和隐私保护方面的合规性要求，将可能存在如下问题：第一，应用产品用户界面设计需要与隐私和个人信息保护的要求进一步调和；第二，对个人信息以及与之相关的信息处理权限存在模糊且有争议的理解；第三，用户在个人信息和隐私设置上的选择权有限；第四，个人信息保护的"知情—同意原则"在实践中面临多重困难。上述几点将成为未来传统通讯和互联网企业协调数据开发和个人信息保护需要考虑的问题，同时也是我国相关立法政策所面临的价值选择困扰。

互联网企业个人信息保护抽样测评报告（2017）[*]

北京大学互联网法律中心
中国科学技术法学会

一、前言

北京大学互联网法律中心（以下简称"本中心"）自 2014 年开始以学术研究、民间观察视角关注互联网企业的个人信息保护问题。基于《全国人民代表大会常务委员会关于加强网络信息保护的决定》《消费者权益保护法》，工业和信息化部《电信和互联网用户个人信息保护规定》，国家工商行政管理总局《网络交易管理办法》，国家质量监督检验检疫总局、国家标准化管理委员会《信息安全技术 公共及商用服务信息系统个人信息保护指南》以及 OECD《关于保护隐私和个人数据跨国流通的指导原则》，APEC《隐私保护纲领》，欧盟个人信息保护指令等国内外规范性和指导性文件，于 2014 年 3 月 15 日，本中心联合中国科技法学会，针对互联网企业个人信息保护政策发布了《互联网企业个人信息保护测评标准 V1.0》（简称"《测评标准》1.0 版"），应用此测评标准测评了 20 家企业的互联网个人信息保护政策，旨在促进企业制定规范的个人信息保护政策，合法利用在经营活动中收集的个人信息。2015 年 12 月，本中心在 1.0 版的基础上，升级发布了《互联网企业个人信息保护测评标准 V2.0》，形成了较为稳定的测评标准版本，制定了相应的测评指标体系。应用该测评指标，本中心对 50 家互联网

---

[*] 本报告由北京大学互联网法律中心张平教授主持，北京大学法学院博士研究生、硕士研究生和本科生组成研究小组完成，参加本次测评的同学包括：

（按姓氏拼音排序）

崔若男、崔亚冰、冯文琦、黄积严、黄雅冰、姜琪、牛伟强、任文倩、石冰洁、石丹、田懋乾、王铧翙、文婷、吴琪、徐华阳、徐明利、颜雨杰、张晨、赵燕

企业的个人信息保护政策文本及相应产品进行了测评,同期发布了《50家互联网企业个人信息保护抽样测评报告》。本中心希望借助测评报告的发布,推动中国域内的互联网企业在有关用户个人信息和隐私保护上建立完善的政策体系以及与政策相适应的产品服务。

2016—2017年,本中心在《测评标准2.0》版本的基础上,结合《网络安全法》的相关内容,将测评重点放在对互联网企业个人信息保护政策与产品服务的一致性评价上,进一步推动行业自律环境建设,改善域内互联网用户在知晓、理解、管理和控制个人信息方面的用户体验;促使域内互联网企业在完善个人信息保护政策的同时为用户提供具有可选择性的,更为便捷、清晰、透明和安全的个人信息管理、控制、保护途径。本中心应用《测评标准V2.0》确立的测评指标,从普通用户的可操作和可感知的角度出发,形成了基于用户体验的测评指标体系,并选取79项共计17类互联网应用产品进行测评,得出本研究报告。

本次报告选取的互联网应用产品的17个类别以及对应的产品是:

综合社交:人人网、新浪微博、Facebook Instagram、QQ空间;

即时通信:Skype、微信、QQ、WhatsApp;

旅行:携程、去哪儿、飞猪、艺龙旅行网、Airbnb、Booking、Agoda;

打车:滴滴出行、神州专车、易到用车;

租车:一嗨租车、神州租车;

求职社交:大街网、智联招聘、前程无忧、LinkedIn、脉脉;

婚恋社交:世纪佳缘、百合网、珍爱网、Tinder;

云存储服务:Google drive、DropBox、iCloud、腾讯微云、百度网盘;

支付与理财:支付宝、京东金融、微众银行、Apple pay、Paypal、微信支付;

电子邮箱:网易邮箱大师、Yahoo mail、QQ邮箱、Gmail、outlook;

浏览器:360浏览器、Firefox、UC浏览器、手机百度、Chrome、Safari、QQ浏览器;

外卖:饿了么、百度外卖、美团外卖、到家美食会;

网购:淘宝、京东、网易考拉海购、Amazon、eBay、唯品会;

地图导航:百度地图、高德地图、Google地图;

在线视频:爱奇艺、腾讯视频、Bilibili、YouTube、优酷;

快递:顺丰、圆通、天天快递、FedEx、EMS;

团购:美团、大众点评、糯米。

二、综合评价

针对各类别产品的综合得分,测评小组主要从两个维度进行观察:(1)将17类产品测评所得总分去掉最高分和最低分以排除极端值后求得该类产品的平均得分,观察该类产品在这一指标体系下的整体表现;(2)另计算各类产品得分的样本标准差,观察所测评的同类别产品在综合表现上的差异。

根据所取得的数据可以观察到以下现象并在此基础上形成以下判断:

1. 综合平均分维度。在现有指标体系下,即时云存储服务类产品的综合表现较为突出,地图导航类、即时通信类、旅行类、综合社交类、电子邮箱类、团购类和浏览器类产品综合表现也相对较好。但总体来看,各类别产品的表现距离当前测评标准体系期待中的优秀水平均有一定差距。

特别指出的是,各类别产品综合得分不具备跨类可比性。由于各类别产品在其基本产品功能实现上对采集用户个人信息的需求程度有所不同,测评小组认为各类别产品的综合得分不具备横向的跨类可比性。当前测评体系在实际操作层面主要从各类产品注册用户的操作体验出发,因为作为注册用户能够获得较为完整的体验。尽管测评小组不认为未经注册即可获得和使用产品基本功能的一类产品所收集、处理的用户个人信息或所承担的用户个人信息及隐私保护义务较之于需要用户注册才能获得和使用基本功能的产品更少或更轻,但测评小组的确注意到部分类别的产品在产品基本功能实现上对用户注册的要求不高,例如浏览器类、地图导航类、在线视频类和快递类应用产品。这一区别至少会影响"用户选择权"与"用户能否删除自己录入的基本信息"两项指标的打分。这一差异是测评小组认为跨类别产品间得分不具有横向可比性的一个重要原因。

2. 样本标准差维度。通过观察同类产品的样本标准差,我们发现电子邮箱类、即时通信类和地图导航类产品之间的综合表现差异较小,且整体综合表现较好。尽管打车类、网购类、快递类和租车类产品之间的综合表现同样差异较小,但整体综合表现得分较低,说明上述几类产品在现有测评标准体系下的表现不佳。旅行类、支付与理财类、云存储服务类和综合社交类产品尽管整体综合表现得分较高,但显示出同类别产品的综合表现差异较大。

在上述两个分值维度之外,测评小组在评测过程中也注意到以下情况:

1. 应用产品用户界面设计要求与隐私和个人信息保护的要求之间需要进一步调和。大量产品在收集和使用用户个人信息或隐私信息的过程中并不能依据其隐私或个人信息保护政策、条款中所声明采集的信息类型逐项告知用户并取得用户同意,大量通知仅来自于iOS系统的访问权限提示。我们认为这一现象反映了存在于应用产品用户界面设计与隐私和个人信息保护要求之间有待进一步平衡的紧张关系:**一方面应用产品设计人员希望用户界面更为简洁直观**,突出应用产品的应用功能并尽量避免与应用功能无关的信息占据移动终端空间局促的操作界面,同时避免频繁的弹窗提示"干扰"用户操作;**另一方面隐私和个人信息保护的重要原则包含"通知同意原则"**和

"用户参与原则",这要求应用产品在收集、使用、转移或删除用户个人信息时均应通知用户并取得用户同意。严格遵循"通知同意原则"和"用户参与原则"势必带来应用产品设计者所不希望看到的频繁弹窗等情形。尽管如此,我们仍然认为用户在应用产品功能方面的要求与体验与用户隐私和个人信息保护的要求和体验之间并非不可调和。实际上,为用户提供更为便捷、清晰、透明和安全的个人信息和隐私管理、控制、保护途径,使用户能够更好地了解应用产品的隐私和个人信息保护政策,从而能够更加方便的在应用产品使用过程中管理、控制和保护自己的个人信息本身就是对用户体验的改善。考虑到所有互联网应用产品为实现其功能或商业目的都需要在不同程度上收集、使用、转移用户的个人信息,将用户管理、控制和保护个人信息与隐私的功能作为互联网应用产品的必备功能之一融入应用产品之中未必不是一个可取的选择。在不断提升的应用功能之外,带给用户更多的安全感和信任感未尝不是互联网企业吸引用户和维护用户忠诚度的重要途径。

2. 对个人信息以及与之相关的信息处理权限存在模糊且有争议的理解。在较为完善的隐私政策或个人信息保护政策中所列举的信息至少包括设备信息、日志信息、位置信息、应用程序编号、本地存储、Cookie 和类似技术。其中设备信息包括硬件型号、设备标识符、包含电话号码在内的移动网络信息等;日志信息则包括使用应用产品服务的记录、通讯记录、IP 地址、系统活动、硬件设置、浏览器记录等。**尽管上述信息类型均出现在隐私或个人信息保护政策中,但对于哪些信息属于用户个人信息或隐私信息,需要经过用户同意后进行收集或转移,哪些信息不属于用户个人信息并可以由应用产品提供者自动收集却没有一致且确定的标准。**实际测评中,表现较好的应用产品提供用户删除本地存储、活动记录数据或拒绝 Cookie 和类似技术以及拒绝提供地理位置信息和通讯录的途径,但就其他类型的信息而言则未见用户可以控制收集或转移的途径。虽然上述信息中的一些数据信息孤立而言也许不具备与用户个人直接关联的身份识别特征,但在大数据时代任何信息都不是孤立的,我们不能确定哪些信息相互结合后可能产生针对特定用户的身份识别特征,并在此基础上产生涉及用户利益的数据评价。

3. 用户在个人信息和隐私设置上的选择权有限。在评测过程中测评小组发现大量应用产品的用户服务协议、隐私或个人信息保护政策留给用户的选择"余地"仍然只是**"要么接受要么离开"**。面对产品提供者制定的个人信息或隐私政策,用户实际普遍上缺乏选择的权利。值得注意的是,2016 年 10 月,美国联邦通讯委员主席 Wheeler 针对这一现象提交过一份**《给予宽带消费者更多个人信息选择权命令》**(PROPOSAL TO GIVE BROADBAND CONSUMERS INCREASED CHOICE OVER THEIR PERSONAL INFORMATION)草案。草案要求网络服务提供者(ISPs)必须清晰告知消费者其所收集的信息类型,使用信息的目的和方式,以及与哪些实体分享这些信息。网络服务提供者还应当在用户注册或隐私政策发生重要变更时及时且持续地通知用户。FCC 还指示消费者咨询委员会起草一份标准的隐私通知模板。针对敏感的个人信息应,必须采取"选择加入"的同意规则("opt-in" consent)而对于非敏感信息的使用和分享则需采取"选择退出"的同意规则("opt-out" consent)。**该草案还建议禁止"要么接受要么离开"("Take-it-or-leave-it")的条款,即网络服务提供者不得在用户拒绝同意其以商业目的使用或分享个人信息时决绝提供服务**。此外,该草案还计划加强对"去识别化信息"(De-identified Information)的保护,并要求网络服务提供者在用户数据泄露时及时通知用户。当然,需要指出的是 FCC 的这一草案仅针对宽带网络服务提供者,而应用产品和服务由联邦贸易委员会(FTC)管理,由于 FCC 这一草案中建议的规则被认为更为严格,其实际作用和效果仍充满争议,类似的规则在实践中会否扩展到应用产品和服务领域仍有待观察。随着特朗普今年四月撤销了这一法案,有关这一议题的争议及其方向并不明朗。可以肯定的是,立法机构和监管机构仍会寻求推动相关立法和规则的制定,就现有信息来看,对"网络中立"规则的重新检视可能成为推动这一议题的新的出发点。

  4. 个人信息保护的"通知—同意原则"在实践中面临多重困难。"通知—同意原则"的实现至少需要有明确且清晰的告知内容和及时的通知为前提,而明确且清晰的告知内容又至少包括对个人信息的准确定义以及对使用目的和方式的准确预测。前述第二项在测评中观察到的现象已经在某种程度上表明意图清晰而准确的定义何为个人信息在大数据时代将变得愈发困难。一方面,在一个强调通过大数据实现个性化服务的时代,原本孤立的信息之间依据不同算法而结合形成与特定个人相联系的数据评价的可能性大大增加,我们很难判断特定类型的信息是否绝对具有"去识别化"特征,同时特定类型信息潜在的使用方式或使用目的也很难在信息真正被使用前予以完全明确。这也带来了另一方面的问题,那就是当个人信息及其使用目的和方式难以完整定义时,及时有效的通知就可能难以实现,因为可能只有当特定信息被以特定方式使用并产生结果时,才能做出该信息是否构成个人信息的判断。例如,Frank Pasquale 在其《黑箱社会·控制金钱和信息的数据法则》一书中举过的一个例子:当购物搜索记录中含有"钙、镁、锌的补剂"与其他信息结合时,一家公司就可以根据特定的算法推断出用户怀孕的概率并向其推广与怀孕有关的产品广告。实际上,针对现有立法或草案中的"通知—同意"规则就有批评意见认为其加重了产品服务提供者的负担,或者被认为不再适应时代的特征,**替代的方案之一是承认自动进行的信息采集将不可避免,并将目光从信息采集阶段转向信息使用阶段,着眼于信息的应用场景或者处理信息的算法的公平性或透明度问题上。**

5. 普遍存在政策与产品服务体验的不一致性。在测评对象中不论是国外企业还是国内企业，都存在产品服务与低于所声明的个人信息政策的保护水平，这也是整体得分不高的原因，其中有企业自身言行不一的问题，也存在某些商业模式无法实现法律规定而企业又必须做出承诺的问题。

三、分类评价

1. 综合社交类

测评结果显示 Facebook 的隐私政策形式较为完善；处理周期方面 Facebook 和 Instagram 的表现相当。综合来看 Facebook 的表现明显优于其他产品。QQ 空间的表现要优于其他两款国内产品。国内产品处理周期一级评分较低的原因之一是缺乏用户注销账号的途径。

2. 即时通信类

即时通信类所评测的各项应用产品表现较好，且差异较小。

3. 旅行类

旅行类产品中 Airbnb 在政策形式上表现较好，Airbnb、Agoda 和 Booking 在处理周期的表现上要优于其他被测的国内产品，主要因素之一是上述三项产品的用户范围更加国际化，为适应不同市场的个人信息保护规则，面对处理周期一级中的相关评价指标表现更为完善。这也使得在综合评分上上述三个产品的表现要优于其他被测国内产品。本类型中产品间的综合表现存在一定差异。

4. 打车类

打车类所测产品在政策的展现形式方面表现均较为不足，处理周期方面滴滴出行的表现较好。所测类产品的整体表现差异较小。本类产品在隐私和个人信息保护的体验方面仍有很大提升空间。

5. 租车类

租车类所评测的产品仅一嗨租车和神舟租车。两项产品在政策形式、处理周期方面的表现均较为薄弱。两项产品未观察到账号安全监测措施。总体而言尽管神州租车的表现优于一嗨租车，但两项产品的表现均有较大的提高的空间。

6. 职业社交类

从测评总体评分结果来看，职业社交类中国内应用产品得分相近，国外应用产品得分高于国内应用产品平均水平。LinkedIn（领英中国）的应用产品对于个人信息各方面的保护均较为完备，得到了最高的评分，说明其在用户个人信息隐私保护各方面体验做得相对完善。

从测评四个层级指标来看，"形式"分级指标上各应用产品评分落差较大，部分应用产品在隐私保护政策的完备性、显著性等方面较为欠缺,未来仍有较大的进步空间。个别应用产品在四个分级指标的测评中表现均不够亮眼,其总分明显低于其他应用产品,对于用户隐私保护体验还有较大提升空间。

7. 婚恋社交类

婚恋社交类应用产品一共测试了四个应用产品。从测评四个层级指标来看,个别应用产品虽总分在该类别中虽不是最末,但没有为用户个人信息提供有效的安全保护手段。此外,部分应用产品在"形式"分级指标上不够完备的短板也较为明显,需要就加强个人信息保护政策的显著性和独立性,并就政策的变更通知、退出机制、为用户就政策疑问的解释方面提供更为有效的解决方式等方面提高,提升用户的隐私保护体验。

8. 云存储服务类

云存储服务类产品在形式方面百度网盘略显优势,但由于处理周期和申诉机制上的优秀表现,Google drive 综合评价表现最好。

9. 支付与理财类

在支付与理财类别中,由于微信支付内置于微信之中,其评分与微信评分一致。得益于相对完善的隐私和个人信息保护体系,ApplePay 的各项指标和综合表现较好。国内两款主要产品的表现也较为一致。排名落后的产品在各项指标上均有较大的提高空间,特别是与之网购产品比较而言,在本类产品的隐私与个人信息保护设置方面需要有更多的投入。

10. 电子邮箱类

整体而言邮箱类产品的表现较好,且差异较小。Gmail 与其他 Google 产品适用同一套 Google 的隐私政策,但相较于其他 Google 产品以及本类别中的部分产品,Gmail 操作界面未能提供具有显著性的隐私政策,同时在信息删除部分的引导较为薄弱,导致其在形式和处理周期上的评分较低;网易邮箱大师则因为未提供用户注销的途径而导致处理周期的评分相对较低。安全与维护方面,测评小组仅在 Gmail 邮箱的使用过程中发现了账号安全检测手段。

11. 浏览器类

Safari 和 Chrome 依靠较为完善的隐私政策体系,在各项指标及整体表现上均较为突出。国内产品中,QQ 浏览器的表现较好。其他国内产品在政策形式方面仍有待提高。在处理周期和申诉机制上的不足导致部分国内产品的得分不理想,与国外产品相比存在一定的差距。

12. 外卖类

整体而言,外卖类产品在隐私政策形式、处理周期以及安全与维护方面的表现都有较大的提升空间，特别是在完善独立的隐私政策，制定相应的信息处理规则，完善用户咨询、申诉和控制退出机制方面仍需加强。在这一类别中，美团和百度的表现相对较好。

13. 网购类

网购类产品在政策形式方面表现相对不足主要是因为在增强告知、变更通知、变更后的退出机制以及政策咨询途径和效果方面有待提高。在处理周期部分，在用户告知与用户同意方面，以及用户注销以及拒绝被收集个人信息的选择途径方面有所欠缺是整体表现不佳的主要原因，另外，在安全与维护方面总体表现还需要加强。

14. 地图导航类

在所测评的三个地图导航类产品中，Google 地图同样得益于 Google 产品线较为完备的隐私政策和设置引导使得其整体表现较为突出。国内两款产品的综合表现较为接近，百度地图在处理周期、安全与维护一项的得分主要来自百度账号的统一设定。

15. 在线视频类

在线视频类产品的表现存在较大差异，YouTube 仍然依靠 Google 统一的隐私政策和较为一致的界面引导设置而获得较好的评分，其优势在于为用户提供了注销以及拒绝部分个人信息被收集的选择途径，因此在处理周期部分表现较为突出。腾讯视频在国内产品中表现较好，一方面也得益于腾讯产品线较为一致的隐私政策。

16. 快递类

整体而言本类产品的个人信息或隐私保护政策及其实践相对薄弱，一些产品在"安全与维护"方面有所欠缺。虽然快递类应用产品的操作场景较为简单，但现实中快递领域所涉及的用户个人信息并不比其他类型的产品更少，甚至更为敏感。从最终测评结果表现来看，本类产品还有较大提升空间。

17. 团购类

从团购类产品的整体表现来看，在隐私政策形式、申诉机制，特别是在安全与维护方面的表现有较大的提升空间。在处理周期方面较为集中的问题是缺乏用户注销以及要求停止收集信息的途径。

四、特别说明与鸣谢

本报告的测评考虑到《网络安全法》的实施以及相关条款的规定，测评结果依据本中心 2016 年发布的《互联网企业个人信息保护测评标准 V2.0》加以解释。因为文章篇幅所限，本文只选取报告中前言和结论部分。如需获取本报告全文，请关注微信公众号"PKU 互联网法律中心"进行索取，同时热切期待您通过公众号留言，对本报告批评指正。

为了充分描述本报告的相关概念和意见,本报告中出现了某些企业的名称、产品或服务,但本报告并不旨在推荐任何企业,本报告仅针对相关企业网站发布的隐私政策形式及普通用户可感知的隐私或个人信息设置体验作出测评,不视为对相关企业的个人信息保护水平的全面评价。本报告至少不涉及以下方面:(1) 企业对个人信息保护政策的在技术层面的实际执行状况,例如,企业提供的产品/服务是否如实遵守其公布的个人信息保护的政策文本;(2) 企业的个人信息保护政策在各个国家或地区的合规性,例如,是否达到各个国家的强制性规定的最低要求。对于一些无法通过公开途径获取的信息(如企业信息安全技术手段、企业内部信息管理系统等)或未在个人信息保护政策文本中呈现的内容,本报告也未给予评价。

网络平台民事责任研究报告[*]

周 辉 李仁睿 黄其杰 盛星宇^{**}

一、引论:平台责任的语境和概念

信息网络技术迅猛发展、移动智能终端广泛普及、大数据技术应用不断深入,互联网的融合发展不断向纵深延伸拓展、朝各领域传导渗透,泛在、移动、智能、普惠的新特征更加明显,风险与机遇的碰撞更加激烈。以互联网为代表的网络应用创造了一种全新的生活方式和人际交流模式,构建起了现实空间之外但又与之密切联系的网络空间。在这个空间里,"时间和距离的限制都从根本上解除了,企业甚至个人都可以在世界范围内得心应手地处理他们的事务。"互联网技术的进步和产业的发展,推动了以互联网平台为中心的新型社会关系架构的形成。

随着互联网的兴起,新的购物模式、经济形式依托于互联网和电子商务而蓬勃发展,互联网平台则是其中的主力军。在平台经济时代,平台企业是价值的整合者、多边群体的连接者,更是生态圈的主导者。平台充分利用信息技术优势、传播优势、规模优势,将相互依赖的不同群体集合在一起,通过促进群体之间的互动创造独有的价值。去中心化的互联网逐步呈现出以若干平台为中心的"再中心化"的趋势。在中国,淘宝、天猫、京东作为网上购物平台,百度作为信息搜索平台,微信、微博作为社交平台,美团点评作为O2O本地生活服务平台、饿了么作为外卖平台,支付宝、财付通作为支付平台,都是互联网流量的重要入口,或者连接了平台上的服务提供者(商户)和消费

---

* 国家社科基金项目成果,项目名称:网络平台治理法律理论构建和应用研究(批准号:17BFX166)。
** 周辉,中国社科院法学研究所助理研究员,北京大学法学博士,国家行政学院博士后;黄其杰,北京大学法学院硕士研究生;李仁睿,北京大学法学院硕士研究生;盛星宇,北京大学2017届法学硕士。本报告撰写过程中得到了美团点评网的大力支持,陈敏、易晓知女士提供了很多有益的意见和资料,对外经济贸易大学法学硕士张露予对报告的修改也做了贡献,在此一并感谢。

者,或者同时分身为服务提供者面向消费者(用户)。在智能互联、万物互联、人物互联和分享经济的共同背景下,互联网平台企业扮演的角色和发挥的作用越来越显著:带动着新产业发展、创设着新社会规则、分担着新治理功能。因此,立法和政策上更加注重发挥平台在网络治理中的作用。某种意义上,网络平台已经成为网络治理的关键节点,既发挥着推动整个互联网生态发展演变的支撑作用,也承载着公权力介入互联网治理的辅助者角色。正是这一背景下,平台责任被理论界和实务界所重视。

目前对于平台责任还有着许多不同的理解。合理界定平台责任的门槛、内容和边界不仅直接关系着能否实现发挥平台积极作用和引导平台有序发展的平衡,更是为了依法保障各方权益,通过平台的健康可持续发展带动经济的长远发展。整体来看,从不同语境来看,平台责任的理解可分为以下类型:

(一) 作为治理角色的平台责任

对平台责任最广义的理解是超越法律关系视角,强调平台企业在网络治理中的"主体责任",将其与"平台治理"混同。这种理解有一定的合理性,注意到了平台企业在网络治理中的所能扮演的关键角色,但是却放大了平台企业所应发挥的作用。

网络治理并不仅仅在于治理网络,平台治理也不意味着治理平台。网络时代的公共治理是个新命题。其"新"并不仅限于增加了治理对象、扩张了治理范围、丰富了治理手段,而在于治理理念、治理思维、治理路径的创新。不限于简单地去治理网络,网络治理是个更加立体的概念,应当融入多元、合作、开放、创新的互联网特质,除了涉及公权力主体的监管在网络空间的延伸,还含及运用互联网思维的新治理。网络最初就是自发生长的新领域,其带给社会的新福利并不是公权力介入的产物。面对网络时代的新问题,既有的法律政策无法回应或解决时,第一反应不应是如何建章立制"管起来",而要评估风险的概率和轻重;在政府干预之前,也要考虑干预的成本和效果,尽可能在最少干预下包容、支持和引导创新,实现社会利益最大化。

平台治理同样如此,发挥和调动平台企业在网络治理中的积极性。在平台治理中,存在网络平台服务提供者、商户、用户等多个主体,平台对于利用平台提供服务的活动显然要承担一定的法律责任,但不能把治理的责任都转移给平台企业。与此同时,平台企业也应当积极应对,承担起其在平台治理中所负担的责任与义务。同样地,平台企业与商户、用户等其他主体在平台治理中为并列关系,平台企业以其服务型、中介型的角色协同其他主体的行为,并使其交易行为更具便捷性与可控性。因此,平台企业在网络空间公共治理中的角色是补充性、协同性而不是替代性。在网络治理的顶层设计和立法过程中,要综合考虑具体商业模式的特点和平台企业运用"私权力"进行管理的技术能力、可行性以及各方面的成本,不能泛泛地强调"主体责任"。而要进一步通过对私权力的分析,来探求网络平台责任的基础与边界。

(二) 作为法律义务的平台责任

相对具体的界定,是从平台依法需要配合、支持公权力部门监管,依法管理平台上活动,依法或依约定保护其他权利人权益的规定出发,将平台责任理解为一种法律义务。

从性质上看,这种法律义务,既包括公法义务,如行政法、刑事法上的义务;也包括私法义务,如合同法和侵权法上的义务。从内容上看,这种法律义务,既包括作为义务,如履行实名制登记、报送数据、提供技术支持、采取信息安全措施等,也包括不作为义务,如禁止不法交易、停止传输违禁信息、避免泄露隐私等。从来源上看,这种法律义务的基础主要是法律的规定(法定义务),但平台服务协议等不同私主体间约定的内容也有作为基础的可能(约定义务)。

就此而言,与治理意义的视角不同,作为法律义务的平台责任更加具体、明确和有约束性。如果说前者是一种理念的话,后者更多地表现为制度上的要求。或者说,前者主要是政策维度,后者更多的是立法维度:前一种维度的指导着后者,后者体现着前者。

对照治理角度的分析,就法定义务的平台责任而言,其设定在遵循法治原则的同时,也要结合互联网特征运用比例原则,从平台的能力和收费情况、作为或不作为的可能性和有效性、涉及权利的重要性和敏感性、带来的经济成本等进行审慎评估。

(三) 作为法律责任的平台责任

除了前面两种思路,还可以从法律责任的角度理解平台责任。结合法律义务的性质来看,在这种语境下,平台责任指的是网络平台企业在法律框架下所承担的民事责任、行政责任或刑事责任。由于刑事责任的承担门槛较高、认定标准较严,实践中讨论比较多、争议比较大的主要是网络平台企业承担的民事责任和行政责任。

就网络平台企业的民事责任而言,首先指的是网络平台企业就平台上其他主体的侵权行为所承担的共同责任。网络平台企业就自己独立行为造成侵权所承担的责任与这种共同责任存在明显不同,并不反映平台的特点,一般不作为平台责任的主要内容。因此,作为民事责任的平台责任主要指的是网络平台企业所承担的共同侵权责任和违约责任。

由于传统的行政处罚手段的局限性和行政程序的拘束性,目前监管部门更致力于行政监管方式的创新。虽然这些新的监管方式(如约谈)在直接的影响强度方面上要弱于传统的吊销执照、罚款等,甚至可能不会被认定构成法律责任,但是就其实际的影响而言,仍会给网络平台企业带来声誉上或舆论上的影响。因此,与民事责任涉及多方主体间关系所带来的认定上的复杂性不同,网络平台企业承担行政责任主要涉及承担行政责任具体类型的选择。

本报告主题主要聚焦的即为网络平台作为私主体与其他私主体间关系场景下的具体民事责任的认定和评估,报告下文中的平台责任对应的概念就是作为法律责任的平台责任。

二、网络平台民事法律风险评估

从法律责任的类型和实际发生的案例来看,网络平台承担的民事责任一般包括侵权责任和合同责任。由于在平台责任中的合同责任主要为违约责任,因此在本报告中主要分析侵权责任和违约责任构成其平台的法律风险。

侵权责任和违约责任在规则原则与法律依据、责任构成要件、诉讼管辖等各方面均存在显著不同(见表1)。

表1 侵权责任和违约责任对比

	违约责任	侵权责任
归责原则与法律依据	严格责任原则	过错责任原则、严格责任原则或公平责任原则
责任的构成要件	具有违约行为,而不具有有效的抗辩事由,不论主观上是否存在过错,都应承担违约责任	损害事实是侵权损害赔偿责任成立的前提条件,无损害事实,便无侵权责任。在过错责任原则下,需要行为人有过错;在无过错责任原则下,则不考虑行为人是否存在过错。
诉讼管辖	由被告住所地或合同履行地法院管辖,因其属于任意法调整范围,当事人可以约定管辖。	侵权行为提起的诉讼体现了强行法的性质,依法只能由侵权行为地或被告住所地法院管辖。
当事人	违约责任发生在合同当事人之间,其他人不能成为违约责任的当事人。	不限于合同当事人
举证责任	谁主张谁举证	过错推定只适用于少数情况,大多数侵权责任中,受害人必须对行为人的过错负责举证。
承担责任的方式	主要是财产责任,承担责任的方式有支付违约金、赔偿损失、强制实际履行、定金罚则等	除了财产责任外,还有非财产责任。财产责任主要是赔偿损失,非财产责任有消除影响、恢复名誉、赔礼道歉等。
赔偿范围	合同损害赔偿责任主要是财产损失的赔偿,赔偿数额或者损失赔偿的计算方法可以由当事人在订立合同时约定。	侵权损害责任既包括财产也包括人身的精神损害,不仅包括直接损失,而且还包括间接损失。

(一)侵权责任

1. 侵权责任概述

侵权责任,即侵权的民事责任,是指赔偿义务人对于自己的加害行为或者准侵权行为造成的损害等后果依法所应承担的各种民法责任形式之总和。侵权责任又可以分为一般侵权责任和特殊侵权责任。

一般侵权责任指的是:(1)自己加害行为(狭义侵权行为)造成损失的责任;(2)自己加害行为适用过错责任原则情况下的责任。一般侵权责任的构成要件,是指承担一般侵权责任的各种作为必要条件的因素。通说认为,基于过错责任原则承担侵权责任的构成要件应为四个:加害行为的违法性、损害、加害行为和损害之间的因果关系以及行为人的过错。[1]

特殊侵权责任由法律直接规定,在侵权责任的主体、主观构成要件、举证责任的分配等方面不同于一般侵权责任。应适用民法上特别责任条款的致人损害的行为。在我国民法通则中,属于特殊侵权行为的情况都有具体的条文明确加以规定。[2] 传统侵权行为一般有几种分类:根据侵权行为的构成要件、归责原则等综合因素分为一般侵权行为和特殊侵权行为。根据侵权行为的形态分为的作为的侵权行为和不作为的侵权行为。根据侵权行为人的人数分为单独侵权行为和共同侵权行为。

2. 平台侵权责任的性质分析

与一般侵权责任相比,网络平台责任具有其特殊性。在《侵权责任法》中,涉及网络平台责任的条文为第36条。

其中,第36条第1款规定的是网络平台及网络用户的一般侵权责任,即网络用户或者网络服务提供者利用网络实施侵权行为的责任,该情况属于传统侵权法领域的自己加害行为责任,只是由于互联网的性质特殊,而产生了侵权场所和侵权工具的变迁,不属于本报告所设定的平台责任的语境和研究范畴。

《侵权责任法》第36条第2款规定了网络用户利用网络实施侵权行为网站承担连带责任的两种情况。在该条款中,设定了两种规则:提示规则(即通知删除规则)和明知规则。该条文为平台提供者设定了通知删除义务和相应的注意义务[3],可以看出,平台责任更多表现为不作为型的侵权。即由于法律规定,对他人的负有注意义务,不履行或者不适当履行该义务而造成他人损害的行为。《侵权责任法》第36条第2款为平台承担的法定义务来源。

除了第36条第2款外,《消费者权益保护法》《食品安全法》等法律,也为平台提供者设定了诸如商家信息提供、形式审查等法定义务。要求网络平台提供者承担按照法律规定承担义务,否则,对消费者造成的损失,需要承担连带责任。

---

[1] 张新宝:《侵权责任法原理》,中国人民大学出版社2005年版,页18。
[2] 韩世远:"重申一般侵权与特殊侵权——兼评《侵权责任法(草案·二次审议稿)》中的相关规定",载《学习与探索》2010年第1期,页2。
[3] 杨立新:"如何理解侵权责任法中网络侵权责任",载《检察日报》2010年3月31日,第3版。

下文将以此为基础,结合平台的法定义务来源和具体的侵权类型,进一步分析主要的平台侵权责任类型。

3. 平台侵权责任类型

(1) 消费者权益保护

根据本报告的界定,平台直接侵权所引发的侵权责任不视为平台责任。因此,本部分讨论的行为,主要是由于商家侵犯了消费者的合法权益,由此导致特定情形之下,平台需要承担相关责任的情形。

① 无法提供商家真实信息导致承担赔偿责任

由于网络交易的特殊性,除了团单、优惠买单等模式下商家与消费者能够直接接触,交易的许多其他环节都需通过平台进行。在这些环节中商家与消费者通过平台这一服务提供者订立合同,并未直接接触,因而可能引发发生纠纷时无法获知商家的具体信息、导致消费者维权困难的问题。对此,我国法律对平台设定了相应的义务,如果平台未尽到相应义务,则需要承担连带责任之不利后果。

平台承担法定义务的来源,为相应的法律法规的规定。如《消费者权益保护法》第44条第1款规定:"消费者通过网络交易平台购买商品或者接受服务,其合法权益受到损害的,可以向销售者或者服务者要求赔偿。网络交易平台提供者不能提供销售者或者服务者的真实名称、地址和有效联系方式的,消费者也可以向网络交易平台提供者要求赔偿……"《食品安全法》第131条第2款中也有类似的规定。[④]

② 由于自身承诺导致承担赔偿责任

根据《消费者权益保护法》第44条之规定,网络交易平台提供者作出更有利于消费者的承诺的,应当履行承诺。实践中,有的平台为了提供高质量的服务吸引消费者,主动做出"假一赔十""先行赔付"等承诺,关于上述条文之规定,平台做出有利于消费者的承诺的,应当履行承诺。在特定事由发生时,平台需要承担赔偿责任。

③ 未尽到形式审查义务导致承担赔偿责任

平台承担责任的情形还体现在对商家的经营资质、行政许可等的审查上。食品药品等与公共利益高度相关的特定行业如果对经营者的经营资质提出了相应要求,则相应地要求平台尽到资质审核义务。如果未尽义务,且因此造成侵权损害时,平台需要承担相应责任。

相应的义务来源,为法律法规中的相应规定。如《食品安全法》第62条:"网络食

---

④ 《食品安全法》第131条第2款规定:"消费者通过网络食品交易第三方平台购买食品,其合法权益受到损害的,可以向入网食品经营者或者食品生产者要求赔偿。网络食品交易第三方平台提供者不能提供入网食品经营者的真实名称、地址和有效联系方式的,由网络食品交易第三方平台提供者赔偿。网络食品交易第三方平台提供者赔偿后,有权向入网食品经营者或者食品生产者追偿……"

品交易第三方平台提供者应当对入网食品经营者进行实名登记,明确其食品安全管理责任;依法应当取得许可证的,还应当审查其许可证。

网络食品交易第三方平台提供者发现入网食品经营者有违反本法规定行为的,应当及时制止并立即报告所在地县级人民政府食品药品监督管理部门;发现严重违法行为的,应当立即停止提供网络交易平台服务。"

第 131 条第 1 款规定:违反本法规定,网络食品交易第三方平台提供者未对入网食品经营者进行实名登记、审查许可证,或者未履行报告、停止提供网络交易平台服务等义务的,由县级以上人民政府食品药品监督管理部门责令改正,没收违法所得,并处 5 万元以上 20 万元以下罚款;造成严重后果的,责令停业,直至由原发证部门吊销许可证;使消费者的合法权益受到损害的,应当与食品经营者承担连带责任。

(2) 侵犯知识产权

① 著作权

《著作权法》第 47 条、第 48 条列举了侵害著作权的行为类型。在著作权领域,理论界对于侵权行为在单独侵权与共同侵权的基础上还发展了一种新的划分方法,即直接侵权(direct infringement)与间接侵权(indirect infringement)。所谓间接侵权,是指第三人虽然没有直接侵犯他人的著作权,但由于其协助了直接侵权人的侵权行为,或者其行为诱导了直接侵权行为的实施,而应当由其承担一定的侵权责任的行为。由于此类行为并非是其直接侵犯了著作权人的专有权利,因此被称为间接侵权。间接侵权行为有两个特征:第一,间接侵权行为并不是著作权"专有权利"所限定的行为;第二,间接侵权行为是直接侵权行为的帮助行为或预备行为。损害结果和因果关系同一般侵权的基本理论。

从过错构成要件来看,过错主要考察人的主观过错。就著作权间接侵权的主观态度而言,《侵权责任法》采用"知道"规则⑤,《信息网络传播权保护条例》采用"明知或

---

⑤ 《侵权责任法》第 36 条规定:"网络用户、网络服务提供者利用网络侵害他人民事权益的,应当承担侵权责任。网络用户利用网络服务实施侵权行为的,被侵权人有权通知网络服务提供者采取删除、屏蔽、断开链接等必要措施。网络服务提供者接到通知后未及时采取必要措施的,对损害的扩大部分与该网络用户承担连带责任。网络服务提供者知道网络用户利用其网络服务侵害他人民事权益,未采取必要措施的,与该网络用户承担连带责任。"

者应知"与"有合理的理由应当知道"的规则⑥,《最高人民法院关于审理涉及计算机网络著作权纠纷案件适用法律若干问题的解释》(法释(2006)11号)采"明知"概念,北京高院采用"知道"与"有合理理由知道"规则。全国人大法工委将《侵权责任法》的"知道"解释为"明知"和"应知"的主观状态。"明知"是"实际知道",是对行为人主观过错的事实认定;"应知"是"推定知道",是对行为人主观过错的法律推定。⑦

对于网络平台来说,在应对著作权侵权时需要清晰界定"明知"与"应知"的主观状态,在"明知"的情况下,网络服务提供者接到通知后未及时采取必要措施的,对损害的扩大部分与该网络用户承担连带责任,在"应知"的情况下,未采取必要措施的,与该网络用户承担连带责任。

② 商标权

从侵权行为来看,《商标法》第 57 条规定了侵犯商标专用权的行为,包括了直接侵权与间接侵权,第 6 项规定了故意为侵犯他人商标专用权行为提供便利条件,帮助他人实施侵权的情形。⑧ 我国法律规定的商标间接侵权主要分为以下两种类型:教唆、引诱或帮助他人侵权⑨;以及商标"直接侵权"的预备行为和扩大侵权后果的行为。现实

---

⑥ 《信息网络传播权保护条例》第 5 条规定:"未经权利人许可,任何组织或者个人不得进行下列行为:

(一)故意删除或者改变通过信息网络向公众提供的作品、表演、录音录像制品的权利管理电子信息,但由于技术上的原因无法避免删除或者改变的除外;

(二)通过信息网络向公众提供明知或者应知未经权利人许可被删除或者改变权利管理电子信息的作品、表演、录音录像制品。"

《信息网络传播权保护条例》第 22 条规定:"网络服务提供者为服务对象提供信息存储空间,供服务对象通过信息网络向公众提供作品、表演、录音录像制品,并具备下列条件的,不承担赔偿责任:

(一)明确标示该信息存储空间是为服务对象所提供,并公开网络服务提供者的名称、联系人、网络地址;

(二)未改变服务对象所提供的作品、表演、录音录像制品;

(三)不知道也没有合理的理由应当知道服务对象提供的作品、表演、录音录像制品侵权;

(四)未从服务对象提供作品、表演、录音录像制品中直接获得经济利益;

(五)在接到权利人的通知书后,根据本条例规定删除权利人认为侵权的作品、表演、录音录像制品。"

⑦ 吴汉东:"论网络服务提供者的著作权侵权责任",载《中国法学》2011 年第 2 期,页 2。

⑧ 《商标法》第 57 条规定:"有下列行为之一的,均属侵犯注册商标专用权:

(一)未经商标注册人的许可,在同一种商品上使用与其注册商标相同的商标的;

(二)未经商标注册人的许可,在同一种商品上使用与其注册商标近似的商标,或者在类似商品上使用与其注册商标相同或者近似的商标,容易导致混淆的;

(三)销售侵犯注册商标专用权的商品的;

(四)伪造、擅自制造他人注册商标标识或者销售伪造、擅自制造的注册商标标识的;

(五)未经商标注册人同意,更换其注册商标并将该更换商标的商品又投入市场的;

(六)故意为侵犯他人商标专用权行为提供便利条件,帮助他人实施侵犯商标专用权行为的;

(七)给他人的注册商标专用权造成其他损害的。"

⑨ 《商标法实施条例》第 75 条规定:"为侵犯他人商标专用权提供仓储、运输、邮寄、印制、隐匿、经营场所、网络商品交易平台等,属于商标法第 57 条第 6 项规定的提供便利条件。"

情况下,网络平台责任以帮助型的间接侵权为主。

商标侵权构成要件中的损害后果、因果关系同一般侵权。对于过错要件,商标权侵权的处理与著作权侵权的处理路径是相同的。无论是著作权还是商标权,抑或是专利权,在判断直接侵权与否时,并不需要考虑主观要件,采取的是无过错原则。但对于间接侵权而言,教唆、引诱或帮助都需要考虑对主观过错的判断。与著作权处理规则相同,如果平台知道(包括通过权利人通知的方式知道)侵害商标权行为的存在,而不采取相关措施;或者被认定应当知道侵害商标权的行为存在,而不采取相关措施,将构成间接侵权,承担商标侵权责任。

目前尚未有法律明文规定网络平台对商标侵权的事前审查义务。考虑到网络平台信息量庞大、平台控制能力和技术措施有限等客观因素,对网络平台不应苛以过于严格的审查义务。法律在设定此类审查义务时,也应根据不同的场景、业态和权利类型做细致的区分。除非必要情形,一般应为形式审查。但是,应当鼓励平台通过自律机制和平台规则,建立审查的标准和采取相应措施,避免不符合相关条件的销售者进入网络平台中,减少商标侵权行为的发生。

由于网络信息量的无限庞大,加上信息流动的即时性,网络服务商没有监视网络、寻找侵权行为的法律义务,也不具备这一能力。在宜宾五粮液股份有限公司与孙竹青、浙江淘宝网络有限公司侵害商标权纠纷一案中⑩,五粮液公司以淘宝公司未尽到合理审查义务为由主张淘宝公司构成帮助侵权,法院认为,淘宝公司作为网络服务提供者对于商品信息不负有一般性事先审查义务,五粮液公司诉讼请求"于法无据,本院不予支持"。在整个交易过程中,商家随时可以上传、修改商品信息,如果对此赋予一般性事先审查义务,将极大加重网络平台责任,一方面缺乏可操作性,另一方面将极大影响电子商务的蓬勃发展。

从审查方式来看,由于互联网时代信息量过于庞大,且受限于目前的技术,平台不可能对所有信息逐一实质审查。因此,对于平台的要求应当定位于尽到注意义务,采取真实性和合法性上的形式审查。对于商标的审查,可以建立投诉机制,鼓励平台上的消费者投诉商标侵权的商家或者产品。对有一定数量投诉的商家或者产品进行实质审查,发动消费者的力量进行监督监管,防患于未然。不过,利用消费者投诉来进行实质审查的模式也存在着一定的风险,不排除商家之间恶意竞争等情况的发生,这就需要平台做出合理的管控措施,严格实质审查。同时,鼓励商标权人发现问题后及时通知平台,让商标权人一同参与到商标侵权监督中来。

---

⑩ (2015)杭余知初字第786号。

③ 专利权

目前网络交易平台的专利权纠纷案件为数不少。但是,网络交易平台上国产"山寨"产品以及各种仿制商品的审查也面临着一系列的困难。

首先,事前审查很难执行。专利权不同于商标权,商标的检索比较直接,有商家提供字号和资质,较为容易检索到有用信息。而专利检索比较复杂,商家提供的商品稍微变更名称,则难以从公开的数据库中进行检索比对。另一方面,商标可以在商家入驻提供资料时审查完成,但网络平台上每日上新的商品数量极大,目前不可能做到逐一审查专利侵权风险。

其次,审查标准很难把握。商标的审查比对主要依靠一般人的理解和感知,以一般人认为相似或者相近作为判断标准,审查难度相对较小,弹性较大。而专利权需要专业人士进行比对,专利说明书将审查人员专业门槛定为本专业本科以上水平,而以专利诸多分类,网络交易平台要完成审查,阻力重重。

未来,专利权的事前审查亟待改善,标准仍需进一步明确。

4. 侵权责任的抗辩事由及免责条件——"通知—删除"制度

"通知—删除"规则由美国数字千年版权法确立,旨在"有效率地处理以网络为基础的版权侵权"。该规则的原理是,如果网络服务提供者并不实际知道用户存储的资料侵权,就不承担版权侵权责任。但是,一旦网络服务提供者知道了侵权或者收到了版权人有关侵权的通知,就丧失了责任屏障,除非立即采取行动移除被指控的侵权材料。

我国"通知—删除"的避风港规则主要来源于知识产权侵权豁免,而其他民事侵权领域的责任豁免也可以适用《侵权责任法》第36条[11]的规定。通说认为,"通知—删除"规则构成了网络平台责任的抗辩事由或免责条件,其主要规定如下。

(1) 通知

① 通知的形式

网络平台内容包罗甚广,潜在的侵权对象十分复杂,通知的形式也比较多元。通知可能有多种形式,口头、书面、电子邮件、投诉乃至电话,不同的通知形式其效力也应当有所区分。从《最高人民法院关于审理利用信息网络侵害人身权益民事纠纷案件适

---

[11] 《侵权责任法》第36条规定:"网络用户、网络服务提供者利用网络侵害他人民事权益的,应当承担侵权责任。网络用户利用网络服务实施侵权行为的,被侵权人有权通知网络服务提供者采取删除、屏蔽、断开链接等必要措施。网络服务提供者接到通知后未及时采取必要措施的,对损害的扩大部分与该网络用户承担连带责任。网络服务提供者知道网络用户利用其网络服务侵害他人民事权益,未采取必要措施的,与该网络用户承担连带责任。"

用法律若干问题的规定》第 5 条第 1 款的规定⑫,及目前司法实践来看,对通知形式的要求比较严格,要求能证明网络平台接到通知。在何连锁等与北京百度网讯科技有限公司名誉权纠纷上诉案中,争议焦点之一即为原告向被告百度所发律师函是否形成有效的通知。原告发函要求百度公司删除侵权言论并赔偿损失,而未按照"百度贴吧"投诉规则规定的投诉方式进行投诉。法院认为,现原告投递的方式并不符合百度贴吧投诉规则,故无法认定百度公司存在已经接到通知,因而"明知"存在侵权行为而故意不采取必要措施的情形。⑬ 可见不同的通知方式在举证、效力上均有所不同。通知的效力与通知的形式有一定的关联。

值得注意的是,在上述判例中,法院提到通过百度贴吧投诉规则进行投诉的方式,在网络平台上,依据平台规则进行相应投诉,是一种区别于其他书面通知的方法。一旦被侵权人依据网络平台规则向运营方投诉,网络平台服务提供者应当被推定为"明知"或者"应知"。淘宝网规定对于知识产权侵权投诉应在其官方知识产权系统(qin-quan. taobao. com)上递交通知,其他形式的通知方式不承诺及时处理。由于网络交易平台上商品数量和种类量大,实践中权利人申诉信息量也大。目前法律并未禁止书面形式以外的通知,但如果不限定何种形式,对于网络平台提供者来说,对每条通知接收、审查必然会耗费大量精力,极大提高了网络平台的责任。因此,随着互联网的进一步发展,通过具体平台特定的渠道投诉将会成为通知的一种重要形式。平台对以投诉途径进行的通知应当予以足够的重视。

② 通知的内容

相关法律法规对通知的内容做出了相应的界定,但其尺度存在一定的不同。有关人身权保护的司法解释规定的通知内容较为广泛,仅要求通知包含通知人姓名、联系方式,相关侵权信息和删除信息的理由。⑭ 而作为知识产权保护的《信息网络传播权

---

⑫ 《最高人民法院关于审理利用信息网络侵害人身权益民事纠纷案件适用法律若干问题的规定》第 5 条第 1 款规定:"依据侵权责任法第 36 条第 2 款的规定,被侵权人以书面形式或者网络服务提供者公示的方式向网络服务提供者发出的通知,包含下列内容的,人民法院应当认定有效:

(一) 通知人的姓名(名称)和联系方式;

(二) 要求采取必要措施的网络地址或者足以准确定位侵权内容的相关信息;

(三) 通知人要求删除相关信息的理由。"

⑬ (2015)一中民终字第 03452 号。

⑭ 《最高人民法院关于审理利用信息网络侵害人身权益民事纠纷案件适用法律若干问题的规定》第 5 条第 1 款规定:"依据侵权责任法第 36 条第 2 款的规定,被侵权人以书面形式或者网络服务提供者公示的方式向网络服务提供者发出的通知,包含下列内容的,人民法院应当认定有效:

(一) 通知人的姓名(名称)和联系方式;

(二) 要求采取必要措施的网络地址或者足以准确定位侵权内容的相关信息;

(三) 通知人要求删除相关信息的理由。"

保护条例》则要求较为严格,依据第 14 条规定,通知包括:a. 权利人凭证。权利人包括权利人或其授权方。凭证应包括权利证明、权利人身份证明、权利人签名或盖章。b. 权利人的相关联系方式,包括姓名、联系电话、地址或邮件地址等。c. 要求删除或断开的商标侵权产品名称和网址。d. 构成侵权的初步证明材料。

知识产权作为一种专有财产权,在通知内容上明显与人身权等权利的要求尺度不同。知识产权一般具有相应的权属证明,更容易采用具有公信力的方式证明自己的权利,而人身权往往依赖于一般理性人的判断标准。

根据《侵权责任法》第 36 条规定[15],通知的主体为"被侵权人"。在网络平台责任方的角度看,"被侵权人"即认为自己的权利受到侵害的人,不一定是真正的权利人。实际操作中,由于"被侵权人"的适格几乎毫无门槛,有可能造成"无效通知"或者"恶意通知"的情况,影响平台良性稳定的生态,造成网络平台上不正当竞争的情况。美国 1998 年《数字千年版权法》设置了"通知—删除"规则体系,对网络服务提供者的侵权责任进行了限制:权利人可以通过以向网络服务提供者发出通知书的形式来实现对侵权行为的快速打击,网络服务提供者在收到通知后只要及时采取了"删除"等措施便可免除著作权侵权责任,同时为了限制"通知—删除"程序,设置"反通知"机制,并要求通知发出者对因虚假通知等而错误删除造成的损失承担责任。可以说"通知—删除"规则体系成为平衡网络环境下权利人、网络服务提供者、侵权行为人三方权利义务关系的"最佳安排",该规则也被国际组织和一些国家立法所借鉴或移植,成为网络著作权领域事实上的"国际标准"。由此,在美国的法律规则中,如果权利人滥用"通知—删除"规则给他人造成损失,需要承担直接侵权的责任。但我国目前的规则中,对反通知,以及在不侵权情况下通知给他人造成的损失的责任问题,是缺失的。

基于这样的考量,通知的主体出具一定的身份证明更有利于平台的稳定运行,《信

---

[15] 《侵权责任法》第 36 条规定:"网络用户、网络服务提供者利用网络侵害他人民事权益的,应当承担侵权责任。

网络用户利用网络服务实施侵权行为的,被侵权人有权通知网络服务提供者采取删除、屏蔽、断开链接等必要措施。网络服务提供者接到通知后未及时采取必要措施的,对损害的扩大部分与该网络用户承担连带责任。

网络服务提供者知道网络用户利用其网络服务侵害他人民事权益,未采取必要措施的,与该网络用户承担连带责任。"

息网络传播权保护条例》规定,通知应当包含权利人的姓名(名称)、联系方式和地址。⑯ 然而,网络平台不能据此拒绝接受身份证明缺失的通知主体的通知。但可以在知识产权投诉渠道设定不提交身份证明无法提交通知的方式,加以限制。

"通知—删除"程序要求删除或断开的侵权产品相关链接信息,无论是著作权侵权、商标权侵权还是专利权侵权。例如在商标权领域,权利人仅是泛泛的通知网络交易平台提供者在其平台上有侵权商品,而未提供具体信息,应当认定通知无效。在 Tiffany 诉 eBay 案中,Tiffany 称,如果被告知晓自己运营的交易平台被用于买卖大量侵犯商标权的商品,那么即使它不知道具体是哪些商品存在侵权,亦应为这些不法行为承担责任。美国纽约南区地方法院认为原告 Tiffany 并没有向 eBay 提供所述商品为商标侵权产品的鉴定报告,而且也没有明确指出是哪些侵权销售者,因此 eBay 没有超于一般的知识和理由得知自己的服务被用于销售商标侵权产品。在美国威斯康星州花旗参农业总会与浙江淘宝网络有限公司侵害注册商标专用权纠纷一案((2012)珠中法知民初字第 1 号)中,原告称其在律师函中虽然没有告知具体链接和店铺名称,但已明确了被侵权商标的权利人、权利范围及原告仅授权"同仁堂"销售原告商品和使用原告商标,法院以原告未尽通知义务为由驳回其诉讼请求。

在知识产权保护中,要求构成侵权的初步证明材料,对于专利权而言,即专利权属证书,就商标权而言,应该出示商标注册证,就著作权而言,应当出示著作权登记证书。但是,著作权和商标权有可能并不具备相应的权属证书,尤其是著作权。网络平台涉及的著作权侵权以图片、文字为主,可以通过要求提供原版的方式进行比对;比如目前的时间戳技术可以记录创作时间,以此来作为著作权的判断也是一种方式;但对于录音录像品、书籍等,其权利归属的判断并不清晰明朗,有待进一步明晰。

(2) 删除

① 删除的行为

删除行为是证明网络服务提供商已经知道侵权行为存在的主观状态,也是其消除危害结果,避免损害扩大,进行侵权抗辩的理由。在通知中,需要提供"足以定位"的信

---

⑯ 《信息网络传播权保护条例》第 14 条规定:"对提供信息存储空间或者提供搜索、链接服务的网络服务提供者,权利人认为其服务所涉及的作品、表演、录音录像制品,侵犯自己的信息网络传播权或者被删除、改变了自己的权利管理电子信息的,可以向该网络服务提供者提交书面通知,要求网络服务提供者删除该作品、表演、录音录像制品,或者断开与该作品、表演、录音录像制品的链接。通知书应当包含下列内容:

(一) 权利人的姓名(名称)、联系方式和地址;

(二) 要求删除或者断开链接的侵权作品、表演、录音录像制品的名称和网络地址;

(三) 构成侵权的初步证明材料。

权利人应当对通知书的真实性负责。"

息,例如链接、名称等。但网络信息复制传播较快,会出现在侵权人提供的定位信息不完全的情况。要求网络平台承担责任需要以权利人提供的信息为界。

② 删除的恢复

应规定反通知程序,即网络交易平台提供者接到权利人的通知书后,应当及时删除涉嫌侵权的信息,并通知发布该信息的网络用户。用户接到通知后,如认为其产品并不构成侵权,可以提供相关证明资料反通知网络交易平台提供者。反通知应包含下列内容:第一,注册用户名称、联系方式和地址;第二,要求恢复的商品名称和网络地址;第三,不构成侵权的初步证明材料。

《信息网络传播权保护条例》第 15 条规定,网络服务提供者根据权利人的通知要求,删除侵权作品之后,应同时将通知书转送给作品发布者。第 16 条、第 17 条规定了反通知程序,对于恢复后的责任承担问题,法律未给予明确答复。《条例》第 17 条仅要求"立即恢复",权利人不得再要求网络平台服务商删除该应用。虽然法律没有明确的规定,但倘若商标权利人和用户在此问题上仍有争议,便涉及对网络用户行为是否侵犯商标权的法律判断,这超出了网络交易平台提供者的职责和范围,应当通过司法程序由法院来审理,平台不应对此承担责任。

③ 潜在的问题

我国现行立法中"通知—删除"程序规定得较为粗糙。我国《侵权责任法》第 36 条没有涉及完整的通知—删除规则。《信息网络传播权保护条例》明确了权利人应提交符合要求的通知,网络交易平台提供者收到通知后,应当立即删除侵权信息或断开与侵权信息的链接,并同时将通知转达相应用户,该用户认为自己未侵权的,可以向网络交易平台提供者提交书面说明,要求网络交易平台提供者恢复相关信息。司法实践中,网络平台商标权责任往往参考《条例》"通知—删除"程序。但其中也存在一些问题。如前所述,首先,合格的通知应当由谁来审查及审查的期限。《条例》规定审查的期限为"立即",但"立即"对于大量的商标侵权投诉而言,对网络交易平台提供者要求过高。其次,是如何审查等问题。最后,商标权与著作权侵权的特点、侵权判断标准等存在诸多的不同,应当有更为细化的规定。

5. 平台责任的判断

关于"明知"和"应知"判断标准,司法解释对此作出了规定。⑰ 首先,司法解释将"网络服务提供者是否以人工或者自动方式对侵权网络信息以推荐、排名、选择、编辑、整理、修改等方式作出处理"作为认定网络服务提供商是否"知道"的因素之一。

同时,作为对"避风港"原则的例外,平台需要明确红旗原则的适用标准。红旗原则是指如果侵犯信息网络传播权的事实是显而易见的,就像是红旗一样飘扬,网络服务商就不能装作看不见,或以不知道侵权的理由来推脱责任。在这种情况下,即便权利人没有发出通知,也应该推定网络服务商知道第三方侵权的事实。如果平台未采取移除链接等必要措施,将承担相应侵权责任。

(二)违约责任

1. 违约责任概述

违约责任和违反先合同义务所生的民事责任(如缔约过失责任)都属于合同责任。⑱ 由于平台订立的合同采用格式条款的合同较多⑲,订立合同前的磋商环节在平台的业务过程中的作用并不显著。因此,平台在此过程承担缔约过失责任的可能性较低。需要重点的关注的平台可能承担的合同责任主要为违约责任。

2. 网络平台中合同法律关系的界定

区别于传统的买卖、服务合同,依托于网络平台而订立的合同关系往往具有较为复杂的外观,平台上的不同类型交易、服务项目之间又具有迥异的特征,种种因素导致发生合同纠纷时,无法准确界定各方之间的权利义务关系。从订立合同的主体出发,典型意义上通过平台而发生的业务存在着三方关系:消费者和经营者(商家)、消费者和平台、经营者(商家)和平台。杨立新教授亦认为⑳,在网络服务关系中,包含着有三个基本法律关系,包括:其一,网络服务平台提供者与销售者、服务者之间的网络服务

---

⑰ 《最高人民法院关于审理利用信息网络侵害人身权益民事纠纷案件适用法律若干问题的规定》第9条规定:人民法院依据侵权责任法第36条第3款认定网络服务提供者是否"知道",应当综合考虑下列因素:

(一)网络服务提供者是否以人工或者自动方式对侵权网络信息以推荐、排名、选择、编辑、整理、修改等方式作出处理;

(二)网络服务提供者应当具备的管理信息的能力,以及所提供服务的性质、方式及其引发侵权的可能性大小;

(三)该网络信息侵害人身权益的类型及明显程度;

(四)该网络信息的社会影响程度或者一定时间内的浏览量;

(五)网络服务提供者采取预防侵权措施的技术可能性及其是否采取了相应的合理措施;

(六)网络服务提供者是否针对同一网络用户的重复侵权行为或者同一侵权信息采取了相应的合理措施;

(七)与本案相关的其他因素。

⑱ 韩世远:《合同法总论》,法律出版社2004年版,页685。

⑲ 如美团公司的《用户协议》,是美团点评与注册用户之间的协议,用户完成注册程序即视为达成本协议。

⑳ 杨立新:"网络媒介平台的性质转变及其提供者的责任承担",载《法治研究》2016年第3期,页2。

平台服务合同,这是网络服务平台提供者与销售者、服务者之间订立的服务合同关系,网络服务平台提供者为销售者、服务者的交易提供网络平台服务。其二,网络服务平台提供者与消费者之间的网络交易平台服务合同,这是网络服务平台提供者与消费者通过网络订立的利用网络服务平台购买商品或者接受服务的网络平台服务合同。其三,利用网络平台进行交易的销售者、服务者与消费者之间订立的网络买卖合同或者网络服务合同,这是在网络平台上进行的网络交易中,销售者、服务者与消费者之间达成的买卖合同关系和服务合同关系。这三个基本的合同关系结合在一起,才能构成完整的网络交易法律关系。这实际是一个法律关系集合体,而非单一的合同关系。

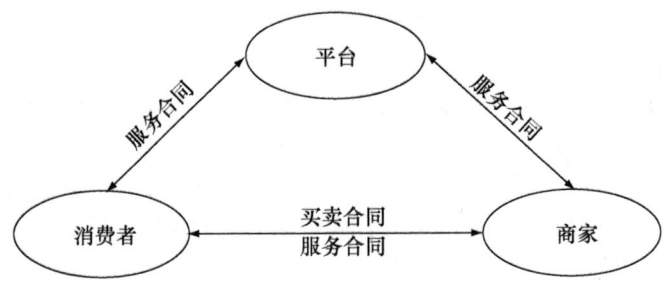

（1）经营者与平台之间的关系

对于商家和平台之间的关系,目前主要存在着几种观点。

观点一认为,在一般情况下,经营者与平台之间存在的是一种非典型合同,即由居间合同与委托合同构成的类型结合合同。观点二认为商家和平台之间的关系为技术和推广服务合同。[21] 平台根据与商家之间的协议,为商家提供信息展示、餐桌预定、支付结算等服务。

详细考察委托代理、居间合同的性质,可以发现,网络餐饮等平台与商家之间的合同虽然具有部分委托代理合同、居间合同的外观,但是并不符合上述合同的构成要件,与委托代理合同、居间合同存在本质区别。根据《合同法》第396条的定义：委托合同是委托人和受托人约定,由受托人处理委托人事务的合同。而在平台与商家的合同关系中,平台只为商家提供支付结算、信息展示、客户介绍等服务,并不代理商家为客户提供服务。团购网站受委托发布信息服务,目的是为消费者和商家提供签订合同的机会,委托合同是为委托人处理事务,两者有本质区别。[22] 居间合同是居间人向委托人报告订立合同的机会或者提供订立合同的媒介服务,委托人支付报酬的合同。[23] 由于网

---

[21] 杨立新：“网络交易法律关系构造”,载《中国社会科学》2016年第2期,页1。
[22] 张学文：“网络团购合同的法律问题研究”,首都经济贸易大学2013年硕士学位论文,页12。
[23] 魏振瀛：《民法》,北京大学出版社高等教育出版社2007年版,页563—565。

络餐饮平台并不向商家报告订立合同的机会,而只是提供信息展示和网络服务,与居间合同存在本质区别。

因此,应当认为其属于服务合同(网络服务、技术服务合同等)。服务合同属于无名合同,是以服务为标的的合同。依据《合同法》第 124 条的规定,服务合同作为没有明文规定的合同,适用合同法总则,并可以参照合同法分则及其他最相类似的合同的规定。网络餐饮平台根据与商家之间签订的服务合同、协议明确服务的收费标准及双方义务,双方根据合同约定履行相应义务。

(2)消费者和平台之间的关系

一般认为,消费者和平台之间应属服务合同关系。只要平台履行了服务协议中约定的内容,平台就不存在来自消费者的被诉违约的可能。

但也有观点认为,基于平台交易的实质,将平台与消费者之间的合同关系界定为买卖合同关系,由此在特定情形之下要求平台承担违约责任。[24]

实际上,根据上文分析,应当明确的是,消费者和平台之间并不一定构成买卖合同关系。比如在京东的自营模式下,消费者与京东之间构成买卖合同关系,但在平台作为第三方仅提供平台服务的情况下,平台并不直接介入到买卖合同当中,平台承担的代收货款等义务发生的根据并非来源于消费者买卖合同,而是平台与商家之间的服务协议。实际上,在司法实践中,法院对于消费者主张平台是买卖相对方的主张,一般也是不予支持的。

例如,在陈建辉与浙江淘宝网络有限公司网络服务合同纠纷[25]一案中,原告因与淘宝商家发生纠纷,因而起诉淘宝公司。淘宝公司则主张:"淘宝公司的主体不适格,本案系原告与淘宝卖家李燕嫚之间的买卖合同纠纷,而淘宝公司不是买卖合同的相对方,不应承担退款及赔偿责任。淘宝网仅为信息发布平台的服务提供商,向原告及其它网络用户提供网络服务,未参与具体买卖行为,也未收到来自原告的任何款项,原告要求淘宝公司退回货款及赔偿损失缺乏事实和法律依据。"法院经审理认为,淘宝公司作为网络服务的提供方,其已经尽到《消费者权益保护法》第 44 条规定的销售者、服务者的信息提供义务,因而不能要求其承担赔偿义务。实际上支持了被告淘宝公司的主张。

在淘宝用户蔡振文诉淘宝公司网络服务合同纠纷案[26]中,二审法院认为"淘宝公司提供的系网络购物平台服务,并非网络购物商事交易中的卖方,因此,淘宝公司在平台交易中的法律地位及相关注意义务,与买卖合同交易主体存在本质不同。"

---

[24] 参见:无讼阅读,〈http://victory.itslaw.cn/victory/api/v1/articles/article/4ddff44f-11c6-4881-933d-866256831af1〉,2017 年 5 月 25 日最后访问。

[25] (2014)杭余民初字第 1691 号。

[26] (2016)粤 06 民终 3872 号。

3. 承担合同责任的情形

(1) 与商家之间的违约责任

从网络平台与商家之间的服务合同而言,其法律风险主要为特定行为被诉违约的风险。违约责任采取严格责任原则,因此,如果网络平台违反了协议约定的义务,需要承担违约责任。综合平台与商家之间的协议来看,平台主要承担的义务类型如表2所示。

表2 平台承担的义务类型

义务类型	具体内容
软件许可义务	商家入驻网络平台,需要与商家签订合作服务合同,平台将许可计算机软件及软件技术服务。
信息发布、修改、删除义务	平台需要根据商家确定的团购项目、商品信息等帮助其发布、修改、删除部分信息。
技术支持义务	平台需要为商家提供必要的网络服务、客户端使用等技术支持。
代收货款及结算义务	平台根据协议约定,为商家代收团购款等,并扣除服务费后将净额在约定的时间内支付给商家。
协助经营义务	其他必要的协助经营义务。
合同续期、解除等方面的合同义务	如遵守约定的续签合同条件、解除合同条件等义务。

可以看出,商家与平台的法律关系服务合同、服务协议为依据,其被诉违约的情形也与合同、协议的履行情况为基础。其法律风险与一般的服务合同差别不大。要求平台在按照协议、《合同法》等法律规定、一般惯例的履行合同,则可以规避法律风险。同时需要注意的是,由于平台签订协议一般采取标准范本签订的方式,除非特别为客户拟定条款,否则基本属于格式条款的范畴。作为格式条款的提供方,应当注意遵守我国《合同法》有关限制性规定。

(2) 与消费者之间的法律风险

如前分析,由于消费者和平台之间的关系为服务合同关系,因而,平台被诉违约的风险主要来源于对与服务合同的违反,以及介入到消费者和商家之间的合同纠纷之中,带来的被诉违约的风险。

由于与消费者之间的服务协议已经对双方的权利义务关系做了明确的规范,因此其违约责任的界定也较为明晰,实践中发生违约的案例并不多见。常见的平台被诉违约的情形往往是由于商家与消费者之间的纠纷导致平台同时被诉违约。

根据上文的界定,平台和消费者、商家之间的法律关系理论上较为清晰,但实践中,情况往往更为复杂。由于消费者常常认为,其在网络平台上购买商品和服务,商家收取货款、并向其出具支付凭证(优惠券、团购券、码等形式),因而认为其是与平台订立的买卖合同。特别是当券、码无法使用时,由于消费者与商家之间的购买、服务行为实际上尚未发生,因而消费者往往要求平台承担违约责任,赔偿损失。[27]

在此情形下,由于网络平台提供的券、码无法使用,因而应当维护消费者的合法权益。网络平台如果已经代商家收取货款,当券、码无法使用时,应当协助消费者与商家协商、或者办理退款,维护消费者合法权益。否则,应当承担连带责任。[28]

而很多消费者也据此规定,将平台提供者列为网络购物合同的共同被告。该种做法,"实际上混淆了合同之诉与侵权之诉。虽然因网络购物而发生争议,消费者可能基于合同主张违约责任,也可能基于侵权主张侵权责任,存在合同之诉与侵权之诉竞合情形时,消费者享有选择权,但二者只能选其一,不存在兼得情形。而《消费者权益保护法》第44条第2款规定的平台承担连带责任的情形,是平台在存在明知或应知的过错情形下,而未采取措施所造成的损失承担连带责任的情形。由此可见,平台承担的是过错情形下连带侵权责任,并非网络购物合同下的严格合同责任。"因此,在此情形中,网络服务平台并不是买卖合同的适格被告。[29]

在司法实践中,对于此类主张,一般不予支持。法院在审理涉及网络服务平台的买卖、服务合同纠纷中,服务平台一般均主张自己不是适格被告,服务平台并不是买卖的相对方,均得到法院的支持。如在邹昌绿诉上海宝尊电子商务有限公司、浙江天猫网络有限公司网络购物合同纠纷案[30]中,杭州市余杭区人民法院经审查认为,本案系网络购物合同纠纷,根据邹昌绿起诉所称,邹昌绿因在天猫公司开办的天猫网向宝尊公司经营的天猫店铺"夏普官方旗舰店"购物而引起纠纷,天猫公司为涉案网络交易平台"天猫网(www.tmall.com)"的提供者,系为买卖双方提供虚拟的交易场所,其本身并不参与交易,由此可见,本案中,涉案买卖合同的交易双方应为邹昌绿与宝尊公司,天猫公司并非涉案买卖合同的相对方……在网络购物合同纠纷中,将网络交易平台列为共同被告有违合同相对性原则。[31]

---

[27] 参见:"商家、'美团'有效期不一致消费者躺枪",〈http://book.vsbds6.com/2233bdianying/20160218/4169.html〉,2017年5月25日最后访问;"团购券用不了商家网站都违约",〈http://news.xinhuanet.com/tech/2016-04/04/c_128861259.htm〉,2017年5月25日最后访问。

[28] 《消费者权益保护法》第44条第2款规定:"网络交易平台提供者明知或者应知销售者或服务者利用其平台侵害消费者合法权益,未采取必要措施的,依法与该销售者或服务者承担连带责任。"

[29] 成文娟,见前注[29],页3。

[30] (2015)杭余商初字第791号。

[31] 成文娟:"网络交易提供者是否是网络购物合同纠纷的适格被告",载《民事审判指导与参考》2016年第1期,页2。

三、平台责任代表性案例分析

(一) 侵权责任

1. 人身侵权责任

(1) 对商家经营资质的审核

在近年的平台责任相关诉讼中,人身侵权责任属于高发类型。在司法判决中,对不同情形下平台是否承担侵权责任进行了分析和论述。在杨舒祺诉哈皮堡商贸公司一案中[32],法院认为,被告哈皮堡商贸公司未取得相应的行政许可便实际经营,且因安全防护措施不当,致原告攀岩时从高处摔落受伤的损害后果发生,故应承担相应的侵权赔偿责任。被告三快公司银川分公司亦未按规定履行基本的审查、注意义务,在哈皮堡商贸公司未取得相应行政许可的情况下,便为其在网络团购交易平台销售儿童拓展训练门票,使原告在持票消费过程中受伤,故其应对被告的侵权行为承担连带责任。

而在张伊辰诉秦皇岛明珠购物中心、北京三块科技有限公司一案中[33],法院认定,宾馆、商场、银行、车站、娱乐场所等公共场所的管理人或者群众性活动的组织者,未尽到安全保障义务,造成他人损害的,应当承担侵权责任。北京三块科技有限公司只是提供了网上购票服务,既不是场地经营者也不是实际侵权人,不应承担赔偿责任。

上述两个案例都是消费者在消费过程中受到伤害,而诉请平台和商家承担责任的案例。在杨舒祺与银川哈皮堡商贸有限公司纠纷案中,由于被告哈皮堡商贸公司经营的项目依照法律法规规定应当取得行政许可,而被告三快公司银川分公司亦未按规定履行基本的审查、注意义务,因而法院认为三快公司应当承担连带责任。而在张伊辰诉秦皇岛明珠购物中心案中,由于不涉及平台的审核义务,因此法院认为平台不需要承担赔偿责任。由此可见,是否与直接侵权商家共同承担责任的关键在于网络平台对于其平台上发布信息的商家是否尽到了合理的注意审查义务等义务。

(2) "通知删除"中的通知形式

在何连锁等与北京百度网讯科技有限公司名誉权纠纷上诉案中,原告主张百度贴吧中的帖子侵犯了原告的名誉权,其向被告发送了律师函,而百度公司并未尽到删除义务,因而主张被告承担侵权责任。法院认为:为防止贴吧中出现或可能出现侵权行为,百度公司在"百度贴吧"首页中设置了"百度贴吧协议"及"百度贴吧投诉规则",其

---

[32] (2015) 兴民未初字第 28 号。
[33] (2015) 海民初字第 7191 号。

中提示了网络用户不得侮辱、诽谤他人,亦告知了网络用户投诉规则及地址。现何连锁与陈庄卫生院虽向百度公司发送了律师函,但其投递的方式并不符合百度贴吧投诉规则,故本院无法认定百度公司存在已经接到通知,因而"明知"存在侵权行为而故意不采取必要措施的情形。㉞

对于网络平台而言,在其设置了用户协议及投诉规则,明确提示用户行为,告知网络用户投诉规则及方式的情况下,"通知删除"中用户的通知形式是考量平台侵权责任的重要因素。

2. 知识产权侵权责任

(1) 著作权侵权责任

在北京优图佳视影像网络科技有限公司诉纽海电子商务(上海)有限公司侵害作品信息网络传播权纠纷案中,争议焦点在于商家在1号店使用原告图片,被告作为网络服务提供商是否对入驻商家的侵权行为尽到了合理的注意义务。法院认为:首先,1号店各种协议中,明确提示入驻商家不得实施侵犯他人包括知识产权在内的合法权利,尽到了网络服务商所应尽的必要的说明、提示义务。其次,网络交易平台的服务提供者对入驻商家自行上传的商品信息并无事前审查的义务。再次,涉案摄影作品知名度较低,被告无法就作品本身的内容识别权利人的真实身份。最后,网络平台服务提供商未参与入驻商家的经营活动,亦未对被控侵权商品进行编辑、整理或推荐,亦未从被控侵权商品中直接获利。㉟

该案反映出网络服务提供商需对入驻商家的侵权行为尽到合理的注意与提示义务,此为认定网络服务提供商著作权侵权责任认定的主要考量因素。

(2) 商标权侵权责任

同样,在商标侵权责任的判断中,关于"明知"以及"注意义务与审查义务"的认定至关重要。

① 关于"明知"的认定

在衣念(上海)时装贸易有限公司诉浙江淘宝网络有限公司、杜国发侵害商标权纠纷案中,虽然淘宝公司接到衣念公司的投诉通知后,对投诉的内容进行了审核并删除了杜国发布的商品信息。但根据淘宝网当时有效的用户行为管理规则,其在接到衣念公司的投诉并经核实后还应对杜国发采取限制发布商品信息、扣分、直至冻结账户等处罚措施,但淘宝公司除了删除商品信息外没有采取其他任何处罚措施。因此,法院认为,淘宝公司在知道杜国发多次发布侵权商品信息的情况下,未严格执行其管理

㉞ (2015)浦民三(知)初字第1005号。
㉟ (2015)一中民终字第03452号。

规则,依然为杜国发提供网络服务,此是对杜国发继续实施侵权行为的放任、纵容。其故意为杜国发销售侵权商品提供便利条件,构成帮助侵权,具有主观过错,应承担连带赔偿责任。㊱

本案焦点在于关于网络交易平台"明知"的认定,以及是否采取了有效措施避免侵权发生。值得注意的是,本案体现出了"通知—删除"程序作为抗辩事由和免责条件的地位,即使网络平台尽到了通知删除的义务,并不意味着其不成立间接侵权。由此可见"通知—删除"规则并非侵权的构成要件,尽到通知删除义务并不排斥间接侵权、帮助侵权的成立。这也是为数不多的判处网络平台承担责任的商标侵权纠纷。根据判例可以看出,网络交易平台提供者在对待用户重复侵权行为时应该负更严格的注意义务并采取进一步措施,遏制重复侵权。这也是"红旗标准"中制止反复侵权在我国司法实践中的具体体现。

② 注意义务与审查义务的认定

株式会社迪桑特与北京今日都市信息技术有限公司、深圳走秀网络科技有限公司侵害商标权纠纷案中,一审法院认定提供团购活动的网站承担共同销售者的责任。二审法院北京市高院维持原判,认为团购网站经营者应当承担何种程度的知识产权合法性审查义务,取决于在符合利益平衡的原则下,其在团购活动中获得的利益,是否要求其"应当审查团购商品的具体信息、应当审查团购商品的交易信息和交易行为是否侵权",而不取决于是否称其为"销售者"。㊲ 二审法院事实上要宣示的原则是:不论对团购网站的地位如何定性,它都得像直接侵权人一样承担同样的义务和责任。㊳

与之不同,在"呷哺呷哺餐饮管理有限公司诉北京窝窝团信息技术有限公司等商标权权属、侵权纠纷案"中,一审法院认为"窝窝团公司作为一家经营团购业务的网站,提供的是电子商务交易平台技术服务。而电子商务交易平台提供者从特定的交易行为中获得直接经济利益或者与网络卖家合作经营,只承担销售者的形式审查义务。"二审法院维持原判。㊴

对于平台责任的界定有必要做进一步分析。首先,网络平台从交易活动中获得直接利益的,应尽相对更高的注意和审查义务;反之,则不应承担或在非常严格的条件下承担注意和审查义务。但是,对于平台获得的经济利益还要做深入分析。并不能将网络平台提供服务所获取的任何收入都视为平台上交易活动相关的利益。网络平台的服务可以是免费的,但不必然是免费的。这要结合网络平台的具体商业模式和服务性

㊱ (2011)沪一中民五(知)终字第40号。
㊲ (2012)高民终字第3969号。
㊳ 杜颖:"网络交易平台商标间接侵权责任探讨",载《科技与法律》2013年第6期,页54—61。
㊴ 分别参见(2013)海民初字第11362号、(2013)一中民终字第13985号。

质做具体判断。如果网络平台提供的服务属于技术服务,包括技术开发、网站运行维护等,那么对应这些投入所获取的合理收入,显然是与平台上的交易独立的:即便没有交易,如果平台上的商户利用了有关技术服务,都要支付对价。当然,随着交易量的增加,这种对价的计价可能会与交易量发生某种关联。但是这种计价的关联,与平台和平台上的商户之间是否有共同服务合意并没有必然的因果关系。所以,团购平台与商户之间存在合作关系虽是事实,但是,合作并不代表有销售的共同意思联络,法院概括地认定二者共同对商户销售或服务的侵权行为负责是不妥当的。正确的路径应是结合平台的服务内容、性质和个案因素做具体分析认定。

(3) 专利权侵权责任

目前司法实践中,鉴于专利的审查的要求远远超出了网络平台应尽的注意义务,如果网络平台遵守"通知—删除"规则,一般判决网络平台不承担责任。在威海嘉易烤生活家电有限公司诉永康市金仕德工贸有限公司、浙江天猫网络有限公司侵害发明专利权纠纷案中,法院明确界定了此种情形下网络服务提供者所应承担的义务范围及责任构成。网络服务商被诉侵权行为是否构成侵权应结合对网络平台的主体性质、"通知"的有效性以及网络平台在接到"通知"后是否应当采取措施及所采取的措施的必要性和及时性等加以综合考量。[40]

其实,发端于网络著作权领域的"通知—删除"规则,被视为是网络侵权中对权利人最便捷有效的救济手段,《侵权责任法》第36条将该规则上升到一般侵权的概念项下。然而,《侵权责任法》第36条规定得过于原则,甚至在通知的具体条件要求、反通知对其限制、错误通知的责任后果等配套制度方面处于"缺位"状态,无疑给"通知—删除"规则的适用带来了诸多不确定性。一般化的制度设计,虽然考虑了网络侵权的各领域中立法目的、适用模式等方面的相似性;另一方面却忽视了不同的客体之间的独特属性,如著作权保护的是表达,而专利保护的技术方案却属于思想范畴,二者的侵权判断必然存在着很大的不同。在专利权规则下,"通知—删除"规则适用成本低、法律负担轻、措施及时有效,可是其核心要素模糊、必要配套约束机制缺少(比如大多领域都未规定"反通知"机制)。权利人可以变通利用规则,不仅将本该由其自身承担的维权成本转移给网络服务提供者,更有甚者将该规则作为打击竞争对手、实施不正当竞争行为、实施敲竹杠等行为的工具。例如,"权利人"虚构侵权行为而向网络服务提供者发出侵权通知,要求网络服务提供者采取删除等必要措施;或者试图给第三人或市场造成竞争对手可能存在侵权的假象,打压竞争对手。

---

[40] "威海嘉易烤生活家电有限公司诉永康市金仕德工贸有限公司、浙江天猫网络有限公司侵害发明专利权纠纷案",最高人民法院指导性案例83号。

(二) 违约责任

2011年,12003名消费者在美团网上以29元的价格"抢"到了价值50元的现金券,但还没消费,DQ公司就在其官网上公示称此次团购活动无效,并称与美团方面签订的合作协议中的合同公章系伪造。在协商无果的情况下,美团网只能以"倒贴"的方式决定启动"先行赔付机制",一次性向会员返还50元至其美团账户,并表示有可能借助法律手段解决此事。㊶

在此事件中,有观点认为,美团在网上发起团购是向不特定多数消费者发出的要约,其在团购内容中提到了"价值50元仅售29元的现金券、可累计使用、使用范围、有效期截止日期为2011年6月30日、付款方式甚至包括售后服务、免责事由"等诸事项,内容是具体确定的。消费者点击团购链接,进入付款页面,进而付款成功,此刻视为消费者作出承诺,买卖合同正式成立。美团发短信告知消费者订单编号、密码、有效期并称"凭此券到DQ消费",更是以电子化形式确认了合同。美团与消费者从事实上直接成立了买卖合同关系,消费者可以直接找美团网承担违约责任。㊷类似的案例屡见不鲜,其主要特征在于,消费者购买了团购券到商家消费时,被商家告知其与网络平台无合作、合作协议到期等理由而拒绝接待客户,使客户遭受财产损失。在此情形中,平台需要承担何种责任,尤为值得关注。

根据合同的相对性原则,应当从不同的相对方进行分析。就商家与平台之间的关系而言,如果服务协议已经终止或者不存在有效的服务协议,则不存在违约责任问题,相反,如果存在有效的服务协议,而商家拒绝接单,则商家构成违约,需要承担责任。㊸

而对于消费者与网络平台的关系而言,虽然平台和消费者之间的看似具有买卖合同的实质,但是根据平台的使用协议,平台提供的是技术支持、信息展示等网络服务,并不参与到消费者和商家之间的买卖合同关系之中。因而平台是否构成违约,应根据服务协议进行判断。如果平台和商家之间具有有效的服务协议,而商家拒绝接单,则

㊶ 参见:美团、DQ纠纷,〈http://news.xinhuanet.com/fortune/2011-03/07/c_121157863.htm〉,2017年5月25日最后访问。

㊷ 郭娅婷:"论我国O2O式团购网站经营者的民事责任",西南财经大学2014年硕士学位论文,页27。

㊸ 如在威海千叶烤肉店案中,商家自2014年12月起拒绝接待使用美团券的团购客户,美团认为商家构成违约,最终法院判决支持了美团网的主张。〈http://weihai.house.sina.com.cn/news/2015-04-30/08585999345834859488523.shtml〉,2017年5月25日最后访问。

平台提供了真实、有效的信息,实际上平台并未违反服务协议的要求。由于商家的原因导致无法与消费者订立有效的合同,可以认为,平台作为双方的交易的服务提供商,应当承担服务合同所约定的义务。在消费者与商家拟订立的买卖/服务合同中,由于商家已经明确表示拒绝履行合同,则消费者可以要求退款,视实际情况还可以要求商家承担违约责任。因此,消费者可以要求平台退还其已经支付给平台的价款,而不能将该借款结算、支付给商家。在此情形之下,平台实际上并不需要承担违约责任,但是由于商家与消费者之间的合同未订立,其可能需要承担返还消费者支付的价款等义务。

如果平台与商家之间并没有有效的服务协议,而平台将商家的团购、优惠信息公布于平台,消费者购买了相应服务,则平台由于其为提供真实有效的信息,将会面临较大的诉讼风险,需要承担违约责任。

(三) 消费者权益保护案例评析

在吕震与嵊州市分贝电器有限公司、浙江天猫网络有限公司网络购物合同纠纷案中㊹,原告因购买嵊州市分贝电器有限公司的产品时发生纠纷,并发现,被告嵊州市分贝电器在经营过程中存在虚构企业名称、住所地等虚假宣传行为。原告要求被告天猫网络公司与嵊州市分贝电器有限公司承担连带侵权责任。天猫公司则主张其已经尽到审核义务。法院最终认为,"虽然嵊州市分贝电器有限公司在经营过程中存在虚构企业名称、住所地等虚假宣传行为,但浙江天猫网络有限公司并未参与该虚假信息的制作、编辑,不应对此行为承担责任。"并且,在纠纷发生后,浙江天猫网络有限公司已针对原告的维权请求采取冻结货款,组织双方协商并要求双方各自举证等必要措施。因此,被告天猫公司无需承担赔偿责任。

在此案例中,可以看出网络商品交易平台作为第三方平台,在商家入驻平台时已履行了相应的事前审查义务,虽然商家在经营过程中存在虚假宣传行为,但第三方交易平台并未参与,且在消费者提出维权请求后及时采取必要措施,不应对商家的行为承担连带责任。

(四) 小结

在上文案例梳理基础上,结合有关法律和司法解释规定,可将平台责任的相关因素和具体情形做如下概括(见表3):

㊹ (2015)浙丽商终字第435号。

表3 平台责任构成因素和具体情形汇总

构成因素	具体情形	法律规范
构成、加重责任的因素	明知、应知	《规定》第9条[45]
	直接获得经济利益	《规定》第11条第1款[46]
	平台事先承诺	《消法》第44条[47]
减轻和抗辩的因素	履行通知—删除义务	《条例》第23条[48]
	采取合理有效技术措施	《规定》第8条第3款[49]

四、平台责任案件的应对思路和建议

(一)回应性路径

结合报告中对于侵权责任、合同责任一般原理的论述,以及相应典型案例的分析,

---

[45] 《最高人民法院关于审理侵害信息网络传播权民事纠纷案件适用法律若干问题的规定》第9条规定:"人民法院应当根据网络用户侵害信息网络传播权的具体事实是否明显,综合考虑以下因素,认定网络服务提供者是否构成应知:

(一)基于网络服务提供者提供服务的性质、方式及其引发侵权的可能性大小,应当具备的管理信息的能力;

(二)传播的作品、表演、录音录像制品的类型、知名度及侵权信息的明显程度;

(三)网络服务提供者是否主动对作品、表演、录音录像制品进行了选择、编辑、修改、推荐等;

(四)网络服务提供者是否积极采取了预防侵权的合理措施;

(五)网络服务提供者是否设置便捷程序接收侵权通知并及时对侵权通知作出合理的反应;

(六)网络服务提供者是否针对同一网络用户的重复侵权行为采取了相应的合理措施;

(七)其他相关因素。"

[46] 《最高人民法院关于审理侵害信息网络传播权民事纠纷案件适用法律若干问题的规定》第11条第1款:"网络服务提供者从网络用户提供的作品、表演、录音录像制品中直接获得经济利益的,人民法院应当认定其对该网络用户侵害信息网络传播权的行为负有较高的注意义务。"

[47] 《消费者权益保护法》第44条规定:"消费者通过网络交易平台购买商品或者接受服务,其合法权益受到损害的,可以向销售者或者服务者要求赔偿。网络交易平台提供者不能提供销售者或者服务者的真实名称、地址和有效联系方式的,消费者也可以向网络交易平台提供者要求赔偿;网络交易平台提供者作出更有利于消费者的承诺的,应当履行承诺。网络交易平台提供者赔偿后,有权向销售者或者服务者追偿。

网络交易平台提供者明知或者应知销售者或者服务者利用其平台侵害消费者合法权益,未采取必要措施的,依法与该销售者或者服务者承担连带责任。"

[48] 《信息网络传播权保护条例》第23条规定:"网络服务提供者为服务对象提供搜索或者链接服务,在接到权利人的通知书后,根据本条例规定断开与侵权的作品、表演、录音录像制品的链接的,不承担赔偿责任;但是,明知或者应知所链接的作品、表演、录音录像制品侵权的,应当承担共同侵权责任。"

[49] 《最高人民法院关于审理侵害信息网络传播权民事纠纷案件适用法律若干问题的规定》第8条第2、3款规定:"网络服务提供者未对网络用户侵害信息网络传播权的行为主动进行审查的,人民法院不应据此认定其具有过错。

网络服务提供者能够证明已采取合理、有效的技术措施,仍难以发现网络用户侵害信息网络传播权行为的,人民法院应当认定其不具有过错。"

作为平台的提供者,应当从如下几方面完善经营、降低商业风险。

1. 强化资质审核

由上文分析可知,判断平台是否承担侵权责任时,平台是否尽到了资质审核义务是最为重要的标准。如果相关法律法规对于商家的经营资质、行政许可等事项有相应的资质认定,而平台又未尽到相应的审核义务,在侵权行为发生时,平台需要承担连带责任。为了规避法律风险,平台在与商家合作时需要重点关注对商家的资质审核与认定,同时建议平台确定如食品、户外运动等侵权高发领域的重点关注行业名单,对此类商家加强其资质审核,同时建立完善的资质管理体系,要求商家在相应资质、许可证照到期时补充完善信息,以规避由此带来的法律风险。

2. 加强与商家的服务协议管理,及时清理到期商家信息

平台在日常的经营过程中应当侧重对服务协议进行管理,对于已经到期和即将到期的产品商家信息、团购项目予以重点关注,及时清理、删除。避免由于发布与自身不具有合作关系的商家信息,由此产生被消费者要求承担违约责任的情形。

3. 谨慎做出承诺

根据《消费者权益保护法》等有关法律规定,平台提供的先行赔付、假一赔十等承诺应当履行。因此,平台应当关注自身做出的承诺,应当结合自身的技术条件、服务能力综合评估,避免做出超出能力范围的承诺,为自己设定了过高的义务,增加被诉风险。同时,一旦做出承诺,在符合条件的赔付、退款情形出现时,积极履行承诺的相应内容。

(二)建设性路径:平台治理机制的完善

除了上述消极的应对措施外,平台还可以从如下角度主动完善平台规则以规避法律风险,构建完善的平台治理机制,实现商业利益、消费者权益以及法定义务的平衡。

1. 反通知规则完善

反通知程序为应用开发者提供权利的快速救济途径、减轻平台服务商的审核压力、弥补缺少真实性保障的通知所留下的法律漏洞,从逻辑关系上讲,反通知是"通知—删除"规则的必要补充,是必须要加入进去的内容。[50] 在现有"通知—删除"程序基础上,应当进一步完善反通知机制。首先,完善转送通知程序,《信息网络传播权保护条例》十五条规定网络服务提供者根据权利人的通知要求,删除侵权作品之后,应同时将通知书转送给作品发布者。在收到通知后,及时、有效与被投诉方沟通,现有依赖服务商通知、提交材料的程序,流程节点较多,效率可能不够高。其次,完善转送通知内容,转送通知的根本目的是便于应用开发者及时提出"反通知",《条例》第十六条规定,反通知需要包括"不构成侵权的证明材料",此处的材料对应通知当中的"侵权证

---

[50] 梁志文:"论通知删除制度——基于公共政策视角的批判性研究",载《北大法律评论》2008 年第 8 卷,页 3。

明材料"。最后，在被投诉方提交材料以后，及时进行审查，建议将结果通知投诉方与被投诉方，如果双方仍有争议，告知其应当诉诸司法程序。

2. 新业务、新承诺的风险评估

平台在推广新业务、做出新的承诺前，可以自己或者委托第三方，结合自身平台或者友商高发的相应投诉、纠纷进行评估，以明晰承诺的法律风险、偿付比例，对承诺的风险形成全面的认识。

3. 加强商户与消费者之间的沟通

努力促进商户与消费者之间的沟通，构建完善的联系渠道，如商户客服等在线沟通渠道，同时注重对双方信息的保密。通过二者之间的沟通，消弭争端，消除影响，在发生纠纷时及时介入，避免争端升级，并减少自身被诉的风险。

4. 邀请消费者、商家参与规则的制定和实施

消费者、商家是平台的主要用户，也是平台规则的直接约束者。平台应当关注消费者和商家的诉求，让二者参与到平台规则的制定和实施过程中，并根据二者的要求适当平衡，寻求多方利益的最大化，并根据各方意见，不断完善平台治理规则。

案例收藏夹

IMPRESSION PRODUCTS, INC.
诉 LEXMARK INTERNATIONAL, INC.

张赛磊等译 *

注意:在可行的情况下,与本案有关的批注或摘要将会和判决意见同步发布。这一摘要不构成法院判决意见的一部分,仅是由判决记录发布官为读者阅读方便所准备的。**

15-1189 号,2017 年 3 月 21 日庭辩,2017 年 5 月 30 日判决。

美国专利法赋予专利权人"排除他人在美国境内制造、使用、许诺销售、销售其发明或将其发明进口到美国境内的权利"①的权利。未经专利权人许可从事上述行为之一的,应承担专利侵权责任。然而,当专利权人将商品出售之后,便不能再通过专利法对其出售的商品进行控制——因为该商品的专利权已经"穷竭"。

被上诉人 Lexmark International, Inc. 设计、制造并向美国和国外的消费者销售墨盒。它拥有许多专利,涵盖这些墨盒的组件和使用方式等各方面。当 Lexmark 出售墨盒的时候,消费者有两种选择:其一是全价购买墨盒,Lexmark 不会作出任何限制;其二是通过 Lexmark 的"回收计划"获得打折购买,通过"回收计划"购买的消费者必须签署一份合同以获得更低的价格,消费者同意这些墨盒只使用一次,并且不会将墨盒交给 Lexmark 之外的任何人。

再生产商从美国的消费者那里购买空的 Lexmark 墨盒——包括通过"回收计划"销售的墨盒,将其装上墨粉之后再转卖给他们。再生产商也会通过同样的方式从国外

---

* 案例翻译:张赛磊、兰海莹、于景灏、赵佳琦、朱华艺、姚洁、黄积严、韩圣与。案例校对:石丹、黄积严。
** See United States v. Detroit Timber & Lumber Co. , 200 U. S. 321, 337.
① 35 U. S. C. §154(a).

的消费者那里购买 Lexmark 墨盒并进口到美国，Lexmark 以针对两组墨盒的专利侵权为由，起诉了包括上诉人 Impression Products, Inc. 在内的多家再生产商。第一组墨盒由 Lexmark 在美国以"回收计划"的方式销售的墨盒组成。Lexmark 诉称，由于其已经明确禁止多次使用或转售这些墨盒，Impression Products 在翻新和转售的过程中侵犯了 Lexmark 的专利权。第二组由 Lexmark 在国外销售并经 Impression Products 进口到美国的墨盒组成，Lexmark 称，其从未许可任何人进口这些墨盒，因此 Impression Products 侵犯了其专利权。

Impression Products 辩称，Lexmark 在国内外销售墨盒的行为，已经使该墨盒上的专利权穷竭，因此 Impression Products 可以翻新、转售或者在国外购买并进口这些墨盒。地方法院支持了针对国内通过"回收计划"销售的墨盒的诉请，但是驳回了针对国外销售的墨盒的诉请。联邦巡回上诉法院随后针对两组墨盒进行了判决。对于 Lexmark 通过"回收计划"在国内销售的墨盒，联邦巡回上诉法院认为，专利权人可以通过清晰的告知的方式，对商品的售前使用或再销售进行合法的限制，在销售商品的同时保留通过专利侵权诉讼追求侵权责任的权利。由于 Impression Products 明知 Lexmark 作出的上述限制，并且上述限制并未违反任何法律，Lexmark 的销售行为并不会导致专利权穷竭，因此 Lexmark 有权起诉 Impression Products 侵权。至于 Lexmark 在国外销售的墨盒，联邦巡回上诉法院认为，当专利权人在海外销售产品时，专利权也并不会穷竭，因此，当 Impression Products 进口 Lexmark 在国外销售的墨盒时，Lexmark 可以起诉侵权。但 Dyk、Hughes 两位法官持异议意见。

异议意见如下：

1. Lexmark 通过"回收计划"在美国销售墨盒会使其专利权穷竭。无论专利权人声明采取何种限制，其出售商品的决定都会使得其商品上的专利权穷竭。因此，即使 Lexmark 与消费者之间合同的限制清晰且不违反合同法，也不能赋予 Lexmark 对其已销售的商品保留专利权的权利。

（a）专利法赋予专利权人"排除他人制造、使用、许诺销售、销售其发明的权利"②，在 160 多年里，专利权穷竭的原则已经对专利权人的排他权作出了限制：当专利权人出售其某一产品时，该产品"将不再处于专利垄断的范围之内"，而是成为购买者的"私人财产"。③ 如果专利权人通过合同的方式限制购买者使用或转售的权利，其或许可以通过合同法来追究违约责任，但却不能主张专利侵权。

专利权穷竭标志着专利权也要服从"禁止限制财产转让"这一普通法原则。专利

---

② 35 U. S. C. §154(a).

③ Bloomer v. McQuewan, 14 How. 539, 549—550.

法通过允许发明者因他们的发明而获得经济利益的方式来鼓励创新。专利权人卖出一件产品之后,便实现了这一利益,专利法并没有为限制该产品的使用和享受提供依据。若是允许进一步的限制,就会与前述普通法原则相抵触。④ 正如科克勋爵在17世纪所指出的,如果一个所有者在出售之后限制了商品的转售或使用,那么这一限制"是无效的,因为……这一限制阻碍人与人之间的贸易、交易、谈判和缔约"⑤。国会制定并反复修改《专利法》,体现出对转让限制的反对态度,这一态度反映在专利穷竭原则中。

因此,本院认为,即使专利权人在销售的时候以明示、合法的方式进行限制,专利权人也不能保留已售产品的专利权。⑥ 一系列先例使本案只有一个结论:Lexmark 不能就通过"回收计划"在美国销售的墨盒对 Impression Products 提起专利侵权诉讼,因为在 Lexmark 出售这些产品的时候,它对于这些产品的专利权就已经穷竭了。

(b) 联邦巡回上诉法院的结论与此不同,其结论的前提是"穷竭原则"是对专利侵权规定的一种解释,它禁止任何人未经专利权人的许可使用或销售其专利产品。根据联邦巡回上诉法院的说法,"穷竭"原则反映了一种默示同意的规则,即出售一件商品意味着"推定许可买方可以使用或转售它"⑦。但是,如果专利权人通过明确限制买方权利的方式保留部分授权,该专利权人可以通过专利侵权诉讼的方式行使这一限制。⑧

联邦巡回上诉法院的逻辑的问题在于,穷竭原则并不是对授权出售的推定,而是对专利权人权利范围的限制。专利法赋予专利权人一种有限的排他权,而穷竭原则正是为了消灭这一权利。买方有权使用、出售或进口专利,因为这些都是附随所有权移转而来的权利,而不是因为其从专利权人处购买了从事这些行为的授权。

2. Lexmark 在海外销售墨盒,Impression Products 从购买者处回收墨盒并再次进口到美国。Lexmark 此后不得对上述墨盒提出侵权的诉讼请求。在美国境外的授权销售与在美国境内一样,一经发生即使得专利法下的所有权利都穷竭。

知识产权国际穷竭的原则是在著作权法的语境下确立的。在首次销售原则下,著作权人销售其作品的合法复制件时,便失去了限制购买人"出售或以其他方式处置该复制品"的权利。⑨ 在 *Kirtsaeng v. John Wiley & Sons, Inc*⑩ 一案中,法院认为,首次销售原则适用于在海外制作和销售的版权作品。这一判定的核心在于,首次销售原则源于

---

④ Kirtsaeng v. John Wiley & Sons, Inc. , 568 U. S. 519, 538.

⑤ E. Coke, Institutes of the Laws of England §360, p. 223 (1628).

⑥ See, e. g. , Quanta Computer, Inc. v. *LG Electronics, Inc.* , 553 U. S. 617.

⑦ 816 F. 3d 721, 742.

⑧ See id. , at 741.

⑨ 17 U. S. C. §109(a).

⑩ 568 U. S. 519.

"禁止限制财产转让"的普通法原则。由于该原则没有地域区分,并且《版权法》文本也未提供这样的区分,因此可直接将首次销售原则适用于海外。

专利权穷竭原则可以直接运用于海外销售中。专利权穷竭也源于"禁止限制财产转让",并且《专利法》中没有任何内容表明国会意图将该原则限制在国内销售领域。专利权穷竭和版权首次销售原则之间区别对待也没有什么理论和实践意义:二者"非常相似……且目的一致"⑪,许多日常产品都同时属于专利和版权的保护范畴。

Lexmark 认为境外销售并不导致专利权穷竭,因为《专利法》仅限定专利权人排除他人在美国境内制造、使用、销售或进口其产品的权利。由于这些排他性权力不适用于境外,专利权人可能无法在境外以与美国国内相同的价格销售其产品,并因此不能获得美国专利法保证的回报。Lexmark 认为,没有此等回报,也就不应该有专利权的穷竭。

专利权的地域限制不是区别于版权保护的依据,这些条款也没有域外效力。地域限制也不支持 Lexmark 的论点。专利权穷竭是一个明显的限制,该条件的触发取决于专利权人决定给予专利项目的费用是否合适。专利权人对其在境外销售的产品可能不会收取与在美国境内相同的费用。但是《专利法》没有保证一个特定的价格。相反,《专利法》只是确保专利权人对于专利垄断范围以外的每个项目获得一笔回报,无论它是否是令人满意。

*Boesch v. Gräff*⑫ 案中的法院判决并未得出相反结论。如 Lexmark 所言,那个判决没有将所有的境外销售都排除在专利权穷竭之外。相反,它认为在专利权人与交易无关的情况下,境外销售并不会穷竭专利权人的权利。这只是重申了基本原则,只有专利权人才能决定是否从事会穷竭专利权的销售。

最终,美国主张中间立场的观点:除非专利权人明示保留这些权利,否则境外销售将会穷竭专利权。这种明示保留规则是基于海外买家期望能够自由使用和转售物品的想法,所以专利权的穷竭应该是一种推定。与此同时,下级法院一直允许专利权人明示保留其权利,因此专利权人有权选择明示保留其专利权。然而,这些少量且不一致的判决没有为专利权人在境外销售时保留权利的预期提供任何基础,更不用说提供一个明确的、稳定的基础。明示保留规则背后的理论也错误地将重点放在了专利权人和购买者在专利转让过程中的预期上。相较于双方可以通过合同来解决的销售问题,专利权的穷竭涉及更多风险。因此,对专利权穷竭来说,限制与地域并不相关;真正重要的是专利权人作出销售的决定。

---

⑪ Bauer & Cie v. O'Donnell, 229 U. S. 1, 13.
⑫ 133 U. S. 697.

816 F. 3d 721，撤销原判并发回重审。

ROBERTS，C. J. 法官发表了法院意见，KENNEDY，THOMAS，BREYER，ALITO，SOTOMAYOR 和 KAGAN JJ 法官表示支持。GINS-BURG，J. 法官部分赞同，部分反对。GORSUCH，J. 未参与案件审理与判决。

引用：581 美国 _____ （2017）

法院观点

注意：该意见在初次印刷出版之前需要正式修订。请读者注意美国最高法院的判决报告 Washington，D. C. 20543 的任何排版或其他形式错误，以便在初次印刷之前可以进行更正。

美国最高法院

编号 15-1189

IMPRESSION PRODUCTS，INC.，PETITIONER 诉 LEXMARK INTERNATIONAL，INC.
对美国联邦巡回上诉法院的调案复审令

【2017 年 5 月 30 日】

首席法官 JUSTICE ROBERTS 发表了法院意见。

美国专利给予专利持有人（"专利权人"）20 年的授权，以"排除他人在美国境内制造、使用、许诺销售、销售其发明或将其发明进口到美国境内"[13]。任何人在"无授权"的情况下从事这些行为，都有可能要承担专利侵权的责任。[14]

当专利权人出售其任一产品却不再能够通过专利法控制该物品时，专利权被称为"穷竭"。购买者及所有后续所有者可以像处分其他个人财产一样，随意使用或转售商品，而不用担心招致侵权诉讼。

这个案例提出了两个关于专利权穷竭原则应用范围的问题：第一，在对购买者再利用或转售产品做出明示限制的情况下，销售产品的专利权人是否可以通过侵权诉讼强制执行这一限制。第二，如果一个专利权人将产品出售到一个不适用美国专利法的

---

[13] 35 U. S. C. §154(a).
[14] §271(a).

境外地区,是否会产生专利权穷竭的效果。我们的结论是,不论专利权人宣称对产品强制实施了怎样的限制,也不论交易地点在哪,专利权人一旦决定出售一件产品,便穷竭了在这件商品上的所有专利权。

I

当前本案的争议是关于激光打印机—或者,更具体地说,是用于激光打印机的墨盒,它含有用来使图像呈现在纸张上的粉末状物质(碳粉)。被上诉人 Lexmark 公司设计、生产并销售墨盒。该公司拥有涵盖这些墨盒的组件及使用方式在内的一系列专利。

当墨盒内的碳粉用完时,墨盒可以被重新填满并再次使用。这就为其他公司(称为"再生产商")创造了机会,这些"再生产商"可以从美国国内外的购买者那里获得空的 Lexmark 墨盒,并将空墨盒重新填充,然后以比 Lexmark 新品墨盒更低的市场价出售。

Lexmark 早已注意到了这种现象,他们在销售墨盒时鼓励客户退回用完的墨盒。Lexmark 给了消费者两个选择:一个是以全价购买一个没有附带限制的墨盒;另一个是通过 Lexmark 的"回收计划"以八折购买一个墨盒。通过回收计划购买墨盒的消费者仍然拥有墨盒,但作为低价的代价,消费者需要签署一份协议。这份协议中,消费者同意只使用一次墨盒,并且禁止将空墨盒转让给除了 Lexmark 之外的任何人。为了强制实行这个一次性/禁止转售的限制,Lexmark 在每一个回收计划的墨盒上安装了芯片,防止墨盒在用完之后被再利用。

Lexmark 的策略只是激发了再生产商们的更多创意。很多人仍旧不断获得空的回收计划墨盒,并且开发了消除芯片效果的技术手段。消除了芯片的技术障碍,几乎没有什么可以阻止再生产商们使用回收计划中的墨盒并用于转售交易了。毕竟,与 Lexmark 签订协议的是最初的消费者,而不是再生产商等下游客户。

然而,Lexmark 并没有就此承认计划失败。2010 年,Lexmark 起诉了包括上诉人 Impression product 公司在内的大量再生产商,诉讼主要是针对两组墨盒。其中一组是由在美国通过回收计划出售的墨盒。Lexmark 认为,由于自己已经明确禁止重新使用和转售这些墨盒,所以再生产商翻新和转售墨盒的行为侵犯了 Lexmark 的专利。另一组墨盒是由 Lexmark 在国外销售的墨粉盒和再生产商进口到该国的墨盒组成。Lexmark 声称自己从来没有授权进口这些墨盒,因此再生产商的行为侵犯了自己的专利权。

最终,诉讼被告被缩减到 1 名,即 Impression Products 公司,其辩称:Lexmark 在美国和国外的销售都已经穷竭了墨盒的专利权,因此 Impression Products 可以任意地翻新和转售这些墨盒,而且可以在获得许可的情况下进口产品。Impression Products 针对两组墨盒分别提出了驳回的请求。地方法院支持了关于国内回收计划中墨盒的诉请,但驳回了关于 Lexmark 在国外销售的墨盒的诉请。双方均提出上诉。

联邦巡回上诉法院联席审理了这两个上诉,并针对两组墨盒对 Lexmark 进行了判决。法院首先针对 Lexmark 在美国境内通过回收计划出售的墨盒进行了审理。依据在 *Mallinckrodt, Inc. v. Medipart, Inc.*[15]案中的判决,联邦巡回上诉法院认为专利权人在销售一件物品后,保留通过专利侵权诉讼来强制执行其"明示的关于售后使用和转售的合法限制"的权利。[16] 法院解释,权利穷竭原则起源于对"未经授权"的产品制造、使用、销售和进口的禁止。[17] 当消费者购买一件物品时,其推定有权自由使用或转售这件物品,但这仅仅是一种推定;当销售者限制售后和转售行为时,同样的授权并不会随着商品而转移。[18] 由于各方均同意 Impression Products 知晓 Lexmark 的限制,而且这些限制并不违反任何法律,联邦巡回上诉法院认为 Lexmark 的销售并未穷竭其专利权,而且当 Impression Products 翻新和转售回收计划中的墨盒时,Lexmark 有权起诉。

对于 Lexmark 售往国外的墨盒,联邦巡回上诉法院再次寻求先例。在 *Jazz Photo Corp. v. International Trade Commission*[19] 中,法院认为专利权人向国外出售产品的决定并不会终止其在美国向买方提起侵权诉讼的权利。[20] 法院认为,这个规则是有道理的:当专利权人获得在美国市场销售的可得利益时,权利穷竭规则是正当的。但当专利权人向美国专利无法保护的国外市场销售产品时,由于专利权人的产品无法获得报酬,权利穷竭并不发生。[21] 因此,Lexmark 有权就 Impression Products 将国外销售的墨盒带到美国市场上销售的行为,行使其专利权起诉 Impression Products。

Dyk 法官和 Hughes 法官不同意上述观点。他们认为,通过回收计划在美国销售墨盒穷竭了 Lexmark 的专利权,因为根据《专利法》规定,任何经过"授权"的专利产品销售,都会消除该产品在使用或销售上的限制。[22] 对于国外的墨盒,持异议者认为国外销售也会造成穷竭,除非卖方在出售时"明示保留其美国专利权"[23]。因为 Lexmark 没有明示做出保留,因此其在国外的销售穷竭了专利权。

我们同意调卷审查联邦巡回上诉法院关于国内和国际穷竭的决定,580 U. S. _____(2016),现撤销原判。

---

[15] 976 F. 2d 700 (1992).
[16] 816 F. 3d 721, 735 (2016).
[17] Id., at 734 (quoting 35 U. S. C. §271(a)).
[18] 816 F. 3d, at 742.
[19] 264 F. 3d 1094 (2001).
[20] 816 F. 3d, at 726—727.
[21] Id., at 760—761.
[22] Id., at 775—776.
[23] Id., at 774, 788.

II

A

首先讨论 Lexmark 在美国通过回收计划销售的墨盒。我们认为，Lexmark 销售这些墨盒时，其在这些墨盒上的专利权穷竭。Lexmark 与买方之间的合同中仅供一次使用/禁止转售的约定，在合同法层面上可能是明确且可实施的，但这并未赋予 Lexmark 在其已经选择要销售的物品上保留专利权的权利。

专利法授予专利权人排除他人制造、使用、许诺销售、销售他们发明的权利。[24] 在 160 多年间，专利权穷竭原则对上述排除权做出了限制。[25] 限制功能是这样的：当专利权人选择出售专利产品时，该产品"不再处于垄断范围内"，而成为买方的"私人、个人财产"，伴随着权属而来的权利和利益。[26] 专利权人可以自由地定价并与买方谈判合同，但在所有权转让给买方之后，专利权人便不得再凭借其专利，"控制其产品的使用或处置"。[27] 销售行为穷竭了该产品上的所有专利权。[28]

这一完善的穷竭规则标志着专利权遵从普通法"禁止限制财产转让"的原则。专利法通过授予发明人有限的垄断、允许发明人因他们的发明获得经济回报，促进科学和实用技术的发展。[29] 但是一旦专利权人出售了一件商品，其便已经获得了这种有限的垄断权所带来的全部权利保障。[30] 因为当专利权人已经从使用他的发明中获得报酬，专利法的保护目的已经达到，限制已经出售产品的使用和占有利益是缺乏法律基础的。[31]

我们已经解释了在版权法的内容中，穷竭原则有一个完美的历史背景，可以追溯到普通法中禁止对动产转让施加限制的历史传统。[32] 正如科克勋爵在 17 世纪提出的，如果一个所有人在销售产品后限制其转售或使用，那么这个限制就是无效的，因为这是阻碍任何人之间贸易、交易（traffique）、谈判和缔约的。[33]

联邦巡回上诉法院认为这项原则仅仅是"一个普通法审判中在一定时间内反对转

---

[24] 35 U. S. C. §154(a).
[25] See Bloomer v. McQuewan, 14 How. 539 (1853).
[26] Id., at 549—550.
[27] United States v. Univis Lens Co., 316 U. S. 241, 250 (1942) (emphasis added).
[28] Quanta Computer, Inc. v. LG Electronics, Inc., 553 U. S. 617, 625 (2008).
[29] Univis, 316 U. S., at 250.
[30] Keeler v. Standard Folding Bed Co., 157 U. S. 659, 661 (1895).
[31] Univis, 316 U. S., at 251.
[32] Kirtsaeng v. John Wiley & Sons, Inc., 568 U. S. 519, 538 (2013).
[33] 1 E. Coke, Institutes of the Laws of England §360, p. 223(1628);See J. Gray, Restraints on the Alienation of Property §27, p.18 (2d ed. 1895) ("一个关于个人财产全部权益转让的条件或限制条件是无效的，就如同土地所有权的限制是无效的一样")。

让限制的司法政策"㉞，然而这项有价值的原则并不是这样。国会制定并且多次修改《专利法》，以反对限制转让的敌意背景。这一敌意体现在穷竭原则上。专利法不包括首次销售后限制转让的权利，从科克勋爵的时代到现在都是如此，限制转让是与法律相违背的，并且是违背公共利益的。㉟ 对公众的不便和烦恼证明一个相反的结论必然产生，这一现象太明显以至于不需要解释。㊱

但是解释向来无害。举一个修复并出售二手车的例子。这个商店可以运营是因为商店内心毫无疑问的相信，只要这些车属于他们，商店有权修理并再次出售那些汽车。如果制造成千上万汽车零件的公司在他们第一次销售之后可以保有他们的专利权，顺畅的商业交易会发生变化。例如，这些公司可以限制再销售权，并且起诉商店店主侵犯专利权。并且即使他们不施加这样的限制，专利责任的威胁也会迫使店主投资保护自己免受潜在的诉讼。无论哪种方式，将专利权扩展到第一次销售之外的做法都将阻碍贸易流动，但专利权人通过加强控制而得到的额外利益却微不足道。伴随着日益复杂的供应链，技术的进步将这一问题继续扩大。㊲

因此本院长期以来一直认为，即使专利权人在明示限制的条件下出售物品，专利权人也不保留该产品的专利权。例如，在 *Boston Store of Chicago v. American Graphophone Co.* 一案中，一家制造商向零售商们出售唱机——一种最早的录音和放音设备，但合同要求这些零售商以特定价格转售。㊳ 当制造商对低价销售的零售商提起专利侵权诉讼时，我们曾总结认为这样的结论是"没有争议的余地"的：通过出售该物品，制造商将其置于了"专利法的范围之外，而且不能通过对使用施加限制来使其处于专利权的独占之下"㊴。

20 年后，我们在 *United States v. Univis Lens Co.* 一案中面临了相似的安排。此案中，一家生产眼镜镜片的公司授权一家经销商向批发商和零售商销售其产品，前提是它们承诺以固定的价格销售镜片。政府提起了反垄断诉讼，而公司以此为专利法中的合法权利为由，作为其抗辩的基础。我们认为首次销售必须"放弃……被售出物品的专利权独占"，所以"固定转售价格的条款无法从专利权中获得支持，而必须建立在与限制非专利商品相同的基础之上"。㊵

Boston Store 和 *Univis* 确实涉及限制转售价格，它们的行为违反了反垄断法。但在

㉞ 816 F. 3d, at 750.

㉟ Straus v. Victor Talking Machine Co., 243 U. S. 490, 501 (1917).

㊱ Keeler, 157 U. S., at 667.

㊲ See Brief for Costco Wholesale Corp. et al. as Amici Curiae 7—9; Brief for Intel Corp. et al. as Amici Curiae 17, n. 5("由各种高科技元件组成的通用智能手机预计将应用25万项专利")。

㊳ 246 U. S. 8, 17—18 (1918).

㊴ Id., at 20, 25.

㊵ 316 U. S., at 249—251.

两个案件中,都是商品的销售行为,而非限制行为的违法,导致专利权人无法通过专利权侵权诉讼来强制执行这些转售价格协议。如果对于这一点还存有疑问,也就是说,即使销售受到明示但合法的限制,专利穷竭也适用,那么我们不久前在 Quanta Computer, Inc. v. LG Electronics, Inc. 一案中的判决可以解决这一问题。在此案中,一家拥有专利权人授权的科技公司销售微处理器,并在合同中要求购买者与该公司生产的其他部件一起使用这些处理器。一个购买人不理会这个限制,而专利权人提起侵权诉讼。我们没有过多提及合同的合法性。我们认为专利权人不能提起侵权诉讼,因为"授权销售……将其产品排除出了专利权独占的范围"[41]。

回到眼前的这个案件,我们总结认为判例形成的这一恰当的政策只会认可一个答案:Lexmark 不能通过针对 Impression Products 提起专利权侵权诉讼来强制执行附随着其墨盒回收计划的一次性使用/禁止转售规定。因为一经售出,该回收计划的墨盒就离开了专利权独占范围,而无论 Lexmark 保留何种权利,都是其与购买人之间合同上的问题,而非专利法的问题。

B

联邦巡回上诉法院得出了不同的结论,很大程度上是因为其出发点错误。该法院认为,"穷竭理论必须被理解为对专利侵权法规的这样一种解释",即禁止任何人在"未取得专利权人授权"的情况下使用或销售专利权产品。[42] 专利权穷竭反映了这样一个默认规则,即专利权人出售一件物品的决定"推定地给予了购买人使用和转售它的'许可'"[43]。但是,联邦巡回上诉法院解释道,专利权人不必每次都交出全部的"一捆权利"[44]。如果专利权人明示拒绝给予那一捆当中的一条——或许通过限制购买人的转售权利——则购买人从未获得该未授予的许可,而专利权人可以继续行使其专利法下的排除他人实施的权利。

这一逻辑当中的疏漏在于,穷竭理论不是关于伴随着销售的许可的推定;它其实是对"专利权人权利范围"的限制。[45] 使用、销售或进口一件物品的权利独立于专利法而存在。专利权施加的——并排他地授予专利权人的——是一种阻止他人进行这些行为的有限制的权利。[46] 穷竭消灭这种排他性权力。[47] 因此,销售转移了使用、出售或进口的权利,因为这些是所有权所包含的权利,而购买人不受侵权诉讼追究,因为已经

---

[41] 553 U. S., at 638.

[42] 816 F. 3d, at 734 (quoting 35 U. S. C. §271(a)).

[43] 816 F. 3d, at 742.

[44] Id., at 741.

[45] United States v. General Elec. Co., 272 U. S. 476, 489 (1926) (emphasis added).

[46] See Crown Die & Tool Co. v. Nye Tool & Machine Works, 261 U. S. 24, 35 (1923).

[47] See Bloomer, 14 How., at 549(购买人"并非行使国会立法创设的权利,也并非由于……授予专利权人的排他权利而获得[该物品的]所有权")。

没有留下排他性权利可行使。

联邦巡回上诉法院同时表达了对专利权人出售商品时保留专利权利可能导致此种销售与被许可人销售之间的人为区别的担心。该法院解释道,专利权人经常许可他人生产和销售他们的产品,并可能对这些被许可人施加限制。例如,计算机开发商可能许可制造商生产并销售其专利设备,但仅可以销售给非商用的个人。如果被许可人通过销售其电脑进行商业用途而违反了许可的规定,专利权人可以起诉被许可人侵权。同时,根据联邦巡回上诉法院的观点,其在 *General Talking Pictures Corp. v. Western Elec. Co.* [48] 一案中说明,当专利权人在授予被许可人许可时明确对售后活动的限制,其可以对明知此限制而依然从被许可人处购买商品的买家提起侵权之诉。[49] 如果专利权人可以通过侵权诉讼对买家实施售后限制,就可以通过许可来实现售后限制,法院认定,当专利权人直接向消费者销售时,阻止专利人这样做是没有意义的。

联邦巡回上诉法院的观点是错误的。专利权人可以对被许可人实施限制是因为专利证书和销售中的转让限制涉及的问题并不相同。专利权穷竭原则揭示出,一旦一个产品流入销售环节,它就不再受法律上专利权的控制,因为它已经流入市场。许可的目的也不是将专利权利转移给产品,而是为了改变专利权人对于专有权的垄断结构。专利人同意,其并不禁止被许可人对于发明专利的生产和销售以及被授权的生产者和销售者人数的增加。[50] 因为专利权人是在交换专利权利而非专利产品,他只能放弃其专利权利中的一部分权利。

专利权人对于许可的限制权利,并不像联邦巡回上诉法院认为的那样可以通过专利法对购买者强制执行其对许可的售后限制。只要被许可人在销售产品时符合许可的规定,专利权人实际上就已经授权了该销售行为。就专利权穷竭原则而言,被许可人的销售实际上被认为是专利权人自身而为的销售。结果就是:销售行为穷竭了专利权人在该产品上的专利权利。[51] 一个专利许可可能会要求被许可人对购买者加以限制,如上文的许可限制制造商销售产品的对象局限于非商用的个人。但是即使被许可人通过(可能通过)与每位购买者签订合同的方式,使购买者保证其不会将所购买的电脑用于商业,这个销售同样穷竭了这个产品上的所有专利权利。[52] 虽然购买者可能不会遵守这个限制,但被许可人唯一的救济途径是通过合同法进行,就和专利权人自己附条件销售其专利产品一样。

General Talking Pictures 案中涉及的是一个完全不同的情况:在这个案例中,一个被

---

[48] 304 U. S. 175, aff'd on reh'g, 305 U. S. 124 (1938).
[49] 816 F. 3d, at 743—744.
[50] See General Elec. Co. , 272 U. S. , at 489—490.
[51] See Hobbie v. Jennison, 149 U. S. 355, 362—363 (1893).
[52] See Motion Picture Patents Co. v. Universal Film Mfg. Co. , 243 U. S. 502, 506—507, 516 (1917).

许可人"故意的……销售……超过其许可范围"。㊼我们认为这种销售行为是在专利权人没有给予其任何许可的情况下进行的,这意味着专利权人可以同时起诉被许可人和购买者(明知违约行为的人)侵权。㊾这并不意味着专利权人可以通过许可协议的方式来将售后限制强加给购买者。恰恰相反:被许可人构成侵犯专利权人的权利是因为其违反了许可条款,专利权人只有在购买者参与了被许可人的侵权行为时才能对其提起侵权诉讼。所以,如果一个专利权人没有在许可中授权被许可人销售的权利,那么其销售行为不能穷竭专利权人的专利权利。

总结而言,专利穷竭是统一和自动的。一旦一个专利权人决定了出售——无论是其自己决定的还是其被许可人决定的——这个销售行为都会穷竭其专利权利,而不管专利权人直接的或通过许可强加了何种售后限制。

III

我们的结论是,Lexmark 通过"回收计划"在国内销售墨盒时已经穷竭其专利权利,但至此我们只解决了这个案子一半的问题。Lexmark 同时也在国外销售了墨盒且其以"将 Lexmark 的发明进口至美国"㊽为由起诉了 Impression Products。Lexmark 声称其很可能就所有进口其墨盒的行为提起诉讼,而不仅局限于通过"回收计划"销售的墨盒,因为除非专利权人明示或默示的转让或许可了其专利权,国外销售并不能穷竭该专利上的所有专利权利。联邦巡回上诉法院同意这种观点,但我们不同意。一个在美国之外的授权销售,就像在美国之内的一样,在专利法案的规范下穷竭了其全部专利权利。

关于知识产权的国际穷竭问题,也出现在了版权法的法律背景下。根据在 17 U. S. C. §109(a) 中确定的"首次销售原则",当一个版权人出售其作品的合法复制件时,它就失去了对购买者自由"出售或处置……该复制件"的控制权利。在 Kirtsaeng v. John Wiley & Sons, Inc. 中,我们认为,这一"首次销售原则"适用于在境外合法制作和销售的版权作品。㊾我们从 109(a)的文本开始,但它没有决定性意义:这段话并没有限制"首次销售原则"在地域上的适用范围,但也没有明确接受专利权的国际穷竭。㊼对国际穷竭起决定作用的是,首次销售原则起源于"普通法拒绝允许针对动产转让进行限制"。㊽这一普通法学说没有地域区别。㊾由于缺乏区分国内和国际销售的文本

㊼ 304 U. S., at 181—182.

㊾ General Talking Pictures Corp. v. Western Elec. Co., 305 U. S. 124, 127 (1938).

㊽ 35 U. S. C. §154(a).

㊾ 568 U. S., at 525.

㊼ Id., at 528—533.

㊽ Id., at 538.

㊾ Id., at 539.

依据,所以首次销售原则可以直接运用在海外。⑩

专利穷竭原则可以直接运用于国外贸易中。专利权穷竭也根源于对动产转让限制的反对。并且也没有任何专利法案的文本或历史表明国会想要将普通法原则限制在国内贸易中。实际上,国会并没有改变专利穷竭原则;对专利权人垄断范围的限制是不成文的。⑪ 区分专利权穷竭原则和版权首次销售原则并没有太大的理论和实践意义:这两者有"极大的相似性……共同的目的"⑫,并且很多日常产品,如"汽车、微波炉、计算器、手机、平板和笔记本"等等都同时涉及专利和版权权的保护⑬,专利法和版权法之间有历史上的亲缘关系⑭,并且这一关系使得两者在国际穷竭问题上也没有任何分歧。

Lexmark 对这一问题有不同看法。它提出,专利法案限制了专利权人"排除他人"在美国境内制作、使用、销售、或进口的权利。⑮ 它辩称,国内销售会引发穷竭因为销售弥补了专利权人放弃的权利。⑯ 国外销售则不同:专利法案没有赋予专利权人国外的排他权。没有这些权力,专利权人就不能以与美国国内同样的价格在国外市场销售,因此,也不保证能获得"美国专利法保证的报酬"。⑰ Lexmark 认为,因为没有报酬,也就不应该有专利穷竭。简而言之,国外销售没有专利穷竭,因为在国外根本就没有专利权可以穷竭。

专利权的地域性不是区别于版权保护的依据,这些保护条款也"没有任何治外法权"⑱。地域性也不能支撑 Lexmark 的论点。穷竭是对专利授权的单独限制,并不取决于专利权人因为授予他人在美国市场销售的权利而获得了一些额外的费用。购买者购买物品而非专利权。专利权穷竭的发生是因为专利权人决定出售该物品且收取了任何体现其发明价值的费用。⑲ 专利权人对其在国外的产品可能不会收取同在美国境内相同的费用。但是专利法案没有保证一个特定的价格,更不用说销售给美国消费者的价格。相反,排他权利仅保证专利权人对于专利垄断范围以外的每个物品获得一项

---

⑩ Id., at 540.

⑪ See Astoria Fed. Sav. & Loan Assn. v. Solimino, 501 U. S. 104, 108 (1991)(此处体现了一项普通法原则……法院可以将其当做国会在制定法律时已经预见到这一原则将会运用于此,除非有明确相反的法律规定)。

⑫ Bauer & Cie v. O'Donnell, 229 U. S. 1, 13 (1913).

⑬ See Kirtsaeng, 568 U. S., at 545; Brief for Costco Wholesale Corp. et al. as *Amici Curiae* 14—15.

⑭ Sony Corp. of America v. Universal City Studios, Inc., 464 U. S. 417, 439 (1984).

⑮ 35 U. S. C. §154(a).

⑯ Brief for Respondent 38.

⑰ Id., at 39 (internal quotation marks omitted).

⑱ 5 M. Nimmer & D. Nimmer, Copyright §17.02, p. 17—26 (2017).

⑲ Univis, 316 U. S., at 251.

回报，无论它是否是专利权人满意的金额。⑩

法院仅在一起案件中处理了专利权国际穷竭原则，即 125 年前判决的 *Boesch v. Gräff*，该案例指出当专利权人与交易无关时，国外销售不会穷竭专利权。在电气照明还没有大面积应用之前，Boesch 牵涉到了一个零售商案件中，这个零售商从一个德国生产厂家购买了许多灯，并计划将这些灯头销往美国。该制造商在德国法下有权制造这些灯，但是有一个问题是：与该德国制造商无关的两个自然人对该发明享有美国的专利权。专利权人起诉该零售商将灯进口到美国侵犯他们的权利，并且反对德国制造商的销售已经穷竭了美国专利权人的权利这一论点。德国制造商未经美国专利权人的允许在美国境内销售产品，美国专利权人在此产品上也未穷竭他们的专利权，因为他们没有将专利权转让给任何人，所以"（德国制造商的）购买者没有被授权在美国境内销售商品"。⑪

正如 Lexmark 所言，我们的决定不是将所有国外销售排除在专利权穷竭之外。⑫它重申了基本前提，即只有专利权人可以决定是否从事会穷竭专利权利的销售。美国专利权人对德国产品没有这样做，所以在德国的销售没有穷竭其权利。

最后，作为法庭之友的美国政府倡导其作为中立立场的观点："由美国专利权人授权的国外销售，会使得美国专利权人所享有的专利权穷竭，除非这些权益被明示保留。"⑬它的立场在很大程度上是基于政策，而非原则，而产生的。政府认为海外购买者的合法预期是该转让中包含了专利条文下规定的专利转让方所享有的一切权益，所以这样的预期应该使得专利权穷竭在国外销售中被适用。⑭但与此同时，下级法院不久前对于"专利权人在国外销售中明示保留其在美国享有的专利权，该明示保留是有效的"这一观点予以借鉴和吸收，所以专利权人有权选择明示保留其专利权。⑮

很久以来，政府的观点几乎没变。在 18 世纪 90 年代，在涉及同一公司的案件中，两个巡回上诉法院在判决中没有认定专利权人可以在国外销售时明示保留其专利权。⑯但是，之前这样的借鉴和吸收并没有发生：在随后的一百多年中，只有少数几个下级法院的判决中提及了国外销售中的明示保留原则。⑰在 2001 年，联邦巡回上诉法院通过了一般规则，即国外销售并不会引起专利权穷竭，即使专利权人未能明示保留

---

⑩ Keeler, 157 U. S., at 661.
⑪ 33U. S. 697,703(1890).
⑫ See Brief for Respondent 44—45.
⑬ Brief for United States 7—8.
⑭ Id. , at 32—33.
⑮ Id. , at 22.
⑯ See Dickerson v. Tinling, 84 F. 192, 194—195 (CA8 1897); Dickerson v. Matheson, 57 F. 524, 527 (CA2 1893).
⑰ See, e.g., Sanofi, S. A. v. Med-Tech Veterinarian Prods., Inc., 565 F. Supp. 931, 938 (NJ 1983).

其权利。[78] 这些少量且不一致的判决未能对任何在国外销售中专利权人可以保留其专利权的预期提供基础,更不用说提供一个明确的、稳定的基础。

政府明示权益保留背后的理论也错误地将重点放在了专利权人和买方在专利销售过程中产生的可能的预期上。专利权穷竭不会因为当事人关于如何转让专利权的预期而产生。与可以通过合同法来处理的当事人之间的转让交易相比,专利权涉及更多风险。相反,在专利权销售过程中,专利权穷竭原则会因专利权人选择放弃专利所有权以获取对价而适用。由于在市场上进行交易时会违反限制销售原则,因而允许专利所有权像鲫鱼一样紧紧地附着在专利品上。专利权穷竭并不取决于专利权人接受溢价并在美国销售专利或专利买方所预期取得的权利类型。因此,限制与地域不相关;真正重要的是专利权人作出销售的决定。

美国联邦巡回上诉法院的判决被撤销,发回并依本意见进行重审。

命令:必须按照本院指示发回重审。

Gorsuch 大法官没有参加案件审议或判决。

引证:581 美国 _____(2017)

Ginsburg 大法官的意见

美国最高法院

编号 15-1189

IMPRESSION PRODUCTS, INC. , PETITIONER 诉 LEXMARK INTERNATIONAL, INC.

美国联邦巡回上诉法院复审令

Ginsburg 大法官对此判决持部分赞同、部分反对的意见。

我同意法院关于专利权国内穷竭的意见——销售明示限制再利用或转售的专利品的专利权人可能不能以提起侵权诉讼的方式来实施该限制,因为在美国,被销售的专利品上的专利权在销售后穷竭。然而,我对于专利权国际穷竭的部分持反对意见。我认为,国际销售并不会使美国发明者的美国专利权穷竭。

---

[78] Jazz Photo, 264 F. 3d, at 1105.

专利法具有地域性。当一个发明者取得了一项美国专利,该项专利在国外并不受到美国专利保护。⑲ 美国专利权人必须向每个国家提出申请,以获得出售其发明的排他权。⑳ 各个国家的专利法均有不同;每个国家的法律"可能体现了对于发明者的相关权利及公共专利发明的政策判断"㉑。

由于专利的国外销售独立于美国专利系统,因此说国外销售会使发明者在美国取得的专利权穷竭是说不通的。美国的专利制度对于美国专利国外销售不提供保护——一个竞争者可以在不适用美国专利法的国家销售相同的专利产品。因此,国外销售在美国不应减弱美国专利法所提供的保护。

大多数人不同意,部分原因是法院在 Kirtsaeng v. John Wiley & Sons, Inc., 判决国外销售穷竭了美国版权保护。多数法官认为,"版权和专利穷竭有很强的相似性",我对我们在 Kirtsaeng 案中的判决持有异议,我坚持认为国外销售不应该穷竭美国版权保护。㉒

但是,即使我同意 Kirtsaeng 案中关于版权的推理,这一判决在专利方面不应产生巨大影响。从1984年 Sony Corp. of America v. Universal City Studios, Inc. 案来看,虽然在专利法和版权法之间可能存在"历史上的亲缘关系",但这两个法律是"不尽相同的双胞胎"㉓。专利法没有类似于17 U.S.C. §109(a)的条款,即 Kirtsaeng 案中版权法首次销售条款。更重要的是,版权保护,不同于专利保护,在国家间是统一的。根据174个国家加入的伯尔尼公约㉔,成员国"同意给予其他成员国作者以本国境内作者相同的待遇"㉕。在外国取得的版权保护因此类似于在本国取得的版权保护,即使此类保护是在每个国家独立的版权制度下提供的。

基于上述理由,我对于联邦巡回法院的判决中关于境外转让的专利权穷竭的部分予以认可和赞同。

---

⑲ See Deepsouth Packing Co. v. Laitram Corp., 406 U.S. 518, 531 (1972)("我们的专利制度并不具有域外效力")。See also 35 U.S.C. §271(a)(责任产生于"在美国境内"的专利侵权行为和将任何专利发明"进口到美国")。

⑳ Microsoft Corp. v. AT&T Corp., 550 U.S. 437, 456 (2007)("在外国,目前由外国法,而非美国法,单独地对专利发明物组成部分的制造和转让予以规制");See also Convention at Brussels, AnProtection of Industrial Property of Mar. 20, 1883, Dec. 14,1900, Art. I, 32 Stat. 1940("在不同的缔约国申请的专利应独立于就相同的发明在其他国家所取得的专利")。

㉑ Microsoft, 550 U.S., at 455.

㉒ See 568 U.S., at 557.

㉓ Id, at 439, n. 19.

㉔ See WIPO-Administered Treaties: Contracting Parties: Berne Convention, 〈www. wipo. int/treaties/en/ShowResults. jsp? lang = en&treaty_ id = 5〉.

㉕ Golan v. Holder, 565 U.S. 302, 308 (2012)(援引1886年9月9日《保护文学和艺术作品伯尔尼公约》,于1967年7月14日在斯德哥尔摩修订)。

编者手记

网络法的进程与奋斗

石 丹

这是一个大变革的时代,我们目睹了网络法研究对象的不断扩张,见证了网络法律规则的日臻完善。时至今日,再谈及网络法,早已不同于千禧年前后网络规制"存与废"的问题,个人信息保护、隐私政策、网络安全保护等新问题俨然成为网络法争议中心。大数据时代,我们享受到数字化的便利,也承担着隐私泄露的风险。信息社会;没有人是一座孤岛,社会问题的背后成因,值得我们深思。因此,本卷以"个人信息保护"作为专题,选取张平教授、刘德良教授等学者所撰的相关学术文章,对个人信息的法律属性进行讨论;另外引入年轻学者们关于美国、日本、德国等国家个人信息保护制度的概述性文章,从比较法视角深入观察个人信息保护问题。事实上,个人信息保护的话题历久弥新,保护标准过高可能阻碍数据传输使用,过低则不利于隐私权保护,个人信息保护的进程任重而道远。

与此同时,本卷《网络法律评论》将继续探索网络环境下的传统问题,例如著作权侵权、合理使用、通知——删除规则等,并进一步关注其他网络法中的新兴问题,例如互联网金融、计算法律学等。或许其中部分观点稍显粗糙生涩、不接地气,但是学术之所以可贵,即在于其能够超脱于时代,引领时代。此外,本期还刊登了北京大学互联网法律中心的两篇报告。本中心一直致力互联网法律研究,持续跟踪当前互联网企业个人信息保护以及技术创新现状,为政府决策、产业发展、学术研究提供支持。

网络法的发展,充斥着法律人的困惑与迷茫。网络技术生而自由,网络法的诞生却使其无往不囿于枷锁之中。对纷繁的网络世界进行规制,既无通行的一般性规则,更缺乏普适的法则。网络技术在持续创新,法律规范亦需不断回应。如何让法律规则能够亦步亦趋,顺遂技术向前发展?保守主义代表Easterbrook法官给出的答案是继续传统法学研究以及——耐心等待,网络法教授Lessig则认为不能消极地应对网络与网络法律问题,必须在法律、代码、社会规范、市场等种种规制框架中作出调整。网络社会的治理问题,依赖于法律人的想象力,拥抱技术的同时想象出不同的网络空间运行方案,这需要一代代网络法学者持之以恒的奋斗。我们不能期待,《民法总则》中的信息权可以解决所有争议;我们不能奢望,《网络安全法》的出台能够处理所有的信息安全问题。法律诞生只是第一步,真正能指引产业实践、引领技术发展的理论和规则仍未可期,法律人前行的道路没有尽头。每位法律人的一小步,就是网络法律进程的一大步。

特别感谢张平老师的信任,委托我担任本卷《网络法律评论》的执行编辑,继而有机会与各界学者切磋交流,聆听到时代前沿的声音。在此过程中,我也深感编辑不易,每一次选稿、审稿、校对都是一次历练。不积跬步,无以至千里;不积小流,无以成江海。

最后,恭贺《网络法律评论》进入 CSSCI 来源集刊目录,现在的成就离不开北京大学法学院的支持与张平老师的指导,也离不开每一期编辑部成员们的贡献。在此期骥于未来的学生编辑们能够继续努力,呈献上更优秀的学术集锦。

网络法的发展进程有赖于法律人的不懈奋斗,我们从这里出发,永葆对网络世界的好奇心。

《网络法律评论》征稿启事

《网络法律评论》（以下简称"《评论》"）第二十卷征稿工作已经全面展开。诚挚欢迎众多网络法律研习者加入到我们行列中来！

《评论》由北京大学知识产权学院和北京大学互联网法律中心联合主办，是以研究网络法律为内容的专业学术刊物，它秉承北大"学术自由，兼容并包"之学术传统，融批判的精神于学术争鸣之中。尤其欢迎有强烈现实意义，资料收集全面翔实，或有实证调查材料佐证之佳文，并且欢迎针对国内外典型案例的分析评论以及对基本理论问题由独到思考的文章。

《评论》经过以往各卷的经验积累，逐渐形成了有自己特色的栏目，也得到了各方的肯定。这些栏目主要有：专题链接、学术 BBS、追踪研习、信息窗口、案例收藏夹等。

一、《评论》由北京大学知识产权学院和北京大学互联网法律中心主办，并有互联网法律中心张平教授主编。

二、《评论》对来稿字数不作要求，只有学术水准和学术规范的要求。关于引注体例请参照《评论》中对引证体例之要求。

三、来稿和作者简介请采用 MS Word 格式编排，分别以电子邮件附件方式发送至 netlawrev@pku.edu.cn。邮件标题格式为："投稿 + 作者姓名 + 稿件中文标题"。第二十卷征稿截止日期为 2017 年 11 月 15 日。

来稿恕不退换，请自留备份，自投稿三个月内未收到稿件处理通知，请自行处理。

来稿请加上英文标题、中英文摘要、关键词，并请写明作者真实姓名、任职单位和有效联系方法。

四、《评论》自创办之初即支付作者稿酬。为扩大学术交流渠道，《评论》编辑部有权以非专有方式向第三人授予已刊作品电子出版社、信息网络传播权和数字化汇编权、复制权。如作者不同意授予上述权利之部分或全部，请在来稿前声明保留。

作品刊登后，《评论》编辑部有权在互联网法律中心网站（www.pkunetlaw.cn）发布作品的电子版。如作者不同意授予上述权利，请在来稿前声明保留。

五、每一篇来稿都受欢迎，并或一视同仁的尊重。《网络法律评论》编辑部将与每位投稿者联系，以负责的态度进行沟通。来稿一经刊用，即付稿酬。

六、本卷征稿要求

预计第 20 卷将在 2018 年 3 月出版。根据需要，编委会拟从两个方面进行征稿：

1. 专题征稿

《网络安全法》的适用与完善。

2. 其他征稿

该部分的稿件，主题不限，可以是任何涉及网络的法律问题。诸如刑法、行政法、税法、诉讼法、国际法等各个领域。

这些稿件主要纳入学术 BBS、追踪研习、信息窗口、案例收藏夹等。

欢迎踊跃投稿！

《网络法律评论》编委会
二〇一七年八月

Call for Papers

Internet Law Review is a scholarly monographic series focused on the research of internet laws. It is sponsored by School of Intellectual Property, Peking University, and Institute for Internet Law, Peking University, edited by Professor Zhang Ping.

We are now preparing for the forthcoming issue of the Review, Volume 20, and prospective authors with new ideas, comprehensive and sound research methods and theories, and great creativity, are invited to submit your articles. Also, we strongly welcome excellent papers with high practicality and supported by detailed examples, and critical review papers to comment and analyze typical cases in China and abroad.

Internet Law Review adheres to internet laws research, and is positioned to be open, mutual, and efficient. Hence, some articles in the Review will be compiled in the electronic form published on the website of the Institute for Internet Law, Peking University. Authors who intend to reserve the above right or other digital rights, are required to declare in advance.

Manuscripts should now be submitted electronically (in MS Word) to netlawrev@ pku. edu. cn as an attachment, and the subject of the email should be named as "Contribution + Name + Title". The deadline of paper submission of Volume 20 is on November 15th, 2017.

Manuscripts will not be returned to the authors. Please keep copies for your own needs. Furthermore, your submitted papers should have a title, an abstract, key words and corresponding English translation. Footnotes and bibliographic citations should follow the rules of quotation; the author's name, address, and affiliation (if any) should appear on a separate cover page.

Last but not least, we would like to notify you that the turn around time of deliberating your submitted papers and informing you of our decisions is about 3 months. Authors will be paid as soon as your papers are accepted.

Address: Board of Editors, Internet Law Review, Law School, Peking University
Post Code: 100871
Email: netlawrev@ pku. edu. cn

附：

中文文献引征体例

一、一般规定

1. 注释为脚注,每篇文章的全部注释编号连续排列。文中及页下脚注均用圈码,通常应在句中标点之内,句末标点之外。

2. 正文引文超过150字者,应缩格并变换字体排版。

3. 文献的信息顺序:作者、文献名、卷次(如有)、出版者、出版时间及版次、页码。

4. 定期出版物的信息顺序:作者、文章名、出版物名称、年份及卷次、页码。

5. 报纸的信息顺序:作者、文章名、报纸名称、日期、版别。

6. 译作的信息顺序:国籍(外加六角括号)、作者、文献名、译者、出版者、出版时间及版次、页码。

7. 网上资料的信息顺序:作者、文章名、网址(外加尖括号)、最后访问日期。

8. 引用学术集刊时,应首先注明特定文章作者,然后依次为文章名、收入该文之文集编者名、文集名、出版者、出版时间及版次、页码。

9. 引用之作品,书、刊物、报纸及法律文件,用书名号;文章篇名用引号。

10. 页码使用"页N"或"页N—N"。

11. 编辑或整理之作品,编者名之后加注"主编"或"整理"字样。

12. 同一文献两次或两次以上引用,第二次引用时,若紧接第一次引用注文,所引非同页,注"同上注,页N";所引为同页,则径注"同上"。若第二次与第一次引用之间有其他注释,则在作者名之后,注明"作者姓名,见前注N,页N"。

13. 作者为两人或更多的文献,在第一次引用时应显示全部作者,第二次引用时可只注第一作者,但其名后应加"等"字。

14. 非引用原文者,注释前加"参见";非引自原始出处者,注释前加"转引自"。

15. 引用古籍的,参照有关专业部门发布之规范;引用外文的,遵循该语种的通常注释习惯。

16. 引用中国台湾、香港、澳门地区出版或发行的文献,可在出版或发行机构前加注地区名。

17. 原则上不引用未公开出版物。

二、引用例证

1. 著作

梁慧星:《民法总论》,法律出版社2001年版,页101—102。

再次引用,如中间无间隔所引不同页:同上注,页65。

如中间无间隔所引同页:同上。

如中间有间隔:梁慧星,见前注①,页78—80。

李双元、徐国建主编:《国际民商新秩序的理论构建》,武汉大学出版社2003年版,页75。

2. 定期出版物

苏号朋:"论信用权",载《法律科学》1995年第2期,页12。

3. 报纸

梁慧星:"医疗损害赔偿案件的法律适用",载《人民法院报》2005年7月13日,第5版。

4. 译作

〔美〕亚历山大·米克尔约翰:《表达自由的法律限度》,侯健译,贵州人民出版社2003年版,页1。

5. 网上资料

李扬:"技术措施权及其反思",http://www.chinalawedu.com/news/2004_10/8/1803452391.htm,2010年7月23日最后访问。

6. 学术集刊

尹田:"论动产善意取得的理论基础及相关问题",载梁慧星主编:《民商法论丛》(第29卷),法律出版社2004年版,页206—207。

7. 港台文献

胡鸿烈、钟期业:《香港的婚姻与继承法》,香港南天书业公司1957年版,页115。